누가 루뭄바를 죽였는가

누가 루뭄바를 죽였는가
콩고민주공화국 초대 총리 살해와 그 배후

지은이 에마뉘엘 제라르·브루스 쿠클릭
옮긴이 이인숙
디자인 김미영
펴낸이 송병섭
펴낸곳 삼천리
등 록 제312-2008-121호(2008년 1월 3일)
주 소 10570 경기도 고양시 덕양구 신원로2길 28-12, 401호
전 화 02) 711-1197
팩 스 02) 6008-0436
이메일 bssong45@hanmail.net

1판 1쇄 2018년 11월 16일

값 23,000원
ISBN 978-89-94898-49-0 93930

콩고민주공화국 초대 총리 살해와 그 배후

누가 루뭄바를 죽였는가

에마뉘엘 제라르 • 브루스 쿠클릭 지음
이인숙 옮김

삼천리

한 알의 모래 속에서 세계를 본다……

순간 속에 영원이 있다

– 윌리엄 블레이크

서문

1960년 6월 말, 벨기에는 광대한 식민지 콩고를 첫 민선 정부에 급히 내주었다. 유능하고 호방한 흑인 민족주의자, 파트리스 루뭄바(Patrice Émery Lumumba, 1925~1961) 총리가 새로 탄생한 공화국을 이끌게 된다. 이 흥미진진하고 카리스마 넘치는 지도자는 새 나라를 아프리카 대륙, 나아가 국제정치 무대에서 존중받는 위치에 올려놓겠다는 원대한 포부를 품고 있었다.

그러나 갓 탄생한 국가의 안정은 금세 깨어지고 만다. 콩고군이 폭동을 일으켜 나라가 아수라장이 되자, 벨기에는 자국 시민을 보호한다는 명목으로 군대를 보냈다. 콩고의 남동부 카탕가는 독립을 선언하며 떨어져 나갔다. 한여름이 됐을 때 유엔이 개입했다. 15개국에서 보낸 다국적 평화유지군은 2만 명을 헤아렸다. 그 무렵 소련의 공산주의자들과 독자 노선을 추구하던 아프리카의 지도자들은 아프리카를 유럽 제국주의의 손아귀에서 되찾아 올 기회를 보고 있었다. 한편에서는 냉전 시대

공산주의가 전 세계로 확산될 것을 우려하던 미국이 막후에서 움직이기 시작했다.

독립 후 6개월이 지난 1961년 1월, 파트리스 루뭄바는 카탕가에서 살해당한다. 2월 13일 카탕가 정부* 관계자들이 루뭄바가 사망했다고 공식 선언했지만 그 누구도 의혹투성이인 그 소식을 믿으려 하지 않았다. 곧 성난 시위대들이 전 세계 곳곳에서 들고 일어났다. 소련은 제국주의를 맹렬하게 비난했고 유엔에게 콩고를 떠나라고 요구했다. 스웨덴 출신 다그 함마르셸드 유엔 사무총장에게는 사퇴를 촉구했다. 소련은 함마르셸드를 '식민주의자들의 하수인'이라고 봤다. 예상할 수 있듯이 시위대가 행진한 곳은 당시 소련의 모스크바였고, 1만 명이 넘는 사람들이 모인 곳은 중국 베이징이었다. 또 시위 소식은 모로코의 카사블랑카, 수단의 하르툼, 가나의 아크라, 인도의 뉴델리와 봄베이(뭄바이), 파키스탄의 카라치, 스리랑카의 콜롬보에 이르기까지 아프리카와 아시아 국가에서 뉴스 헤드라인을 장식했다. 성난 군중들은 벨기에 정부와 벨기에 사람들에게 비난을 퍼부었다. 이집트 카이로에서는 벨기에 대사관이 불탔다. 성난 시위대는 런던, 더블린, 본, 파리, 로마 같은 유럽 여러 나라의 수도에서도 나타났고 시위는 워싱턴, 시카고 같은 미국 대도시들까지 확산됐다.

뉴욕에서는 할렘 거리와 유엔본부 앞에 시위대의 피켓이 등장했다. 2월 15일, 함마르셸드는 시위대를 향해 "진실과 정의를 정략이나 정파적 이익의 수단으로 이용하고 있다"고 비난했고 "혐오스러운 범죄"에 "깊은 유감"을 표시했다. 새로 부임한 애들레이 스티븐슨 유엔 주재 미국 대사

---

* 카탕가는 '국가'라고 주장했지만 콩고 정부와 국제사회는 인정하지 않았다.

는 첫 연설에서 유엔 편에 서서 함마르셸드를 옹호하며 유엔 평화유지군이 콩고에 더 머물러야 한다고 호소했다. 1952년과 1956년 미국 대통령 선거에 출마했다가 거푸 낙선한 스티븐슨은 저명하고 존경받는 진보주의자였다. 스티븐슨은 "콩고 사람들은 독립과 민주주의를 자유롭고 제한 없이 누릴 수 있어야 한다"며 루뭄바의 불행하고 끔찍한 운명을 애도했다. 이어 "그들이 누구든 (루뭄바의 죽음에 대해) 책임져야 한다"고 비난했다. 스티븐슨은 더 이상 말을 잇지 못했다. 60여 명의 시위대가 회의장까지 난입했기 때문이다. 이들은 함마르셸드와 미국이 루뭄바의 죽음을 묵인하고 벨기에가 콩고의 민주주의를 뒤엎으려 한다고 거세게 비난했다. 경비들은 놀랐고 미처 준비가 돼 있지 않았다. 시위대는 주먹을 휘둘렀고 경비원들과 실랑이가 벌어졌다. 이 자리에 있던 외교관들은 시위대가 진정될 때까지 충격에 빠진 얼굴로 곤혹스럽게 상황을 지켜볼 수밖에 없었다. 시위대는 국제 무대를 오가는 정치인들이 범죄를 저지르고 거짓말을 하고 있다고 막연히 믿을 뿐이었다. 물론 정치인들은 자신들의 책임을 잘 알고 있었다. 자신들의 눈속임이 이런 반응까지 불러일으킬 거라고는 이해하지 못했지만 말이다.[1)]

그 뒤 50년이 넘도록 '루뭄바 암살 사건'은 학자들을 몰두하게 만들었고 일반 대중의 관심을 사로잡았다. 루뭄바의 지나온 삶의 궤적과 죽음에 이른 경위가 국제 여론을 건드렸고 유엔, 벨기에, 미국은 물론 콩고 국내에서도 논란이 계속됐다. 흑인이든 백인이든 루뭄바의 몰락을 모의한 사람이 한둘이 아니었다. 그런데도 그들이 남긴 자서전과 회고록, 메모를 보면 루뭄바의 죽음과 직접적인 관련이 거의 없었다. 그러나 동시에 존재하는 증거들은 이런 기억들과 모순됐고 그들의 이기적인 본질을 그대로 드러냈다.

루뭄바가 살해되고 한 해가 지나지 않아 유엔은 조사를 실시했지만 제대로 이뤄지지 않았다. 하지만 조사 결과 중에서 몇 가지는 틀리지 않았다. 1975년 워터게이트 사건이 터지고 리처드 닉슨 대통령이 곤경에 처했을 때, 미국 연방 상원은 닉슨이 1960~1970년대 벌인 문제적 조치들을 들여다보게 됐다. 특히 그중에서 중앙정보국(CIA)이 루뭄바 암살 계획을 세웠다는 증거를 발견했다. 루뭄바가 사망한 뒤 미국은 대신 조제프 모부투(Joseph Mobutu, 1930~1997)를 세웠고, 모부투는 그 뒤로 무려 30년 동안 콩고를 통치하게 된다. 냉전이 끝나면서 모부투 정권의 힘이 약해졌을 때 콩고에서는 최고국민회의(Soveriegn National Conference)*가 만들어져 아프리카의 가장 심각한 인권 유린 사건인 루뭄바 사건을 조사했다. 또 지난 2000년 벨기에는 자국이 연루돼 있을 거라는 우려가 커지자 전면적인 조사에 들어갔다. 역사학자 네 명이 증거를 조사한 뒤 이듬해에 나온 의회 보고서는 벨기에가 연루돼 있다는 사실을 확인했다. 이윽고 벨기에는 콩고에 공식 사과하기에 이른다.

우리가 살펴보게 될 1960년 콩고 정치사에는 경쟁 관계에 있던 네 부류의 관점이 뒤섞여 있다. 경험이 없는 콩고의 미숙한 정치인들, 옳은 말을 하지만 허점투성이인 유엔, 오만하고 파괴적인 미국, 제국의 특권을 지키려 안간힘을 쓰던 벨기에의 노련한 관료들이 그들이다. 시선을 잡아끄는 이 복잡한 이야기는 여러 이야기들이 교차하고 여러 대륙을 넘나드는 인물들이 등장한다. 서로 다른 정치체제와 관습에 대한 설명

* 모부투가 1990년 다당제에 합의한 지 2년 만인 1992년에 각 정당 대표자 2천 명이 모여 만든 기구. 모부투의 오랜 일당독재에 대한 저항, 군대의 잇단 소요 사태로 인한 혼란, 냉전 종식 후 커져 가는 국제사회의 압박 끝에 출범했지만 모부투 정권의 저지와 내전 등으로 민주적 정권 이양을 위한 기구로 제 구실을 하지 못했다.

과 고려도 필요하다. 그래야 비로소 중대한 사건을 제대로 이해하게 되는 값진 보상을 얻을 수 있다.

1960년 무렵 콩고의 모습은 제국의 뿌리를 보여 줄 뿐 아니라 무자비하고 냉혹한 힘의 통치를 그대로 드러내고 있다. 루뭄바의 스러짐은 주권이 없는 사회의 잔인한 면을 가장 원초적인 형태로 보여 주고 정치적 윤리의 가장 심각한 문제를 드러내고 있다. 삶과 죽음에 대한 근원적인 질문이 이 이야기에서 눈을 떼지 못하게 하는 부분이기도 하지만, 한 나라의 전도유망한 정치인이 살해당하는 사건은 술집에서 난투가 벌어져 목숨을 잃는 것과는 다르다. 암살은 우리의 안전을 위협하는 끔찍한 사건이고, 정치가 평화를 가져오고 우리를 보호해 줄 거라는 기대를 허물어뜨린다.

차 례

사진과 지도

사진

지도

1960년 당시의 주요 인물과 지명

콩고민주공화국

쥐스탱 봄보코(Justin Bomboko) 외교부 장관, 이후 집행위원회 위원장

앙투완 기젠가(Antoine Gizenga) 부총리, 이후 스탠리빌 정권의 지도자

조제프 일레오(Joseph Ileo) 상원의장, 9월 이후 총리 지명자

알베르 칼론지(Albert Kalonji) 카사이 남부 분리독립국 지도자

조제프 카사부부(Joseph Kasa-Vubu) 대통령, 바콩고동맹(ABAKO) 지도자

조제프 모부투(Joseph Mobutu) 콩고국군(ANC) 참모총장

고드프루아 무농고(Godefroid Munongo) 카탕가 분리독립국 내무부 장관

빅토르 넨다카(Victor Nendaka) 9월 이후 콩고 국가보안국 '수리테' 국장

제선 센드웨(Jason Sendwe) 카탕가부족연합(Conakat)에 반대했던 카탕가발루바연합(Balubakat)의 지도자

모이스 촘베(Moïse Tshombe) 카탕가 분리독립국 대통령, 카탕가부족연합 지도자

벨기에

아롤드 데스프레몽 린덴 백작(Count Harold d'Aspremont Lynden) 에스켄스 총리의 차석비서, 7~8월 벨기에의 카탕가 실무파견단 단장, 9월 이후 아프리카부 장관, 기독민주당 정치인

보두앵(Baudouin) 벨기에 국왕

마르셀 뒤프레(Marcel Dupret) 브라자빌콩고의 총영사, 이후 대사

가스통 에스켄스(Gaston Eyskens) 벨기에 총리, 기독민주당 정치인

앙드레 라하예(Andrè Lahaye) 콩고에서 활동하던 벨기에 국가보안국 수리테의 선임요원, 콩고 내무 담당 집행위원의 고문

루이 마를리에(Louis Marlière) 대령, 공안군(Force Publique) 참모총장, 모부투 및 국방 담당 집행위원 고문

로베르 로트스힐트(Robert Rothschild) 7월 콩고 수재 부대사, 8월 벨기에의 카탕가 실무파견단 부단장, 9월에는 단장, 10월 이후 브뤼셀 외교부 콩고 담당국장

폴헨리 스파크(Paul-Henri Spaak) 나토 사무총장, 사회당 정치인
기 베베르(Guy Weber) 벨기에군 소령, 촘베의 군사고문
피에르 위니(Pierre Wigny) 외교부 장관, 기독민주당 정치인

미국
윌리엄 버든(William Burden) 벨기에 주재 대사
래리 데블린(Larry Devlin) CIA 콩고지부장
더글러스 딜런(Douglas Dillon) 국무부 차관
앨런 덜레스(Allen Dulles) CIA 국장
드와이트 데이비드 아이젠하워(Dwight David Eisenhower) 대통령, 공화당 정치인
크리스천 허터(Christian Herter) 국무부 장관
존 F. 케네디(John F. Kennedy) 매사추세츠 주 상원의원, 민주당 대선 후보
헨리 캐벗 로지(Henry Cabot Lodge) 유엔 주재 대사, 공화당 부통령 후보로 출마하기 위해 9월에 사임
리처드 닉슨(Richard Nixon) 부통령, 공화당 대선 후보
클레어 팀버레이크(Clare Timberlake) 콩고 주재 대사

유엔
랠프 번치(Ralph Bunche) 사무차장, 7~8월 사무총장 콩고 특사
앤드루 코디어(Andrew Cordier) 사무차장, 8월 말~9월 8일 사무총장 콩고 특사
라예쉬와르 다얄(Rajeshwar Dayal) 9월 8일 이후 사무총장 콩고 특사
다그 함마르셸드(Dag Hammarskjöld) 사무총장
벤 하무 케타니(Ben Hammou Kettani) 유엔 평화유지군의 모로코 장군

그 밖에
피델 카스트로(Fidel Castro) 쿠바 지도자
니키타 흐루쇼프(Nikita Khrushchev) 소련 공산당 제1서기, 주석
콰메 은크루마(Kwame Nkrumah) 전 영국 식민지 가나의 대통령
풀베르 율루(Fulbert Youlou) 전 프랑스 식민지 프랑스령 콩고에서 독립한 브라자빌콩고의 총리이자 대통령
가말 압델 나세르(Gamal Abdel Nasser) 이집트 대통령

자와할랄 네루(Jawaharlal Nehru) 인도 총리
수카르노(Sukarno) 인도네시아 대통령
요시프 브로즈 티토(Josip Broz Tito) 유고슬라비아의 국가원수
세쿠 투레(Sékou Touré) 기니 대통령

주요 도시

레오폴드빌(Leopoldville, 킨샤사)
엘리자베스빌(Elisabethville, 루붐바시)
스탠리빌(Stanleyville, 키상가니)
룰루아부르(Luluabourg, 카낭가)
바콩가(Bakwanga, 음부지마이)
자도빌(Jadotville, 리카시)
티스빌(Thysville, 음반자-응궁구)
포르프랑키(Port Francqui, 일레보)
코키야빌(Coquihatville, 음반다카)
※ 괄호안은 오늘날의 지명

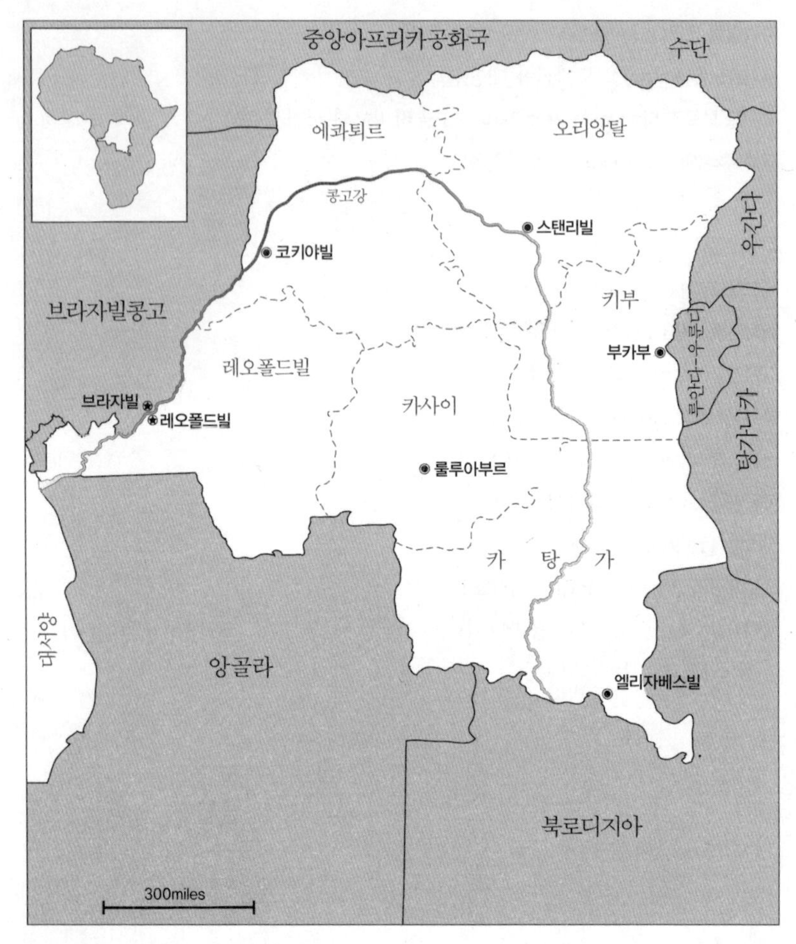

지도 1 콩고(1960년 6월 30일)

레오폴드빌콩고는 벨기에령 콩고가 1960년 6월 30일 독립한 콩고공화국을 말한다. 1964년 콩고민주공화국으로 이름을 바꿨다가 이듬해 두 번째 쿠데타로 정권을 잡은 조제프 모부투가 1971년 자이르로 국호를 바꿨다. 1997년 모부투가 축출된 뒤 다시 콩고민주공화국이란 국호를 되찾았다.

브라자빌콩고는 프랑스령 콩고가 1960년 독립한 콩고공화국을 말한다. 국경을 맞댄 레오폴드빌콩고와 구별하기 위해 브라자빌콩고라고 불렀다. 공산주의 정권이 들어섰던 1970년~1991년에는 콩고인민공화국이 되었다가 다시 콩고공화국이 되었다.

01

벨기에 식민지

1961년 1월 17일, 밤 10시가 다 된 카탕가의 한 덤불숲. 서른다섯 살 벨기에 경찰관 프란스 버르스회러는 현지 흑인 경찰에게 조언을 해주고 있었다. 그들에게 루뭄바의 시신을 좁은 구덩이에 밀어 넣으라고 명령을 내리는 순간, 버르스회러는 스스로 콩고 총리를 살해하는 하수인이 되었다. 잘 훈련받은 이 경찰은 몸에 밴 습관대로 시계를 들여다보면서 총을 쏜 시각을 기록한다. 밤 9시 43분. 그런 다음 그 잔인한 장면을 환하게 밝히던 자동차의 헤드라이트가 꺼져 버렸다. 칠흑 같은 어둠 속에서 버르스회러는 황야가 숨 쉬는 소리를 들었다. 그는 몸이 떨리는 것을 느꼈다. 땀에 온몸이 흠뻑 젖었고 갑자기 두려움이 몰려왔다. 손은 축축하고 끈적거렸다. 어두워서 볼 수 없었지만 끈적끈적한 게 피라는 것을 알고 있었다. 문득 '나는 지금 벨기에에 있지 않아'라는 생각이 머리를 스쳤다. 그는 어떻게 자기 손에 유력한 콩고 정치인의 피를 묻히게 됐을까?

레오폴 2세의 땅

1870년대 들어 영국, 프랑스, 독일, 이탈리아, 포르투갈은 아프리카 대륙의 상당 부분을 나눠 가졌다. 그러나 대륙의 한가운데에 있는 거대한 땅덩어리는 어떻게 나눠야 할지 고민에 빠졌다. 열강 사이에 벌어질 심각한 다툼을 피하기 위해 1885년 이 유럽 국가들은 콩고를 벨기에 국왕 레오폴 2세(재위 1865~1909)에게 줘 버렸고, 레오폴 2세 개인이 '콩고자유국'(Congo Free State)의 주인이 되었다. 콩고자유국은 나중에 크게 여섯 개 주로 나뉘게 된다. 서쪽 해안의 레오폴드빌, 북부의 에콰퇴르, 더 먼 북동쪽 오리앙탈, 동쪽의 키부, 중앙의 카사이, 그리고 그보다 먼 남동쪽에 행정 관할이 복잡한 카탕가가 있었다.

레오폴 2세는 이 광활한 땅이 벨기에의 영향력을 한층 높여 주고 특별한 혜택을 가져다줄 거라 기대했다. 이 식민지를 통해 그는 가톨릭교도와 세속주의자, 가진 자와 못 가진 자, 남부의 프랑스어를 말하는 사람과 북부 플랑드르에서 사실상 네덜란드어와 거의 같은 플랑드르어를 쓰는 사람들로 쪼개진 작은 나라 벨기에를 통합하고 싶어 했다. 유럽 북서쪽 귀퉁이에서 유럽과 공통점을 찾으려 애쓰던 엘리트들과 달리, 정작 벨기에 국민들은 '제국'에 별 관심이 없었다. 콩고자유국은 오늘날 미국 면적의 3분의 1이 조금 안되고 벨기에보다는 무려 여덟 배나 컸다. 레오폴 2세는 제국을 관리하는 데 자신이 가진 것보다 더 많은 돈이 들었다. 레오폴 2세는 벨기에 바깥의 민간 투자자나 기업, 다른 서방 국가, 벨기에의 돈 많은 기업가, 벨기에 정부와도 계약을 체결했다. 콩고는 지배자와 피지배자가 어떤 식으로든 연결되어 있던 그런 식민지가 아니었다. 레오폴 2세는 아프리카인의 이익에는 관심이 없었고 오로

지 투자자들의 수익을 올리기 위해 이 광활한 땅을 경영했다.

유럽인들은 다른 아프리카 국가와 마찬가지로 콩고를 만들 때도 이전에 형성되어 있던 사회적·정치적 국경을 거의 고려하지 않았다. 유럽 열강은 아프리카의 역사와 지리에 무지한 채로 온 대륙을 제멋대로 활보했다. 그들은 기존의 정치적 상황은 물론이고 종교적·언어적 경계도 무시했다. 때로는 다른 유럽 국가보다 먼저 이득을 확보하려는 노력, 아니면 이들을 회유하려는 노력으로 새 영토가 결정되었다. 그 결과 광활한 콩고자유국이 존재하게 됐지만 콩고는 그 무렵 유럽인이나 미국인들이 생각하던 '국가'로 보기는 어려웠다. 단일 국민, 공통된 인식, 공적인 역사, 지리적 동질성, 공통된 문화, 공유되는 관습, 단일한 언어, 통일된 군사행동 같은 것들이 없었기 때문이다. 레오폴 2세가 콩고를 지배하기 위해 지워 버린 과거가 있었다고 주장하는 것은 틀릴 수 있다. 대신 식민주의는 '벨기에령 콩고'(Belgian Congo)를 만들어 냈고, 레오폴 2세는 벨기에 수도 브뤼셀에 있는 유럽인의 이익을 위해 일할 콩고인들을 발견해 냈다.

콩고가 얼마나 응집력이 떨어지는 곳이었는지는 두 사례를 통해 단적으로 드러난다. 대서양을 접하고 있는 바콩고(Bas-Congo)로 알려진 지역은 예전 콩고 왕국*의 일부였다. 이 고대 해양 국가는 유럽 열강에 의해 북쪽으로 프랑스령 콩고와 레오폴 2세의 콩고, 남쪽으로 포르투갈이 지배하던 앙골라로 분할되었다. 1920년대에는 이곳에서 콩고의 수도이자 주의 이름이기도 한 레오폴드빌(오늘날의 킨샤사)이 형성되었다. 하

* 15세 후반 포르투갈 원정대가 유럽 국가 중에서 처음으로 이곳에 도착하기 100년 전부터 존재하던 인구 200~300만 명의 부족연합체.

지만 이 지역 사람들은 백인들이 만든 더 크고 이질적인 국가가 아니라 예전의 콩고 왕국에서 자신들의 미래를 꿈꿨다. 대서양으로 흘러드는 콩고 강 유역에 자리 잡은 레오폴드빌은 유럽인들이 콩고 내륙으로 진입하는 관문이 되었다. 벨기에인들이 국가 건설을 구상했다면 아프리카의 심장부에서 한참이나 멀리 떨어진 레오폴드빌에 '식민지 본부'를 만들지 않았을 것이다.

콩고 남동부 카탕가에는 중앙집권에 반대하는 다른 세력이 존재했다. 카탕가 일대는 나중에 엘리자베스빌(오늘날의 루붐바시)을 중심으로 한 콩고의 주요 채굴 지역이 된다. 지난날 레오폴 2세는 카탕가에서 영국을 몰아냈다. 영국 식민지 로디지아가 이 카탕가와 인접해 있었는데, 영국과 벨기에는 이곳의 풍부한 광물 자원을 두고 힘을 겨루고 있었다.* 레오폴 2세는 카탕가에서 가까스로 영국을 꺾었지만 영국인들에게 이권 사업의 결정권을 상당 부분 내줄 수밖에 없었다. 카탕가는 콩고에 할당되었지만 폭넓은 자치권을 얻었고 벨기에가 지배하는 콩고의 다른 지역과는 다른 지위를 누렸다. 콩고에서 발생하는 이익의 대부분은 이 카탕가에서 나왔고 이곳의 유력 기업들은 그들의 소유주를 더 부자로 만들어 주었다. 이런 업체들 가운데에는 벨기에 최대의 광물 회사인 위니

* 영국 제국주의의 열렬한 신봉자였던 광산 재벌 세실 로즈는 '케이프에서 카이로까지'로 알려진 아프리카 종단 정책을 주장하며 영국 왕실로부터 식민지 통치권을 허가받은 영국남아프리카회사(BSAC, British South Africa Company)를 만들었다. 로디지아도 BSAC가 선을 긋고 로즈의 이름을 붙여 만든 식민지였다. 북로디지아는 1964년 잠비아, 남로디지아는 1980년 짐바브웨가 되었다. 로즈가 남아프리카공화국 킴벌리에서 시작한 다이아몬드 광산 회사는 오늘날 전 세계 다이아몬드 시장을 좌지우지하는 '드비어스'가 되었다.

옹 미니에르 뒤 오 카탕가(UMHK, '위니옹 미니에르'로 줄임)*도 있었다. 이런 기업인들은 근처 남쪽에 있는 영국 세력권으로 눈을 돌리는 경우가 많았다. 이들은 레오폴드빌의 행정 관할 아래에 있는 것보다 브뤼셀과 바로 연결되는 쪽을 원했다. 한 벨기에 외교관이 직통 라인을 놓았을 때 레오폴드빌과 엘리자베스빌은 파리와 이스탄불만큼이나 멀리 떨어져 있었다.[1]

레오폴 2세는 스스로 '발전의 전초기지'[2]라고 부른 곳에서 20년 동안 끔찍한 통치를 자행함으로써 지난 세기 내내 비판받았다. 연이어 추문이 터지고 잔혹 행위에 대해 국제적 조사가 이루어졌다. 벨기에 기득권층에서도 콩고 정책을 두고 반대 목소리가 높아지자 레오폴 2세는 1908년 마지못해 자신의 '영지'를 벨기에 정부에 내주게 된다. 개혁가와 정치인들은 식민 정부가 콩고인들에게 소속감을 주고 그들의 수준을 높이는 데 도움을 줄 거라고 판단했다.

벨기에령 콩고

정부가 국왕으로부터 콩고를 넘겨받고 벨기에가 정직한 '가게 주인'으로 거듭났지만 국가와 자본가 사이의 협정은 계속되었다. 유럽인들은 아프리카의 전통적인 지역 공동체를 꾸준히 약화시켜 왔다. 하지만 마을이나 내륙에 사는 아프리카인들은 여전히 자신들이 속한 부족에서

* Union Minière du Haut Katanga, 1906년 10월 레오폴 2세가 만든 기업과 영국 광산기업이 합병해 탄생했다. 카탕가의 광산이 가져다줄 막대한 부를 착취하려는 목적이었다.

정체성을 찾았고 부족장에게 충성을 다했다. 그러나 벨기에의 경제적 수요 또는 더 넓은 바깥세상의 매력 때문에 흑인들은 수 천 명씩 가족이 있는 집에서 자취를 감췄고 유럽인이 만든 도시로 흘러들어 갔다. 콩고의 양 끝에 있는 레오폴드빌과 엘리자베스빌, 내륙 깊숙한 곳의 코키야빌(오늘날의 음반다카)과 스탠리빌(키상카니), 룰루아부르(카낭가) 같은 도시들이다. 아프리카인에게는 숙소가 주어졌고 의료 서비스가 지원되었으며, 벨기에인들이 생각하기에 아프리카인의 삶에 도움이 된다고 판단한 사회적 환경이 제공되었다. 유럽인들은 식민지에서 지역 주민들에게 그들이 처한 위치와 단순한 노동을 가르치기 위해 초등학교를 지었다. 기이한 보호 통치가 아프리카 대륙 한가운데에서 꽃을 피웠다. 물론 벨기에인들은 아프리카인들의 정치적 권리나 고등교육 따위는 거들떠보지 않았다.[3] 게다가 이런 처사는 유럽인들을 이주시키는 데에도 도움이 되지 않았다.

카탕가와 키부의 몇몇 백인 농장주들은 콩고를 고향이라고 불렀지만 진짜 주인이든, 대리인이든 모두 대개 몇 년 만 콩고에 머무르다가 영구 귀국 전 긴 휴가를 위해 벨기에로 돌아가곤 했다.[4] 나중에 아프리카인들 사이에 시민의식이 싹틀 무렵 모든 사람들은 흑인만의 정치 조직체를 떠올렸다. 벨기에는 흑인 백인 할 것 없이 죄다 시민으로 여기지 않았다. 만약 '시민'이라는 말이, 개인이 정치체제를 만들 수 있고 참여할 수 있으며 그 체제를 따르는 개인을 의미하는 것이라면 말이다. 이런 의미에서 콩고에는 여전히 정부가 존재하지 않았다. 그저 감독 기관이 있었을 뿐이다.

그럼에도 20세기 초까지 식민지 콩고가 가져다준 자부심은 벨기에 내부의 분열을 극복하는 데 도움이 되었다. 벨기에에서는 프랑스어를 쓰는 남부 왈롱 지방과 네덜란드어를 쓰는 북부 플랑드르의 문화적 간극이 점점 더 커지고 있었다. 벨기에에서는 국제 언어인 프랑스어의 영향력이 우세했지만 20세기 초반에 일어난 플랑드르 민족운동을 통해 네덜란드어의 공신력이 높아졌다.* 콩고에서 제국주의자들은 모두 공식 언어인 프랑스어를 유창하게 구사했다. 그러나 벨기에인 다수는 태어날 때부터 플랑드르어를 배우고 말했던 사람들이다. 플랑드르어를 모국어로 쓰는 사람들은 더 나은 직업을 찾기가 어려웠고, 그들이 느끼던 열등감을 때때로 지배받는 아프리카인들에게 풀었다. 아프리카인들은 식민주의자들 사이에 문화적 평화를 도모하는 데 도움이 되었다. 프랑스어를 쓰는 백인으로서 흑인과 다른 도덕적 우월함을 갖고 있다는 생각은 콩고에서 플랑드르 지방 출신과 왈롱 지방 출신 사이의 긴장을 완화시켜 주었다.[5)]

이볼뤼에의 출현

1918년, 제1차 세계대전 종전으로 식민지에서는 불신이 자라나기 시작했다. 또 1945년 제2차 세계대전 후 아프리카에서 일어난 민주화 투쟁은 유럽의 제국을 위태롭게 만들었다. 콩고에서 1910년부터 1940년

---

* 벨기에는 1830년 왈롱인들이 일으킨 벨기에혁명으로 네덜란드에서 독립한 후 반네덜란드 움직임으로 프랑스어를 공식 언어로 채택했다. 벨기에혁명 당시 수도 브뤼셀 인구의 95퍼센트가 네덜란드어를 썼지만 행정 · 사법 · 교육 등 공적 영역을 프랑스어가 지배하게 되면서 점차 네덜란드의 흔적은 지워져 갔다. 수십 년 뒤에 네덜란드어와 플랑드르의 역사와 문화를 보존해야 한다는 플랑드르 운동이 일어나 관련 문화 단체와 정당이 생겨났다.

까지 굳건하던 벨기에의 통치도 차츰 흔들리기 시작했다. 아프리카인들은 끊임없이 도시로 모여들어 '시테'(cités)라 불리는 집단 거주 지역에서 살았다. 이곳에 사는 아프리카인들은 통치하는 자와 통치받는 자의 삶이 얼마나 다른지 실감했고, 피부색에서 오는 본질적 차별을 일상적으로 느껴야 했다. 아프리카인들은 이곳저곳을 옮겨 다니며 원래 살던 촌락 너머의 도시와 더 넓은 세상의 모습을 알게 되었다. 시테 안에서 흑인들은 누가 세상을 움직이는지 얘기를 나눴다. 이런 대화는 시테 밖으로 퍼져 나가지는 못했다. 레오폴드빌에서 회자된 흥미로운 일이나 뒷소문이 나머지 콩고에 대해 알려주지 못하는 것처럼 말이다.

도시에서는 이볼뤼에*라고 불리는 새로운 계층이 생겨났다. 교육은 이들을 이해하는 핵심 열쇠다. 로마 가톨릭교회는 콩고에서 몇 안 되는 통일된 조직체였고 개신교 선교사들이 그랬던 것처럼 기초 교육을 널리 제공했다. 아프리카인들은 그런 기초 교육 이상은 거의 받지 못했다. 특권 그룹이 생겨나지 못하게 하려는 식민 당국이 조직적으로 낮은 수준의 교육만 시켰기 때문이다. 이론적으로는 모든 원주민들이 함께 잘 살면 좋겠지만, 실제 유럽인들은 흑인들이 지켜야 할 규정을 암기시키는 데 중점을 둔 아주 초보적인 교육만 제공했다. 학교는 어린 학생들에게 질 낮은 단순노동자가 되도록 훈련시켰고 복종의 가치를 주입했다. 아프리카인들은 벨기에의 보호 통치를 인정하고 자신들의 열등함을 의심 없이 받아들여야 했다. 제국주의자들은 경제적 필요에 맞지 않는 학문이나 인문학 교육을 가로막았고, 아프리카인들은 아예 그런 고등교육

---

* évolués, 프랑스어로 '깨인, 선진적인'이라는 뜻을 지닌 이볼뤼에는 벨기에와 프랑스의 아프리카 식민지에서 고등교육을 받고 유럽의 가치관을 받아들인 중산층 지식인 아프리카인들을 가리킨다.

을 받을 능력이 없다고 주장했다.[6]

1930년대 이후 선교사들이 중등교육을 제공하기 시작했다. 교사들은 장래가 보이는 장학생들에게 좀 더 실질적인 수업을 해주었고 이 장학생들은 전후 빛을 발하기 시작했다. 아프리카인들은 여러 나라 말을 할 줄 알았고 몇몇 공용어와 키투바어, 링갈라어, 스와힐리어, 칠루바어까지 구사했다. 콩고에서 프랑스어를 할 줄 안다는 것이 곧 이볼뤼에라는 지위를 의미하게 되자 신분 상승을 꿈꾸는 아프리카인들은 너도나도 프랑스어를 배웠다. 그들은 프랑스-벨기에 문화를 익혔고 플랑드르 출신을 깔보았다. 콩고에 있는 벨기에 사람을 부를 때 가장 심한 표현은 플랑드르 출신을 프랑스식으로 '플라망'(Flamand)이라고 부르는 것이었다. 논객들은 실제 사실이든 아니든 불만을 품은 아프리카인들이 백인 중에서도 플랑드르어를 쓰는 플랑드르 사람만 공격할 거라고 믿었다.[7] 좀 배운 흑인들에게 플랑드르어는 링갈라어와 다를 바 없는 제2외국어일 뿐이었다. 이볼뤼에는 콩고에서 흑인의 지위를 벨기에에서 차별받는 플랑드르인의 처지에 견주었다. 또 자신들과 서유럽식 교육을 받지 않은 아프리카인의 차이가 벨기에에서 프랑스어를 쓰는 사람과 플랑드르어를 쓰는 사람 사이의 차이와 비슷하다고 여겼다.

아주 예외적인 아프리카인들이 고등학교를 졸업했고 그중에서도 극소수만이 상급 학교에 진학했다. 1950년대에는 벨기에에 있는 대학에 들어가는 경우가 무척 드물었다. 레오폴드빌과 엘리자베스빌에 각각 대학이 세워졌다고는 하지만 순위 안에 들지도 못했고 아프리카인은 거의 받지 않았다. 그러나 일부 아프리카인들에게는 종교 단체에서 고등교육을 받을 기회가 주어졌고 의학을 공부하는 사람이 많았다. 그렇다고 그들에게 의사 자격은 주어지는 것은 아니었다. 그래도 상류계층에서 프랑스어를 익혔거나, 종교를 공부하거나 기술을 배우면서 프랑스어를 하게 된 사람들은 다른 분야로 옮겨 갈 수 있었다. 기본적인 교육밖에 받지 못했어도 프랑스어에 전문성을 쌓은 아프리카인에게도 기회가 열려 있었다.

벨기에인 가운데 일부는 이볼뤼에에게, 일부다처제 같은 아프리카 관습을 포기하고 서양식 가치관을 받아들인다면 벨기에도 양보해 결국 벨기에인과 아프리카인이 평등해질 것이라고 부추겼다. 이런 '통과의례'는 두 세계 사이에 살고 있는 이볼뤼에의 애매한 상황을 보여 주었다. 이들은 집에서 아내와 겸상을 하지 않고 따로 앉아 나이프와 포크로 밥을 먹었다. 아내는 바닥에 앉아 공동 그릇에 담긴 음식을 손으로 먹었다. 백인과 함께 저녁을 먹는 자리가 있을 때면 아프리카 남자들은 여러 아내 가운데 한 명만 데리고 나타났다. 부인들은 대개 프랑스어를 할 줄 모르고 벨기에인들이 남편 면전에서 아프리카를 폄하하는 발언을 해도 알아들을 길이 없었다. 백인 여성들은 아프리카인 부인들이 "남편보다 수백 년은 뒤떨어져 있다"고 표현했다.[8)]

이 흥미로운 세계에서 원주민이면서 외국인이기도 했던 이볼뤼에 남성들은 자치의 시대를 희망하면서도 압제자와 어떤 식으로든 연결되어 있었다. 그들은 자신의 피부색에 온전히 편안함을 느끼지 못했다. 아프리카인 중에서 이볼뤼에만이 식민주의를 제대로 이해했지만, 이들은 동시에 유럽의 우월성과 우수함을 인정했다. 경제적 부와 기술 수준, 문명, 전 세계에 걸친 관료 체제는 프랑스어를 할 줄 아는 원주민들에게 서유럽은 우월하다는 확신을 심어 주었다. 가장 중요한 것은, 이들이 자신의 지위에 믿음을 갖고 있었다는 점이다. 프랑스화된 아프리카인들은 열등한 삶의 방식에서 벗어났다는 생각을 품고 있었다. 벨기에와 견주어 콩고는 경쟁력이 한참 뒤떨어져 있고, 이볼뤼에들은 콩고를 벨기에 수준으로 끌어올려야 한다고 생각했다. 그들의 인습에 대한 관성은 자신들을 가르친 교수진과 부딪쳤다. 학자들은 이걸로 식민지의 원주민 지식인을 평가하는 일종의 분석 기준을 만들어 냈다.[9] 콩고에서 그런 기준이 유효했는지는 좀 더 생각해 볼 필요가 있다.

왜냐하면 아프리카인들은 자신들의 삶에 존재하는 명백한 불의를 증오했고 조국이 유럽식으로 바뀌는 것만을 원하지는 않았다. 이볼뤼에는 평범한 미래의 시민을 문명사회로 이끌어야 했다. 비판하는 사람들은 이볼뤼에를 '부르주아'라고 불렀다. 독립 후 이볼뤼에들은 벨기에령 콩고식 사회구조를 복제하고 싶어 했다. 하지만 벨기에인을 대신해 자신들이 통치할 사회를, 더 큰 포용력을 바탕으로 차별 없는 사회가 되도록 하는 데도 온 힘을 기울였다.

아프리카 민족주의

1950년대 들어 프랑스는 인도차이나반도와 알제리에서 식민 통치에 맞서 들고일어난 거센 저항에 맞닥뜨렸다. 영국은 로디지아의 골치 아픈 인종차별 정책을 관리해야 했고 케냐에서 일어난 반란도 처리해야 했다. 점차 영국과 프랑스는 식민지를 포기하기 시작했고, 1950년대 후반이 되자 식민지를 내놓는 일은 벨기에로서도 무시할 수 없는 문제로 급부상했다. 혼란에 빠진 브뤼셀은 1958년부터 1960년까지 잇달아 콩고인들에게 양보하는 조치를 내놓았다. 아프리카인들이 정권을 넘겨받아도 돈과 통치를 위해 옛 식민 정권을 바라볼 거라는 유럽인들의 생각은 어느 정도 타당성이 있었다. 벨기에의 관리 능력은 온존할 것이고 정치적·경제적 문제도 그러할 터였다. 브뤼셀은 당초 계획보다 훨씬 더 좋은 결과가 펼쳐지기를 바랐다. 카탕가가 바로 그런 계획에 알맞은 곳이었다. 이 지역의 아프리카인들은 벨기에에 복종해 왔다. 하지만 한번 독립의 기운이 번지자 이내 유럽인에 대한 적개심이 차올랐고 (벨기에인들이 아프리카인들에게 걸었던) 기대는 곧바로 금이 가 휘청거렸다. 게다가 벨기에가 콩고의 독립 가능성까지 내비치자 이곳의 유럽인들은 안위를 걱정하며 공황 상태에 빠졌다. 모든 사람들에게 제국은 정당성을 잃었고, 유럽은 난공불락이라는 관념도 깨졌다.

콩고를 독립시킨다는 벨기에의 구상에 비현실적인 면이 있었다면, 콩고의 젊은 정치인들은 독립에 얼마간 환상 섞인 기대를 품고 있었다. 그들은 자유를 얻기 위해 투쟁한 적이 없었다. 브뤼셀에 있는 정치 지도자들은 콩고의 독립 문제를 놓고 거의 이의를 제기하지 않았고 그냥 쉽게 항복한다고 두 손을 들어 버린 식이었다. 만약 아프리카인들이 10년 동안 격렬한 독립전쟁을 벌여 이겼다면 더 좋은 기회를 얻었을는지 모른다. 그랬다면 내부를 단합시키고, 군대를 통솔하고, 정치 구조를 설계하고, 행정부의 유능한 각료를 키울 유대감을 만들어 낼 수 있었을 것이다.[10] 하지만 콩고의 다양한 지역 출신 유력 인사들은 1958년 브뤼셀에서 처음으로 얼굴을 맞댔고 이곳에서 열린 세계박람회를 관람했다.

아프리카가 제국에 '종식'을 요구하면서 불행의 씨앗은 뿌려졌다. 서유럽은 자신들의 민주주의를 문명사회에 알맞은 유일한 모델로 여겼다. 식민지에서 민주주의의 실험은 그런 기대에 부응하는 데 실패했지만 말이다. 제국주의자들은 아프리카의 오랜 정치 공동체를 파괴해 버리거나 이 공동체들을 이용해 전체를 대표할 만한 정부가 들어서지 못하게 서로 으르렁거리도록 만들었다. 바야흐로 아프리카인들은 이런저런 유럽 국가의 요소를 짜깁기한 엄청난 땅덩어리를 건네받게 되었다.[11]

벨기에 통치 하에서 활발한 정치 활동을 벌인 아프리카인들은 죄다 '민족주의자'로 분류되었다. 그러나 민족주의자라는 딱지는 저마다 중앙집권 수준에 대해 갖고 있던 굉장한 차이를 가리고 있었다. 1950년대 후반 들어 이볼뤼에는 콩고라는 나라와 별개로 독립을 논의했다. 그들은 앞으로 자신들이 운영할 국가의 형태와 관련해 단일국가냐, 민족국가냐, 연방이냐, 국가연합이냐를 두고 격렬한 논쟁을 벌였다. 하지만 '어떻게'에 관해서는 한 번도 논의된 적이 없었다. 그 시절에 출판된 책들은 어떤 공적 조직이 가능한지 분석한 내용으로 가득 차 있지만 그 조직을 어떻게 관리해 낼지에 관해서는 얘기가 없다. 아프리카의 정당은 정치적 연합체로서 기능을 찾아보기 어려웠다. 그때까지도 이들 정당은 콩고를 어떻게 통치할지가 아니라, 유럽식 콩고의 대안으로서 지역 및 부족 자치에 중점을 두고 있었다.

바콩고동맹(ABAKO)*의 수장 조제프 카사부부(Joseph Kasa-Vubu, 1915?~1969)는 독립 전투를 이끌었다.[12] 단일 민족 정당인 ABAKO는 콩고 강 어귀 아프리카 서쪽 해안에 있던 콩고 왕국을 재건하고자 했다. 가톨릭 신학을 공부하고 벨기에 식민지 정부에서 고급 공무원까지 지낸 카사부부는 1950년대에 줄곧 바콩고인의 자치를 추진하는 일에 끈질기게 매달렸다. 카사부부는 원칙주의자로서 백인 중에 우호적인 친구

* Alliance des Bakongo, 바콩고는 콩고 강 하류에 살던 반투족을 말하는데, 콩고 왕국의 대다수를 이루던 바콩고인에게는 콩고 왕국의 정체성이 남아 있었다. ABAKO는 콩고의 언어를 보전하자는 문화운동 조직으로 시작해 독립운동 단체가 되었다.

가 거의 없었다. 벨기에 정부는 1959년 레오폴드빌에서 '1월 폭동'이 일어나자 카사부부를 투옥했다.* 이 고지식한 사내는 아직 자신이 설립한 민족 정당을 그 이상의 무언가로 만들 만한 열정이 부족했다. ABAKO는 또 다른 유명한 지역 정당 카탕가부족연합(Conakat)**과는 달랐다. ABAKO는 그저 부족 집단이었지만 Conakat은 반자치주 남쪽에 세력을 둔 지역 정당이었다.

1950년대 후반에 Conakat의 수장인 사업가 모이스 촘베(Moïse Tshombe, 1919~1969)는 카사부부가 콩고 서부에서 국가를 만들려 했던 것처럼 콩고 동부에 국가를 세우고 싶어 했다. 그러나 카탕가에는 정착한 백인과 광산업체들 그리고 남아프리카의 유혹이 있었다. 이는 유럽인들이 협조적인 아프리카인과 거래하도록 상황을 몰고 갔다. 아마 여러 부족이 결성한 Conakat가 그 지역을 통치한다고 해도 백인에게 특별 사업 인가를 내줄 것이고 이권의 가장 큰 몫을 떼어 줄 터였다. 촘베는 카탕가에서 신망이 높았지만 '제국주의의 공범'이라는 꼬리표까지 뗄 수는 없었다.

루뭄바의 콩고민족운동(MNC, Mouvement National Congolais)은

---

* 카사부부가 이끄는 ABAKO와 루뭄바가 이끄는 MNC는 모두 콩고의 독립을 추구했지만 대중의 지지를 다투는 라이벌이기도 했다. 루뭄바가 1958년 12월 28일 레오폴드빌에서 대규모 대중 집회를 성공적으로 마치자 카사부부는 여기에 대응해 한 주 뒤 ABAKO의 집회를 계획했다. 그러나 벨기에 당국은 집회 허가를 내주지 않았다. 카사부부는 현장에 모인 군중을 집에 돌려보내려 했지만 3만 여명의 군중은 해산을 거부했고 벨기에의 진압에 유혈 사태로 번졌다. 이 사건은 콩고 독립의 결정적 계기가 되었다.

** Confédération des Associations Tribales du Katanga, 1958년 카탕가 지역 부족들이 결성하여 친서방 지역주의자 모이스 촘베가 이끈 정당. 카탕가의 풍부한 광물 자원과 경제력을 배경으로 분리독립을 추진했다.

이런 정당과 대비된다. 내부가 분열되어 있던 MNC가 내세운 민족주의의 힘은 주로 탁월한 지도자 루뭄바 개인의 호소력에 기반을 두고 있었다. 루뭄바는 카사이 지방에서 10년 동안 가톨릭과 기독교 선교사들로부터 튼튼이 교육을 받았다. 게다가 독학으로 프랑스어를 유창하게 말할 수 있었다. 소수민족인 바테텔라족(Batetela) 출신인 루뭄바는 북쪽 스탠리빌로 가 우체국에 들어갔다. 자기 계발과 정치학 공부에 몰두했고 뒤에 이볼뤼에 잡지에서 일했다. 젊은 시절 콩고의 식민지 정치와 문화에 관해 써 둔 글을 묶어 루뭄바가 세상을 떠난 뒤에 출판된 《콩고, 미래의 땅인가 위기의 땅인가》(Le Congo, terre d'avenir, est-il menaçé?)*에는 청년의 열정이 묻어난다. 독립운동에 뛰어들면서 전투적 성향을 띠게 되었지만, 루뭄바의 문화적 보수주의는 눈여겨볼 만한 대목이다. 그는 제국주의를 좋아하지 않았음에도 브뤼셀이 콩고를 한 단계 발전시켰다고 믿었다. 민족주의는 그의 좌우명이었지만 반(反)벨기에는 그다음 순위였다. 루뭄바의 뛰어난 지적 면모는 그를 겪어 본 사람들은 다 알 정도였다.

루뭄바의 인생은 1956~1957년 우체국 돈을 횡령한 혐의로 스탠리빌 감옥에 수감되면서 잠시 우회해야 했다. 그 뒤에 레오폴드빌로 옮겨 갔지만 정치를 포기하지는 않았다. 그는 맥주 회사 '폴라 비어'(Polar beer)의 성공한 영업사원으로, 전도유망한 정치인으로 시테의 바를 자주 드나들었다. 인내로 살아가는 아프리카 사람들 사이에서 루뭄바의 거침없는 열정과 활동은 조금씩 빛을 보기 시작했다. 그는 지칠 줄 모

* 루뭄바가 1956~1957년에 쓴 원고로 1961년에 출판되었다. 이듬해 나온 영문 번역서는 《콩고, 나의 조국》(Congo, My Country)라는 제목으로 출간되었다.

르는 조직가였고 프랑스어든 아프리카어든 사람의 넋을 빼놓을 정도로 입담이 좋은 연사였다. 게다가 프랑스어로 사람의 마음을 흔드는 유려한 글까지 썼다.

큰 키에 훤칠하고 잘생긴 루뭄바는 매력적인 미소를 갖고 있었고, 뭔가를 꿰뚫어 보는 듯한 날카로운 눈빛은 트레이드마크인 안경 뒤에서 반짝였다. 루뭄바를 비판하는 사람들은 여성들을 끌어들이는 그의 매력과 인기를 못마땅해 했다. 강렬한 신체적 매력을 지닌 루뭄바는 말쑥하게 옷을 차려입고 다니는 멋쟁이였고 능수능란한 춤꾼이었다. 비판하는 이들은 콩고의 마리화나 같은 것들이 루뭄바의 정치적 영향력과 밤의 성적 매력에 불을 붙인다고 욕했다.

이볼뤼에들의 관례에 따라 루뭄바는 일부다처제를 포기하겠다고 선언했다. 하지만 자신과 동등한 이볼뤼에 여성을 얻으려는 '문명화'된 흑인 남자의 길을 가는 사이에 조강지처 두 명이 차례로 내쳐졌다. 루뭄바는 1945년부터 1951년까지 6년 동안 세 명의 아내를 두었다. 아프리카의 관습과 서유럽의 합법성이 뒤섞인 모양새였다. 루뭄바의 세 번째 결혼식은 전통 형식으로 치러졌다. 그때 신부 나이는 열네 살, 루뭄바는 스물다섯이었다. 신부는 이볼뤼에라고 볼 만한 구석이 없었다. 마지막 결혼 후에도 루뭄바의 외도는 이어졌다. 가장 오래 관계를 이어 간 사람은 레오폴드빌 출신의 지식인 여성이었다. 루뭄바는 이 여성과 깊은 지적 교류를 나눴고 이 여성은 1960년에 비서가 되었다. 엄마 뱃속에 있던 아이는 루뭄바가 살해된 후에 태어났다.* 루뭄바의 셋째 부인은 루

* 루뭄바의 다섯 아이 중에 막내인 기-파트리스 루뭄바는 아버지의 뒤를 이어 정치에 뛰어들었다. 2006년 대통령 선거에 무소속으로 출마했지만 지지율 0.42퍼센트를 얻는 데 그쳤다.

뭄바가 총리 관저에 살고 있을 때 아이를 낳았다. 여러 엄마한테서 태어난 아이들은 루뭄바의 집에서 함께 자랐다.[13] 서방 외교관들은 루뭄바의 평판을 떨어뜨리기 위해 루뭄바의 사생활을 문제 삼았지만, 본질적으로는 서방의 관습을 루뭄바가 공공연히 무시하자 겁먹은 것이었다.

1958년 MNC를 창립했을 때 루뭄바는 30대 초반이었다. 이 정도면 당시 더 넓은 무대로 나아가려는 콩고 정치인들의 평균 나이였다. 그해 12월 루뭄바가 가나에서 열린 범아프리카인민회의(All-African Peoples' Conference)에 나타났을 때 아프리카 대륙의 여러 정치인들이 그를 주목했다. 루뭄바의 연설과 행동은 그가 벨기에 식민주의자처럼 '콩고인'(Congolese)라고 불렀던 1,500만의 군중 상당수의 마음을 끌어당겼다. 정치적 명성을 얻은 이볼뤼에들은 루뭄바의 탁월한 지성과 말하는 방식을 신뢰하며 자신들의 지도자로 받아들였다. 루뭄바는 대중이 무엇을 필요로 하는지 이해하고 명쾌하게 설명할 줄 알았다. 특히 도시인들에게 미치는 영향력이 컸지만 지역의 시골 사람들도 루뭄바를 지지했다. 루뭄바의 열정과 진정성은 청중들에게 조국에 대한 깊은 정서적·지적 매력을 불러일으켰다. 민족주의자들의 이상은 루뭄바가 만들어 낸 것 이상이었다.

루뭄바의 멘토인 가나의 콰메 은크루마* 역시 그랬던 것처럼, 루뭄바에게 아프리카 민족주의와 대비되는 연방주의나 동맹은 종족 분리주의나 마찬가지였다. 그는 서방세계가 '종족 분열'을 이용하는 것은 '아프리카의 자살'을 불러올 거라고 내다봤다.[14] 그런가 하면 루뭄바는 변덕스

* 아프리카 해방운동, 가나의 독립운동을 이끈 민족주의자, 사회주의자. 가나가 1957년 영국으로부터 독립한 뒤, 총리 자리에 올랐고 1960년 가나공화국의 초대 대통령에 선출됐다.

럽고 자신만만했으며 다소 충동적이어서 다른 사람을 화나게 만들 수 있었다. 그는 이볼뤼에를 중심으로 강력한 핵심 지지층을 확보하고 있었지만 어떤 이들은 자신이 루뭄바와 경쟁이 되지 않는다는 것을, 그리고 루뭄바가 너무 잘 나간다면 정치적으로 결코 성공할 수 없을 거라고 걱정했다. 무엇보다 루뭄바의 주요 정적들은 (루뭄바가 강조하는) '콩고인'의 국가를 신뢰하지 않았고 뭔가 다른 걸 원했다. 루뭄바를 깎아내리는 사람들은, 그가 현재를 불안하게 하는 존재라고 인식했고 백인의 심기를 거스르지 않을까 심각하게 고민했다. 유럽과 미국은 루뭄바를 부정적으로 보지 않았지만, 그의 민족주의는 너무나 확고했고 전략적 행보는 예측할 수가 없었으며 서방의 특권을 배려하지 않았다.

콩고가 독립하기 전 1년 반 사이에 아프리카의 유력 정치인으로 떠오른 루뭄바는 콩고가 독립하고 한 달 만에 일인자로 급부상했다. 그는 이미 주목받는 무대 중앙에 있었는데, 늘씬하고 인상적인 인물이 늘 뭔가를 하면서 움직이는 모습은 사람들의 시선을 끌어당겼다. 그의 행동과 발언은 단순히 전달되는 데 그치지 않고 늘 다른 이들의 해석이 뒤따랐다. 루뭄바는 콩고 서민들에게 희망과 공포의 화신이면서, 레오폴드빌과 다른 지역에서 루뭄바와 싸우거나 협력하는 아프리카 정치인들에게도 희망과 공포의 대상이었다. 그는 서방 지도자들, 식민 통치자, 전세계의 좌파들, 개발도상국 정상들의 꿈과 악몽에도 등장했다. 루뭄바의 내면을 들여다보는 일이란 거의 불가능했다.

루뭄바의 글과 말은 언제나 사람의 마음을 두드리는 힘이 있었다. 그의 포부는 얼마나 신뢰할 만한 것이었을까? 총리로서 그는 서구식 행정 자원이 없는 지역을 다스렸고 서유럽 민족주의를 모델로 삼았다. 그와 측근들은 나라를 경영하는 조직체를 꾸린 적도 나라를 경영해 본 경험도 없었다. 게다가 콩고에 처음 이식된 방식은 벨기에의 이상한 통치 형태였다. 루뭄바는 프랑스어를 더 좋아했지만 플랑드르인과 왈롱인들이 벨기에에서 하는 것처럼 콩고인들도 공동의 이익을 추구하기를 희망했다. 일부 플랑드르어를 말하는 사람이 독립국가 콩고도 벨기에처럼 두 개의 국어를 채택하는 게 좋다고 제안했을 때, 콩고 민족주의자들은 플랑드르어가 공식 언어가 된다면 콩고에서 쓰이는 모든 공통어도 공식 언어가 되어야 한다는 논리로 맞섰다. 그런 어리석은 생각은 자기부정일 따름이었다.[15] 아프리카인들은 스스로 하나, 둘 또는 그 이상의 정부가 돌아가도록 만들 수 있을지 논의를 진전시킨 적도 없었다. 그러나 벨기에, 미국, 유엔은 모두 MNC의 목표였던 '통일 콩고'라는 구상을 두고 립 서비스를 아끼지 않았다. 벨기에는 자기네 광활한 식민지가 눈앞에서 사라지는 것을 지켜만 보려고 넘겨준 것이 아니었다.

벨기에의 항복

1958년 말쯤 브뤼셀은 콩고의 개혁과 머잖은 독립을 위한 검토를 시작했다. 그런데 벨기에가 그 결과를 내놓기 전 1959년 1월 4일, 레오폴드빌에서 폭력 사태가 일어났다. 아프리카인들은 즉각적인 변화를 원했고 혼란은 그해 내내 계속되었다. 브뤼셀은 독립을 약속해 놓고 시간을 끌었다. 벨기에 정부는 지금 바로 콩고를 독립시키는 것에 반대했지만 국내에서는 어떤 군사적 개입도 안 된다는 반대 여론이 거셌고 정부는 상황을 통제할 힘을 잃어버렸다.

1960년 초 벨기에는 결국 두 손을 들고 만다. 벨기에와 콩고 양측이

사진 1 브뤼셀에서 열린 콩고 독립협상회의에 모습을 드러낸 파트리스 루뭄바(1960년 1월 26일). *Wikimedia Commons*.

브뤼셀에서 협상 테이블에 앉게 되자 사태는 급물살을 타기 시작했다. 아프리카인들은 즉각 독립해야 한다는 강경한 입장이었다. 브뤼셀이 압박에 못 이겨 루뭄바도 이 협상에 참여하게 될 거라고 발표하자 흥분은 절정에 달했다. 1959년 10월 루뭄바는 시테를 (독립운동에) 동원하기 위해 스탠리빌로 돌아왔다. 폭력 사태의 배후로 지목되어 체포된 루뭄바는 1960년 1월 21일 두 번째 징역형을 선고받고 스탠리빌에서 카탕가의 자도빌로 이송되었다. 대중적 지지가 가장 높던 곳에서 루뭄바를 멀리 떨어뜨려 놓기 위한 조치였다. 며칠 후 1월 25일, 벨기에 당국자들은 MNC 지도자를 풀어 주어 브뤼셀 협상장에 갈 수 있도록 했다. 루뭄바의 영향력이 워낙 강력했기에 독립협상에 참가시키지 않을 수 없었던 것이다. 1월 26일, 루뭄바가 브뤼셀에 극적으로 모습을 드러냈을 때 손목엔 수갑을 찼던 흔적이 남아 있었다. 경계의 눈빛을 보내던 카사부부가 협상 참여를 거부하자, 루뭄바는 특유의 카리스마로 협상을 넘겨받아 단숨에 국민적 영웅이 되었다.[16]

협상 결과 1960년 6월 30일을 독립일로 하는 합의가 이뤄지고, 선거 일정도 정해졌다. 아프리카인들은 행정 관리 실습을 위해 벨기에 공무원들과 함께 일했다. 4월이 되자 경제 문제를 논의하는 두 번째 협상이 시작되었다. 콩고의 정치인들은 다가올 선거 생각에 사로잡혀 이 회담에 최소한으로 참여했다. 벨기에는 임시헌법을 승인했다. 이 '기본법'(Loi fondamental)에 규정되어 있는 콩고 정부의 구조는 벨기에 정부와 비슷했다. 콩고 유권자들이 하원 의원을 선출하고 복잡한 절차를 거쳐 6개 주에서 상원의원을 선출하면, 이들이 의회를 구성하는 방식이었다. 국가수반인 대통령이 총리와 각료를 임명할 공식 권한을 갖고 있지만 의회가 정부를 승인해야만 했다. 그런데 이 '기본법'은 콩고의 첫 총리와 각료를 벨기에 국왕 보두앵(Baudouin, 재위 1951~1993)이 임명하도록 했다. 국왕은 이 일을 콩고 특사인 발터 한스호프 판 데르 메이르스에게 위임했다. 콩고 의회는 먼저 총리를 결정한 다음 대통령을 투표로 선출하게 되어 있었다.

마침내 1960년 5월 11일부터 25일까지 닷새 동안 선거가 치러졌다. 정당은 획득한 지지율에 따라 의석을 얻었다. 벨기에 방식을 베낀 이 제도는 승자독식 방식과 아주 달랐고, 지역과 종족 단체가 소규모 정치 그룹을 양산한 콩고에서 정당이 더 난립하게 만들었다. 5월 말에 나온 선거 결과는 하원을 결정지었다. 6개주에서 새로 선출된 의원들은 상원을 구성할 사람들을 결정했다. 다수에는 훨씬 못 미쳤지만 루뭄바의 정당 MNC가 그래도 가장 많은 의석을 얻었다. 137석 가운데 37석을 확보한 MNC만이 전국적인 지지를 받았다. 6월 초 루뭄바는 자신이 콩고를 이끌게 될 거라고 내다봤다. 그러나 레오폴드빌에서 한스호프 판 데르 메이르스는 시간을 질질 끌고 있었다. 벨기에는 예측하기 어려운 루뭄바가 총리를 맡게 되는 것을 원하지 않았다. 6월 17일 한스호프 판 데르 메이르스는 루뭄바를 제쳐 두고 카사부부에게 정부를 구성해 달라고 요청했다.

카사부부는 바콩고에서 독점적 지위를 차지하며 수도를 핵심 지지 기반으로 삼고 있었지만, 그 밖의 지역에서는 거의 지지를 받지 못했다. 6월 21일 의회에서 치른 선거는 전국적인 지도자로서 카사부부의 취약함을 드러냈다. 한스호프 판 데르 메이르스는 현실을 인정하고 루뭄바를 선택할 수밖에 없었다.

마침내 총리가 된 루뭄바는 6월 23일 통합 내각을 발표했다. 각료를 인선하면서 루뭄바는 타협의 여지가 없을 정도로 적대적이라 여겨지는 몇몇 인사를 제외시켰다. 대부분 카탕가의 Conakat를 이끄는 촘베의 열렬한 추종자들이었다. 그 밖에 카사이 주의 알베르 칼론지도 제외되었다. 칼론지는 한때 MNC의 핵심 인사였지만, 루뭄바와 갈라선 뒤에 정적이 되어 있었다. 역시 인선 명단에서 빠진 장 볼리캉고도 에콰퇴르주에서 루뭄바에 반대하던 주요 인사였다. 루뭄바는 내각을 구성한 다음 날 카사부부를 대통령으로 뽑는 선거를 주도했다. 여러 정당으로 구성된 정부와 카사부부를 대통령으로 선출하는 과정은 루뭄바 총리가 협치를 하도록 만들었다.

6월 29일 새로 탄생한 공고 정부는 벨기에와 맺은 우호조약을 승인했다. 이 조약은 콩고 독립의 로드맵을 그린 '기본법'과 더불어 중요한 내용을 담고 있었다. 조약에 따르면 1만 명 안팎의 벨기에 공무원 조직과, 공안군*에서 흑인 병사를 지휘하던 백인 장교 1천 명은 콩고에 그대로 남아 벨기에로부터 급료를 받기로 했다. 벨기에는 기지 세 곳에 주둔하고 있던 수도방위군도 유지하기로 했다. 루뭄바는 선택의 여지가 없었기에 이 조약에 서명할 수밖에 없었다. 콩고는 아직 스스로 나라 살림을 꾸려 나가고 군대를 운영할 역량이 없었다. 벨기에는 또 교묘한 법적 장치를 통해 새 국가의 손에 떨어진 식민지 이권, 이른바 '콩고 포트폴리오'를 지키려고 안간힘을 썼다.[17]

공식적인 권력 이양은 6월 30일 이뤄지게 된다. 하지만 새 체제가 독립적으로 굴러갈 거라거나 도움을 받아 효율적으로 작동할 거라고 보는 사람은 내부에서도 거의 없었다. 카사부부와 루뭄바의 동업은 그들

---

* Force Publique, 레오폴 2세가 식민 통치를 위해 창설해 벨기에령 콩고 때까지 존재했다.

스스로 뒤에서 수군거린 대로 오래가지 못할 터였다. 스스로 분열되어 있던 벨기에는 콩고에 국가 통합의 발상을 심어 주지 못했다. 독립을 위한 투쟁은 민족주의를 키워 냈지만 독립을 향한 열정은 식민 정권이 항복하면서 식어 버렸다. 냉소적인 관전자들은 브뤼셀이 콩고에서 어떻게 통제력을 유지할지 의구심을 품고 있었다.[18)]

02

독립

벨기에 국왕 보두앵은 분열된 가톨릭 제국과 백성에 대한 강렬한 의무감을 갖고 있었다. 상당한 재력가였지만 유머 감각이 부족했고 늘 심각했다. 유럽 열강이 아프리카보다 훨씬 가까운 곳에서 '집안싸움'이 벌어지자 완충 역할을 기대하며 1830년 벨기에를 새 국가로 승인했을 때,* 벨기에를 다스릴 적절한 왕족으로 레오폴 1세가 선택되었다. 보두앵의 할아버지의 큰아버지인 그 유명한 레오폴 2세는 기민하고 능력 있는 군주였다. 이 레오폴 2세의 조카의 손자는, 전설적인 집안 어른이 콩고에서 노예무역을 폐지하고 후진적인 이교도 흑인들을 기독교도로 끌어올린 것에 깊은 자부심을 느꼈다. 소년 시절부터 보두앵은 아프리카에서 자신의 가문과 벨기에의 존재가 갖는 의미에 대해 지나치게 감상

---

* 16세기 중반 이후 스페인의 지배를 받던 벨기에 지역은 18세기 들어 오스트리아, 프랑스, 네덜란드에 이르기까지 주인이 수차례 바뀌었다 1830년 네덜란드를 상대로 독립전쟁을 일으켜 주변 강대국들로부터 독립을 약속받았다.

적이고 아무도 못 말리는 무지막지한 믿음을 갖고 있었고, 일찌감치 콩고를 자신의 동화 속 상상에 맞춰 놓고 있었다.

제2차 세계대전은 충성과 공인의 의무를 두고 불가능한 선택을 하게 만들었다. 벨기에의 장관들은 너도 나도 영국으로 도망쳤지만 보두앵의 아버지 레오폴 3세는 따라가지 않았다. 전쟁 기간에 국민들은 나라를 떠나지 않는 국왕의 용기를 높이 샀다. 레오폴 3세는 나치가 휩쓴 유럽에서 소심한 애국주의자의 면모를 보여 주었지만 동시에 친파시스트 입장을 보였다. 독일이 패배하자 그는 나치 부역자로 낙인찍혔다. 이는 '퀘스티옹 로얄'*이라 불리는 오랜 논쟁을 불러왔고, 벨기에 정치권은 레오폴 3세에게 왕위에서 물러나라고 압박했다.[1] 레오폴 3세의 장남 보두앵은 조국이 왜 아버지가 실패했다고 생각하는지 똑똑히 인지하면서 자랐다.

1950년, 보두앵은 스무 살 나이에 왕위에 올랐다. 그는 벨기에를 위해서 일하길 원했고 아버지의 유업을 재건하고 콩고에서 선조가 물려준 소명을 계속 이어 나가길 원했다. 보두앵은 1955년에 의기양양하게 콩고를 찾았다. 그리고 1959년 식민지의 미래가 불투명해졌을 때 잠시 콩고를 다녀갔다.

---

* Question royale, 1945~1951년 벨기에에서 레오폴 3세의 행위가 헌법 위반인지 왕위를 이어 갈 수 있는지를 두고 벌어진 논쟁과 정치적 위기를 말한다. 독일군이 침입하자 레오폴 3세는 프랑스 망명정부로 가는 것을 거부하고 벨기에에 남아 군 최고사령관을 맡았다가 나치에 항복했다. 그는 해방 직전 1944년 독일에 포로로 잡혀갔고 형 샤를이 섭정을 맡았다. 벨기에 정치권은 레오폴 3세가 귀국해 다시 왕위를 이어 갈 수 있는지를 두고 분열되었다. 레오폴 3세는 그 사이 스위스로 망명했다가 1950년에 치른 국민투표에서 국민의 58퍼센트가 귀국을 찬성함에 따라 돌아왔다. 그러나 귀국을 반대한 왈롱 지방을 중심으로 시위와 파업이 계속되는 등 혼란이 가라앉지 않자 퇴위를 선언하게 된다.

1950년대 여느 벨기에 사람들처럼, 보두앵은 벨기에가 콩고를 포기할 수 있을 거라고는 상상도 하지 못했다. 벨기에에 있는 일부 사람들은 해방은 몇 세대 후에나 가능하다고 주장했다. 1950년대 중반 나타난 '35년 해방론'에 국민들은 크게 감동했다. 그러다 1958년 8월 샤를 드골이 아프리카에서 프랑스 제국의 종식을 선언하고 '프랑스연합'(Frech Union)의 창설을 제안하고 나섰다.* 드골은 콩고 강을 사이에 두고 레오폴드빌과 마주보고 있는 프랑스령 콩고의 수도 브라자빌에서 프랑스의 아프리카에 대해 연설했다. 벨기에 사람들은 늘 프랑스를 신경 썼고 드골의 전망은 보두앵을 불안하게 했다. 브뤼셀은 홀로 아프리카 식민지를 유지해 나갈 길을 찾지 못했다.

1959년 1월 레오폴드빌 사태 이후 보두앵은 라디오 연설에서 콩고의 점진적 독립, 벨기에와 콩고가 긴밀한 협력을 계속해 나가는 방안을 염두에 두고 있음을 알렸다. 그는 부드러운 정권 이양 또는 그 이상의 뭔가에 대한 몽상을 갖고 있었다. 그는 몽상 속에서 벨기에 왕실 연방 내에 두 지역의 사람들이 동등하게 연합하는 콩고-벨기에 공동체라는 구상을 가다듬었다. 상황을 냉철하게 보는 이들은 벨기에가 흑인 정부의 허울 뒤에서 실권자로 계속 남을 테고, 흑인 정부는 '백인의 선의'가 콩고에서 영향력을 발휘하고 경제적 이해관계도 변함없이 유지되도록 허용할 거라고 생각했다. 보두앵의 뇌리에는 독립이 콩고의 원초적인 뿌리

---

* 파리 해방의 주역 드골은 1946년 정계를 은퇴했다가 1958년 알제리전쟁 등으로 사회당 정권이 붕괴 위기에 놓이자 임시정부 수반으로 돌아왔다. 그해 9월 치러진 국민투표에서 개헌이 통과되면서 제5공화국이 수립되고 석 달 뒤에 대통령으로 선출되었다. 기니를 제외한 프랑스의 아프리카 식민지들은 바로 독립하거나 또는 새 헌법을 받아들여 프랑스연합의 일원으로 남는 방안 중에서 모두 후자를 선택했다.

를 키워 75년 동안 콩고에 싹튼 가톨릭 문명을 고사시킬 거라는 깊은 공포가 자리하고 있었다.

보두앵은 콩고를 처음 방문했을 때 루뭄바를 만난 바 있다. 스탠리빌의 이볼뤼에들은 루뭄바가 보두앵을 대할 때 했던 언행을 두고 '유화적 제스처' 또는 '말의 향연'이었다고 비난했다. 1959년 말 보두앵이 잠시 콩고를 다녀갔을 때 스탠리빌에서는 또 다른 시위가 발생했다. 당시 루뭄바는 그곳 감옥에 갇혀 있었고 보두앵은 스탠리빌을 그냥 지나쳤다. 보두앵은 흑인들과 일을 잘 풀어 보려 노력했지만 극단주의자라고 간주한 루뭄바는 두려워했다. 보두앵이 보기에 루뭄바는 국왕의 백성들을 우호적인 세력으로부터 떨어뜨려 놓으려 조종할 사람이었다. 6월 30일 독립의 날, 보두앵은 시큰둥한 태도로 레오폴드빌로 날아갔다. 이때까지도 그는 콩고 공화국에 설교를 하고 그들에게 꼭 필요한 규율을 심어 줘야 한다고 생각했다.

보두앵의 마음속에서는 다른 걱정거리도 서로 각축을 벌이고 있었다. 그는 종교적 염원과 개인적 신념을 담은 '내밀한 일기'(Intimate Diary)를 썼다. 그는 성직자들, 특히 레오 수에넨스 주교의 조언을 귀담아 들었다. 수에넨스 추기경은 1961년 (메헬렌-브뤼셀 대교구장에 서품되어) 벨기에 로마 가톨릭 교회의 영적 지도자가 되었다. 불완전한 지성을 지닌 젊은 국왕은 이 잘못된 세상에서 개인적 수행과 국왕의 의무를 연결시키는 일에 분투했다. 그는 아버지를 바람둥이라고 생각했고 동시에 확고한 생각을 가진 남자라고 여겼다. 보두앵은 확고한 신념은 있었지만 여자는 없었다. 아버지 레오폴 3세는 외로운 아이들에게 친구를 만들어 주기 위해 왕궁 안에 보이스카우트 군대를 만들었다. 1960년 스물아홉 살이 된 보두앵은 결혼할 여성을 찾고 있었다. 그해 초 그는 스위스에서 두 살이 많은 에스파냐 귀족 여성 파비올라 페르난다를 소개받았다. 4월 보두앵은 수에넨스 대주교에게 중매에 나서 달라고 부탁했다. 수에넨스는 평소 신뢰하던 아일랜드 출신 수녀 베로니카 오브라이언에게 일을 맡겼다. 오브라이언 수녀는 영적 통찰력으로 평판이 자자했다. 성모 마리아를 영접한 오브라이언 수녀는 보두앵와 파비올라를 위해 조심스러운 만남을 주선했다.[2)]

1960년 7월 5일 독립 선포식이 있은 며칠 후 보두앵은 신분을 숨긴 채 프랑스 루르드 가톨릭 성지로 향했다. 경건한 순례 목적도 있었지만 파비올라를 만나기 위해서였다. 두 사람은 함께 기도하고 루르드 주변을 산책하며 진지하게 대화를 나누었다. 보두앵은 파비올라에게 푹 빠져 집으로 돌아왔다. 마침내 그는 정착할 곳을 찾았고 왕조는 계속 이어질 것이었다. 9월 두 사람은 약혼을 발표했고 12월에 결혼하기로 했다. 콩고가 독립한 후 6개월 동안 로맨스와 어려운 국제정치가 보두앵을 사로잡았지만 그는 왕으로서 해야 할 일에 온전히 집중했다. 마치 세상에서 가장 세속적이지 않은 사람에게 가장 세속적인 요구를 하는 모양새였다.

6월 30일

1960년 6월 30일 오전 11시 직전 보두앵과 수행원을 태운 차량 행렬이 레오폴드빌의 새로 단장한 국회의사당 건물 앞에 멈춰 섰다. 보두앵은 최근에 선출된 의원들, 벨기에 공무원, 국제 사절단, 콩고 교회의 고위 인사들 앞에서 연설할 예정이었다. 카사부부 대통령이 답사를 하고 각국 총리들이 독립선언문에 사인하고 나면 귀빈들은 편안하게 점심을 먹기로 되어 있었다.

훈장이 장식된 흰 국왕의 제복을 입은 보두앵은 '그의' 백성들에게 일장 연설을 이어 갔다. 루뭄바처럼 보두앵도 알이 두꺼운 안경을 쓰고 있었다. 그는 이곳에 모인 아프리카인들에게 독립은 "문명의 대변자였던 천재적인 레오폴 국왕께서 시작한 일을 완성 하는 것"이라고 말했다. 이어 "뒤를 이어 나라를 건설한 벨기에 선구자들은 우리의 경의와 당신들의 감사를 받을 자격이 있다"며 "큰 어려움에도 그들은 콩고를 구했고, 이제 아프리카인들은 우리가 당신을 믿은 만큼 옳았다는 것을 증명해야 한다"고 했다. 보두앵은 "콩고 원주민들은 벨기에에 깊이 감사해야 한다"며 "독립은 안이하게 즐기면서 당장 눈에 보이는 것에 만족하는 것으로는 실현되지 않는다. 독립은 성실히 일하고 다른 이의 자유와 소수자의 권리를 존중해야 얻어지는 것이다. 관용과 질서 없이는 어떤 민주 체제도 살아남을 수 없다"고 강조했다. 보두앵의 말은 콩고인들이 아직 독립할 준비가 되지 않았고 나라를 위해 성심껏 기도해야 한다는 뜻이었다. 제국의 우월감이 잔뜩 묻어나는 이 연설은 상황을 더 악화시켰다. 더구나 그는 자신의 오만한 태도를 자각하지 못했다. 많은 참석자들이 그렇게 생각했다. 서방 언론은 보두앵의 연설이 재미는 없지만 적절하다고 여겼다. 보두앵은 의례적인 박수만 받았다.

의전상 보두앵과 동등한 지위였던 카사부부 대통령은 적절하게 화답했다. 1월 원탁회의에서 내놓는 주장마다 참가자 중에 자신이 가장 존중받아야 한다고 목소리를 높이던 카사부부한테서 이번엔 그 어떤 불평의 낌새도 찾아볼 수 없었다. 그는 루뭄바에게 기회를 주었고 그 대가로 2인자의 자리를 얻었다. 카사부부는, 벨기에가 협박하지 못하는 루

사진 2 콩고 독립의 날, 초대 총리 파트리스 루뭄바가 레오폴드빌 의회에 들어서고 있다(1960년 6월 30일). © *Belga Image*

뭄바를 아프리카인들이 자랑스러워한다는 걸 잘 알고 있었다. 루뭄바는 제국의 말을 동원하여 주인을 겁주는 데 쓸 줄 알았다. 모든 백인이 그를 증오한다고 해서 꼭 나쁜 것만은 아니었다. 그런가 하면 사실 루뭄바는 좀 걱정스럽기도 했다. 그가 논쟁에서 압도적일지 모르지만 플랑드르인들을 참을 수 없을 정도로 화나게 만들거나 콩고를 미답의 영역으로 끌고 갈지도 몰랐다. 카사부부만이 루뭄바를 제어할 수 있었다. 카사부부는 자신에게 위안을 준 그 자리에 본인이 잘 어울리지 않을 수 있다는 생각도 했다. 평범하고 게으른 연설가인 카사부부는 밥을 먹고 나면 늘 낮잠을 잘 준비가 되어 있었다.

카사부부의 연설은 별다른 특징은 없었지만 적절했다. "벨기에는 역사의 흐름에 반대하지 않는 지혜를 갖고 있고 평화로운 식민지 해방이라는 전례 없는 행동을 보여 주었다. 벨기에는 외국의 지배로부터 우리나라를 완전한 독립으로 바로 넘어가도록 만들어 주었다." 벨기에에 대한 판단은 에둘러 지나쳤다. 그러나 카사부부는 보두앵이 조금 전 (말로) 아프리카인들의 빰을 때렸다는 걸 인지했다. 보두앵의 거만함에 충격을 받은 카사부부는 콩고를 위한 국왕의 배려에 적당히 굽실거리며 맞춰 주려 했던 나머지 연설을 모두 생략해 버렸다. 또 다시 청중들은 예의 바르게 박수칠 뿐이었다.

루뭄바의 연설

루뭄바가 독립 선포식 거의 마지막 순간에 연설하겠다고 결정한 것을 두고 여러 가지 해석이 있다. 루뭄바는 보두앵이 마치 설교하듯 거만하게 연설했다는 얘기를 듣고 자신의 연설을 식순에 끼워 넣었다. 루뭄바가 보기에, 1880년부터 1910년까지 레오폴 2세와 그의 대리인들은 흑인을 사람이 아닌 소모품으로 보던 이들이었다. 아프리카 사람들은 광산업체의 주주를 위해서 일했다. 어쩌면 마르크스주의자들의 자본주의 분석이 콩고에서 실제 벌어진 일보다는 더 정교했을지 모른다. 유럽인들은 콩고를 노예노동으로 몰아넣었다. 죽지는 않았지만 흑인들은 실적이 기대에 미치지 못했을 때 손이 잘리거나 처자식이 총에 맞았고, 그도 아니면 끔찍한 시코트*로 지독한 구타를 당해야 했다. 루뭄바도 그렇게 생각했다.

그는 또 벨기에 정부가 1908년 레오폴 2세로부터 콩고를 넘겨받은 뒤에도 상황이 거의 나아지지 않았다고 믿었다. 식민 통치자들은 콩고를 벨기에 정부의 재정 수입에 꼭 필요한 귀한 자원으로 여겼다. 아프리카인들은 콩고에서 낮은 수준이나마 행정이 어떻게 돌아가고 지배계층은 어떻게 사는지 배우긴 했지만, 벨기에인들은 아프리카인들의 삶을 가장 낮은 지위와 보잘것없는 월급으로 제한했다. 벨기에 당국은 루뭄바 같은 사람을 '영업사원'으로 고용했다. 백인이 소유한 회사는 이볼뤼에를 직원으로 썼는데, 이들은 다른 아프리카 상인들에게 상품을 팔고 여기서 나온 이익은 유럽인들에게 돌아갔다.

프랑스어는 루뭄바에게 이 모든 것을 명확하게 해주었다. 1958년 어떤 저널리스트는 "루뭄바는 우수한 학생이다. 그가 플랑드르 출신한테서 교육받았다는 것을 누구나 금방 알 수 있다"고 썼다.[3] 루뭄바는 키

---

* chicote, 콩고 흑인들에게 백인의 잔혹한 식민 통치를 상징하는 물건 가운데 하나. 하마 가죽을 건조시켜 만든 긴 나선형의 채찍. 이 채찍으로 맞으면 상흔이 몸에서 지워지지 않았고, 심하면 목숨을 잃을 수 있을 정도로 고통이 컸다.

투바어, 링갈라어, 스와힐리어, 칠루바어 등을 언급하며 "우리는 우리 민족의 '플랑드르어'를 갖고 있다"며 "새로운 콩고를 건설하는 데 기여한 모든 이들이 프랑스어를 익히기를 바란다"고 말하기도 했다. 초창기 정당들은 대중 앞에 나설 공인이 되려면 프랑스어로 토론할 수 있는 능력을 갖춰야 한다고 명시했다. 누군가가 주장했듯이, "볼테르의 언어는 홀로 오롯이 콩고의 국어가 되어야 했다."[4] 프랑스어는 루뭄바에게 다른 세상을 열어 주었다. 그는 유럽의 밝은 면과 아프리카의 어두운 면을 알게 되었다. 자기 눈으로 보기에도 아프리카는 저 아래 바닥에 있었고 자신은 깨인 계층에 있다고 여겼다. 하지만 백인들을 모방하면서 그는 프랑스어로 제국주의의 폭압을 설명할 수 있게 되었다. 루뭄바는 아프리카·유럽 연방 논의를 들어 알고 있었다. 이 문제는 상호 존중에 달려 있었다. 그리고 다시 루뭄바는 알 수 있었다. 그런 연방조차도 인종 장벽이 있을 거라는 것을. 어떤 벨기에인도 사회를 분리해야 한다는 생각이나 흑인에 대한 편협함을 노골적으로 드러내지 않았다. 하지만 두 얼굴을 가진 백인들의 수사는 루뭄바 같은 사람들이 흑인의 격하된 지위를 더 또렷하게 인식하게 만들었다.

마지막으로, 루뭄바는 벨기에인들이 어떻게 자기 대신 카사부부를 총리 자리에 앉히려고 했는지 염두에 두고 있었다. 그들은 대놓고 루뭄바를 무시했다. 브뤼셀은 루뭄바의 반대 세력이나 루뭄바의 MNC와 지향이 유사한 정당이 느낄지 모를 일말의 의구심까지 이용하고 싶어 했다. 그럼에도 불구하고 콩고에서 급부상한 흑인 유력인사 루뭄바를 향해 벨기에가 내보인 강력한 반감은 도리어 아프리카인의 열정을 북돋아 주는 결과를 낳았다. 벨기에가 항복했지만 루뭄바는 그 모욕을 결코 잊지 않았다. 이제 자기가 꾸린 정부에서 자신이 가진 권력을 일깨우기 위해서 루뭄바는 그들에게 분명히 해두어야 했다. 미리 보두앵에게 답장을 썼지만 루뭄바는 이마저도 보두앵과 카사부부 대통령이 연단에 섰을 때 바꿔 버렸다. 루뭄바의 연설은 곧바로 전 세계의 이목을 끌었다. 50여 년이 지난 오늘날에도 그가 한 말은 의미심장하다.

벨기에 총리 가스통 에스켄스 바로 옆에 앉은 루뭄바는 왕관훈장*이 달린 적갈색 어깨띠를 두르고 있었다. 전날 밤 보두앵은 루뭄바에게 카사부부와 마찬가지로 어깨띠를 하사했다. 긴장되고 진지한 표정의 루뭄바는 눈을 뗄 수 없게 하는 자신감을 내보이며 연단에 올랐다. "콩고의 남성과 여성, 독립을 쟁취한 승리의 전사들이여." 그가 연설을 시작했다. "오늘의 승리에 대해 콩고 정부의 이름으로 인사를 전합니다. 나는 우리 편에 서서 지치지 않고 싸워 온 내 친구, 여러분 모두가 오늘 1960년 6월 30일을 당신의 심장에 지워지지 않을 빛나는 날로 새기기를, 당신의 아이들에게 중요한 날이라고 가르쳐 주어 그들이 다시 그들의 아들과 손자들에게 자유를 위한 우리의 영광스러운 투쟁의 역사를 알게 하도록 만들자고 청합니다." 루뭄바의 이 말은 벨기에가 싸우지 않고 바로 손들어 버렸다는 사실을 무시했다. 루뭄바는 말을 이어 나갔다.

> 우리는 우리 어깨에 지워진 치욕스러운 노예제도를 끝낸 눈물의, 불의, 피의 싸움을 자랑스럽게 생각합니다. 이는 지난 80년 식민 체제의 운명이었습니다. 우리의 고통과 상처는 여전히 너무 생생해서 기억에서 몰아내기 어렵습니다. 우리는 월급을 대가로 가해진 가학적인 노동을 잘

---

* Great Ribbon of the Order of the Crown, 벨기에 초대 국왕 레오폴 1세를 기린 최고훈장인 레오폴 훈장 다음으로 높은 훈장이다. 등급은 레오폴 훈장-왕관 훈장-레오폴 2세 훈장 순이다.

알고 있습니다. 그렇게 받은 월급으로 우리는 굶주림을 떨칠 수 있을 만큼 먹지도, 입지도, 제대로 된 집에 살지도, 아이들을 소중하게 보살피지도 못했습니다.

우리는 매일 아침, 점심, 저녁 그저 '검둥이'(negroes)라는 이유로 참고 견뎌야 했던 모순, 모욕, 구타를 알고 있습니다. 흑인에게 누군가 '너'(tu)라고 부르는 것이 친구여서가 아니라 좀 더 존중을 담은 '당신'(vous)이라는 말은 백인에게 쓰여야 하기 때문이라는 것을 누가 잊을 수 있겠습니까. …… 한 마을 안에서도 백인들은 으리으리한 저택에 살지만 흑인은 무너져 가는 판자촌에 사는 모습을, 흑인은 유럽인이 드나드는 영화관이나 식당, 상점에 출입할 수 없는 모습을, 배를 탈 때 흑인은 화려한 객실에 머무는 백인의 발아래 화물칸에 타야 하는 모습을 우리는 똑똑히 봐 왔습니다. …… 그 모든 것을 우리는 견뎌 왔습니다. ……

이제 함께 …… 우리는 흑인들이 자유 속에서 일할 때 이룰 수 있는 것을 전 세계에 보여 줄 것이고, 콩고를 아프리카 전역을 비추는 햇빛의 중심이 되게 만들 것입니다. …… 우리는 자유로운 생각에 대한 억압을 끝내고 반드시, 모든 시민이 프랑스 인권선언이 예견한 기본권을 온전히 누리게 할 것입니다. …… 우리는 총과 칼에 의한 평화가 아니라 마음과 의지를 통한 평화로 이 나라를 운영할 것입니다.

우리가 차질 없이 이 목표에 다다르기 위해서 여기 있는 모든 의원과 시민들에게 온 힘을 다해 도와달라고 간청합니다. 여러분 모두에게 종족 간의 다툼은 잊어 달라고 간절히 요청합니다. 이런 다툼은 우리를 지치게 하고 밖에서 경멸당하게 할 위험이 있습니다. 야당에게도 부탁드립니다. 건설적인 반대로 정부를 도와주기를, 그 반대가 엄격하게 합법적이고 민주적인 방법을 통한 것이기를. 나는 여러분 모두에게 우리의 거대한 프로젝트를 성공시키기 위해 치러야 할 어떤 희생 앞에서도 움츠러들지 말자고 부탁드립니다.

국왕 폐하, 각하, 신사숙녀, 친애하는 국민, 흑인 형제, 투쟁 동지 여러분! 이것이 제가 완전한 독립을 이룬 이 감명 깊은 날에 정부의 이름으로 말하고 싶었던 것입니다. 독립과 아프리카의 통일 만세! 독립 자주국가 콩고 만세![5)]

이 완벽한 연설에서 루뭄바는 흑인들 대부분이 느껴 오던 그것을 얘기했다. 몇 번이나 박수가 터져 나와 말을 멈춰야 했고 연설이 끝나자 흑인들은 기립박수를 보냈다. 보두앵은 자리에 앉은 채 얼굴을 찌푸렸고 목에는 혈관이 팽팽히 돋아나 있었다. 이후 루뭄바의 동지들과 적들은 루뭄바가 말한 것을 주변에 전할 터였다. '우리는 더 이상 당신들의 원숭이가 아니다.' 그는 이렇게 말하지 않았지만 많은 사람들은 그렇게 읽었다. 벨기에인들은 루뭄바가 전 세계가 보는 앞에서 자신들을 모욕했다고 믿었다. 서구 열강이 제국주의의 박애와 필요성을 다른 이들에게 설파하고 스스로를 설득하려 하고 있을 때 루뭄바는 제국주의의 약점을 날카롭게 집어냈다.

루뭄바는 연설에서 "벨기에는 역사의 도도한 흐름을 받아들였다"고만 언급했다. 콩고는 "늘 깨어 있을 것이고" 벨기에와 우호조약 하에서 "기꺼이 받아들인" 의무를 존중할 거라고 말했다. 양국이 독립선언서에 서명한 그날 오찬에서 벨기에 정치인들은 루뭄바에게 발언을 정정하라고 압박했다. 루뭄바는 상석에서 일어나 "나는 내 생각이 오역되길 원치 않는다"고만 말했다. 이어 간단하게 벨기에인들의 노력을 치하하고 양국이 미래에 손을 잡게 되기를 바란다고 했다.

루뭄바는 벨기에를 한 방 먹였다. 그것도 아주 크게. 누구도 그의 말을 왜곡하지 않았다. 루뭄바는 벨기에가 느끼던 적대감을 공고하게 만들었고 예측 불가능한 호전성을 유감없이 보여 주었다. 유엔과 미국의 보고서들은 보두앵의 가부장주의, 루뭄바의 열정적이지만 어디로 튈지 모르는 민족주의, 벨기에의 분노와 불투명한 전망을 전했다.[6] 루뭄바의 연설은 막을 수 없는, 이미 활시위를 떠난 화살이었다.

콩고가 독립하던 날, 연설들은 아프리카의 두 미래를 펼쳐 보였다. 보두앵은 아프리카인들에게 최소한의 진보라는 명분으로 감독을 계속해 나가겠다고 설교했다. 아프리카인들을 좀 더 나은 곳으로 데려갈지 모르지만 꽤 오랜 과도기 동안 완전한 시민이 아닌 존재로 남아야 한다는 뜻이었다. 루뭄바는 식민지 잔재를 배척했다. 아프리카는 유럽과 대등한 문명을 추구해야 하고, 콩고는 아프리카 대륙의 허브로서 자기결정권을 갖게 될 거라고 단언했다. 보두앵이 이튿날 벨기에로 돌아가자마자 차를 몰고 브뤼셀에서 프랑스 루르드로 약혼자를 만나러 갔을 때, 전 세계의 청중 앞에서 당한 모욕은 특이한 연애와 더불어 많은 걸 생각하게 만들었다.

훗날 마르티니크의 흑인 시인 에메 세제르는 "흑인이 감히 전 세계인의 면전에서 왕을 욕했다고 해서 하늘이 무너져 내리는가?"* 하고 물었다.[7]

---

* 1966년 루뭄바를 다룬 연극 〈콩고의 어느 계절〉(Une Saison au Congo)에 등장하는 표현이다.

모든 것이 무너져 내리다

6월 30일은 마침 목요일이었다. 7월 첫 주 긴 주말을 맞아 콩고 공안군은 온갖 축제의 질서를 유지하고 우쭐대는 수많은 정치인들에게 경호를 제공했다. 고액의 급료를 받게 된 의원 가운데 상당수가 군인들의 호위를 받으며 최신형 미국산 자동차를 사러 나왔고 운전석에 올라 신나게 즐겼다.

레오폴 2세는 1885~1886년 공안군을 조직했다. 유능한 유럽인 장교와 콩고 전역에서 온 아프리카인 사병을 갖춘 공안군은 국방과 외교를 지원하는 일은 하지 않았다. 대신에 주로 다른 아프리카인을 사찰했다. 벨기에인들은 흑인 사병들에게 그들보다 더 원시적인 흑인 원주민들은 엄격한 감독이 필요하다고 가르쳤다. 벨기에 장성인 공안군 사령관 에밀 얀센스는 몇 년 전 레오폴 2세가 그랬던 것처럼 보두앵이 독립한 콩고를 이끌어야 한다고 로비를 벌여 왔다.[8] 하지만 이제 얀센스는 흑인 정치인의 통솔을 받아들여야 했다. 독립의 결과로 사병들은 급료와 처우의 즉각적인 개선을 기대했다. 2,400명 안팎의 공안군은 독립하게 되면 지난날 유럽인들이 독점하던 부와 자동차, 좋은 집 같은 것들이 곧 생길 거라고 기대하던 일반 시민들과 다르지 않았다. 군대는 이런 것을 이미 갖고 있던 새로운 통치자에게 분개했고 독립과 함께 봉인이 풀린 강렬한 반감은 벨기에인 장교 집단으로 향했다. 7월 4일 월요일 아침 레오폴드빌의 일반 사병들은 지휘를 받기를 거부했다. 선동자들은 군대에도 정치인과 같은 특권이 주어져야 하고 이제 유럽인에게 복종할 필요가 없다고 주장했다. 다음 날 아침 얀센스는 본부에 모인 아프리카인 사병들에게 독립 후에도 군대는 바뀌지 않을 거라고 으름장을 놓았다.

여론은 얀센스가 공안군의 상황을 엉망으로 만들었다고 입을 모아 비난했다. 얀센스는 물론 다른 벨기에 사람들과 다를 바 없는 인종차별적 시각을 갖고 있었다. 그러나 사병들에게 예전에 하던 대로 하라는 7월 5일 선언은 예상 가능한 내용이었음에도 불구하고 너무 직설적이고 어리석었다. 동시에 루뭄바의 정부에서 배제된 콩고 정치인에 충성하는 군인들은 벨기에의 둔감함을 이용했다. 종족 간 분열은 공안군을 좀먹고 있었다. 그날 밤 레오폴드빌에서 남쪽으로 128킬로미터 떨어진 티스빌의 캠프 하디(Camp Hardy) 부대는 레오폴드빌의 질서를 회복하는 일을 거부했다. 앞으로도 기대할 수 없어 보였다.

총리 루뭄바가 갈등을 해결하기 위해 나섰다. 7월 6일 루뭄바는 모든 군인을 한 계급씩 진급시켰고 상황이 악화되자 얀센스를 해임했다. 이틀 뒤에는 모든 벨기에 장교를 흑인으로 교체했다. 물론 사병들의 동의를 얻어 다수의 유럽인 장교들은 참모로 남기로 했지만 말이다. 대개의 경우 군인들이 사령관을 선출했지만, 7월 9일 정부는 공안군의 새 사령관을 결정하고 공안군을 콩고국군(ANC, Armée Nationale Congolaise)으로 이름을 바꾸었다. 루뭄바 내각은 얀센스를 이을 첫 흑인 사령관으로 제2차 세계대전에 참전했던 빅토르 룬둘라를 선택했다. 그러나 룬둘라는 엘리자베스빌에서 꼼짝 못하는 처지였고 7월 말에나 취임할 수 있을 터였다. 루뭄바의 막역한 측근이던 조제프 모부투는 대령으로 승진했다. 스물아홉 살의 모부투는 7년 동안 공안군 본부에서 하사관으로 복무했는데 이제 루뭄바 내각에서 중요한 한 자리를 얻었다. 군인들을 진정시키는 데 지도력을 보여 준 공로로 모부투는 참모총장 자리에 올랐다.

이런 일련의 조치들은 이미 때가 늦었다. 군인들의 폭동은 레오폴드빌 주변을 넘어 콩고 다른 지역으로까지 번져 나갔다. 군대는 루뭄바가 줄 수 있는 것보다 더 많은 독립의 전리품을 원했다. 바콩고에 있던 군대는 돈을 빼앗거나 재산을 약탈하고 어떤 경우에는 여성을 성폭행하는 방식으로 유럽인을 향한 분노를 표출했다. 7월 첫 주가 지나자 ANC는 더 이상 국가의 군대로 존재하지 않았다. 오히려 무리를 이룬 군인들은 모든 사람들을 공포에 떨게 했다. 몇몇 병사들은 어떤 규율도 받아들이길 거부했고 또 다른 병사들은 특정 정당이나 출신 지역, 출신 종족에게 충성을 바쳤다. 다양한 연고가 서로를 위협했다. 불규칙한 급여 탓에 군대는 종종 행동에 나서겠다고 위협하거나 그도 아니면 먹을 것과 생필품을 찾아 난동을 부렸다. 벨기에 민간인들은 치안을 맡아 줘야 할 ANC가 붕괴되자 잔뜩 겁을 먹었다. 충격적인 시나리오가 현실이 되고 있었다. 레오폴드빌 주변 유럽인들은 서둘러 바다 쪽으로 달려갔다. 거기서 페리를 타면 콩고 강을 건너 이전 프랑스령 콩고의 브라자빌로 갈 수 있었다. 유럽인들이 나라를 빠져나가면서 행정과 경제가 와해되었다.

카사부부와 루뭄바는 위태로운 상황과 백인들이 필요한 현실을 자각했다. 두 사람은 콩고인들이 유혈 봉기를 일으키지나 않을까 우려했다. 그리고 그럴 가능성이 있다는 사실에 몹시 당황했다. 7월 9일 두 사람은 비행기를 타고 콩고 전역을 다니며 당장 가동할 수 있는 군대를 만들고 상황을 정상으로 돌려놓기 위한 작업에 착수했다. 그럼에도 7월 10일, 벨기에 군대가 피해를 입은 유럽인을 구한다며 개입했다. 벨기에의 개입은 엘리자베스빌을 시작으로 다른 지역까지 확대되었다. 브뤼셀이 더 많은 병력을 보내면서 결국 벨기에군과 콩고국군이 충돌했다. 국군은 자문 인력으로 남겨 뒀던 벨기에 장교들마저 해임했다. 바야흐로 콩고국군은 처참하게 망가져 버렸다.[9)]

7월 11일 중대한 사건이 터지고 만다. 모이스 촘베가 카탕가의 독립을 선언하고 나섰다. 촘베 지지자들은 루뭄바가 주도한 '통일 콩고'라는 구상을 오랫동안 반대해 왔다. 카탕가 남부의 주도 엘리자베스빌을 중심으로 열성적인 추종자들이 촘베를 따랐다. 카탕가와 카탕가의 광산은 아프리카에서 벨기에가 얻은 전리품으로 서방에 부를 가져다주었다. 촘베와 엘리자베스빌의 유럽인 사이에는 늘 우호적인 것은 아니지만 대개 서로 수긍할 수 있는 유효한 합의가 존재했다. 촘베는 루뭄바 같은 민족주의자 아래에서 벗어나길 바랐고 유럽인들은 조각난 콩고에서 발디딜 곳이 필요했다. 촘베에게 유럽인들이 필요한 만큼 유럽인들도 촘베가 필요했다. 벨기에군 간부들은 촘베에게 병력을 빌려주었다. 7월 12일 벨기에군의 지원을 받은 촘베와 카탕가 지방정부는 카사부부와 루뭄바가 탄 비행기를 착륙하지 못하게 막았다. 대통령과 총리는 무력한 스스로에게 그리고 벨기에에 분노한 채 다른 곳으로 비행기를 돌렸다. 루뭄바는 특히 브뤼셀과 합의한 약속을 지키겠다는 의지를 모두 버렸다. 물론 카사부부도 그에 못지않았지만 말이다.

일련의 혼란은 현지 정치인들의 형편없는 순진함을 그대로 드러냈다. 그들은 먼저 미국의 개입을 요청했고, 그러고 나서 7월 13일 소련에 상황을 감독해 달라고 얘기했다. 7월 12~13일, 카사부부와 루뭄바는 벨기에의 침략을 중단시키고 벨기에군을 축출하여 카탕가의 분리독립을 막아 달라고 유엔에 호소했다. 7월 14일 새벽, 유엔 안전보장이사회는 콩고에 관한 첫 결의안을 채택하고 벨기에군의 철수를 요구했다. 또 유엔 사무총장 다그 함마르셸드한테 권한을 위임해 콩고를 위한 다국적군을 조직하기로 결정했다. 그날로 카사부부와 루뭄바는 브뤼셀과 단교했다.

아프리카인들은 유엔에 관해 거의 아는 게 없었고, 유엔이 미국이 주도하여 창설되었다는 사실도 제대로 이해하지 못했다. 유엔이라는 조직이 강대국, 미국의 허락 없이 뭔가 하려 할 때 드러내는 음울한 나약함도 전혀 알지 못했다. 카사부부와 루뭄바는 즉각적인 결과를 기대했다. 벨기에가 당장 나가고 분리독립 세력은 와해될 것이며, 유엔이 콩고의 국내 상황을 관리해 콩고국군이 제자리를 잡고 정상적으로 돌아가게 될 거라고. 그런 다음 유엔은 안녕이라고 말할 거라고. 루뭄바는 자신의 통치가 임시에 불과하다는 것을, 자신의 지위도 위험할 수 있음을 꿰뚫어 보지 못했다. 그러나 또 다른 측면에서 정교하게 설계되고 국제적 인정을 받은 콩고의 (독립을 향한) 정치적 과정은 1960년 상반기 내내 국제사회의 관심을 받았다. 그 결과로 루뭄바는 콩고에서 민주적으로 선출된 첫 지도자라는 누구도 흔들 수 없는 중요한 지위를 확보했다.

유엔의 개입

1960년 6월이 끝날 무렵, 유엔 사무차장 랠프 번치가 콩고의 독립을 공식 승인하고 몇 주 동안 정권 이양을 돕기 위한 유엔의 파견단 단장으로 레오폴드빌에 도착했다. 그런데 함마르셸드는 이제 번치에게 예상치 못한 새 역할을 맡겨야 했다. 콩고에서 이뤄질 유엔의 대규모 군사작전인 콩고 유엔 평화유지군(ONUC, Opération des Nations Unies au Congo)의 활동을 총지휘하는 임무였다. 아마도 20세기 중반 가장 유명한 흑인 미국인인 번치만큼 그 일에 최적인 사람이 없었다.

미국 공군의 도움으로 다른 아프리카 국가와 비동맹 국가에서 온 군인들이 곧바로 콩고 땅을 밟았다. 평화유지군은 20개국 출신 2만 명으로 확대될 예정이었다. 여러 나라에서 군인들이 들어오고 돌아갔다. 다국적군은 유엔과 콩고 정부 내 세력에 저마다 다른 충성도를 보이고 있었다. 이를테면, 은크루마 가나 대통령이 보낸 군대는 오직 루뭄바를 위해서 움직인다는 평을 들었고 어느 정도 그런 얘기를 들을 만했다. 그러나 영국 장교들은 자국 군인들만 통솔했다. 때때로 가나도 루뭄바를 도울 수 있는 일을 하지 않을 때가 있었다. 그들은 대개 유엔의 지시를 따랐다.[10] 전반적으로 유엔은 국제적 화합이라는 국제기구의 이상 못지않게 자국 정부의 방침도 따라야 하는 여러 나라 출신 군인들의 행동을 굳이 통일시키려고 하지 않았다.[11] 결국 유엔 관리들은 최후의 수단으로 꼭 필요할 때를 제외하고 군사력을 쓰길 원하지 않는다는, 일종의 평화주의를 보여 주었다. 사실 그들은 군대를 동원하는 것을 두려워했고 점점 더 기계적으로 허세에 기댔다.

그래도 7월 중순부터 그달 말까지 콩고 유엔 평화유지군은 국제 여론을 누그러뜨렸다. '블루 헬멧'이라 불린 이들은 질서를 되찾았다는 착각을 불러일으켰다. 뉴욕의 유엔본부에 모인 외교관들은 식민지 독립 후 처음으로 닥친 큰 난제를 해결해 냈다.

03

제국의 반격

벨기에인들은 급류에 휘말렸다. 그들은 몇 주 사이에 식민지를 거느린 자랑스러운 국가에서 국제적 따돌림을 받는 처지로 전락했다. 6월 30일 콩고는 "벨기에와 완벽한 합의와 우정을 통해" 독립을 쟁취했다. 2주 뒤 양국은 거의 전쟁 직전까지 치달았고 콩고는 관계를 끊어 버렸다. 유엔은 군대를 동원해 해결하려 한 브뤼셀을 강하게 비판했고 유엔 안보리는 벨기에군에게 철수하라고 촉구했다. 7월 14일 채택된 유엔 결의안에서 소련이 넣자고 주장한 '침략'(aggression)이라는 단어는 빠졌지만, 세계 여론은 이전 통치자를 비난하는 루뭄바의 편에 서 있었다. 브뤼셀은 수십 년 동안 루안다-우룬디*를 포함한 자신의 아프리카 식민지를 외부 국제사회로부터 빈틈없이 방어해 왔고, 유엔이 식민지 해방

* 제1차 세계대전에서 벨기에가 독일 제국의 식민지인 독일령 동아프리카를 공략해 분할받은 지역. 1962년 별개의 국가인 르완다와 부룬디로 독립했다.

을 위한 전략을 마련하려 하자 격렬히 저항했다. 이제 벨기에는 '우리의 콩고'가 유엔의 감독 아래 놓이게 되는 광경을 지켜봐야 했다.[1)]

벨기에는 준비가 되어 있지 않았다. 지난 6개월 동안 급작스럽게 전개된 콩고의 독립으로 벨기에 정부는 너무 많은 기운을 써 버렸다. 설왕설래했지만 각료들은 콩고가 이렇게 빨리 무너질 거라고는 예상하지 못했다. 브뤼셀은 군대의 집단행동에, 카탕가의 분리독립에, 벨기에인 수만 명의 귀환에 실질적으로나 정신적으로 준비되어 있지 않았다. 일이 전면적인 비상사태로 치닫게 되자 벨기에는 국제사회와 동맹국으로부터 부당한 오해를 받으며 자존심을 구겼다. 일반 시민들은 배신당했다고 느꼈다. 불만에 찬 언론들이 어떻게 해야 할지 몰라 허둥대는 정치인들을 흔들기 시작했다.

벨기에의 정치인들

벨기에 국내 정치는 벨기에라는 나라만큼이나 분열되어 있었다. 아주 소수인 사회주의자들은 프랑스어를 쓰는 남부에서 강했고, 좀 더 보수적인 가톨릭 민주주의자들은 북부 플랑드르 지역에서 표를 모았다. 현실 속의 경제적 기회에 관심을 둔 소규모 자유주의자들은 가운데에서 권력의 균형추 역할을 했다.

제2차 세계대전이 일어나기 전부터 1950년대까지 사회주의자 폴헨리 스파크는 벨기에의 가장 유명한 정치인으로 떠올랐다. 행동이 빠르고 사람의 마음을 끄는 매력을 지닌 스파크는 프랑스어와 영어 모두에 특출한 감각을 보였다. 스파크는 총리를 세 차례 지냈고 1936년부터 1957년까지 잠깐의 공백을 제외하면 줄곧 벨기에의 외교부 장관으로 일했다. 동시에 첫 유엔총회 의장을 맡았고 유럽연합을 창설하기 위한 다양한 범유럽 기구에서 능력을 발휘했다. 콩고 대격변의 시기에 스파크는 북대서양조약기구(NATO)의 대민 지원 활동을 총괄하고 있었다. 서방세계 안보동맹 기구의 사무총장으로 그는 벨기에 정계에서 가장 영향력 있는 존재가 되었다. 그러나 민주화와 민영화의 시대를 맞아 국내의 정치적 기반은 쪼그라들어 있었다. 권위주의 성향에 사회복지에 관심이 많던 스파크는 군주제 지지 그룹에서 열성적인 지지층을 발견했다.[2)] 보두앵의 아버지인 레오폴 3세를 대변하던 사람들은 제2차 세계대전 이후 위기를 맞아 제대로 운신하지 못하고 있었다.

레오폴 3세를 어떻게 할 것인가를 둘러싼 논쟁 '퀘스티옹 로얄'은 레오폴이 퇴위를 결정하고 보두앵이 왕위를 이어받은 1950년까지 벨기에 정국을 지배했다. 그럼에도 보두앵이 아버지와 함께 살았기 때문에 1950년대 내내 "두 수장을 둔 왕권"이라는 말이 따라다녔다. 전후 유럽의 진보적 경향에 분노한 반동 세력이 국왕 부자 주변에 모여들었다. 레오폴 3세와 보두앵은 1940년대 말~1950년대 초 왕의 권위를 떨어뜨려 국가의 위신을 훼손한 '그 정치인들'을 끔찍이 싫어했다.

1958년부터 벨기에는 가스통 에스켄스 총리가 이끄는 기독민주당·자유당 연립정부가 이끌었다. 중산층 가정의 외아들로 태어난 에스켄스는 루뱅가톨릭대학*에서 경제학을 가르쳤다. 1940년대 말 그는 기독교

* 1425년 벨기에 중부 학술 · 문화 도시 뢰번에 들어선 유서 깊은 대학이다. 프랑스어를 공식 언어로 쓰다 20세기 들어 사용 언어를 두고 큰 분쟁이 일어 1968년 네덜란드어를 쓰는 뢰번가톨릭대학(KU Leuven)과 프랑스어를 쓰는 루뱅가톨릭대학(UC Louvain)으로 분리되었다. 에스켄스가 교수가 있던 때는 분리 전 루뱅가톨릭대학 시절이다.

노동운동 세력의 지지를 받아 총리 자리에 오르면서 기독민주 세력의 최전선에 서게 되었다. 그러나 레오폴 3세의 퇴위를 지지하며 당의 입장과 충돌했고 몇 년 동안 옆으로 물러나 있어야 했다. 1958년 에스켄스는 다시 총리로 복귀했다. 노련함으로 무장한 에스켄스는 국왕뿐 아니라 정당 지도부에게도 속을 잘 드러내지 않았고 거만하지는 않지만 자신감에 찬 모습을 보였다. 그러나 1960년이 되자 에스켄스 내각은 기운을 모두 소진해 버렸다. 강인하고 유능했던 에스켄스는 활기를 잃어 가는 정당을 위해 분투했지만, 함께 일하는 장관들이 불안하고 서로 뜻이 잘 맞지 않는다는 걸 발견했다.

콩고는 에스켄스 정부의 어깨를 짓누르는 무거운 짐이었다. 벨기에-미국교육재단(Belgian-American Educational Foundation)의 연구원이었던 에스켄스는 뉴욕 컬럼비아대학에서 석사학위를 받았지만 유엔 경제사회이사회 부의장을 지낸 정도 말고는 국제정치 경험이 거의 없었다. 그는 콩고에 관해 잘 몰랐고 가 본 적도 없었다. 콩고의 독립이 연기되기를 바랐지만 대놓고 그렇게 추진할 용기는 없었기 때문에 에스켄스 정부는 아프리카 정치인들에게 양보를 거듭했다.[3] 벨기에 정계 밖에서 스파크 나토 사무총장은 에스켄스 체제의 우유부단한 태도를 비판하면서, 벨기에가 아프리카에서 좀 더 강제적 해결 수단을 찾아야 한다는 뜻을 내비쳤다.

에스켄스 내각의 각료 20명 중 콩고에 대한 결정을 내리는 데 관여하는 사람은 5명이나 됐다. 아우구스트 드 스라이퍼 아프리카부 장관과 피에르 위니 외교부 장관은 늘 서로 다투었다. 두 부처 사이에 책임이 명확히 나눠져 있지 않아 정책이 동요했다. 벨기에와 미국의 소식통은 두 장관을 두고 늘 말을 모호하게 한다고 표현했다.[4] 드 스라이퍼 아래에는 차관이 두 명 있었다. 레이몽 쉐벤은 콩고의 경제를 관리했고, 발터 한스호프 판 데르 메이르스는 다른 아프리카 업무를 맡고 있었다. 우리는 이미 앞에서 메이르스가 콩고 정부 구성을 두고 루뭄바나 카사부부와 협상하던 과정을 지켜보았다. 그가 루뭄바를 무시하려다 벨기에와 콩고 정부 사이에 신뢰가 훼손되었다. 콩고의 정책을 입안한 사람은 네 명 정도였지만, 문제가 터지자 제5의 정치인이 비장의 카드를 쥐게 된다. 바로 아르튀르 질송 국방부 장관이었다.

벨기에의 군사행동

벨기에는 콩고에 잘 정비된 군사기지 세 곳을 보유하고 있었다. 카탕가의 카미나, 레오폴드빌 근처 서부 해안의 키토나, 콩고 강 어귀에 해군 본부가 있었다. 공안군에서 떨어져 나온 수도방위군은 점차 규모가 늘어났다. 카미나와 키토나에는 각각 500명씩 낙하산 부대가 있었고 이웃한 루안다-우룬디에는 병력 1,000명이 대기 중이었다. 1960년 5월, 정부는 불안에 떨고 있던 백인들을 진정시키기 위해 400명을 추가로 보냈다. 루뭄바는 벨기에의 '점령 조치'에 항의하며 즉각 철수하라고 요구했다.[5] 한 달 후 콩고가 독립하기 전날 밤 벨기에와 체결하기로 한 우호조약에 마지막 서명만 남았을 때 루뭄바는 최종 수정을 요구했다. 벨기에는 기존 군사기지를 유지하지만 기지 내 군대는 콩고 국방부 장관이 승인할 때만 움직일 수 있다는 내용이었다.

처음에 브뤼셀은 반란의 징후에 대해 걱정하지 않았다. 하지만 콩고에서 들려오는 소식은 점점 심각해졌다. 7월 8일 레오폴드빌에서 공포의 아침이 밝고 유럽인들이 탈출하기 시작하자 브뤼셀은 레오폴드빌 주재 벨기에 대사의 의견을 묵살하고 콩고 정부에 알리지 않은 채 기지에 추가 병력을 보냈다. 머뭇거리다 이틀이 지나고 엘리자베스빌에서 다섯 명이 죽었다는 소식이 들려온 7월 10일 이른 아침, 에스켄스 정부가 군대를 움직였다. 7월 9일 저녁 에스켄스는 드 스라이퍼와 한스호프 판 데르 메이르스를 콩고에 보내 조약이 규정한 콩고의 허가를 얻도록 했다. 그 무렵 카사부부와 루뭄바는 비행기로 콩고 전역을 돌아다니고 있어서 만날 수 없었다. 장관들은 빈손으로 7월 12일 소환되었다. 어쨌든 벨기에 군인들은 루뭄바의 승인 없이 파견되었다. 서로 의심하게 되면서 브뤼셀과 레오폴드빌은 협력할 수 없었다. 벨기에 측 대표자가 루뭄바를 만난 것은, 7월 7일 밤 벨기에 대사가 루뭄바와 대화를 나눈 게 마지막이었다. 루뭄바는 자신을 제거하려 한 벨기에인 네 명이 체포되었다는 말을 듣자마자 벨기에와 대화를 끊어 버렸다.[6]

카미나에 있던 벨기에군은 벨기에인들을 대피시키기 위해 7월 10일 오전 6시쯤 엘리자베스빌 루아노공항에 접근했다. 초반 벨기에군은 군사행동을 극도로 억제했음에도 개입 지역은 급속도로 넓어졌다. 엘리자베스빌 다음으로 룰루아부르, 마타디, 레오폴드빌까지 확산됐다. 이런 정책 변화는 위니 외교부 장관을 무시한 질송 국방부 장관의 충동적인 결정이 불러온 결과였다. 벨기에는 한번 심리적 장벽을 넘어서자 사태를 군인들의 손에 맡겨 버렸다. 7월 12일 국방부에 자극받은 정부도 '군사적 점령 상태'로 방향을 바꿨다. 모든 중요 시설을 점령하고 핵심 통신센터와 무기고, 공항을 벨기에군이 지키고 섰다. 질송은 본국에서 7,500명을 더 증파해 콩고에 있는 벨기에군을 1만 명까지 늘리라고 명령했다.[7] 그는 작전의 중요성과 규모를 감안해 벨기에군 참모총장 샤를 샤를리 퀴몽 장군을 보내 앞서 지휘하던 대령 대신 사령관으로 임명했다. 콩고 정부와 상의하는 일은 일어날 것 같지 않았다. 퀴몽 장군은 레오폴드빌에서 벨기에 대사를 무시했다. 7월 13일 도착한 순간부터 벨기에군은 퀴몽의 지휘 하에 놓였다. 그날 레오폴드빌공항도 벨기에군의 손에 들어갔다. 다음 날인 7월 14일 벨기에군의 철수를 촉구하는 유엔 결의안도, 콩고의 외교단절 조치도 벨기에군의 개입에 영향을 미치지 못했다. 7월 25일까지 '구조 작전'이 25건이나 일어났다.

자국민의 안전 문제는 합법적으로 벨기에를 끌어들였다. 콩고에서 날아온 소식과 브뤼셀로 몰려든 난민들에 벨기에 국내 여론은 걷잡을 수 없이 악화되었다. 벨기에는 군사적 개입을 인도주의적인 '신성한 의무'라고 정당화했다. 그럼에도 불구하고 벨기에의 개입은 더 멀리 나아갔다. 브뤼셀은 군대에게 생명과 재산을 보호할 뿐 아니라 질서를 유지해야 한다고 말했다. 질서유지란 곧 루뭄바의 통치권이 아닌가? 그런데 벨기에는 어떻게 카탕가에서 벌인 군사행동을 정당화할 수 있었을까? 벨기에 정부는 절대로 공격적 전략의 목적이나 내심 바라던 결과를 분명히 밝히지 않았다. 브뤼셀이 6월 30일 이전에도 콩고를 무력 통치하는 것을 꺼렸던 게 사실이라면 지금 무력으로 콩고를 다시 점령할 수는 없었다. 벨기에는 콩고를 다시 식민지로 만들고 싶어 한다는 얘기를 부인했다. 그러나 에스켄스 내각 안에서는 콩고를 유엔 아래 군사적 보호국으로 두자는 제안이 나왔다.[8] 에스켄스는 콩고 정부는 존재하지 않기 때문에 벨기에는 이전 식민지를 다른 체제로 바꿀 백지 위임장을 들고 있다고 주장했다. 벨기에 언론은 물론이고 정부 인사들은 비공식적으로 루뭄바가 실각하고 더 괜찮은 콩고 집권 세력이 꾸려지기를 간절히 바랐다.

7월 13일 브뤼셀은 콩고 외교부 장관 쥐스탱 봄보코에게 밀사를 보냈다. 루뭄바에 대한 봄보코의 태도는 좋게 표현해야 '미적지근하다'고 할 수 있었다. 그가 쿠데타를 일으킬 수 있을까? 하루 뒤 벨기에 정보기관 수리테(Sûreté) 요원이 급히 루뭄바를 끌어내릴 계획을 모의하기 위해 레오폴드빌로 떠났다. 에스켄스는 벨기에에 반대하는 선전선동을 입막음하기 위해 레오폴드빌 라디오 방송국을 장악하는 방안을 생각했지만, 유엔 평화유지군이 콩고로 날아오면서 그 계획은 폐기했다. 브뤼셀도 사실 자신들이 전 식민지에 원하는 게 뭔지 몰랐다. 다만 그게 무엇이든 콩고 원주민들이 목소리를 가져서는 안 된다는 거였다. 카사부부는 이를 있는 그대로 말했다. "벨기에는 독립 전에도 우리를 무시했고, 지금도 여전히 무시하고 있다."[9)]

귀몽 장군은 식민지 시대의 인식을 드러냈다. 7월 14일 이른 오후 카사부부와 루뭄바는 벨기에와 외교 관계를 중단했다. 몇 시간 뒤 귀몽은 레오폴드빌에서 콩고 대통령과 총리에게 모욕을 주었다. 귀몽은 두 사람이 스탠리빌을 향해 타고 가던 비행기를 우회하게 했다. 비행기는 레오폴드빌로 돌아가 도시 주변을 뱅뱅 돌다가 귀몽이 공항에 도착해 양해한 뒤에야 비로소 착륙할 수 있었다. 두 사람은 귀몽과 몇 마디 말을 나눴지만 진지한 대화를 거부했다. 그들 앞에서 콩고의 난리를 피해 돌아가는 유럽인들이 소리를 질러 댔다. 귀몽은 정치인을 경멸했지만 자신이 정치적으로 어떻게 행동해야 할지 잘 알고 있었다. 그는 잠시 생각하기 위해 집으로 갔다. 그는 브뤼셀 주재 미국 대사에게 "루뭄바의 입지는 여전히 매우 확고하고, 다른 콩고인들은 그를 두려워한다. 루뭄바가 레오폴드빌로 돌아오자마자 콩고인들은 그에 맞서는 걸 포기하고 있다. 유일한 방책은 루뭄바를 제거하는 것인 듯하다"고 말했다.[10)] 귀몽이 벨

사진 3 7월 14일 레오폴드빌 은질리공항에서 샤를 샤를리 귀몽 장군(왼쪽)이 카사부부 대통령(가운데), 루뭄바 총리와 함께 걷고 있다. 귀몽은 협상을 시도했지만 거절당했다. © *Royal Museum for Centural Africa*.

기에의 입지를 다져 놓은 뒤 질송 국방부 장관은 다시 그를 불러들였다. 질송은 "퀴몽은 호전적 기질을 못 이겨 콩고를 다시 정복하려 했고 그의 행동은 너무 위험했다"고 말했다.[11] 무력했던 콩고 주재 벨기에 대사는 질송의 정책을 '범죄'라고 했고, 퀴몽을 '재앙'이라고 표현했다.[12] 퀴몽은 패배를 인정하지 않았다. 한 달쯤 후 그는 정치적 결과를 고려하지 않고 루뭄바를 납치하라는 명령을 내렸다. 군인들은 이런 무모한 임무를 완수하라고 훈련받은 사람들이었다. 하지만 결국 그걸 해내지는 못했다.[13]

카탕가의 딜레마

카탕가의 분리를 천명하고 나선 다음 날인 7월 12일, 촘베는 카사부부와 루뭄바가 탄 비행기가 루아노공항에 내리지 못하도록 막았다. 두 사람은 촘베의 반역 행위 배후에 벨기에가 있다고 확신했다. 벨기에군이 카탕가에서 보인 고집 센 행동은 여지없이 촘베를 '이혼'으로 몰고 갔다. 그 과정에 또 다른 흥미진진한 인물이 중앙 무대로 올라왔다. 벨기에 장교 기 베베르 소령이었다. 그는 7월 10일 이른 아침 루아노공항에 착륙한 낙하산 부대를 지휘했다. 퀴몽만큼 열성적인 애국주의자였던 베베르는 선거로 뽑힌 본국의 정치인들을 존중하지 않았다. 하물며 아프리카 지도자들에 대해서는 더했다. 전날 밤 본국과 혼란스러운 소통 끝에 받은 임무는 정확히 한계가 정해져 있지 않았다. 베베르는 자신이 해석한 대로 명령으로 옮겼다. 엘리자베스빌에서 카탕가 공안군의 폭동을 진압한 후 촘베에게 보고했다. 촘베는 망설임 없이 베베르를 '치안특별위원'으로 임명했다. 베베르는 벨기에인들을 대피시키는 대신 경제활동이 재개되려면 어떤 조건이 필요한지 알아보기 위해 유럽 회사의 임원과 접촉했다. 7월 13일 귀몽이 엘리자베스빌에 도착했을 때 그는 촘베가 베베르를 군사 담당관으로 임명하는 것을 승인했다.

촘베는 한쪽에서 벨기에군의 도움을, 또 한쪽에서는 유럽 회사들의 도움을 받았다. 특히 세계에서 세 번째로 큰 구리 생산 기업이자 콩고의 최대 광산업체인 위니옹 미니에르를 등에 업고 있었다. 위니옹 미니에르는 벨기에의 주요 금융·제조 기업인 소시에테 제네랄 드 벨지크(Société Générale de Belgique)가 소유한 기업으로 백인 임원 150여 명과 흑인 광부들을 포함해 직원 2만 명을 고용하고 있었다. 위니옹 미니에르는 수많은 관련 기업을 거느리며 카탕가 경제의 필수적인 영역을 관리했다. 이들은 학교와 병원을 운영했고 '주 안의 주'로 여겨졌다.[14] 위니옹 미니에르는 루뭄바에 대해 줄곧 의구심을 품고 있었다. 1960년 3월 위니옹 미니에르는 루뭄바와 측근들이 콩고 정국에서 발군의 탁월함을 보이며 부상하는 광경을 보고 공포를 느꼈다. 위니옹 미니에르의 최고경영자는 "7월 1일이 되면 틀림없이 루뭄바 세력은 콩고의 대문을 공산권 친구들에게 열어 줄 것"이라고 썼다.[15]

촘베가 카탕가 독립을 선언하기 전에 위니옹 미니에르의 의사를 타진한 것은 물론이다. 위니옹 미니에르의 관리자이자 보두앵의 차석비서였던 기업가 장피에르 폴뤼스는 자신이 분리독립을 독려했다고 말하며 근거로 콩고자유국과 벨기에 업계가 1900년 카탕가의 자치를 합법화하기 위해 맺은 협정을 거론했다.[16] 7월 12일 정오 전 엘리자베스빌의 위니옹 미니에르는 브뤼셀 본사에 촘베의 독립 선언을 알리며 벨기에가 카탕가를 승인해 줄 것을 요청했다. 위니옹 미니에르는 카탕가가 아닌 중앙정부에 더 이상 세금을 내지 않을 것이고 다른 기금도 대출로만 이용할 수 있게 만들겠다고 했다. 이런 내용을 담은 전신(電信)을 받은 지 몇 분 만에 소시에테 제네랄 이사회 의장인 폴 질레는 예의를 차릴 겨를도 없이 보두앵에게 바로 전화를 걸어 카탕가 분리에 벨기에가 전폭적으로 협력하자고 했다.[17] 수많은 벨기에인들이 콩고에 대한 압도적 힘을 과시하며 움직이고 있었다.

막대한 이권이 걸려 있는 카탕가의 분리 문제는 벨기에 정부를 딜레마에 빠지게 했다. 어떻게 해야 콩고의 나머지 지역을 위태롭게 하지 않고 레오폴드빌과 관계를 영구적으로 파국으로 몰고 가지 않으면서 엘리자베스빌의 자리를 보증해 줄 수 있을까? 콩고가 독립하기 전 벨기에가 카탕가의 분리를 거세게 반대한 데는 그럴 만한 이유가 있었다. 콩고는 카탕가 없이 살아남기 어려웠고 고립된 카탕가는 외세의 개입을 불러올 수 있었다.

우유부단한 에스켄스 정부에 또 다시 내분이 일었다. 중대한 고비였던 7월 12일부터 14일까지 장관들은 카탕가를 두고 머뭇거렸다. 벨기에의 국제적 의무를 잘 알고 있던 위니 외교부 장관은 분리를 반대했지만 질송 국방부 장관은 지지했다. 그 사이 엘리자베스빌의 벨기에군은 (카탕가의 분리를) 기정사실로 만들어 버렸다. 7월 14일 카사부부와 루뭄바가 브뤼셀과 외교 관계를 중단한 조치는 불행히도 벨기에가 카탕가 독립을 지지하는 데 놓여 있던 장애물을 스스로 제거해 준 꼴이 되었다. 콩고 정부가 브뤼셀과 관계를 거부하는데 벨기에가 엘리자베스빌을 지지해서 안 될 이유가 있겠는가. 에스켄스는 잃을 것이 거의 없었다. 7월 14일 채택된 유엔 안보리 결의안은 브뤼셀이 카탕가의 분리를 지지하는 것을 저지하지 않았다. 에스켄스 정부로서는 이미 치안이 회복된 카탕가에 굳이 유엔 평화유지군이 올 필요가 없었다. 그 다음 주 동안 브뤼셀의 카탕가 유력 단체들은 이 청원이 받아들여지게 만들었다.

벨기에의 독립기념일인 7월 21일 보두앵은 라디오로 대국민 연설을 했다. "정직하고 훌륭한 사람들이 이끄는 부족이 우리와 친구로 남기로 했다. 그들은 벨기에령 콩고였던 곳에서 일어난 혼란 속에서 우리에게 독립을 도와 달라고 간청했다. 우리에게는 협력을 원하는 충성스런 요청을 존중해야 할 의무가 있다."[18] 같은 날 아롤드 데스프레몽 린덴이 카탕가를 지원하기 위한 벨기에 실무파견단(Mission technique belge) 대표로 임명되었다. 이튿날 그는 엘리자베스빌로 떠났고, 카탕가 국가 만들기는 이제 브뤼셀의 우선순위가 되었다.

데스프레몽 백작과 벨기에 실무파견단

에스켄스 총리는 데스프레몽을 차석비서로 뒀다. 가톨릭 신앙을 가진 귀족 데스프레몽은 프랑스어를 쓰는 아르덴의 무프랑 성(城)을 소유하고 있었다. 유서 깊은 혈통을 자랑하는 유력한 정치 가문 출신이기도 했다. 그의 숙부인 고베르는 벨기에 궁정의 고위직인 그랜드마셜(grand marshal)로 보두앵의 측근이었다. 젊은 시절부터 왕가에 애착을 갖고 있던 데스프레몽의 신념은 1930년대 일어난 우익 운동에 뿌리를 두고 있었다. 나치 독일 점령 기간에 레오폴 3세에게 충성했고 무장 레지스탕스에 참여한 데스프레몽은 극단적인 벨기에 민족주의와 반공주의를 선이라고 여겼다. 그는 금융계와도 연결되어 있어 1961년 브뤼셀은행 은행장이 되었다. 에스켄스의 차석비서로 데스프레몽은 콩고에서 일어난 일들을 가까이서 추적했다.

1960년 1~2월에 열린 원탁회의를 계기로 루뭄바가 부상하자, 브뤼셀은 이 믿을 수 없는 인물이 콩고를 접수하게 될까봐 걱정했다. 루뭄바가 친공산주의 성향이라고 비쳐진 그 회의 후에 일어난 현상이었다. 데스프레몽은 '정치적 행동'에 나서야 한다고 주장했다. 그는 에스켄스에게 "제거되어야 할 사람이 있다면 바로 루뭄바"라며 "루뭄바가 외세와 접촉한 것을 최대한 강조하시라"고 조언했다.[19] 루뭄바 뒤에 공산주의자의 음모가 있다고 확신한 데스프레몽은 1960년 3월 수리테에 지시하여 루뭄바의 사상에 관한 보고서를 만들라고 주문했다. 냉전이 한창이던 당시 미국 관료들에게 그랬던 것처럼 공산주의는 일부 벨기에인에게도 악이었다. 데스프레몽의 눈에는 공안군의 폭동과 뒤이은 콩고의 혼란도 공산주의자들의 음모 때문이었다. 데스프레몽은 7월 중순 진상 조사를 위해 카탕가를 방문한 후 "눈앞에 닥친 문제는 벨기에만의 문제가 아니라 서방세계 전체의 문제"라며 "문제가 해결되지 않으면 콩고는 두 달 안에 공산국가가 될 것이고 아프리카 전역이 2년 안에 공산주의 진영의 영향권 속으로 들어가게 될 것"이라고 썼다.[20]

데스프레몽은 카탕가와 콩고의 다른 주들이 레오폴드빌에서 독립해 결국 루뭄바의 기반을 무너뜨리게 되는 시나리오를 꿈꿨다. 그렇게 되면 벨기에는 콩고를 루뭄바 없이 연방으로 재편할 수 있었다. "루뭄바와 그 패거리들이 지배하는 콩고에서 우리가 원하는 것을 얻을 수 있을 거라고 상상하는 건 허망하고 어린애 같은 짓이다. 우리는 수십억을 몰수당하고 선량한 이들의 목숨을 잃을지도 모를 위험을 무릅써야 할 것이다. 그러므로 희망은 단 하나다. '카탕가 카드'를 움직여서 연방제 콩고 연합국을 만들어야 한다."[21] 데스프레몽에 따르면, 브뤼셀은 (분리독립을 가장 먼저 선언한) 카탕가의 출발에 윙크를 보내는 것뿐 아니라 카사이, 키부, 에콰퇴르의 움직임도 축하해야 했다. 다시 말해 벨기에는 촘베뿐 아니라 다른 반루뭄바 지역 정치 세력을 도와 루뭄바를 끌어내리려는 생각이었다. 어느 한 곳의 분리독립은 그 자체만으로는 중요성이 크지 않지만 '제2, 제3의 카탕가'들은 루뭄바와 소비에트 민족주의를 무너뜨릴 수 있었다. 데스프레몽은 7월 중순 엘리자베스빌에 다녀온 뒤 벨기에 내각에 촘베를 지지하라고 촉구했다. 촘베는 연방제와 느슨한 형태의 콩고 정부를 받아들일 거라는 이유였다. 이런 연방제는 벨기에가 카탕가를 지지하는 것을 정당화해 주고 국제사회에서도 체면을 세울 수 있게 해줄 수 있었다.

데스프레몽은 7월 23일 벨기에 실무파견단 단장으로 엘리자베스빌에 돌아왔다. 그날 그는 촘베 체제를 구성하기 위해 유럽인 고위 인사들과 만났다. 벨기에는 카탕가의 헌법과 조폐국, 법원, 경찰 문제를 해결하려고 했다. 그 뒤로 며칠에 걸쳐 데스프레몽은 유능한 사람을 보내 달라고 브뤼셀에 요청했다. 그는 도착한 동료들에게 "우리의 당면 목표는 카탕가가 국가로서 법적 승인을 얻는 것이 아니다. 다른 주나 지역이 카탕가의 뒤를 이를 기회를 얻는 것이 가장 중요하다"고 말했다.[22)]

위니 외교부 장관은 데스프레몽을 임명하는 일에서 배제되었다. 뉴욕 유엔본부에서 벨기에를 향해 쏟아진 비판을 막으려 애쓰면서 그는 에스켄스가 도발적인 게 아니라면 부주의하다고 생각했다. 위니는 상황을 감독하기 위해 외교관 로베르 로트스힐트 대사를 카탕가로 보냈다. 그러나 로트스힐트도 곧 데스프레몽의 생각을 받아들였다. 결과적으로 에스켄스 내각은 국제적 의무를 고려하지도 않고, 레오폴드빌에 있는 콩고 정부의 동의도 없이 카탕가의 독립에 동의하는 쪽으로 가고 있었다. 벨기에 의회는 기본법이 규정한 대로 콩고에 주권을 부여했다. 기본법에는 이렇게 적혀 있다. "콩고는 실질적인 국경 안에서 나뉠 수 없는 민주국가를 구성한다." 벨기에가 공식 외교 절차로 카탕가를 독립국으로 인정한 적은 없지만, 진행 중이던 콩고 흔들기 프로젝트를 위해 양측은 내밀한 비공식 관계를 맺었다.

에스켄스, 유엔에 저항하다

7월 14일 벨기에가 식민지에서 떠나야 한다는 내용의 유엔 결의안이 채택되자 브뤼셀은 분개했다. 에스켄스는 유엔의 요구를 벨기에군을 원래 기지로 복귀시켜야 한다는 것으로 생각지 않았고, 유엔 평화유지군이 백인들의 안전을 보장할 수 있을 때까지 벨기에군을 콩고 전역에 주둔시키겠다는 입장을 보였다. 게다가 벨기에인들은 이미 질서를 되찾은 카탕가에 유엔이 개입해야 할 까닭이 없다고 봤다. 7월 22일, 벨기에가 충격 받을 일이 뒤따랐다. 루뭄바가 벨기에에 최후통첩을 보내고 소련이 벨기에를 강하게 비난한 데 이어, 두 번째 유엔 결의안이 채택되어 콩고 영토에서 벨기에군을 신속히 철수하라고 촉구했다. 벨기에군이 카미나와 키토나 두 기지로 돌아가는 것만으로는 충분치 않았다. 다시 말해 루뭄바가 우호조약으로 마지못해 받아들였던 벨기에군의 콩고 주둔이 완전히 끝난다는 얘기였다. 이런 상황이 되면 백인들은 콩고에 남으려 하지 않을 게 뻔했다. 브뤼셀의 에스켄스 내각에는 다시 갈등이 고조되었다. 온건파들은 유엔에 동조했지만, 강경파와 에스켄스는 입장을 바꾸려고 하지 않았고 무슨 일이 있어도 카탕가에 남고 싶어 했다.[23)]

사진 4 7월 27일 벨기에 브뤼셀을 찾은 다그 함마르셸드 유엔 사무총장(왼쪽)이 공항에 나온 피에르 위니 벨기에 외교부 장관과 만났다. 양측의 대화는 소득 없이 끝났다. ⓒ *Belga Image*

7월 27일 다그 함마르셸드의 실망스러운 브뤼셀 방문이 있은 뒤 사태는 극에 달했다. 함마르셸드는 콩고로 날아가고 있었다. 그는 콩고에서 그곳 정치인들과 유엔 결의안을 어떻게 이행할지 논의할 예정이었다. 함마르셸드는 벨기에가 기꺼이 군대를 철수하겠다고, 카탕가에서도 군대를 빼겠다고 선언할 거라고 기대했다. 동시에 함마르셸드는 콩고 내부의 일에 개입하려고 하지 않았다. 어쨌든 촘베는 가까운 미래에 자기 길을 갈 것이고 그리 되면 유엔은 평화유지군이 카탕가에 들어가기 전에 엘리자베스빌과 협상을 벌여야 했다. 함마르셸드는 카탕가에 있는 유럽인 2만 명이 떠나 버리면 유엔군은 카탕가를 통제할 수 없을 거라는 점을 깨달았다. 다음 날인 7월 28일, 유엔과 미국의 재촉에 못 이겨 벨기에는 군인 1,500명을 철수시키겠다고 발표했다. 시늉에 불과한 형식적인 숫자였지만 함마르셸드와 미국에는 중요한 양보였다. 그러나 에스켄스는 카탕가를 두고는 절대 물러서지 않았다. 그는 엘리자베스빌에 있는 유엔군이 루뭄바에게 힘을 실어 주어 결국 벨기에군의 주둔을 끝낼 거라고 믿었다. 국내에서도 겁쟁이로 비난받던 에스켄스지만 강력한 투자자들의 이해관계가 카탕가에 걸려 있고 이들이 벨기에에 대한 압박에 저항할 방법을 찾으려 분투하고 있다는 것을 알고 있었다. 함마르셸드가 추가 논의를 위해 고위 참모를 브뤼셀로 보냈을 때 벨기에 정부는 카탕가에 대한 협상을 거부했다. 적어도 공개적으로는 그랬다. 그러나 에스켄스 행정부는 갈라지기 직전이었다.

함마르셸드는 8월 2일 저녁 레오폴드빌에서 "브뤼셀의 동의를 얻어 유엔군이 8월 6일 카탕가로 들어가기로 했다"고 선언해 에스켄스를 깜짝 놀라게 했다. 에스켄스는 그런 동의를 한 적이 없었다. 그러나 함마르셸드는 "유엔이 제국주의자들을 위해 움직이고 있고 콩고 정부 내 급진 세력을 약화시키려 한다"는 루뭄바의 비난에 대응하고 싶었다. 촘베가 카탕가는 유엔에 맞서 싸울 거라고 위협하자 함마르셸드는 유엔군의 엘리자베스빌 입성을 미루었다. 대신 8월 5일, 유엔 안보리를 향해 8월 8일 소집될 회의에서 새로운 지지를 결의해 달라고 요청했다. 시계가 째깍째깍 돌아가기 시작했다. 데스프레몽은 에스켄스에게 "유엔군은 백인들을 떠나게 해 무정부 상태로 만들어 버릴 것"이라며 잔뜩 겁을 주는 전갈을 보냈다. 데스프레몽이 보기에 카탕가뿐 아니라 카사이나 키부 같은 다른 주들이 가세해 루뭄바에게 연방 정부를 받아들이게 만드는 건 시간문제였다. 콩고는 결딴나기 직전이었고 브뤼셀은 버텨야 했다. 이 중요한 고비에 보두앵이 개입하고 나섰다. 8월 5일 보두앵은 에스켄스를 소환해 내각 총사퇴를 요구했다. 그는 48시간 안에 제국주의 방식을 좀 더 적극적으로 추구할 새 내각이 꾸려지길 원했다.

헌법의 재창조

영국, 스웨덴, 네덜란드, 벨기에 같은 입헌군주제 정부에서 왕과 여왕들은 어떻게 존속될까? 미국인들은 이런 유럽 국가들의 제도가 받아들일 만하지만 21세기에 그들이 왕실에 보이는 충성도가 신기하다고도 느낀다. 전형적인 시각은 이 나라들이 왕권신수설을 토대로 전지전능한 통치자로부터 출발했다는 것이다. 그러나 수백 년에 걸쳐 민주적으로 선출된 의회가 중요해지면서 점차 왕은 정치적 권한을 포기했다. 오늘날 왕은 그저 상징적 존재로서 고위 외교사절을 맞고 공공 행사를 열고 엄숙한 국가 의식에서 연설할 뿐이다. 정치인들은 카메라 앞에서 왕에게 몸을 굽히지만 공개적인 정중함 뒤에서는 사실상 왕이 선출된 정치인들을 따른다. 미국에서 대통령은 의전 절차상의 권위와 실제 정책을 집행하는 행정 권력을 모두 갖고 있다. 입헌군주제에서는 왕은 의식을 주관하고 의회 다수의 지지를 받은 선출된 정치인이 총리를 맡아 정부를 운영한다. 정치인들은 왕에게 국정 운영 방안을 보고하고 왕의 승인을 받지만 이 승인은 왕이 반드시 내줘야 하는 것일 따름이다.

벨기에에서 현실은 달랐다. 유럽은 레오폴 2세에게 콩고를 사유지로 주었다. 이후 레오폴 2세는 독단으로 콩고를 벨기에 정부에게 식민지로 물려주었다. 레오폴 3세는 1940년 독자적인 결정으로 벨기에군이 독일에 항복하게 했다. 그러나 군주제는 한계도 분명했다. 1940년대 후반에 의회는 보두앵의 아버지를 내쫓았다. 퇴위는 왕좌 주변에 있던 이들에게 좋지 않은 뒷맛을 남겼다. 그러나 쓰디쓴 뒷맛이 왕실이 모든 걸 다 포기하는 것을 의미하지는 않았다. 헌법은 "왕이 각료를 임명하고 해임한다"고 규정하고 있었다. 왕의 측근들은 이 과정에 의회의 승인은 필요 없다고 주장했다. 그럼에도 불구하고 국왕의 '정부'는 의회의 신임 없이 존속할 수 없었다. 그래서 19세기 중후반부터 군주는 정치인들이 짜 놓은 통치 시스템을 받아들여야 했다. 정부는 왕의 정부가 아니라 의회와 정당의 정부가 되었다. 20세기 들어 왕의 사람들은 입헌민주주의의 이 같은 핵심 전제를 놓고 다투려 했다.

보두앵과 에스켄스 내각은 사이가 좋지 않았다. 1950년 의회가 선왕 레오폴 3세를 내쳤을 때 보두앵이 정치인에게 갖고 있던 불신은 최고조에 달했다. 레오폴 3세가 궁정에 계속 머무르게 되면서 '퀘스티옹 로얄' 논쟁은 여전히 살아 있었고, 1950년대 후반까지 콩고 문제로 벨기에의 민주, 반민주 세력 사이에 골은 더 깊어졌다. 식민지는 양측의 불신에 기름을 부었고 콩고 정책을 놓고 다투면서 오래전부터 내재되어 있던 증오가 치부를 드러냈다. 레오폴 3세를 물러나게 만들고 1960년 당시 여전히 권력을 쥐고 있던 에스켄스, 위니, 드 스라이퍼 같은 정치인들이 이제 왕실의 유산인 콩고마저 날려 버리는 것인가? 이런 생각이 보두앵과 가신들을 참을 수 없게 했다. 루뭄바 체제는 벨기에의 본질과 민주주의 도그마에 대한 '로르샤흐 검사'(Rorschach test)*로 변해 있었다.

1960년 1~2월 열린 원탁회의는 보두앵을 흔들었다. 보두앵은 1955년 콩고를 다녀온 뒤로 식민지에 낭만적인 애착심을 느끼고 있었

* 스위스 정신의학자 헤르만 로르샤흐가 제시한 인격진단 검사. 여러 가지 해석이 가능한 좌우 대칭의 잉크 얼룩이 있는 카드 열 장을 보여 주고, 검사를 받는 사람의 해석과 반응에 따라 정신적 상태와 인격을 진단하는 기법이다.

다. 1960년 2월 18일 그는 콩고를 지키기 위해 '왕실평의회'(Crown Council)를 소집했다. 이 평의회는 전통적으로 현직 각료와 국무대신*으로 지정된 정계 유력 인사들이 모이는 자리였다. 아무런 헌법적 권한이 없었지만 이 원로회의는 보두앵에게 무력한 현 정치권을 향해 비판을 쏟아내고 벨기에의 앞날에 대한 중대한 질문을 던지는 장이 되었다. 그러나 2월이 가기도 전에 보두앵은 토론장의 청중과 아무 접점이 없었다는 사실을 깨달았다. 그들은 콩고의 신속하고 조건 없는 독립은 피할 수 없는 일이라고 받아들였다.[24)]

6월 30일 레오폴드빌에서 치러진 독립선포식으로 보두앵은 또 한 번 모욕감을 느껴야 했다. 그의 보좌관이자 아버지의 보좌관이었던 자크 피렌이 연설문을 썼다. 레오폴 2세의 천재성을 극찬하고 아프리카인들에게 민주주의를 존중하라고 촉구하는 내용이었다. 콩고 사태가 터지면서 7월 9일 프랑스 루르드에서 급히 돌아온 보두앵은 에스켄스를 만나기 전 비밀리에 피렌과 마주앉았다. 설사 신중한 조언이 있었다고 해도 받아들이지 않을 정도로 보두앵은 벽창호였지만 왕권신수설을 신봉하는 피렌은 아예 신중해야 한다는 조언조차 하지 않았다. 피렌은 보두앵이 그날 저녁 총리에게 보내야 할 편지를 읽었다. 보두앵은 의회의 정부에 대한 존중은 무시한 채 에스켄스에게 3대 주요 세력이 협력하는 국가적 연합체를 구성하자고 촉구했다. 피렌에 따르면 이런 연합은 왕의 입지를 더 다져 줄 것이었다.[25)] 에스켄스는 바로 '노'라고 답하진 않았다. 그러나 이튿날 정부는 보두앵을 거부했다. 보두앵이 정부를 구성하지도, 정당을 만들지도 않았다는 이유였다. 하지만 이것으로는 보두

---

* 특정 부서를 책임지지 않는 무임소 장관—옮긴이

앵을 단념시킬 수는 없는 일이었다. 그는 대신 야당인 사회당 대표를 국무대신으로 임명하고 왕실평의회를 새로 소집할 것을 요청했다. 정부는 동의하지 않았다. 7월 14일 유엔 결의안이 나온 뒤 보두앵은 뉴욕 유엔 안보리와 직접 얘기하고 싶어 했지만 벨기에 정부는 왕의 요구를 또 다시 거절했다.

벨기에 독립기념일인 7월 21일 보두앵은 라디오로 대국민 연설을 했다. 이번에도 역시 뒤에는 피렌이 있었다. 보두앵의 연설은 은연중에 루뭄바를 비난하고 촘베를 지지하는 내용이었다. 카탕가는 이제 보두앵에게 절체절명의 관심사가 되었다. 7월 27일 그는 위니 외교부 장관의 거센 반대에도 불구하고 브뤼셀에서 함마르셸드와 비밀리에 만났다. 보두앵은 여세를 몰아 함마르셸드에게 벨기에군이 계속 남아야 한다는 점을 역설하고 카탕가에 대해 로비하는 글을 썼다.[26] 한 주 뒤에 보두앵의 개입은 절정에 달했다. 8월 4일 그는 촘베의 사람들과 카탕가에 군사적 지원을 해주고 있는 베베르 소령을 만났다. 이 소식을 들은 기독민주당 대표는 공개적으로 보두앵에게 또 다른 '퀘스티옹 로얄'을 촉발시키지 말라고 경고했다. 그때까지도 여전히 유엔은 카탕가에 들어갈 예정이었고 벨기에군을 철수시키려 하고 있었다. 다음 날인 8월 5일 요지부동인 보두앵은 더 대담한 행보에 나서 에스켄스에게 내각을 떠나라고 말했다.[27]

줄곧 에스켄스 정부를 격렬히 비판하던 여론은 보두앵에게 추동력을 주었다. 언론들도 에스켄스가 물러나야 한다고 요구하고 나섰다. 보두앵은 여기다 장관들도 무능하기 짝이 없다고 덧붙였다. 일부 벨기에인들은 왕에게 싸움만 일삼던 정당들을 제압할 특별한 힘이 있고 나라를 수모에서 구할 수 있다고 여겼다.[28] 대중들의 시위는 의회만을 지목하지 않았고 벨기에를 버린 유엔과 미국도 겨냥했다. 피렌은 보두앵에게 집권당 정치인과 손잡는 것으로 비칠 수 있는 어떤 행위도 하지 말라고 조언했다. 정력적이던 에스켄스는 무기력한 장관들에게 둘러싸여 있었고 헌법을 존중하지 않는 군주제 집단의 도전에 맞닥뜨렸다. 미국 대사관은 벨기에의 긴장 상황을 보고했고 서방 동맹들과 향후 관계에 위협이 될 거라고 언급하기도 했다. 나토 주재 벨기에 대사 앙드레 드 스타키는 미국에 "지금까지(지난주를 기준으로) 세를 얻으려는 반민주적 움직임이 실패한 건 이를 이용해 대중을 사로잡을 어떤 능력 있는 정치인이 나타나지 않은 운 좋은 상황 덕분일 수 있다. 아마 이 상황에서 생각할 수 있는 희망은 결국 나토 사무총장 폴헨리 스파크가 돌아오는 것이다. 하지만 현 정권에 대한 분노가 나토나 서방 동맹 정책과 너무 밀접하게 연결된다면 스파크의 뛰어난 연설도 상황을 더 나은 방향으로 돌리는 데 충분하지 않을 수 있다"고 말했다.[29)]

1950년 2월 보두앵의 아버지 레오폴 3세가 왕위를 거부하는 사건이 일어나기 전날, 당시 총리였던 에스켄스는 미국 대사에게 이렇게 털어놨다. "사실 종국에는 정확히 누가 왕인지는 별 의미가 없다. 왕이 할 일은 골프를 칠지 말지, 등산을 할지 말지 총리에게 들은 대로 하는 것이기 때문이다."[30)] 그러나 10년이 흐른 뒤인 1960년 8월 5일, 젊은 왕은 에스켄스에게 물러나라고 압박하고 있었다. 보두앵에 따르면 48시간 안에 새 정부가 구성되어야 했다. 국왕은 스파크와 폴 판 제일란트, 벨기에의 다른 유력 정치인, 왕실 지원 세력과 협상하고 있다고 인정했다. 판 제일란트는 1930년대에 성공한 총리였고 전쟁 후에는 몇 년 동안 외교부 장관을 맡았다.

국무대신 가운데 스파크와 판 제일란트 두 명만이 2월 왕실평의회가 열렸을 때 보두앵을 지지했다. 8월이 되자 보두앵은 이 두 사람이 줏대

없는 정치인과 그들의 회유책에 맞서 형세를 역전시킬 수 있는 마지막 희망이라는 걸 깨닫게 되었다. 판 제일란트는 기독민주당원이지만 일찌감치 스파크를 지지하고 나섰다. 두 사람 모두 자신이 속한 정당에 반기를 들었고 서로에게 깊은 존경심을 갖고 있었다. 보두앵은 '강하고 현명한' 사람들이 의회를 배제한 새로운 통치를 보여 줄 실무 내각을 구상하고 있었다. 보두앵과 우파 참모들은 100년 전의 헌법이 부여했던 군주의 특권을 되살릴 속셈이었다.

스파크와 판 제일란트 사이에 협상은 어렵게 진행되었다. 카탕가가 그들을 갈라놓았다. 판 제일란트는 카탕가를 인정하기를 바랐고 스파크는 망설였다. 판 제일란트는 외교부 장관을 한 번 더 하려는 야심을 품고 있었다. 스파크가, 판 제일란트가 콩고의 금융계와 연이 닿아 있는 문제를 제기하면서 판 제일란트의 입지가 약해졌다. 두 사람은 8월 둘째 주가 되도록 계속 논의만 이어 가다 계기를 잃어버렸다. 계획이 새 나갔고 반대 세력이 움직였다. 에스켄스는 당초 새 내각을 구성해야 한다는 피할 수 없는 사실을 받아들였고, 8월 5일에도 보두앵의 요구를 반박하지 않았다. 그러던 그가 투지를 되찾았다. 8월 9일 열린 기자회견에서 에스켄스는 새로운 일련의 계획을 제시했다. 무엇보다도 그는 벨기에가 나토에 내는 분담금을 줄이겠다는 제안으로 재정 지출에 적대적인 사람들의 허를 찔렀다. 게다가 이렇게 서방 안보 동맹과 거리를 두는 행보는 에스켄스에게 콩고에서 새로운 노선을 만들 여지를 줄 수 있었다.[31]

8월 10일 에스켄스는 총리 자리에서 물러나겠다는 뜻을 내비쳤다. 보두앵은 만족하지 않았고 내각 전원이 사퇴해야 한다고 못 박았다. 그날 오후 장관들은 한 가지 조건을 내걸고 보두앵의 요구에 따르기로 결정했다. 새 정부를 구성하는 일을 에스켄스에게 맡겨야 한다는 것이었다. 장관들은 보두앵이 원하는 내각을 꾸리고 의회가 해산되는 것을 막으려 했다. 보두앵이 어떤 조건도 받아들일 수 없다고 거부하자 장관들은 사퇴하지 않겠다고 선언했다. 에스켄스 정부는 결국 보두앵의 시도를 막아냈다. 8월 10일 밤 보두앵과 협상하기 위해 프랑스 파리의 나토 본부에서 돌아온 스파크는 곧 보두앵의 계획이 수포로 돌아갔다고 결론 내야 했다. "왕실의 쿠데타는 성공하지 못했다." 미국 대사관은 나중에 이렇게 평가했다. 그럼에도 루뭄바를 둘러싼 논쟁으로 벨기에의 민주주의는 거의 해체되는 지경에 이르렀다.[32]

국왕의 승리

8월 17일 에스켄스는 의회에 나타나 신임투표를 요구했다. 자신을 거의 끌어내릴 뻔 했던 막후의 실력자들을 도발하려는 움직임이었다. 에스켄스 정부는 신임투표를 밀어붙였지만 결과는 신통치 않았다. 에스켄스는 개각을 놓고 주고받기를 해야 했지만 그것도 쉽지 않았다. 자유당과 기독민주당, 두 연정 세력 사이에 신뢰는 이미 사라지고 없었다. 총리는 9월 3일까지도 새 내각을 구성하지 못했다. 콩고를 묵인하는 것을 참을 수 없었던 한스호프 판 데르 메이르스는 이미 떠났다. 에스켄스는 드 스라이퍼와 쉐벤을 해임했고 데스프레몽이 아프리카부 장관으로 전권을 맡게 되었다.

진짜 패자는 외교부 장관 위니였다. 50대 중반의 지극히 평범한 위니는 국제법과 헌법에 조예가 있었다. 그는 미국 하버드대학에서 국제 문제로 박사학위를 받았다. 학구적 성향이 있어 실제 이 주제로 교재를 집필하고 강단에 서기도 했다. 그러면서도 그는 자신이 말한 것들이 자동적으로 정책으로 옮겨져 실행될 거라고 여겼다. 그는 또 무언가를 감추는 듯 궤변을 늘어놓는 변호사 같은 면도 있었다. 위니는 데스프레몽이 아프리카 담당 장관에 오르자 강경파인 데스프레몽이 위니처럼 이리저리 눈치를 봐 가며 했던 방식이 아니라 단도직입적으로 콩고에 관한 결정을 내리지 않을까 우려했다.

보두앵은 '전쟁'에서 패배했고 벨기에의 민주주의는 그대로 남았다. 그러나 보두앵은 중요한 '전투'를 이겨 나약한 정치인들에게 잔뜩 겁을 주었다. 에스켄스는 국가권력을 넘본 왕실의 월권을 물리쳤지만 에스켄스의 새 내각은 왕실의 퇴행적 정책에 굴복했다. 벨기에에서 입헌 통치를 지켜 내기 위해 에스켄스 정부는 콩고에서 우향우를 했다.

보두앵이 에스켄스의 장관들에게 어떤 투지를 불어넣었든 간에 국제사회는 벨기에에 맞서 뭉쳤고 벨기에는 완패한 듯 보였다. 유엔은 벨기에에게 '루뭄바가 실권을 쥐게 되는' 국제적 합의에 동의하라고 압박했다. 루뭄바는 8월 9일 벨기에 대사를 레오폴드빌에서 쫓아냈다. 7월 초부터 벨기에인 4만5천 명이 달아나거나 본국으로 송환되었다. 콩고가 독립할 무렵 콩고에 있던 벨기에인 약 8만 명 중에 3만~3만5천 명이 남아 있었고 그중에 2만 명이 카탕가에 있었다.[33] 8월 4일 카탕가 바깥에 있던 벨기에군은 기지를 벗어날 수 없게 되었고 그달 말까지 모두 콩고를 떠났다. 8월 10일 카탕가는 벨기에군을 다시 불러들이기 시작했고 9월 초에 모두 돌아왔다. 벨기에군이 카탕가를 떠날 때 엘리자베스빌에서 이를 지켜보던 한 고위 외교관은 이렇게 말했다. "벨기에군이 떠나고 로마제국을 야만에 열어 주었다는 생각이 머릿속에서 떠나지 않는다."[34]

비록 벨기에인들은 입지는 당장 약해졌지만, 언젠가는 옛 식민지에서 승리를 거둘지도 모른다는 막연한 희망을 놓지 않았다. 7월 22일부터 8월 8일까지, 루뭄바는 콩고를 떠나 미국과 캐나다, 아프리카를 순방했다. 루뭄바의 부재로 콩고의 반민족주의 정서를 부추기기 더 쉬워졌다. 8월 9일 알베르 칼론지는 카사이 남부 지역의 독립을 선언하고 데스프레몽의 지원을 받았다. 같은 날 함마르셸드는 새로 채택된 유엔 결의안을 받아 들었다. 유엔 평화유지군이 카탕가에 들어가고 벨기에군은 떠나야 했다. 그러나 촘베는 여전히 권력을 유지하고 있었고 촘베와 루뭄바 사이의 교착상태는 달라지지 않을 터였다. 유엔은 콩고 내부의 문제를 두고 중립을 취하려고 했다. 벨기에인들은 반루뭄바 전선을 넓히는 과정에서 예상치 못한 동맹을 발견했다. 결국 브뤼셀은 용케도 영향력을 유지할 수 있게 되었다.

에스켄스가 의회 신임투표에서 승리하기 직전인 8월 18일, 에스켄스는 카사부부의 벨기에인 참모 에프 판 빌센과 논의했다. 에스켄스는 콩고로 막 돌아가려고 하던 판 빌센에게 긴급 정보를 하나 던졌다. 가서 카사부부에게 루뭄바를 해임할 헌법상 권한이 있음을 알려 주라는 내용이었다.[35] 보두앵은 흑인들에게 민주적 질서를 받아들이라고 충고하면서도 자신은 정작 그 충고를 받아들이지 않았다. 이제 에스켄스마저도 보두앵이 할 수 없었던 그 일을 카사부부가 해도 된다고 알렸다.

04

냉전의 그림자

드와이트 아이젠하워 미국 대통령은 힘겨운 한 해를 보내고 있었다. '아이크'(Ike)라는 애칭을 가진 이 대통령은 국제사회에서 이론의 여지가 없는 가장 중요한 정치인이기도 했지만 동시에 인간적 매력으로도 인기가 높았다. 그는 공산주의 중국에 맞서 미군을 보낸 한국전쟁을 휴전으로 이끌고 1953년 대통령에 올랐다.

아이젠하워는 1950년대 재임 기간 동안 높은 인기를 누리며 성공한 대통령이었고 두 번째 임기는 1961년 1월 종료를 목전에 두고 있었다. 그러나 시간이 다 되어 감에 따라 권력도 약해져 갔다. 아이젠하워에 비판적인 이들은 공화당 정권이 맥없이 끝나 가고 있다고 여겼다. 그는 냉전을 완화시키지도, 위험한 핵무기 경쟁을 억제하지도 못했다. 아이젠하워의 사리 분별력은 정평이 나 있었지만 그는 스스로 좌절감에 빠졌다. 형편없는 유머를 담은 대국민 호소를 발표하거나 부하 직원들에게 경솔한 명령을 내리기를 수차례였다. 아이젠하워의 임기 막바지에 실제하는 일은 거의 없었고 짜증스러운 말만 가득했다.

아이젠하워는 제2차 세계대전 당시 영국, 프랑스와 서유럽 저지대 국가(Low Countries)*를 돕기 위해 나치 독일이 점령한 유럽에 진격을 감행해 명성을 얻었다. 전쟁이 끝날 때까지 그는 유럽 대륙에서 미국의 역할을 다하기 위해 애썼다. 1951년 그는 나토의 첫 사령관이 되었고 안보 동맹은 서유럽 국가와 미국에 초점을 맞추었다. 아이젠하워는 거의 혼자 힘으로 공화당을 대서양주의와 국제주의로 끌고 갔다. 나토는 무력으로 소련에 맞서며 서방세계를 보호했다. 그러나 나토는 그 못지않은 중요한 역할을 했다. 아이젠하워는 나토를 좀 더 지속적인 민주주의 연합 체제, 곧 유럽연합(EU)을 설계하는 데 이용했다. 나토는 지대한 지정학적 중요성을 갖고 있었고 아이젠하워는 나토를 강화하고 나토 내 협력을 끌어올리는 데 각별히 관심을 기울였다.[1)]

아이젠하워는 유럽 지도자들과 동지애가 있는 유대관계를 맺고 있었지만 이 일은 고양이를 기르는 것과 비슷했다. 우선 해럴드 맥밀런 총리가 이끄는 영국은 미국과 특수 관계를 중시했고 유럽과 거리를 두었다. 샤를 드골은 프랑스의 위대함에 대해 너무도 비현실적인 생각을 갖고 있었다. 콘라트 아데나워가 이끌던 서독은 1955년 나토에 가입했다. 아데나워는 독일의 통일에 대해 끊임없이 확인받으려 했고 부적절할 정도로 자주 과한 의욕을 보였다. 아이젠하워는 네덜란드와 벨기에가 이 동맹에서 매우 긍정적인 역할을 한다고 보았다. 몸집은 작지만 이 두 나라는 국제사회의 관심에 부응해 동맹에 도움이 되기 위해 열심이었다. 두

---

* 서유럽 북해 연안 스헬데 강, 라인 강, 뫼즈 강 하류 삼각주 지대에 위치한 국가를 뜻하는 말로 네덜란드, 벨기에, 룩셈부르크 등이 포함된다.

나라는 화해를 요구하면서 협상 테이블에서 몸값을 높일 수 있었다.

신생 독립국들은 아이젠하워를 당혹스럽게 할 뿐 아니라 때로는 실망스럽게 했다. 공화당은 이 개발도상국들이 냉전에 영향을 준다고 인식했다. 워싱턴은 이런 나라들에게 미국도 한때 영국에 예속되어 있었다는 과거를 일깨워 주고, 이후에 생겨난 식민지들의 처지에 공감하면서 그들을 점차 자유로 이끄는 보호자 역할을 할 필요가 있다고 생각했다. 그러나 아이젠하워는 제국주의의 문제에 노련하게 대응하지 못했다. 미국의 소중한 나토 동맹과 오랜 친구들은 그들의 제국을 토해 내라고 압박받는 바로 그 열강들이었다. 미국은 영국과 프랑스 그리고 벨기에와 네덜란드가 식민지 문제와 관련하여 주도적 역할을 하도록 허용했다. 1956년 미국은 이집트 수에즈운하를 둘러싼 분쟁에서 영국과 프랑스를 저지시켰다.* 아이젠하워에게는 고통스러운 선택이었다. 그가 동맹과 소원해지면서 서방세계는 손상을 입었고 다시는 동맹 국가들의 직접적 이해관계에 반하는 행동을 하지 않으려 했다. 마지막으로 그는 인종 편견의 심각한 본질을 이해하지 못했다. 1960년대 말 아이젠하워의 마지막 개인적 결정 때문에 미국은 식민주의를 비난하는 유엔 표결에서 기권했다. 사실 미국 대표단은 그 결의안에 찬성하고 싶어 했다. 그 결의안이 채택되었을 때 대표단 중 한 명은 자리에서 일어나 박수를 보냈다.[2)]

---

* 1952년 범아랍주의와 민족주의를 내세운 가말 압델 나세르가 이집트에서 정권을 장악하고 1956년 7월에 운하를 국영화하자 이를 되찾으려는 영국과 프랑스가 이스라엘과 손을 잡고 제2차 중동전쟁, 곧 수에즈 전쟁을 일으켰다. 이집트를 지원하던 소련과 확전을 꺼리던 미국을 중심으로 유엔의 철군 요구가 거세지고 여론의 압력이 높아지자 그해 11월 영국과 프랑스는 철군하고 결국 수에즈운하를 잃게 된다.

아이젠하워는 공화당 내 신진 그룹의 협조를 얻는 데도 성공하지 못해 정치적 시련은 더 커져만 갔다. 그러는 사이에 리처드 닉슨 부통령이 후계자로 급부상했다. 이 노련한 정치인이 1960년 여름 공화당의 대선 후보로 지명된 후에도 아이젠하워는 닉슨을 존중하지 않았고 후계자를 위한 선거운동도 건성으로 했다. 미국인들도 닉슨을 그다지 좋아하지 않았다. 1960년 11월, 닉슨은 결국 경험이 없는 민주당 상원의원 존 F 케네디에게 근소한 차로 패배하고 만다. 아이젠하워는 닉슨 때문에 유권자들이 자신이 남긴 업적을 거부했다고 믿었다. 그것은 일부만 맞는 얘기였다. 케네디는 조금 더 많은 다수 유권자들에게 아이젠하워 정부가 낡고 낡았다는 확신을 심어 주었다. 그해 예순아홉이던 아이젠하워와 주변 사람은 모두 나이가 들었고, 아이젠하워가 각광받았을 때 가졌던 생각에 여전히 사로잡혀 있었다. 40대 초반의 케네디는 "우리는 이 나라를 다시 작동하게 해야 한다"고 말했고, 특히 외교정책에서 '뉴프런티어'를 주창했다. 아이젠하워는 확실히 소련에 대해 꽤 강경한 노선을 취했다. 케네디는 현명하게도 전직 장성을 정면으로 공격하지는 않았다. 그러나 공화당이 공산주의에 대응하는 데 창의성이 부족하다는 생각을 내비쳤다. 소련의 악을 소리 높여 외치고 소련과 동맹 관계에 있는 나라들을 협박하는 대신, 미국은 민주주의가 왜 얼마나 많은 매력이 있는지를 보여 줘야 했다. 케네디는 아이젠하워보다 유연하게 행동하려 했다.

국제 정세는 케네디의 생각이 맞다는 걸 보여 주고 있었다. 멀리 동남아시아 라오스와 베트남에서는 혁명의 불길이 타올랐다. 소련의 국가원수 니키타 흐루쇼프는 반자본주의 불씨에 바람을 불어넣겠다고 공언했다. 아이젠하워는 문제가 감당할 수 없게 되어 간다고 안달했다. 불과 5

년 전만 해도 안정되어 보이던 세상은 완전히 달라져 버렸다. 아이젠하워와 외교안보 참모들은 궁지에 몰렸다고 느꼈다. 미국 시민들에게는 정부가 그리 무기력해 보이지 않을지도 몰랐다. 하지만 공화당 사람들에게는 그들이 정확히 뭘 해야 할지 모르는 것처럼 보였다.

가장 큰 시험대는 쿠바였다. 미국은 역사적으로 이곳을 플로리다 해안에서 조금 떨어진 섬 정도로 생각했지만, 1950년대 후반 일어난 혁명은 미국의 지원을 받던 풀헨시오 바티스타 독재정권을 무너뜨렸다. 처음에 미국은 턱수염에 군복을 입은 거친 인상의 서른네 살 젊은 쿠바의 새 지도자 피델 카스트로를 조심스럽게 인정하려 했다. 그러나 카스트로는 곧 공산주의를 따를 것을 천명했고 흐루쇼프는 그를 동지로 환영했다. 긴장은 점점 고조되어 갔다. 1961년 4월 미국은 카스트로를 끌어내리기 위해 피그 만을 침공했다가 실패하는 굴욕을 겪었고, 1962년 쿠바 미사일 위기로 '냉전의 화산'이 폭발하고 말았다. 사건이 터지기 전인 1959~1960년에도 미국인들은 카스트로를 걱정스러운 눈으로 바라보았고 워싱턴에 있는 정책 결정자들은 그보다 더했다. 그들은 미국의 문간에 공산주의자들의 거점이 생겼다는 사실에 격분했다. 공포감을 느낀 외교안보 관료들은 거의 미치기 직전이었고 카스트로의 암살을 입에 올리기 시작했다.

피델 카스트로는 케네디가 비판하던 그 문제의 증거였다. 아이젠하워는 쿠바의 공산주의를 막지 못했다. 케네디는 특히 유럽 식민주의에 맞서 민족주의가 급부상하고 있음을 지적했다. 미국은 영국에 맞서 독립전쟁을 치렀던 자신들의 기원을 떠올려야 했고, 다른 이의 지배를 받는 사람들에게 친구임을 보여 주어야 했다. 그러고 나면 자치 독립의 길로 건설적으로 유도해 나갈 수 있을지도 몰랐다. 그러나 아이젠하워는 나토에서 유럽과 연대하는 쪽을 고수했고 제국과 한 몸이 되려 했다. 그와 반대로 케네디는 식민지들에게 미국이 제국주의자들이 아닌 그들 옆에 있을 거라는 확신을 주려 했다. 케네디는 실질적인 분석을 하고 있었다. 특히 눈앞에서 미국을 노려보는 쿠바에 대해 그랬다. 그는 행동으로 옮기는 것보다 평가를 내리는 일이 훨씬 쉽다는 것을 보여 주었다. 반식민주의를 응원하는 일은 확실히 유럽인들과 멀어지게 만들 거고 케네디는 굳이 그런 위험을 무릅쓰려 하지 않았기 때문이다.

1947년에 앤드루스 시스터스의 노래 〈시빌리제이션〉(Civilization)이 히트를 쳤다. 이 노래는 아프리카에 남아 있고 싶어 하는 한 소녀에 관한 이야기를 담고 있다. 소녀는 "빙고, 방고, 봉고, 나는 콩고를 떠나고 싶지 않아요" 하고 노래한다. 또 그룹 '제이호크스'는 1956년 내놓은 로큰롤 앨범 《스트랜디드 인 더 정글》(Stranded in the Jungle)에서 이 곡조를 따와 데이트를 위해 미국에 돌아가길 바라는 10대의 이야기를 노래했다. 이 노랫말들은 아프리카가 일반 시민들의 머릿속에 어떻게 인식되는지를 보여 주었다. 미국인들이 아프리카에 관해 알고 있는 거라고는 영화 《타잔》에서 본 게 전부였다.[3] 1950년대 후반 '아프리카학'(African Studies)라는 학문 전공이 생기고 국무부에 아프리카 부서가 만들어졌다. 원래 그랬지만 전문가들의 지식은 정책 결정자들에게 거의 가닿지 못했고 정책 결정자들은 아프리카를 우선순위에 두지 않았다. 1950년대 후반 아이젠하워는 가나와 기니의 독립 문제에 매우 조심스럽게 접근했고 국무부는 유럽인들한테서 힌트를 얻었다. 미국이 콩고라는 국가를 인지한 건 1940~1950년대 초반 핵폭탄에 쓰일 우라늄이 필요했기 때문이다. 그러나 수년 동안 다른 문제 때문에 콩고는 뒷전에 밀려나 있었다. 1960년 최소 두 차례의 고위급 정부 논의에서 미국은 콩

고의 우라늄이 더 이상 국익에 크게 중요하지 않다는 판단을 내렸다.[4)]

1960년 케네디의 정치는 공화당이 아프리카에 관심을 갖게 만들었다. 1950년대 후반까지만 해도 아이젠하워는 식민지 이후 문제와 관련해 국내 문제에 더 관심이 많았다. 미국에서 흑인 민권운동이 일어나 남부의 짐 크로* 시스템에 대한 주의를 환기시켰다. 남부에서 미국의 흑인들은 투표할 수 없었고 분리되어 모욕적인 삶을 살고 있었다. 아이젠하워 정부 말기를 거쳐 케네디 정부에서 민권운동이 더 큰 사회 갈등으로 확산되면서 남부에서 흑인들이 벌여 온 투쟁은 아프리카 흑인들에게 유럽으로부터 해방을 추구하라는 울림이 되었다. 미국이 자기 나라 사람에게도 투표할 권리를 주지 않으면서 어떻게 반제국주의에 공감할 수 있을까? 해방을 찾던 아프리카인들은 흑인들을 변함없이 억압하는 미국의 선의를 의심했다.

케네디는 아이젠하워보다 이 문제를 더 잘 관리했다. 어느 정도까지는 권력자의 나이가 문제를 규정했다. 민주당 신진 세력은 너그러운 예의를 보이려 했고 아프리카 여러 국가의 이름을 정확하게 말할 줄 알았으며 미국 '흑인'(Negroes) 문제를 놓고 얘기했다. 공화당 유력 인사들은 말리, 기니, 나이지리아 같은 아프리카 나라들이 어디에 있는지도 거의 몰랐다. 루뭄바, 카사부부, 촘베가 누군지도 모르는 것은 놀라운 일도 아니었다. 영국과 프랑스 정책 결정자들이 즐겨 쓰던 표현에 따르면, 공화당은 아프리카인들이 최근에야 '나무에서 내려왔다'고 여겼다. 아이젠하워는 유색인들의 열망을 거의 인식하지 못했다. 국내 인권 정책에

* Jim Crow, 미국 남부 주를 중심으로 시행된 '짐 크로 법'은 공립학교, 공공장소, 대중교통, 화장실, 식당 등에서 백인과 흑인을 분리했다. 19세기 말부터 시행되다 1965년에 폐지되었다.

도 흑인을 업신여기는 상류층의 감정이 그대로 녹아 있었다. 닉슨은 아프리카 문제를 예민하게 느낄 줄 알았고 국내 문제와도 연결 지어 공화당을 끌고 갔다. 물론 닉슨 역시 나라 밖에서는 '무지한 원주민'을, 나라 안에서는 유색인(Colored) 또는 '깜둥이들'(nigs)이라는 말을 자주 입에 올렸지만 말이다.[5)]

콩고의 독립이 가까워 오자 아이젠하워 정부는 최소한의 것만 했다. 6월 30일 독립선포식에 1949~1952년 벨기에 대사를 지낸 적당히 유능한 외교관 로버트 머피가 참석해 미국의 축하를 전했다. 머피는 국무부 차관을 지내고 막 은퇴한 상황이었다. 미국은 옛 벨기에령 콩고에 뒀던 영사관의 격을 높였지만 경력이 평범한 관료 클레어 팀버레이크를 보냈다. 마지막으로 미국은 콩고에 CIA 지부를 설치했다. 지부장을 맡은 래리 데블린은 7월이 되어서야 나타났다. 미국이 6월 (콩고의 독립에) 지지를 보냈음에도 아이젠하워는 콩고에 관해 거의 아무 생각이 없었다. 미국인들은 콩고가 벨기에의 영역 안에 남아 있을 거라고 생각했다. 미국은 1960년 상당한 시간을 쿠바와 카스트로 문제에 빠져 있었다. 콩고는 잠시 강렬한 관심을 끌긴 했지만 가끔 대통령을 무례하게 깨우는 존재일 뿐이었다.

미국의 정책 결정

앞에서 언급한 대로 7월 13일 카사부부와 루뭄바가 소련에 호소한 것은 도와달라는 간절함을 담은 다소 충동적인 요청이었다. 그 요청은 바로 중부 아프리카에서 소련의 영향력이 커질지 모른다는 미국의 우려를 불러일으켰다. 하지만 아이젠하워는 콩고 문제를 정면으로 대응할 생각이 없었다. 대통령과 크리스천 허터 국무부 장관은 이런 불확실성의 시대에, 유엔은 미국의 국익을 우선에 둬야 한다고 결정했다. 당시는 미국 관료들도 갖가지 상충되는 제안을 내놓던 때였다.[6] 친서방 성향인 유엔은 미국에 분담금을 크게 신세지고 있었고 콩고에서 유엔의 활동 역시 미국이 상당 부분 비용을 부담할 터였다. 유엔 지도부는 뉴욕 유엔본부에 나와 있는 미국 대표단뿐 아니라 워싱턴의 미국 외교관들과 정기적으로 상의했다. 유엔 평화유지군은 치러야 할 전투가 무엇이든 맡을 것이고 군대를 창설한 수많은 아프리카 국가들은 미국으로부터 무상으로 훈련을 지원받고 할인된 값에 군사 장비를 샀다. 유엔은 더도 말고 덜도 말고 미국이 요구하는 만큼만 이 신생국가의 내전을 진정시킬 수 있었다. 미국은 곧 함마르셸드가 루뭄바를 용인하려 한다는 사실을 알게 되었다. 그럼에도 불구하고 허터와 아이젠하워는 사태를 유엔의 외교에 맡기자는 국제사회의 합의를 두고 흐르는 긴장감을 과소평가했다. 루뭄바의 자리를 지켜 주려면 함마르셸드는 벨기에의 요구를 누그러뜨려야 했다. 그런 유엔을 지지하면 미국은 브뤼셀과 불화를 겪을 수도 있었다.

미국은 거듭 이 작전을 '콩고를 냉전으로부터 차단하기'라고 불렀다. 이 표현은 미국이 콩고에서 냉전과 싸우는 방식을 보여 준다. 즉, 식민주의의 종말이 소련에 이익이 되게 하는 일은 결코 없게 하겠다는 것이었다.

루뭄바는 이런 정책을 곤란하게 만들었다. 미국인들은 루뭄바에 대해 거의 아는 게 없었지만 그나마 알고 있는 것만으로도 골치가 아팠다. 루뭄바는 미국에 도움을 요청했지만 또한 공산주의자들로부터 도움을 받을 수도 있음을 시사했다. 카스트로도 처음에는 공산주의를 부정했지만 곧 거짓으로 드러났다. 언변이 뛰어난 루뭄바는 전투적으로 보이진 않았지만 도무지 믿을 수가 없었다. 쿠바혁명과 위험한 카스트로는 미국 정책 결정자들이 콩고를 바라보는 렌즈와도 같았다. 7월 중순 미국 정보기관은 벨기에가 루뭄바를 두려워하는 것은 브뤼셀이 루뭄바를 '성장하고 있는 카스트로'라고 여기기 때문이라고 보았다.[7]

중립적 아프리카 민족주의자

루뭄바의 신념은 정확히 어떤 것이었을까? 1958년 말, 서른세 살의 루뭄바는 가나에서 열린 아프리카 정치인 모임인 범아프리카인민회의에 모습을 드러냈다. 루뭄바의 지성과 능력은 아프리카 지도자들, 특히 가나의 초대 총리 콰메 은크루마에게 깊은 인상을 남겼다. 루뭄바는 가나에서 열린 회의를 계기로 식민주의와 독립에 대해 거칠었던 생각을 다듬었고 자신의 정치 색깔을 분명히 하게 되었다. 범아프리카주의자인 루뭄바는 아프리카 대륙을 고유의 유산을 지닌 곳으로 봤다. 범아프리카주의자들은 유럽인들을 몰아내고 자신들만의 사회질서를 만들어 가길 원했다. 이후 루뭄바는 은크루마와 '아프리카합중국'(Unites States of Africa)의 기틀이 될 아프리카 국가연합을 놓고 깊은 얘기를 나누기도 했다. 은크루마는 사상적으로 왼쪽에 발을 딛고 있었다.

루뭄바는 멘토 은크루마보다 더 과격했을지는 몰라도 마르크스주의자라고 이름 붙일 수는 없었고 그렇게 되지도 않을 터였다. 루뭄바는 벨기에와 서방으로부터 기술 지원을 원했지만 미국 편에도 소련 편에도 서려고 하지 않았다. 루뭄바는 그저 콩고가 '확신에 찬 중립주의' 정책을 따르길 원했다. 어쩌면 미국과 소련의 비위를 맞추기 위해 비동맹 노선을 걸었을지도 모른다. 이들의 도움을 받았더라면 루뭄바는 '아프리카 콩고'(African Congo)라는 독특한 구상을 시도하려 했을 것이다. 프랑스 식민지에 대해 통찰력 있는 글을 많이 남긴 프랑스의 철학자 장폴 사르트르는, 루뭄바를 18세기 말 프랑스 혁명기 공포정치의 설계자 로베스피에르에 비유했다. 정치적 유혈 사태에 관심이 큰 사르트르가 루뭄바에게 보낸 찬사였다. 어리석게도 루뭄바가 대량학살을 좋아한다고 암시한 것처럼 되었지만 말이다. 그럼에도 사르트르는 루뭄바의 정치적 개성이라는 또 다른 차원을 잡아냈다. 루뭄바는 열강들에 능숙하게 대처하면서도 애국심은 흔들리지 않았다. 대담하고 청렴했던 로베스피에르처럼 루뭄바는 콩고인들이 국민적 합의를 이룰 거라고 확신했다. 감동적인 연설만으로 루뭄바는 흑인들을 원대한 꿈이 담긴 '국가'로 이끌고 시민으로 만들 수 있었다.[8)]

1960년 7~8월 소요 사태가 일어나자 마르크스주의 언저리에 있던 자들이 루뭄바에게 조언을 하긴 했지만 루뭄바를 혁명주의자로 볼 만한 기록은 거의 없다. 7월 22일 미국으로 떠나기 직전 루뭄바는 수상한 미국 기업인과 포괄적 금융협정을 맺었다고 발표했다. 루뭄바는 이 자가 미국 업계의 이익을 대변한다고 잘못 생각했다. 루뭄바는 식민지 업자를 미국인으로 바꿔 벨기에를 저지하는 방법을 생각했다. 위니옹 미니에르는 우려 섞인 시선으로 협정을 바라봤다.[9)] 결국 그 미국 기업인은 믿을 만한 인물이 못 되었고 미국도 어떤 조건으로든 거래하고 싶어 하지 않았기 때문에 협정은 없던 일이 되었다. 하지만 그 협상은 일개 공산주의자가 한 일이 아니었다. 8월 하순 콩고로 돌아온 루뭄바는 라디오 방송을 통해 제국주의를 통렬하게 비판했다. 동시에 루뭄바 정부는 소련에 학생 150명을, 미국과 했던 약속에 따라 미국에 300명을 보내려 했다. 미국의 정책 결정자들이 대놓고 말하지 않았지만 반복해서 언급한 건, 루뭄바가 공산주의자라는 것이 아니라 루뭄바를 믿을 수 없다는 거였다.

루뭄바는 돈으로 살 수도 있는 사람이었지만 계속 매수된 채 있지도 않을 사람이었다. 워싱턴에 있는 CIA의 정보 분석가들은 거듭 루뭄바의 정략적이고 계산적인 면모를 언급했다. 국무부의 정보 부서는 루뭄바가 공산주의나 공산주의자들에 동조한다는 의혹은 입증할 수 없다고 강조했고, 루뭄바 스스로 자신을 아프리카 민족주의자라고 일컫는다는 점에 주목했다. 루뭄바를 평가한 것 가운데 가장 합리적인 것은 국무부 관리들이 쓴 기록이다. "루뭄바는 윤리 따위는 따지지 않는 기회주의자고 콩고에서 아마 가장 유능하고 역동적인 정치인일 것이다. 이념적으로 그는 자유주의 진영인 서(西)에도, 공산주의 진영인 동(東)에도 속하지 않은 듯 하고 어느 진영으로부터 도움을 받든 개의치도 않을 것 같다."[10)]

루뭄바가 자신의 가치관을 두고 한 말 가운데 가장 중요한 표현은 1960년 7월 초에 나왔다. 그는 이때 '반둥' 세력에 도움을 요청할 수 있다고 경고했다. 1955년 아프리카·아시아 국가들이 모인 느슨한 협의체가 인도네시아에서 회의를 개최했다. 여기에는 미국의 동맹인 파키스탄과 소련의 동맹인 중국도 포함되어 있었다. 유럽의 중요한 비동맹국인 유고슬라비아는 들어가 있지 않았다.[11)] 이 회의체야말로 유색인 국가들이 연합해야 한다는 루뭄바의 정치 지향을 가장 정확하게 보여 주는 것이다. 이런 구상은 루뭄바의 범아프리카주의 색채를 더 뚜렷하게 했다.

마지막으로 루뭄바 내각은 또 다른 맥락에서 이해할 필요가 있다. 서방 외교관들은 콩고에 공산주의가 들어온다고 해도 콩고의 독특한 통치 방식에 밀려날 수 있다는 걸 알고 있었다. 7월 카사부부와 루뭄바가 브뤼셀과 관계를 끊기 전에 레오폴드빌에 유명한 벨기에 외교관이 당도했다. 또 다른 외교관이 공항에서 그를 영접하며 이렇게 말했다. "카를 마르크스의 나라가 아닌, '그루초' 마르크스(Grucho Marx)*의 나라에 온 걸 환영합니다."[12] 콩고는 비극적인 길을 가고 있었지만 콩고 정치에는 우스꽝스러운 희극적 요소도 있었다.

반공을 외친 세 목소리

사실 중요한 자리에 있던 미국 지도자들에게는 루뭄바가 지향한 가치가 무엇이 되었든 별 의미가 없었다. 아이젠하워 행정부 사람들은 사안의 복잡성을 무시한 채 유엔과 협력하는 차원을 넘어 뭔가를 하고 싶어 했고 루뭄바의 영향력을 떨어뜨릴 방법을 찾아다녔다. 이 작전에는 국무부 관료 외에 흥미로운 인물 세 사람이 관여하게 된다. 앨런 덜레스 CIA 국장, 윌리엄 버든 벨기에 주재 미국 대사, 그리고 레오폴드빌에 있던 래리 데블린 CIA 콩고 지부장이다. 이들이 루뭄바에 대해 가진 생각은 근거가 빈약했다. 그 근거라는 것도 상당수 그들이 해석한 것과 의미가 달랐다. 이들은 스스로도, 다른 사람에게도 루뭄바가 아프리카에 공산주의를 불러올 거라고 말하곤 했다. 그래서 루뭄바를 몰아내야만 했다.

* 1930~1960년대 활동한 미국의 유명한 희극배우.

CIA 국장으로 장수한 덜레스*는 부유한 집안 출신으로 프린스턴대학을 졸업했다. 그는 제2차 세계대전 기간에 CIA의 전신인 전략사무국(OSS)에서 비밀 작전을 수행하며 전문성을 쌓았다. 비평가들은, 강한 자의식과 넘치는 자신감을 토대로 한 덜레스의 윤리 절대주의가 다른 사람들이 원치 않는 선택을 해야 하는 이 일을 하도록 떠받치고 있다고들 했다. 역사가들은 또 덜레스가 소련과 경쟁하던 시기 미국을 뒤덮은 도덕적 자만심의 본보기라고 평가했다. 덜레스의 삶은 이중적이었다. 국가 기밀을 지키는 데는 전설적인 능력을 자랑했지만, 한편으로는 놀라울 정도로 경박했다. 그를 잘 아는 사람들은 덜레스의 무거운 입과 악명 높은 외도를 비교했다. 주변 친구들은 탄식했지만 그는 성추문으로 부인을 드러내 놓고 모욕하는 것을 즐기는 듯 보였다. 고위 상관들은 덜레스가 조직을 제대로 관리하지 않는다고 불평했다. 그들의 말대로 덜레스는 국가안보와 관련된 정보 수집이나 분석 활동에는 참여하지 않고 그저 음모를 꾸미는 일에 매달려 노련한 스파이라는 평판을 얻었다. 임기 말이 되자 덜레스의 리더십은 거센 비난에 직면했다. 아이젠하워처럼 덜레스도 지쳤고 할 일을 하지 않았다.

아이젠하워 정부에서 외교 정책은 국가안전보장회의(NSC)가 맡았다. 덜레스는 임기 막바지인 1960년 여름, 주례 회의를 위해 최근에 들어온 외교 전문을 몇 건 급히 읽고 브리핑을 준비하곤 했다. 그때 덜레스는 국가안보만큼이나 사랑하는, 그러나 실력은 그저 그런 '워싱턴 세너터

* 1953년 2월부터 1961년 11월까지 재임한 앨런 덜레스는 CIA의 최장수 국장으로 냉전 시기 CIA를 이끌면서 과테말라의 아르벤스 개혁 정권과 이란의 모사데크 민족주의 정권을 무너뜨리는 쿠데타를 지원하고 쿠바 피그 만 침공 등을 지휘했다. CIA의 온갖 '반공 작전'이 그의 손에서 이뤄졌다.

스' 야구팀에 정신이 팔려 있었다. 덜레스는 한때 프린스턴대학 대표 팀에서 선수로 뛰었지만 이제는 나이가 들어 통풍에 시달리고 있었다. 그는 안락한 사무실에서 통증을 줄이기 위해 책상에 발을 올려놓고 라디오로 세너터스의 오후 경기 중계를 켜 놓은 채 비밀 작전에 관한 보고를 받았다.[13)]

덜레스의 머릿속에는 외교관들이 아프리카의 정치, 특히 콩고에 관해 알고 있던 최소한의 사실마저 들어 있지 않았다. 콩고 담당 분석관들을 챙기지도 않았다. 알려지지 않았거나 이질적인 것을 공산주의나 소련과 동일시했고 음모로 저지할 수 있는 위협을 찾아내는 편이 쉽다고 여겼다. 이윽고 그는 전투적인 루뭄바를 적으로 삼았다. 그의 눈에 루뭄바는 카스트로가 쿠바에서 일으킨 혁명을 콩고에 가져올 사람으로 보였다. 덜레스는 루뭄바가 밀려나길 원했고 CIA가 작전에 나서야 한다고 요구했다. 당시 관료들의 주장에 맞서려 했던 것일 수 있다. 정부 관료들은, 덜레스가 정보 수집을 충실히 하고 무모한 작전을 피하면서 정책은 다른 이들에게 맡기는 방식으로 CIA를 좀 더 잘 관리하길 바랐다.

7월 15일, 덜레스는 NSC 회의에서 루뭄바가 극도의 '반서방' 성향을 갖고 있다고 보고했다. 허터 국무부 장관은 덜레스의 보고가 "너무 나갔다"고 말했다. 허터는 전반적으로 벨기에도 유엔의 활동에 만족하고 있고 주의를 기울이는 정도면 된다고 말했다. 국무부는 아프리카에 대한 보고서를 준비하고 있었고 그 보고서가 완성되면 미국은 정책을 다시 검토할 예정이었다. 아이젠하워는 이 회의에 참석하지 않았다. 하지만 덜레스는 최대 위급 상황이라고 주장하며 루뭄바가 너무 위험한 인물이라 외교관들의 보고서를 기다릴 수 없다고 했다. 그로부터 한 주가 채 안 된 7월 21일, 덜레스는 NSC 참석자들에게 카스트로나 그보다 더 최악인 존재가 미국에 도전할 거라고 말했다.[14] 덜레스의 생각은 벨기에 주재 미국 대사로 가 있는 친구 버든에게도 영향을 끼쳤다.

윌리엄 버든은 밴더빌트 가문* 출신이다. 그는 항공·금융 분야에 전문성이 있었지만, 1950년부터 1961년까지 10년 넘게 미국우생학협회(American Eugenics Society) 이사회에도 몸을 담고 있었다. 경솔하고 어리석은 사람이었던 버든은 자신의 부와 그런 경제력에서 나온 인맥을 정부 고위직을 얻어내는 데 썼고 국제적 관심이 많은 돈 많은 공화당 인사들과 어울렸다. 워싱턴 관가에서 항공전과 관련한 전문성을 쌓는 동안 버든은 프랑스 대사 자리를 갈망했다. 그는 예술 감정가이자 대식가이기도 했다. 파리에 가면 벤저민 프랭클린과 토머스 제퍼슨 같은 우상의 뒤를 좇을 수 있었다.** 가장 최근에는 버든의 오랜 친구인 더글러스 딜런이 프랑스 대사로 나가 있다가 국무부 차관으로 승진했다. 그러나 버든의 손녀가 말한 것처럼 "레이드(살충제)에 그려진 벌레 정도의 정신적·신체적 수준에 있는 사람을 그 자리에 앉힌다는 건 대통령이 정신 나갔다는 얘기였다."

아이젠하워가 1959년 말 버든에게 명백한 차순위인 벨기에 대사 자리를 주었을 때, 버든의 부인은 "남편이 쌓아 올린 경력이 조그마한 나라의 시시한 자리로 대미를 장식하게 생겼다"고 불평했다. 이 부부는 집사와 프랑스인 요리사를 브뤼셀에 데려갔고 캐딜락 자동차와 어마어마한 양의 와인까지 함께 챙겨 갔다. 버든은 또 귀한 1947년산 '샤토블랑' 와인 50상자를 보유하고 있던 유럽의 유명한 보르도 와인 저장고를 사

---

* 19세기 후반 미국의 최고 부자였던 철도 · 항만 재벌.

** 프랭클린은 1778~1785년 초대 프랑스 주재 미국 대사를, 제퍼슨은 1785~1789년 2대 대사를 지냈다.

들였다. 벨기에 미국 대사관 건물에는 트럭 두 대 분량의 짐이 배달되었다. 버든 부부가 아끼는 온갖 프랑스 명작 그림이 대사관을 장식했고 브뤼셀의 미술관에 대여하기도 했다. 마약 중독과 자살 같은 문제 많은 집안에서 버든의 개인사도 순탄치 못했고 비극적이었다. 버든 대사와 부인은 알코올중독을 치료하기 위해 해마다 3주씩이나 병원 신세를 져야 했고 결국 둘 다 나중에 술 때문에 병을 얻어 사망했다.

그러나 이 부부는 프랑스로 가지 못한 굴욕을 이내 극복했다. 두 사람은 브뤼셀에서 저녁마다 열리는 파티에 참석하는 것을 즐겼고, 프랑스에 없는 상류사회와 왕실을 아주 좋아했다. 버든이 벨기에에서 단 하나 싫어했던 것은 주변의 유력 인사들이 작은 동물 수 백 마리를 죽이러 사냥을 떠나 벌이는 사격 시합이었다. 버든 부부는 동물을 죽이는 게 아니라 먹는 걸 좋아한다고 소문을 냈다.[15)]

진짜 게임은 루뭄바였다. 버든은 예상하지 못했다. 그때 브뤼셀에는 미국 대사로 프랭클린이나 제퍼슨 또는 딜런이 있을 수도 있었다. 그러나 공교롭게도 버든이 바로 그때 그 자리에 있었다. 그는 벨기에나 콩고에 관해 아는 게 없었지만 브뤼셀에서 누군가 해주는 조언을 잘 들었다. 버든의 회고록에서 정책 얘기를 거의 찾아볼 수 없는 건 뭔가 숨기려고 해서가 아니라 별 생각이 없었기 때문이다. 버든의 생각은 주로 브뤼셀에 있는 CIA와 부하 외교관들로부터 나온 것이다. 1960년 3월 버든 부부는 유력 인사들로 꾸려진 여행 팀에 합류해 벨기에령 콩고를 방문했다. 버든의 방문은 마침 정보기관 수리테가 데스프레몽의 지시를 받고 이른바 루뭄바의 공산주의에 관한 보고서를 작성한 시점과 맞아떨어졌다. 버든은 국무부에 미국은 콩고가 독립 후 왼쪽으로 가도록 허용해서는 안 된다고 말했다. 7월 중순 레오폴드빌이 무너진 후 버든은 루뭄바를 두고 워싱턴과 상의했다. 7월 19일 그는 허터에게 루뭄바 정권을 무너뜨리고 콩고연방을 밀어 주자고 말했다.[16)]

벨기에의 관점을 그대로 흡수한 버든은 제국주의자들의 생각에 공감하고 식민지 체제가 끝난 후 벨기에가 겪는 재정적 어려움을 도와야 한다는 메모를 써서 연일 미국에 보냈다. 그는 왜 미국이 콩고의 관점에서 이 문제를 보려 하는지 이해는 가지만, 그럼에도 미국은 벨기에를 지지하기 위해 유엔을 압박해야 한다고 허터 장관에게 말했다.[17)] 7월 말 버든은 콩고 문제를 논의하기 위해 워싱턴으로 날아가 덜레스에게 보고했다. 버든은 덜레스가 NSC에 보고하도록 유도하면서 유럽에서 극단적인 반공주의를 위한 대변인 역할을 계속해 나갔다.

래리 데블린은 1940년대 후반부터 CIA 요원으로 근무하고 있었다. 1958년 그는 브뤼셀에서 공개적으로는 담당관이라는 직함을 달고 CIA의 첩보원 일을 시작했다. 그는 소련인을 고용하고 수리테 요원들과 친하게 지냈다. 다양한 계산 속에서 벨기에를 찾는 콩고의 정치인들과도 접촉했다. 데블린은 덜레스가 브뤼셀로 오는 과정에서 운전기사 역할뿐 아니라 경호까지 했다. 데블린은 1959년 하반기 곧 독립국이 될 콩고의 CIA 지부장에 임명되었다. 정식으로 취임한 건 그 이후였다. 1960년 3월 데블린은 버든과 함께 콩고에 가서 더 많은 이볼뤼에들과 안면을 텄다. 그리고 콩고가 독립하기 전 그들이 브뤼셀에 왔을 때 접대했다. 매력적이고 유능한 데블린은 7월 초 레오폴드빌에 상주하기 위해 콩고로 왔다. 콩고가 빠르게 무너지고 있을 무렵이었다. 데블린은 아프리카에 대해서는 특정한 의견이 없는 백지상태였지만 러시아에 대해서는 줄곧 전형적이고 확고한 고정관념을 갖고 있었다. 어느 순간 그는 소비에트 요원 수백 명이 콩고에 왔음을 알아챘다. 이 요원들 대부분은 정보원들이라고 CIA는 추정했다. 콩고에 있던 소련 전문가는 이들 가운데 세 명을 확인할 수 있었다. 데블린은 자신이 이곳에서 CIA를 위해 '어떤 일'을 꾸며 내야 한다는 걸 빠르게 알아차렸다. 그럴 만한 능력도 있었다.[18)]

프랑스 여성과 결혼한 데블린은 프랑스어를 잘했다. 이는 독립한 콩고에서 일하게 된 데블린에게 큰 도움이 되었다. 콩고의 지도자들은 공적인 자리에서 프랑스어로 대화했다. 유엔 또한 프랑스어를 콩고의 국어로 명시했지만 랠프 번치를 비롯한 유엔 인사들은 영어로 얘기했다. 콩고의 정치인들 중에는 영어를 제대로 구사할 수 있는 사람이 거의 없었다. 흑인들이 백인에 관해 알게 되는 것을 원하지 않는다는 의미로 벨기에인들이 플랑드르 출신을 고용한 것처럼, 흑인들도 자기들끼리 대화할 때는 링갈라어 같은 아프리카 언어를 썼다. 특히 군대에서는 링갈라어가 기본이었다. 콩고에서 서로 다른 공동체가 서로 의견을 나누는 일은 쉽지도 않고 간단하지도 않았다. 많은 회의들은 문서를 번역하고 대화를 쉽게 풀어 줄 통역이 필요했다.

벨기에인들은 아프리카인들에게 프랑스어로 말했다. 하지만 아프리카인 대부분은 벨기에인을 믿지 않았다. 심지어 카탕가에서도 그랬다. 아프리카인들이 과연 백인을 편안하게 대할 수 있게 될까? 흑인의 눈으로 보면 유엔과 식민주의자는 각자 서로를 의심하고 있었다. 흑인과 식민주의자, 유엔 사이에서 데블린은 운신의 공간을 얻었다. 많은 아프리카인들은 데블린이 전형적으로 미국을 보여 준다고 여겼다. 서로 다른 이해관계가 강력히 맞아떨어지면서 다른 세력이 끼어들 여지를 막아 주었고, 콩고 정치인들은 다른 유럽인 못지않게 데블린을 잘 알게 되었다. 콩고의 고위 관료나 정치인은 빠르게 미국의 정보원이 되었다고 데블린은 기록했다. 정보를 알려주는 대가로 CIA는 그들에게 돈을 주었고, 그들은 데블린을 위해 은밀한 일을 맡았다. 데블린은 루뭄바를 무너뜨리기 위해 할 수 있는 일이라면 뭐든 다 했다. 어느 순간 그는 '새 콩고 친구들'에게 대놓고 총리를 없애야 한다고 말하고 있었다.[19)]

'스파이 공작의 달인' 덜레스와 외교관 버든 그리고 그 수족인 데블린, 이 셋 모두가 루뭄바에 대한 워싱턴의 인식이 틀을 갖추는 데 중요한 역할을 했다.

워싱턴에 간 루뭄바

7월 22일 루뭄바는 중요한 여정에 돌입했다. 그는 먼저 뉴욕에 가서 콩고의 상황을 제대로 해결하지 않는 유엔을 향해 거센 비난을 쏟아낸 다음, 워싱턴으로 가서 미국과 우호 관계를 확인하고 자금 지원을 약속받을 생각이었다. 그러나 루뭄바는 미국 땅에 발을 딛기도 전에 유엔이 정해 놓은 공식 정책에 발이 묶여 제대로 움직일 수 없었다. 워싱턴 DC에서는 아이젠하워를 만나지도 못했다. 아이젠하워는 그때 로드아일랜드 뉴포트에서 휴가를 보내고 있었다. 대신 허터 국무부 장관과 딜런 차관이 1급 환영식을 열어 주었다. 루뭄바가 워싱턴에 도착했을 때 (총리급 의전에 따라) 예포 열아홉 발이 발사되었다. 외교관들은 루뭄바를 위해 백악관 맞은편에 있는 영빈관 블레어하우스의 고급 숙소를 마련했다. CIA 정보에 따르면, 루뭄바는 '금발 여성'을 요구했고 CIA는 구해 주었다. 그 비밀 회동의 결과가 어땠는지는 분명하지 않다.[20)] 협상에서 허터는 루뭄바에게 아무것도 주지 않았고 지원에 대한 모든 문의도 요리조리 피해 갔다. 국무부는 콩고의 정당한 요구는 유엔이 맡아 신경 쓸 거고 이 정책도 유엔과 모두 조율된 거라고 강조했다.[21] 미국 외교관들이 루뭄바에게 보인 반응은 혼란스러웠고 결국 루뭄바는 원하는 것을 얻을 수 없었다. 만약 루뭄바가 미국이 얘기한 뜻, 콩고가 유엔의 후견을 받게 될 거라는 뜻을 알아채지 못했다면 그는 국제정치를 모르는 지진아였을 것이다.

그런 다음 루뭄바는 캐나다로 향했다. 그는 캐나다가 프랑스어만 쓰는 곳이라고 생각했다. 루뭄바는 캐나다에 프랑스어를 쓰는 기술자를 비롯해 지원을 요청하는 양자 협상을 벌이면서 무뚝뚝하게 굴었다. 캐나다 정부는, 모든 지원은 유엔을 통해 이뤄질 거라는 미국의 입장과 보조를 맞췄다. 루뭄바는 방향을 바꿔 콩고에 프랑스어를 말하는 전문가들이라도 올 수 있도록 애썼다. 나토 회원국이자 미국의 동맹인 캐나다는 드러내 과시하는 정치를 잘 하지 않는다. 하지만 캐나다 대표단은 루뭄바를 "오만하고 옹졸하며 수상쩍은 사람이고 아마도 부도덕한 인물인 것 같다"고 느꼈다.[22] 게다가 루뭄바는 수도 오타와에서 소련 관계자들과 만났다. 이제 미국은 루뭄바의 위험성을 더 확신하게 되었다.

팀버레이크 콩고 주재 미국 대사와 데블린 CIA 콩고 지부장은 불과 몇 주 전에야 콩고 발령을 통보받았다. 워싱턴은 루뭄바의 미국 방문을 계기로 두 사람에게 각자의 상관에게 직접 보고를 올리도록 했다. 여기에는 버든도 포함되었다.[23] 허터와 딜런이 루뭄바에게 갖가지 핑계를 대고 있을 때 데블린은 덜레스에게 반공주의적 공포를 한껏 강조했다. 노련한 상관은 그보다 한참 급이 낮은 직원이지만 수완 좋고 서글서글하며 야심만만한 데블린을 맘에 들어 했다. 덜레스에게 콩고는 무주공산이나 다름없었고 그는 현장에 있는 직원들을 신뢰했다. 데블린은 덜레스에게 틈만 나면 분석 보고서를 올렸다. 루뭄바가 성공한다면 소련의 승리는 그다음 콩고를 둘러싼 9개국에 영향을 미치게 될 거고 아프리카 북서부가 불안정해질 것이다. 결국 나토 회원국인 남쪽의 이탈리아와 그리스도 공산화될 거라는 내용이었다. 나중에 데블린은 "내가 이미 개종한 사람에게 열심히 지정학 강의를 하고 있었다"고 되짚었다. 어쨌든 덜레스는 데블린이 말한 대로 미국이 콩고를 잃도록 놔둬서는 안 된다고 말하고 있었다.[24]

8월 1일 NSC 회의에서 덜레스는 또다시 루뭄바에 대한 공포심을 한껏 부추겼지만 원하는 대로 되지는 않았다. NSC는 합동참모본부가 올린 보고서를 참고하며 소련이 콩고에 군대를 보낼지도 모른다고 우려했다. 회의에서는 군사행동이 소련군의 개입을 불러올 가능성이 있다는 공감대가 형성되었다. 그러나 1960년대 NSC에서 이루어진 대화가 대개 그랬던 것처럼 이런 논의도 가설일 뿐이다.[25]

덜레스, 데블린, 버든은 냉전적 해석에 바탕을 둔 예측으로, 혼란을 거쳐 공산주의로 넘어간다는 시나리오를 받아들였다. 이런 신념은 소련이 혁명을 성공시키기 위해 요주의 인물이나 정치적 상황을 얼마나 교묘하게 이용하는지를 일반화했다.[26] 루뭄바가 소련에 도움을 요청한 것은 이런 일반화를 뒷받침했다. 그럼에도 불구하고 8월 초가 다 지나도록 국무부는 망설였고 장성들은 극단적으로 무력 해결을 입에 올렸다. 냉철하고 조심성 많은 아이젠하워는 유엔에 믿고 맡기는 제한된 정책만을 승인했다. 허터는 "콩고에서 루뭄바에 대항하는 '재보험'이 될 만한 좀 더 믿을 만한 인사를 계속 찾아보겠다"고 설명했다. 그러나 미국의 공식 입장은, 설령 루뭄바가 불분명한 공감대를 가져 신뢰하기 어렵고 만족스럽지 않아도 서방세계는 루뭄바를 총리로 대접해야 한다는 것이었다. 덜레스나 그와 비슷한 생각을 가진 사람들이 대통령의 승인 없이

이 정책을 바꿀 수는 없었다. 8월 둘째 주까지도 국무부는 반루뭄바 강경파들을 억누르고 있었다.[27]

벨기에의 맞대응

루뭄바가 미국을 떠난 직후 전 세계에 걸쳐 파장이 일었다. 브뤼셀의 미국 대사관은 루뭄바가 워싱턴에서 받은 특별 대우를 두고 벨기에 언론에 분노하는 기사들이 실렸다고 허터에게 보고했다. 보두앵이 한 해 전 국왕 자격으로 미국을 방문했을 때 루뭄바보다 겨우 두 발 많은 스물한 발의 예포가 발사되었다. 루뭄바는 보두앵처럼 똑같이 블레어하우스에서 묵었다. 이른바 예우와 의전 위반에 벨기에인들은 격노했다. 위니 외교부 장관은 따로 버든에게 전화를 걸어 항의했다.[28]

유엔에서 드러난 미국의 정책은 브뤼셀을 더 화나게 했다. 미국은 유엔을 통해서 루뭄바를 막으려 했다. 유엔은 루뭄바에게 그의 열혈 민족주의를 확산시키기 위해 벨기에군이 콩고에 계속 주둔하는 문제를 들먹일 수는 없다는 점을 주지시켜 그를 억제하려고 했다. 미지근한 미국의 지원 속에서 유엔은 7월 14일과 22일 벨기에의 콩고 철수를 촉구하는 결의안을 통과시켰다. 8월 초 유엔 안보리에서 다시 논의가 시작되었고, 8월 9일이면 벨기에를 국제법 위반으로 명시하는 더 높은 수위의 결의안이 나오게 될 터였다.

공화당 매사추세츠 주 상원의원 헨리 캐벗 로지는 유서 깊은 명문가 출신으로 당시 유엔 주재 미국 대사였다. 독단적인 태도로 유명한 로지는 벨기에의 입장에 공감했을지 모르지만 미국의 목표를 고압적으로 밀어붙였다. 버든과 달리 로지는 유엔 및 콩고와 관련해 미국의 정책을 충실히 고수했다. 유엔은 루뭄바를 꼼짝 못하게 포위할 심산이었지만, 동시에 미국 대사는 콩고 사태에 대해 벨기에를 비난하는 결의안을 지지하는 발언을 했다. 함마르셸드는 식민주의자들이 콩고에서 쫓겨나고 나면 루뭄바 제압에 나설 생각이었다.

평소 그 오만한 말투로 로지는 위니에게 "미국은 콩고가 공산주의에 정복되는 걸 두고 볼 수 없다. 벨기에는 이제 다시 움직이기 어려울 것이기 때문이다"라고 말했다. 벨기에가 물러나야 한다고 공개적으로 발언한다면 자기 앞날은 끝장난다고 위니가 반대하자, 로지는 미국은 한국전쟁에서 공산주의를 막아내기 위해 수십만 명을 잃었다고 말했다.[29] 수십만 명은 좀 과장된 것이지만, 어쨌든 유엔의 선언이 별 실효가 없다는 사실은 모두가 알고 있었다. 그래도 상징적 의미로 도출된 유엔 결의안은 제국의 불쾌한 진실을 공식적으로 인정하는 효과가 있었다. 실제로 8월 9일 결의안이 나오고 며칠 뒤 유엔은 카탕가에서 벨기에에게 약간의 재량권을 주는 것으로 협상안을 이끌어 냈다.

에스켄스 정부는 벨기에가 전 식민지에서 권리를 주장해야 한다는 보두앵과, 벨기에로부터 콩고를 떠나겠다는 약속을 받아내려는 함마르셸드 사이에 끼어 있었다. 거기다 동맹인 미국까지 처음에는 블레어하우스에서, 이제는 유엔에서도 벨기에를 저버리자 에스켄스의 고민은 더 깊어졌다. 브뤼셀은 격하게 반응했다. 버든은 벨기에의 자존심이 회복되지 않는다면 나토가 붕괴될 수 있다고 경고했다.[30]

더 강력한 정부를 원했던 보두앵의 마지막 희망이던 폴 판 제일란트는 브뤼셀 미국 대사관에 "벨기에인들이 도덕적으로 큰 충격을 받았고 친구 내지는 동맹이라고 여긴 나라들로부터 당한 일에 섭섭함과 환멸을 느끼며 좌절했다"고 말했다. 판 제일란트는 "벨기에는 관대하고 진심어린 마음으로, 역사적 가치가 있다고 여겨 콩고에 독립을 주었는데…….지금 벨기에 사람들은 무슨 일이 일어난 것인지 도무지 납득할 수가 없다"고 했다. 지금까지 봐 온 것처럼 여론의 압박에 밀린 에스켄스는 8월 9일 기자회견을 열고, 벨기에가 나토에서 맡고 있던 군사적 의무를 재검토할 것이라고 시사했다. 워싱턴에 불길한 징후는 폴헨리 스파크였다. 스파크는 아이젠하워의 유럽 파트너이자 나토의 수장이었다. 그런 그가 벨기에를 향한 공격에 맞서기 시작했다.[31)]

폴헨리 스파크와 아이젠하워

8월 5일 이후 판 제일란트와 스파크는 어떻게 하면 좀 에스켄스 내각을 더 강한 정치 세력으로 대체할 것인지를 두고 국왕과 비공개 논의를 하느라 바빴다. 이들이 스파크가 나토를 떠날 경우 미국에 미칠 영향을 몰랐다는 건 믿기 어렵다. 스파크는 한동안 나토의 계획과 관련해 말을 듣지 않는 프랑스와 드골 대통령에 대해 투덜대곤 했다. 게다가 스파크는 나토가 자체 핵무기를 보유해야 한다고 제안했다. 미국은 망설였고 이후 케네디 대통령은 이 제안을 바로 일축해 버렸다. 7월 13일 나토 주재 미국 대사는 동료 회원국에게 반카스트로 정책을 지지해 달라고 촉구했다.[32)] 스파크는 이렇게 생각했다. 미국인들이 친구들에게 도움을 요청한다면 유럽인들도 그 보답으로 도움을 기대하면 안 될까? 유엔에서 드러난 미국의 정책과 워싱턴에서 루뭄바가 환대를 받은 일은 스파크를 격노하게 만들었다. 7월 말 파리에서 나토 주재 대사들과 만나는 자리

에서도 스파크의 속은 부글부글 끓고 있었다.[33]

8월 9일 유엔 결의안에 대한 미국의 지지는 스파크를 한계 상황으로 내몰았다. 8월 10일 그는 아이젠하워에게 쿠바에 대한 미국의 정책과 콩고에서 벨기에를 대하는 미국의 정책을 비교하는 분노의 편지를 작성했다. 벨기에가 카스트로를 공개적으로 지지한다면 미국 대통령은 어떻게 생각하겠느냐, 서방이 세계 어느 곳에서든 서로를 챙기지 않는다면 나토의 위상은 추락할 것이라고.[34] 하지만 주변의 만류로 편지를 보내지는 못했다. 하지만 보두앵을 독대하러 브뤼셀로 가기 전 스파크는 파리 나토 본부에서 미국 대사에게 그 편지의 초안을 보여 주었다.

스파크는 서방의 국제 정책에 밝고 사려가 깊어 폭넓은 지지를 받았고, 미국이 주도한 대유럽 정책을 헌신적으로 도운 것도 부인할 수 없는 사실이었다. 땅딸막하고 턱살이 눈에 띄는 스파크는 엄청나게 건장한 체구를 자랑했다. 스파크는 미국 대사에게 미국이 콩고에서 동맹 벨기에의 이익을 어떻게 묵살했는지 지적하면서 나토 사무총장 자리를 사퇴하겠다고 선언했다. 스파크의 행보는 그야말로 외통수였다. 그는 "만약 나토 회원국들이 어느 한 회원국이 어려울 때 함께하지 않는다면 동맹이 무슨 가치가 있는지 의문"이라고 반문했다. 이어 "미국의 정책은 내가 발전시키려 애써 온 나토의 핵심 가치에 반하는 것"이라며 "나토의 가치가 있기에 벨기에 같은 나라들에게 중립을 강제하고 더 특정 진영의 발전을 지원하도록 할 수 있었다"고 했다. 분노한 스파크는 벨기에의 이해가 걸린 사안을 로지가 무례하게 처리한 형태를 집중적으로 거론했다. 스파크는 "미국은 언젠가 스스로 유엔에서 비난받고 있는 모습을 보게 될 것"이라고 경고하며 "그때 우리도 바로 미국이 했던 방식대로 할 것"이라고 공격했다.[35]

스파크의 경고가 나오자 바로 미국 정책 결정자들 사이에 우려가 제기되고 파문이 일었다. 남은 여름과 가을 내내 스파크가 독설을 이어간다면 아이젠하워 정부 안에서 스파크의 평판도 떨어지겠지만, 8월에 그가 던진 경고는 미국 관리들에게 충격을 주었고 고민하게 만들었다. 미국 관리들은 스파크가 나토에서 등을 돌려 버리고 공개적으로 미국을 비난하고 나설까봐 두려워했다. 허터는 곧바로 나토 본부에 "스파크의 대단한 업적은 평가받아 마땅하다"고 답했다. 미국은 벨기에 정부 내 스파크의 역할을 두고 공개적으로 의견을 표명하지 않았지만, 어떤 이유로도 스파크가 나토에서 이탈하는 일은 없기를 간절하게 바랐다.[36] 나토 주재 미국 외교관들과 브뤼셀에 있던 버든은 나토의 힘이 약해지지 않을까 걱정했다. 이들은 벨기에가 나토에 내는 분담금 명목으로 2,500만 달러 또는 그 이상을 내놓는 것을 고려했다. 하지만 그렇게 많은 돈은 마치 미국이 콩고 때문에 죄책감을 느껴서 벨기에에 보상해 주려는 것처럼 보일 수 있다는 딜런 차관의 지적에 동의했다.[37] 딜런은 아이젠하워에게 이 문제는 돈보다 자존심이 걸려 있는 문제이니 대통령이 올가을 초 미국을 방문할 예정인 보두앵 동생의 마음을 사야 한다는 의견을 냈다.[38]

아이젠하워는 화해의 오찬을 열라는 딜런의 권고를 듣는 것뿐 아니라 이 모든 사태에 대해 보고를 받았다. 8월 10일 대통령은 미국 정책에 크게 실망한 벨기에 문제를 허터와 논의했다. 딜런은 나토 회원국에 주재하고 있는 미국 대사들에게 벨기에의 분노에 대해 알렸다. 스파크가 나토 본부에서 미국 대사와 회담한 지 하루 뒤인 8월 11일 두 사람의 대화록은 백악관 행정실장 앤드루 굿패스터 장군과 고든 그레이 국가안보보좌관, 대통령과 CIA 사이 주요 채널에도 전달되었다. 8월 16

사진 5 아이젠하워는 10월 4일 백악관에서 조찬을 함께하며 스파크를 달랬다. 아이젠하워는 제2차 세계대전 이후 쭉 스파크를 알고 지냈다. 왼쪽부터 더글러스 딜런 국무부 차관(딜런은 자주 허터 장관을 대신해 이런 자리에 나왔다), 리빙스턴 머천트 국무부 차관(NSC에서 비밀작전을 논의할 때 국무부에서 참석하는 대표였다), 아이젠하워, 랜돌프 버지스 나토 주재 미국 대사, 스파크, 포이 콜러 국무부 유럽담당 차관보. *Dwight D. Eisenhower Presidential Library*

일 아이젠하워는 몇몇 참모들에게 "나토가 국제적 차원에서 얼마나 협조적으로 움직일 수 있을지 몹시 마음에 걸린다"고 말했다.[39] 아이젠하워와 허터는 나토가 서유럽에서 좀 더 많은 역할을 해주길 기대하면서 식민지 문제에 대한 미국의 대응에 늘 불만을 터뜨리는 드골을 어떻게 상대해야 할지 방법을 찾는 데 골몰했다. 아이젠하워는 또 베를린 문제를 두고 소련과 갑자기 긴장이 높아진 상황도 알고 있었다. 나토 군사력의 핵심은 바로 서베를린을 방어하는 것이었다. 뜨거운 냉전의 도가니 속에서 소련이 언제 동맹을 시험하려 들지 몰랐다. 유럽의 문제가 더 심각해진다면 아이젠하워는 단일한 전선을 구축해야 했다. 나토 미군 사령관에 따르면, 벨기에는 나라의 규모는 작지만 나토에서 중요한 역할을 해왔다.[40] 아이젠하워는 순간 서방의 안보 전열이 결정적인 순간에 흐트러질지도 모른다는 생각을 할 수밖에 없었다. 드골은 언제나 골칫거리였다고 쳐도, 이제 우직한 스파크마저 아이젠하워 전략의 핵심을 찌르고 있었다. 어떻게 아프리카의 '일개 흑인'이 아이젠하워가 20년 동안 지켜 온 민주적 국제주의를 망가뜨릴 수 있단 말인가.

8월 18일 덜레스는 아이젠하워가 주재하는 NSC 회의에서 목소리를 높였다. 덜레스는 루뭄바가 소련의 돈을 받았다고 주장했다. 국무부에서는 딜런이 덜레스에 가세했다. 딜런은, 루뭄바가 유엔에 콩고를 떠나라고 한 다음 질서를 회복하고 벨기에를 쫓아내기 위해 소련이 들어오도록 하는 것도 무리가 아니라고 말했다.

덜레스와 딜런은 아이젠하워한테서 한마디를 이끌어 냈다. 아이젠하워가 루뭄바에 대해 언급한 말 가운데 유일하게 기록에 남아 있는 말이다. 아이젠하워는 자주 짜증을 내고 임기 말에 낙담해 허망한 불평을 늘어놓는 일이 많았지만 여전히 카리스마 있는 지도자였다. 미국에서 아이젠하워에 버금가는 명망을 누린 이는 없었다. 아이젠하워는 루뭄바가 유엔을 몰아낸다는 건 "상상도 할 수 없는 일"이라고 생각했다. 유엔은 콩고에 남아야 했다. 설사 유럽의 군대가 그 일을 맡아야 하는 상황이 되고 그런 상황이 소련으로 하여금 싸움을 거는 명분으로 이용한다고 해도 말이다. 지금까지는 유엔 지휘 하에서 백인 병력은 최소한으로 유지해 왔다. 딜런은, 국무부는 대통령의 의견에 동의하지만 유엔 주재 미국 대사인 로지는 생각이 다르다고 말했다. 로지는 루뭄바나 유엔 둘 중 하나는 나가야 한다는 함마르셸드와 생각을 같이했다. 아이젠하워는 로지가 유엔에서 동맹국 벨기에와 벌인 언쟁에 짜증난 속내를 드러내면서 반박했다. "로지는 우리가 지금 우리를 콩고에서 나가라고 하는 고작 한 사람, 소련의 지원을 받고 있는 루뭄바에 대해 얘기하도록 만들었다. 그는 이 정도로 잘못했다." 아이젠하워는 어떤 결론도 내비치지 않은 채 "콩고 사람들은 유엔도, 질서유지도 원하지 않는다"고 말을 이었다. 아이젠하워는 자신의 발언에 힘을 실어야만 했다. NSC 내부 메모는 아이젠하워의 말을 거론하면서, 정부는 대통령의 의견에 따라 루뭄바가 소련의 지원을 받아 유엔을 나가게 하는 일을 막을 수 있도록 적절한 조치를 취하겠다고 결론지었다.[41]

이틀 뒤에 국무부는 "대통령의 지시에 따라, 미국은 유엔의 노력이 무산되는 사태를 막기 위해 할 수 있는 모든 일을 다 해야 한다"고 주장했다. 국무부가 언급한 대로 미국은 루뭄바를 끌어내리기 위해 유엔의 틀 밖에서 뭔가 작전을 세우기로 했다.[42] 대통령의 지시에 따라, 나토 동맹을 지키고 유엔이 콩고에 남도록 보장하기 위해 미국은 유엔이 공개적으로 유지해 온 입장을 넘어 움직이려 했다.

05

함마르셸드와 유엔

지난날, 제1차 세계대전의 여파로 우드로 윌슨 미국 대통령은 강력하고 이상적인 국제기구를 구상했다. 국제연맹(League of Nations)은 전쟁을 없애고 평화와 번영을 가져올 거라 여겼다. 윌슨은 오랜 내전 끝에 러시아에 뿌리 내린 국제 공산주의에 일종의 대안을 제시했다. 윌슨과 블라디미르 레닌 두 사람은 모두 식민지를 놓고 유럽의 열강들이 벌이는 재앙 같은 전쟁을 비난했다. 레닌은 제국의 모순이 자라난 자본주의를 타도하고자 했다. 윌슨은 개혁적 자본주의, 즉 자유로운 기업 활동을 보장하되 제국주의는 거부하는 국제 정치경제 체제를 주장했다. 국제연맹은 반식민주의를 내걸고 싸웠고, 윌슨은 연맹 차원에서 평화조약이 체결되는 데 매진했다. 그러나 결국 미국인들은 윌슨의 생각을 거부했고 미국은 주적이던 (추축국) 독일과 개별 평화조약을 맺었다.* 1920~1930년대 미약하나마 돌아가던 국제연맹은 1939년 9월 제2차 세계대전이 시작될 무렵 완전히 기능이 마비되어 버렸다. 1945년 전쟁이 끝났을 때 미국은 국제연맹을 이을 국제기구인 국제연합(UN)을 만드는 데 전념했다.

유엔을 이루는 단위는 개별 국가들이지만, 유엔은 민족과 국가를 뛰어넘어 전 세계 곳곳의 사람들을 대변하는 것을 목표로 했다. 유엔은 인도주의를 표방했고 개인의 기본권을 옹호했으며, 어느 사회든 주권을 갖고 자치하는 것을 독려했다. 유엔은 자주 국가를 침해하지 않고 그 국가의 내정을 간섭하지 않는 것을 원칙으로 삼았다. 이때 자주 국가란 아마 지금까지 해오던 것보다 더 공정한 방식으로 민의를 대변하는 체제를 의미했을 것이다. 이론가들은 전 세계인의 이상을 구현할 수 있는 인종적·민족적으로 동등한 나라들을 꿈꿨다. 바야흐로 식민지는 사라지게 될 것이었다. 이런 이상은 모호하고 때로 진부하지만 여전히 많은 사람들에게 매력적이었다. 그들은 서방세계 중에서도 특히, (북아메리카에 있던) 영국의 식민지 13곳**과 미국의 건국 기록인 독립선언문으로 거슬러 올라가는 미국의 이상을 예로 들었다. 프랑스어를 쓰는 유럽인들이나 루뭄바는 미국의 독립에서 영향을 받은 프랑스혁명의 인권선언문에 담긴 정신을 찾아냈다.

제2차 세계대전 후 수년간 미국은 유엔을 외교의 도구로 삼아 의지했다. 미국과 소련의 경쟁 구도는 전 세계에 걸쳐 있었다. 두 나라는 동맹을 위해 서로 힘겨루기를 벌였다. 미국에서는 공산주의에 맞서 민주

* 윌슨이 구상한 14개조 평화 원칙은 제1차 세계대전 이후 전후 체제를 규정하는 이론적 틀이자 국제연맹의 토대가 되었다. 그러나 정작 미국 연방 상원은 이를 반영한 평화 협상의 결과물인 베르사유조약의 비준을 거부했고 결국 미국은 국제연맹에도 들어가지 않았다.

** 이 식민지들이 독립전쟁 후 미합중국을 세웠다.

주의를, 러시아에서는 자본주의에 맞서 사회주의를 추구한다는 명분을 내세웠다. 이 경쟁 속에서 공정한 사람들의 눈에 유엔이 어디에 서 있는지는 명확했다. 뉴욕에 본부를 둔 유엔에 미국은 가장 많은 분담금을 냈다. 유엔은 다양한 국적의 공무원들로 구성된 관료 시스템을 갖추고는 있지만 미국인과 미국의 동맹국 출신이 압도적이었다. 유엔은 허약하고 때로는 무기력하지만 미국은 언제나 상황을 주도하는 자리에 있었다.

소련은 유엔에 뚱하게 굴었다. 유엔총회는 모든 국가가 참여하지만 전쟁과 평화 문제는 유엔 안보리에서 우선적으로 다루었다. 제2차 세계대전 후 중대한 이익을 보호하기 위해 승전국들은 스스로 안보리에 특권을 부여했다. 안보리 상임이사국 제도는 만장일치제로 운영되었고, 유엔은 미국과 소련이 동의하지 않으면 움직일 수 없었다. 소련은 거부권을 행사하는 경우가 많았다. 소련은 거부권을 통해 스스로 유엔과 엇나갔다. 유엔은 미국의 정책과 행동을 같이했지만, '노'라고 거부할 권리는 소련을 보호해 주었다.

그렇다면 소련은 결국 보편적 인도주의의 가치에 반대한 것일까? 이 주장을 인정하는 건 미국을 지혜와 선의 본산으로 만들어 주는 것과 같다. 일부 미국 외교관들은 그렇게 믿었지만, 그들 중에는 다행히 미국인답지 않게 이 주장과 다른 의견을 가진 외교관도 있었다. 여전히 많은 사람들은 미국을 신뢰하지 않았다. 19세기 중반뿐 아니라 이후 역사가와 비평가들도 마찬가지로 회의적 시선으로 미국을 바라보았다. 미국은 그저 온건한 반(反)제국주의 국가일 뿐이었다. 강대국으로서 미국은 윌슨의 원칙을 저버리는 경우가 많았다.

다그 함마르셸드

스웨덴 관료 다그 함마르셸드는 1953년에 유엔 사무총장이 되었다. 그때 나이 마흔일곱이었다. 그는 현명하고 성실하게 유엔을 이끌었다. 함마르셸드는 스웨덴에서 숱하게 외교관을 배출한 유서 깊은 귀족 가문의 후손으로, 제2차 세계대전 이후 유럽의 경제재건 계획을 도왔다. 그는 1940년대 후반 미국이 계획한 유럽부흥계획, 곧 마셜플랜에 따라 스웨덴이 받은 금융 지원을 관리했다. 사색을 좋아하고 명민하다는 평가를 들었던 함마르셸드는 국제적 차원의 협력과 평화 유지에 헌신했다. 함마르셸드는 자신이 표현한 '두 진영'(two blocks)으로부터 자유로웠다. 주변에서는 그가 사무총장이 되어 이끄는 유엔이라면 본연의 역할을 잘 찾아 나갈 수 있을 거라 기대했다. 1950년대 후반쯤 유엔의 위상이 높아지면서 외교관들은 점차 함마르셸드의 존재를 인정하기 시작했다. 유능한 직원을 뽑았고 그 밑에서 일한 직원들은 거의 예외 없이 함마르셸드의 능력과 소명 의식, 유엔에 대한 구상을 높이 평가했다.

1950년대 들어 유엔은 독립적으로 움직일 수 있는 공간이 더욱 커졌다. 유엔은 강압적인 소련과 미국 그리고 힘없고 작은 나라들 사이에서 중간에 자리 잡고 있었다. 같은 편에 서길 거부하는 약소국들은 미국을 화나게 했다. 미국은 자기편에 서지 않은 나라는 미국에 맞서는 나라라고 으름장을 놓았다. 반면 서유럽 열강으로부터 독립한 나라들은 함마르셸드가 이끄는 유엔을 자신의 목소리를 낼 수 있는 곳으로 여겼다. 미소 두 강대국은 전 세계 곳곳에서 동맹국을 끌어들이려 각축전을 벌이던 것에서 더 나아가 핵무기 경쟁에 돌입했다. 1962년 쿠바 미사일 위기가 보여 준 것처럼 미국과 소련은 서로를 위협했을 뿐 아니라 전 세계인의 삶까지 불안하게 했다. 함마르셸드는 민족주의에 오염되지 않은 보편적 가치를 지켜 나갔다. 그는 두 강대국이 난투극을 벌이는 상황을 유엔이 막을 수 있을 거라고 믿었다.

1950년대 후반이 되자 함마르셸드는 유엔이 미국의 궤도에서 자유로워졌다고 믿었고, 자신이 전 세계 분쟁 지역에서 객관적인 평화유지 활동을 관리할 수 있을 거라고 생각했다. 유엔은 소련과 미국 사이를 중재할 수 있는 세력으로서 식민지들이 동등하게 자주독립을 누릴 수 있도록 도왔다. 1960년대 후반 들어 함마르셸드는 언젠가 지지자들이 모인 자리에서 강대국에게는 강력한 유엔이 별 필요가 없다고 지적했다.[1] 힘없는 비동맹 국가들이야말로, 유엔이 견고한 연대체여야 한다는 야심을 가진 함마르셸드로부터 가장 얻을 것이 많았다. 미국과 소련의 영향권 밖에 있던 많은 나라들 눈에 유엔은 두 강대국보다 순수한 곳으로 보였다.

1960년 9월 유엔총회 개막식에서는 세계인을 위하는 유엔의 영웅적 면모를 강조하는 목소리가 많았다. 그해에만 17개 신생국이 유엔에 가입했고, 그중에 16개국이 아프리카 나라였다. 미국 외교관들에게는 골치 아픈 일이었다. 소련의 일인자 니키타 흐루쇼프를 비롯한 공산 진영의 지도자들은 총회에 적극적으로 참석하기로 결정했다. 대통령, 총리, 국왕과 독재자들이 뉴욕에 속속 도착했다. 아이젠하워가 총회에서 연설했다. 흐루쇼프의 동지인 쿠바의 혁명 지도자 카스트로도 모습을 드러냈다. 요르단의 후세인 국왕, 영국의 해럴드 맥밀런 총리, 아랍연합공화국*의 가말 압델 나세르 대통령, 인도의 자와할랄 네루 총리, 가나의 콰메 은크루마 대통령, 인도네시아의 수카르노 대통령, 유고슬라비아의 요시프 브로즈 티토 국가원수, 기니의 세쿠 투레 대통령이 각각 대표단을 이끌고 왔다. 회원국이 늘어나면서 함마르셸드에게 조직을 통제하는 일이 더 어려워졌지만 유엔을 새로운 세계 질서의 매개체로 만들겠다는 의지는 확고했다.

함마르셸드는 장점이 훨씬 많았지만 작은 결점도 있었다. 그는 어리석은 짓은 참지 못했고 모욕이라 생각되는 일에 화를 잘 냈다. 비밀 일기를 썼던 보두앵처럼 함마르셸드도 비망록을 적었고, 나중에 영어로 《마킹스》(Markings)라는 제목으로 출간되었다. 함마르셸드의 폭넓은 식견을 보여 주는 이 개인 기록은 고상한 함마르셸드도 꽤나 까다롭고 참을 수 없을 정도로 고루한 사람이었다는 걸 보여 준다. 유엔에서 함마르셸드의 적들은 그가 동성애자라는 소문을 퍼뜨렸다. 이런 소문을 입증한 사람은 없었다. 함마르셸드와 가까운 친구들이 그가 성적으로 억눌린 독신남이라고 인정하긴 했다. 그는 늘 옳은 일을 하려고 애를 썼다. 깐깐한 성격은 풍자적이고 자신을 비하하는 지적 유머에서도 드러났다. 늘 흠잡을 데 없이 말쑥하게 차려 입은 함마르셸드는 문명인의 전형이었다. 활기 넘치는 파티에서 사람들을 즐겁게 해주었고 품위 있는 동료들과 고급스러운 대화로 존재감을 자랑했다.

* United Arab Republic, 범아랍주의를 내세운 이집트의 나세르 대통령 주도로 1958년 2월 이집트와 시리아가 통합해 연합국을 세웠으나 1961년 시리아에서 군사 쿠데타가 일어난 뒤 시리아가 탈퇴했다. 나세르는 이 국호를 유지하다가 1971년 이집트아랍공화국으로 바꾸었다.

함마르셸드의 측근들

함마르셸드는 유엔 사무총장에게 요구되는 일들에 대해 상세하게 말하곤 했다. 옥스퍼드대학에서는 '국제기구 공무원의 법규와 실제'를 주제로 강연도 했다.[2] 함마르셸드는 유엔 헌장이 규정한 자신의 임무가 모종의 이데올로기적 사고방식을 뛰어넘는 일이라고 믿었다. 그는 어느 쪽에도 치우치지 않고 객관적으로 인류의 보편적 가치를 다룰 수 있었다. 그를 이끈 것은, 유엔은 어떤 국가 또는 단체의 이익이나 사상으로부터 완전히 자유로워야 한다는 공통 목표였다. "나는 정치적으로 순결하거나 중성적인 게 아니라 정치적으로 독신이고 중립적인 사람"이라고 주장했다. 그는 스스로도 개인적으로 호불호가 있을 수 있다는 것을 인정하면서도, 유엔의 인도주의 명령 앞에 자신은 진정성을 갖고 임해야 한다고 주장했다. 개인적 성향과 의무 사이의 긴장 속에서 양심은 늘 함마르셸드에게 질문을 던졌다. 이 양심에 따라 함마르셸드는 국제 규범의 토대 위에서 결정을 내렸다.

함마르셸드는 자신의 행동이 순수해야 한다고 자주 말하곤 했다. 그는 정치인을 더럽히는 이기적 욕망으로부터 스스로를 차단할 수 있는 영역에서 움직였다.《마킹스》는 이런 정치 윤리에 철학적 정당성을 부여했다. 함마르셸드는 이 책에서 기독교 신비주의의 태도를 취했다. 타락한 인류를 구원하기 위해 십자가에 못 박혔던 예수의 고통을 자신과 동일시하고 이것으로 자신의 오점 없는 명예를 확신했다. 전지전능한 하느님이 하는 일을 보듯 그는 결코 자신의 이상에 의구심을 느껴 본 적이 없었고 진정한 자아를 깨닫게 될 거라고 생각했다. 함마르셸드의 행동은 국가나 이익이 아니라 인간 그 자체로 정의되는 삶을 구현하려는 것이었다.

함마르셸드는 말을 복잡하게 해서 때로는 그가 정말 자신의 이상에 따라 움직이고 있는 것인지 알기가 어려웠다. 그는 모국어인 스웨덴어를 비롯해 독일어, 영어, 프랑스어를 완벽하게 구사했다. 예를 들면 독일어는 잘 쓰지 않았지만 프랑스어와 영어 사이를 넘나들며 유창하게 말했다. 콩고에 갈 때는 때때로 그렇게 해야 하는 상황이었다. 그가 쓴 영어 문장은 행간에 미묘한 뜻이 담겨 있었을 뿐 아니라 사무적이고 진지했다. 가까운 참모들은 함마르셸드가 영어로 말할 때도 비슷하다고들 한다. 길고 상세한 설명과 뒤틀린 말의 구조는 아무리 인내심 많고 호의적인 사람이라도 듣기가 힘들었다. 이런 복잡한 언어 습관은 함마르셸드의 예민한 심리를 보여 주는 것이기도 하다. 게다가 타고난 언어 능력은 그가 하는 말을 해석하기 어려울 정도로 지루하고 난해하게 만들었다.

아마 함마르셸드의 정치적 성향을 가장 잘 보여 주는 것은 유엔에서 그와 함께 일한 사람들일 것이다. 함마르셸드는 소련을 비롯한 공산권 국가 출신 고위 공무원은 거의 쓰지 않았다. 이 사람들이 유엔에 충실하고 헌신할 수 있을지 의심했기 때문이다. 그는 미국과 약간 거리를 두고 있는 작은 국가 출신 정책 입안자들을 자주 선택했다. 콩고에서 일어난 일을 관리할 때는 유엔의 콩고 정책을 만드는 '콩고클럽'(Congo Club)에 압도적으로 미국 출신 인사를 쓰는 것을 선호했다.

우리는 앞에서 이미 랠프 번치를 만나 봤다. 함마르셸드가 콩고의 독립선포식을 돕기 위해 특사로 보낸 바로 그 인물이다. 번치는 유엔의 활동을 관리하기 위해 콩고에 머물렀다. 가난한 흑인 가정에서 태어난 번치는 캘리포니아대학(UCLA)에서 총명함과 성실함, 뛰어난 운동 기량으로 단연 두각을 나타냈고 과 수석으로 졸업했다. 이후 몇 년 동안 아프리카계 미국인을 위해 설립된 하워드대학 강단에 섰다가 공부를 계속 해서 1934년 하버드대학에서 프랑스령 서아프리카에 관한 논문으로 박사학위를 받았다. 제2차 세계대전 기간에 번치는 CIA의 전신인 OSS에서 아프리카 분석가로 일했다. 1946년 그는 식민지 이후 절차를 맡아 처리하라는 책무를 받고 유엔으로 자리를 옮겼다. 1940년대 후반에는 아랍-이스라엘전쟁을 중재해 휴전으로 이끌어 1950년에 노벨평화상을 수상했다.* 번치는 유엔에서 외교관으로 오래 몸담으면서도 미국의 초창기 흑인 민권운동의 맨 앞자리에 서 있었다.

함마르셸드는 하인츠 비쇼프를 자신을 전담해 보좌하는 아프리카 전문가라고 불렀다. 오스트리아인인 비쇼프는 대학에서 아프리카 연구를 하다 히틀러 치하의 독일을 탈출했다. 그는 미국으로 이주해 귀화한 뒤 인류학자로 여러 대학에서 교수를 지냈다. 이후 제2차 세계대전 때 번치처럼 OSS에 아프리카 전문가로 들어갔다. 전후 유엔이 그를 영입한 것은 전문성을 잘 살릴 수 있는 출발이었다. 함마르셸드는 그를 높이 평가했다.

영국인 브라이언 어커아트는 고상하지만 별나고 몹시 가난한 집안 출신이었다. 그는 명문 사립학교를 나와 옥스퍼드대학에 진학한 뒤 제2차 세계대전 기간에 영국군에 들어가 정보장교로 참전했다. 어커아트는 1945년 (영국 외교부 소속으로) 유엔을 창설하는 일을 도왔다. 전후에 그는 죽 미국에서 살았다. 유엔 사무차장으로서 그는 함마르셸드 이전 그리고 이후 사무총장들까지 보좌했고 종종 번치를 도왔다. (저술가이기도 했던) 어커아트는 자서전뿐 아니라 함마르셸드와 번치의 전기도 집필했

* 번치는 미국인 가운데 노벨상을 받은 최초의 흑인이다.

사진 6 앤드루 코디어. 함마르셸드의 수석보좌관은 위협적인 존재였다. *University Archives, Columbia University*.

다. 지식인들은 이따금 그에게 함마르셸드가 유엔에 갖는 책임, 특히 콩고에 대해 갖는 통제권을 방어해 달라고 요청하곤 했다.[3]

앤드루 코디어(Andrew Cordier)는 함마르셸드의 수석보좌관으로 일하면서 콩고에서 중요한 역할을 했다. 그는 미국 중서부 농장 출신으로 인디애나 주의 작은 기독교 학교인 맨체스터대학을 다녔다. 그는 1927년 시카고대학에서 중세사 연구로 박사학위를 받았다. 코디어는 맨체스터대학에서 학생들을 가르치다가 제2차 세계대전 때 국무부에 들어갔다. 독선적인 개신교도이자 열렬한 반공주의자인 코디어는 유엔을 조직하는 일에 참여해 1946년부터 (유엔총회 관련 담당) 사무차장을 지냈다. 코디어는 똑똑하고 성실하고 헌신적인 사람이었다. 함마르셸드가 유엔 수장에 오른 뒤 코디어는 자신의 가치를 증명했고 빠르게 함마르셸드의 신임을 얻었다. 그러나 누구의 얘기를 들어도 그는 호감이 가지 않는 사람이었고 외모도 볼품이 없었다.

아일랜드 출신 문인이자 유엔 외교관이던 코너 크루즈 오브라이언은 '콩고클럽' 안에서 가장 예리한 눈을 지닌 관찰자로 꼽혔다. 오브라이언은 코디어를 "거구에, 움직임은 신중하고, 눈은 작고 날카로웠다"고 묘사했다.[4] 코디어는 훤칠하고 멋쟁이인 함마르셸드와 함께 서 있을 때 뚜렷한 대조를 이뤘다. 그에게 비판적인 사람들에 따르면, 거대한 몸집의 그가 정책을 만들면서 어수선한 차림으로 주변을 오가면 대화 상대들은 위협당하는 기분을 느꼈다. 1960년 9월, 2주 동안 코디어는 레오폴드빌에서 번치를 대신해 유엔 특사를 맡았다.

어커아트는 코디어, 번치, 비쇼프 등 콩고 문제에 관여한 다른 미국인들만큼 자국에서 그리 명성이 높지 않았다. 그럼에도 어커아트는 유엔 지도자들의 성향을 보여 주는 전형적인 인물이었다. 어떤 맥락에서 역사가들은 이런 종류의 국제주의자들을 '냉전 진보주의자'라고 불렀다. 함마르셸드의 외교관들은 일부 작은 유럽 국가들을 모델로 삼아 인종차별, 사회정의 같은 미국 국내 문제에 관해서는 앞서가는 의견을 냈다. 그러나 이들은 소련에 대해서는 미국의 정책 결정자들과 같은 시각을 공유했다. 물론 유엔이 소련에게 행동을 요구할 때 미국이 제기한 것만큼 강경하지 않았지만 말이다. 반공주의는 함마르셸드가 이끌던 유엔에서 훨씬 복잡했다. 당시 그의 유엔에서는 모국 스웨덴 같은 복지국가에서는 평범하다고 여겨지는 생각들이 받아들여졌다.

유엔, 루뭄바와 조우하다

콩고 정부가 곤두박질치면서 복잡하고 까다로운 평화유지 활동은 함마르셸드의 희망을 실현하는 계기가 되었다. 그가 펼칠 정책들은 유엔을 시험대에 올려놓을 터였다. 7월 20일 뉴욕에서 함마르셸드는 유엔 안보리에서 "유엔의 미래, 아프리카의 미래, 나아가 전 세계 미래가 걸린 전환점에 유엔이 서 있다"고 말했다. 그는 "강한 신념이 뒷받침되어야 말에도 강력한 힘이 실리는 법이다"고 강조했다.[5]

하지만 이런 신념들은 문화적 무지의 바다에 떠 있었다. 서구인들은 한편에서 콩고 사람들이 콩고 유엔 평화유지군(ONUC)이 어느 부족과 관련되어 있는지 알고 싶어 한다고 웃었다. 그런가 하면 어커아트는 이렇게 말했다. "실제 콩고에 도착한 첫날까지는 나는 콩고가 아프리카 대륙의 어느 쪽에 붙어 있는지도 몰랐다. 나는 콩고가 인도양 쪽에 있는 줄 알았는데 대서양에 접하고 있다는 걸 알고 깜짝 놀랐다."[6] 번치는 콩고 정치인들이 같이 일할 수 없는 사람들이라는 걸 알게 되었다. 특히 루뭄바는 번치의 인내심을 시험했다. 아프리카인들은 자신들의 무능함에 맞서 상황을 헤쳐 나갈 수 없었고 그들이 할 수 없는 일을 유엔이 해주길 바랐다. 루뭄바는 화를 내며 번치가 카탕가에 군대를 보내 촘베 체제를 처리해야 한다고 요구했다. 번치는 레오폴드빌에서 통제가 안 되는 루뭄바에 대해 "루뭄바는 달변이지만 그야말로 미친 어린애"라고 쓴 전문을 여러 차례 보냈다. 루뭄바는 합의나 약속을 잘 지키지 않았고 급작스럽게 방침을 바꾸기 일쑤였다. 무엇보다 그는 콩고를 다스리는 데 역부족이었다.

번치는 자신이 상대해야 하는 벨기에인들도 경멸했다. 유엔은 카탕가가 벨기에의 도움 없이 살아남을 수 없다는 걸 잘 알고 있었다. 번치에게는 "오직 벨기에가 카탕가에서 완전히 철수하는 것만이" 성공하는 길이었다. 함마르셸드가 벨기에를 떠나게 만든다면 그는 반식민주의자라는 완벽한 신임을 얻게 될 거라고 번치는 생각했다. 그렇지 않으면 루뭄바가 유엔에게 떠나라고 요구할지도 모를 일이었다.[7] 번치는 루뭄바가 특혜성 요구를 해와도 상대하지 않았다. 그러나 흑인 번치는 벨기에의 과도한 행동에 대해 '콩고클럽'의 다른 어떤 사람보다 가장 분명한 입장을 갖고 있었다. 얼마 되지 않아 번치는 지치고 낙담해 콩고 특사 임무를 그만두려고 했다.

루뭄바가 7월 말 미국에 갔을 때 미국이 콩고에 경제적 지원을 거부한 것은 드러내지 않고 면박을 준 것이었다. 확실히 벨기에에게는 그 위장 전략이 먹혔다고 해도 루뭄바에게 면박은 면박이었다. 워싱턴 방문을 전후하여 뉴욕 유엔본부에서도 루뭄바는 똑같이 궁박한 처지였다. 함마르셸드가 7월 24일, 25일, 26일 루뭄바를 만났을 때 둘의 대화는 싸늘했다. 공개된 공식 대화에서는 점점 커져 가는 적대감이 드러나지 않았고 두 사람은 적어도 외부에는 화기애애한 모습을 보였다. 함마르셸드가 보기에, 콩고의 새 정부는 그들의 어리석음으로 인한 대가를 감수해야 했다. 함마르셸드와 그의 참모들이 콩고라는 나라를 바로잡을 때까지 루뭄바 정부는 한동안 유엔의 신탁통치를 받아야 했다. 루뭄바의 요란한 민족주의는 유엔이 각광을 받길 원하는 함마르셸드의 심기를 불편하게 했다. 그는 식민주의자들을 예우해 달라고 요구하는 서방국가와 다투는 것을 두려워했다. 함마르셸드는 벨기에가 애를 먹이는 건 루뭄바 탓이 크고, 루뭄바가 애를 먹이는 건 벨기에 탓이 크다고 여겼다. 유엔이 성공하기 위해서 함마르셸드는 두 장애물을 우회할 길을 찾아야 했다.

루뭄바는 워싱턴과 오타와에서 회담을 연 뒤 아프리카로 돌아가기 전 유엔본부를 마지막으로 방문했다. 8월 1일 루뭄바는 코디어와 만났다. 당시 함마르셸드는 카탕가와 관련해 무엇을 할 수 있을지 알아보기 위해 콩고로 떠난 뒤였다. 코디어는 루뭄바에게 거들먹거리며 일장 연설을 하는 것으로 면담을 시작했다. 코디어는 "함마르셸드의 작업은 초인적이며 20세기 역사의 극적인 한 장을 기록하게 될 것"이라고 말했다. 이어 그는 "나는 강력한 주장을 지지한다"고 했다. 루뭄바는 코디어의 말을 무시하면서 긴 답변을 늘어놓았다. 유엔이 벨기에를 몰아내지 않았다는 점을 최소 다섯 번 이상 강조하면서 실망감을 표명하며 코디어를 가르치려 들었다. "그래서 함마르셸드 사무총장은 콩고 정부와 협력하지 않았다. 이것이 내가 온 힘을 다해 강조하고 싶은 말이다." 루뭄바는 코디어에게는 콩고가 유엔에게 와 달라고 요청한 것을 철회할 수 있다고 넌지시 암시하기만 했다. 루뭄바는 이전에도 번치를 이렇게 협박한 적이 있다. 번치의 보고에 따르면, 이후 이 문제가 불거질 때면 루뭄바는 거의 '폭발 직전'까지 갔다.[8] 코디어는 루뭄바의 불만을 콩고에 있는 함마르셸드에게 곧바로 전달했다. 하지만 함마르셸드는 놀라지 않았다. 함마르셸드가 도착한 레오폴드빌에서는 루뭄바 내각 장관들이 함마르셸드와 유엔을 공개적으로 비난하려던 참이었다. 루뭄바는 콩고로 돌아가기 전에 자기편에 서 있는 다양한 아프리카 국가들을 돌면서 수많은 우호적인 지도자들과 회담했다. 자신과 갈등이 거의 없는 이곳에서 루뭄바는 몇몇 지도자들에게 벨기에의 움직임을 '식민주의의 마지막 몸부림'이라고 표현했다.[9] 루뭄바는 (독립 쟁취를 축하하기 위해) 아프리카 지도자들이 모이는 국제회의를 8월 말 레오폴드빌에서 개최하는 작업에 착수했다.

함마르셸드인가, 루뭄바인가?

함마르셸드는 유엔 외교에 모든 수완을 총동원해야 했다. 성미가 불같은 루뭄바를 만족시킬 만한 사람은 없어 보였지만, 유엔이 벨기에에 강경하게 대응하는 모습을 보여 주는 방식으로 함마르셸드는 루뭄바를 좀 진정시킬 수는 있었다. 그러면서도 동시에 유엔 평화유지군은 미국을 소외시키는 상황을 감당할 수는 없었다. 미국은 유엔의 지지 기반이자 나토 회원국인 유럽 제국주의 열강들과 굳은 맹약을 맺고 있는 사이였다.

8월 초 함마르셸드는 브뤼셀 및 카탕가와 화해를 시도하며 루뭄바의 기세를 꺾어 보려 했다. 그는 레오폴드빌에서 번치를 만난 뒤 엘리자베스빌로 보내 유엔이 카탕가로 들어가는 문제를 어떻게든 해결하려 했다. 앞서 살펴본 것처럼, 8월 2일 '레오폴드빌 라디오'가 유엔이 카탕가를 접수하고 벨기에군은 떠날 거라고 방송했을 때 가스통 에스켄스 벨기에 총리는 이를 사전에 전혀 알지 못했다. 8월 4일 번치는 어렵게 엘리자베스빌을 방문했지만 함마르셸드에게 카탕가 계획을 연기하는 것이 좋겠다고 권고했다. 좌절을 겪은 함마르셸드는 8월 6일 뉴욕으로 돌아와 급히 안보리 회의를 소집했다. 사흘 뒤인 8월 9일 회의에서 안보리는 유엔 평화유지군은 콩고 전역에 배치되어야 하지만 콩고의 내정을 간섭해서도 안 된다는 결의안을 채택했다. 이는 유엔이 카탕가에 들어갈 것이지만 촘베는 그대로 제자리에 있을 거라는 걸 의미했다.

함마르셸드는 곧바로 다시 콩고를 향해 떠났다. 그는 아주 잠깐 레오

사진 7 고드프루아 무농고 카탕가 분리독립국 내무부 장관(사진 중앙 오른쪽)이 8월 4일 루아노 공항에서 랠프 번치 유엔 콩고 특사(사진 중앙 왼쪽)를 얘기하며 함께 걷고 있다. 맨 오른쪽이 벨기에의 카탕가 실무파견단 단장으로 와 있던 아롤드 데스프레몽 린덴이다. *UN Photo*

폴드빌에 머무른 뒤 유엔의 결정을 놓고 촘베와 만나기 위해 엘리자베스빌로 이동했다.

함마르셸드는 카탕가의 분리주의자들과 만나 유엔군이 카탕가에 들어가는 것으로 협상을 성사시켜 체면을 세웠다. 흑인 군인들이 콩고 전역에 흩어져 배치되었지만 카탕가에는 백인인 스웨덴군이 들어왔다. 스웨덴 유엔 평화유지군은 엘리자베스빌에서 벨기에 사람들에게 지장을 주지도, 카탕가에 새로 창설된 카탕가군*을 방해하지도 않았다. 8월 말 벨기에인

* Gendarmerie Katangaise, 국내 치안을 맡는 군대 조직으로 프랑스의 국가헌병대(National Gendarmerie)를 모델로 한 것이다.

들이 만든 이 카탕가군은 엘리자베스빌 루아노공항의 치안을 나눠 담당했다. 함마르셸드는 유엔의 결정을 충실히 지켰다. 유엔군은 콩고 전역을 점령했지만 루뭄바와 촘베 사이에서 어느 편에도 서지 않았다. 누군가는 함마르셸드의 카탕가행이 카탕가의 분리독립에 인종적 그늘이 드리워진 승리를 가져다준 꼴이 되었다고 주장할 수도 있다. 그가 엘리자베스빌 체제에 일종의 인증서를 준 것이기 때문이다. 이는 함마르셸드가 자신의 전속 아프리카 전문가인 비쇼프의 조언을 받아들인 결과였다. 비쇼프는 함마르셸드에게 "루뭄바의 극단주의를 견제할 수 있고 잠재적으로 중요한 보수 세력이 될" 촘베와 타협을 보라고 말했다.[10)]

루뭄바는 2주간의 순방을 마치고 8월 8일 레오폴드빌로 돌아왔다. 그는 유엔이 카탕가를 제대로 통제하지 못한 것에 대해 함마르셸드를 비난하려 벼르고 있었지만 기회를 잡지 못했다. 함마르셸드는 촘베를 만나기 위해 레오폴드빌을 거쳐 갈 때 루뭄바를 피했다. 루뭄바도 유엔이 카탕가에서 대놓고 자신을 무력화시킨 것에 격노해 함마르셸드가 콩고를 떠날 때 만나는 것을 거절했다. 두 사람은 얼굴을 맞대는 대신 공개적으로 원색적인 설전을 주고받았다.[11)] 8월 16일 함마르셸드가 또 다른 안보리 회의에 참석하기 위해 뉴욕에 도착했을 때만 해도 그는 유엔이 카탕가에 우호적 태도를 보인 것에 대해 루뭄바가 어떻게 나올지 알지 못했다. 루뭄바는 불길하게 유엔의 철수를 예고하기 시작했다.

유엔을 콩고에서 내보내겠다는 엄포를 루뭄바가 과연 실천에 옮길 것인가? 루뭄바의 협박은 미국을 움직이게 만드는 계기가 되었다. 루뭄바는 진짜로 유엔에게 나가라고 할 수도 있었다. 그러면 함마르셸드는 재앙을 불러온 결정을 내려야 했다. 함마르셸드는 적어도 일시적으로 카탕가에 벨기에가 남아 있는 것을 허용했다. 신생 콩고 공화국은 모든 것

사진 8 8월 12일 함마르셸드와 촘베가 카탕가 엘리자베스빌에서 만났다. 함마르셸드는 벨기에의 지원을 받고 있는 촘베와 나란히 사진이 찍혀 당황했다. ⓒ *Balga Image*

이 마비된 반면, 엘리자베스빌에서는 사회 시스템이 돌아가고 있었고 그곳에 사는 유럽인들은 만족했다. 여기서 함마르셸드에게 한 가지 교훈이 남았다. 미국은 수차례 갖가지 형태로 지원을 요청하는 루뭄바를 퇴짜 놓았다. 어떤 자금이든 함마르셸드를 거쳐 (루뭄바에게) 가야 했다. 이제 함마르셸드는 미국의 도움을 받아 공식적으로 콩고에 자금을 지원하기로 계획을 세웠다. 이 돈으로 루뭄바가 받게 될 모든 지원을 충당할 예정이었다.[12] 그러나 루뭄바와 그의 장관들이 내놓는 변함없는 극단적 언사에 함마르셸드는 크게 분노했다. 그는 "또 다른 국가적 대혼란을 불러올지 모를 어린애들의 요구를 다 들어줄 수는 없다"고 썼다. 그는 콩고에 있을 때 코디어에게 레오폴드빌의 상황을 "말도 안 되는 광경"이라고, 루뭄바의 말은 "바보한테 들은 얘기"라고 표현했다.[13]

함마르셸드의 말은 일리가 있었다. 루뭄바는 가장 중요한 시기였던 7월 말부터 8월 초까지 2주 동안 콩고를 떠나 있었다. 콩고의 상황이 악화되는 동안 루뭄바를 지지하는 이들에게는 지도자가 없었고 반대 세력은 규합하고 있었다. 벨기에와 미국, 유엔에 있는 적들은 루뭄바의 과격한 정치를 놓고 서로의 걱정을 키워 주면서 신나게 떠들어 댔다.

루뭄바의 독자 행동

8월 9일 루뭄바가 레오폴드빌로 돌아온 지 24시간도 안 되어 남쪽 카탕가와 경계를 맞댄 카사이 주가 독립을 선언했다. 벨기에의 음모라고 확신한 루뭄바는 그날로 벨기에 대사를 추방하고 국가 비상사태를 선포했다. 8월 11일, 그는 벨기에가 식민 통치 통치 시절 쓰던 선례를 따라 언론을 통제하고 시민들의 자유도 제한했다. 루뭄바는 당초 그달 말 아프리카 지도자 회의를 주최해 콩고를 자랑하고 싶었다. 하지만 8월 16일 계엄령을 선포하고 자신에 반대하는 유력 인사들을 체포하기 시작했다. 8월 18일 데블린은 일련의 사태를 "콩고가 정권 장악을 위해 전형적인 공산주의식 시도를 하고 있다"고 표현했다.[14] 루뭄바의 움직임은 이해될 만했다. 루뭄바는 합법적인 권력을 가졌지만 그걸 지탱할 힘이 없는 사람의 점점 커져 가는 괴로움을 전형적으로 보여 주었다. 루뭄바에 대한 반대는 중앙정부의 적인 제국주의자와 분리주의자들의 힘을 키워 주었다. 그리고 루뭄바는 반대 세력이 외국 비밀 정보기관의 지원을 등에 업고 있다는 점을 알고 있었다. 루뭄바 정부는 그저 삐걱거렸을 뿐이다. (루뭄바 정부에서 일하다) 옮긴 직원들은 나중에 루뭄바 정부의 혼란상을 알렸다. 직원들은 우왕좌왕했고 루뭄바는 스스로 비서가 되어서 직접 전화를 걸고 받고, 편지와 서류를 타자로 작성하고 잔심부름까지 가야 했다.

그러나 8월 말이 되어 루뭄바는 몇 가지 과감한 행동을 실행에 옮겼다. (루뭄바 내각 탄생 후) 지휘부에 오른 빅토르 룬둘라와 조제프 모부투가 이끌던 콩고국군을 움직여 분리주의자들을 진압하기로 한 것이다. 루뭄바에게 충성하던 병사들은 카사이의 반란 세력을 진압하고 그런 다음 유엔이 하지 않으려 하던 일, 카탕가의 독립을 지지시키려 했다. 유엔의 결정은 유엔군에게 콩고 내정에 간섭하지 못하게 했지만 콩고국군은 해야 할 의무를 하는 것뿐이었다. 루뭄바의 시각으로 보면 그는 콩고를 지켜야 할 책임이 있었다. 소련은 추상적인 도움이 아닌 실질적인 도움을 주었다. 소련은 8월 18일을 시작으로 루뭄바가 군대를 수송할 수 있도록 트럭과 비행기를 제공해 주었다.[15] 번치는 이 트럭과 비행기에 관해 아무런 정보가 없었고, 유엔 안보리가 이것들이 군사적 목적으로 쓰이는 것에 어떻게 반응할지 걱정했지만 루뭄바가 이런 설비를 제공받을 권리나 소련이 제공할 권리를 두고 다투지는 않았다.[16]

군사작전은 혼란 속에 진행되었다. 루뭄바에게는 콩고로부터 떨어져 나가려는 지역 안에 카탕가의 촘베 같은 적도 있었지만 그만큼 지원 세력도 있었다. 8월 마지막 주 루뭄바 총리의 군대는 카사이에서 약간의 승리를 챙겼다. 적이 달아나면서 사실상 이렇다 할 전투가 없었다. 하지만 장교들은 지원 없이 자급으로 버텨야 하는 사병들을 통제하지 못했다. 8월 말 루뭄바와 거의 연고가 없던 카사이 남부 바콩가(Bakwanga)에서 당혹스러운 전투가 벌어졌는데, 루뭄바의 군대는 이 전투에서 발루바족 200명을 학살했다. 8월 말부터 9월 초까지 나흘간 이어진 또 다른 전투에서 식량을 찾아 헤매던 루뭄바의 병사들은 또 다른 민간인 45명을 무차별적으로 죽였다.[17] 서방은 이런 소규모 내전에 공산주의자들과 흐루쇼프의 손이 뻗쳐 있다고 보았다.

흐루쇼프

흐루쇼프는 아프리카에서 잃을 거라고는 아무것도 없었다. 비록 아프리카가 냉전의 최전선에 서 있지 않았지만 소련은 신생 독립국들에게 혁명을 지원하겠다고 약속했다. 유럽인들은 사하라 남부 아프리카를 지배하고 있었다. 소련은 아프리카에 아무런 영향력이 없었기 때문에 소련이 어떤 작은 소득이라도 얻는다면 서방은 그만큼 손해를 치러야 한다는 얘기다. 유럽인들이 할 수 있는 거라곤 기껏해야 전 식민지를 좋게 달래 설득하는 것이었지만, 흐루쇼프는 아프리카인들에게 제국주의로부터 해방될 수 있는 이데올로기를 제시할 수 있었다. 사회주의자들은 아프리카인들이 견뎌 온 모욕의 삶을 이제 끝내라고 선언했다. 소련은 과거, 그리고 지금의 식민지들에게 소비에트 사회로 나아가 착취하는 자본주의를 몰아내자고 요청했다.

그럼에도 많은 아프리카인들은 과거의 식민 열강과 관계를 악화시키길 원치 않았다. 일부는 친서방 성향을 띠었고 심지어 과격한 민족주의자들도 공산주의에 선뜻 지지를 표명하려 하지 않았다. 흐루쇼프는 콩고에 대한 여러 서방 국가들의 주장을 반박했다. 그는 유엔이 루뭄바에 대해 가진 편견과 벨기에에 대한 암묵적 지지를 지적했다. 그러나 흐루쇼프는 그 자신이 가장 큰 적이었다. 무례하고 호전적이던 흐루쇼프는 자신에게 호의적인 사람들도 불안하게 만들었다. 9월 뉴욕 유엔총회 개막식에 참석했을 때 그는 흥분해서 주먹이 아니라 신발로 회의 탁자를 쾅쾅 두드렸다. 소련은 유엔이 자신들에게 불리한 문제들을 어떻게 차곡차곡 쌓아 놓는지 잘 알고 있었다. 흐루쇼프는 유엔의 제국주의 방식을 비난하고 문제의 방향을 돌리려고 시도했다. 그러나 어디까지나 소련도 유엔 안에서 움직였다는 사실을 기억해야 한다. 흐루쇼프는 결코 유엔을 뛰쳐나가지는 않았다.

신경질적인 외교는 공산주의의 위험성을 확인시켜 주고 상황을 늘 난처하게 만드는 공산권 국가들의 태도를 강조할 뿐이었다. 미국은 국제정치를 논하는 장에서 도덕적 우세를 차지하고 있었다. 일부 아프리카인들이 중앙 계획경제, 즉 사회주의를 얼마나 선호했든 아프리카의 모든 지도자들은 자국이 독자노선을 따라 아프리카의 길을 가야 한다고 주장했다. 루뭄바 같은 아프리카인들은 미국과 소련 양쪽이 모두 양해할 수 있는 중립 노선을 따랐다. 물론 대개 미국 쪽에 더 기울긴 했다. 흐루쇼프는 아프리카에서 고전을 면치 못했다.

러시아는 일부러 더 눈에 띄게 행동했다. 흐루쇼프는 '붉은 중국' 곧 중국 대륙의 중화인민공화국과 공산권 세계의 선두 자리를 놓고 경쟁하고 있었다. 그는 우물쭈물하거나 타협하는 것처럼 보일 수 없었다. 소련은 대개 현상 유지, 곧 '평화공존'을 그대로 유지하는 신중한 정책을 취하곤 했지만 흐루쇼프는 스스로 혁명가라고 생각했다. 국제 공산주의 운동에서 흐루쇼프가 차지한 위상은 어느 정도 단호한 모습을 요구했다. 아프리카에서 영향력은 줄어드는 결과로 이어질 수 있지만 말이다. 게다가 아프리카의 불안정은 흐루쇼프의 험한 입을 부추겼다. 소련은 로켓 개발에서 얼마간 대대적으로 선전할 정도로 성공을 거뒀지만

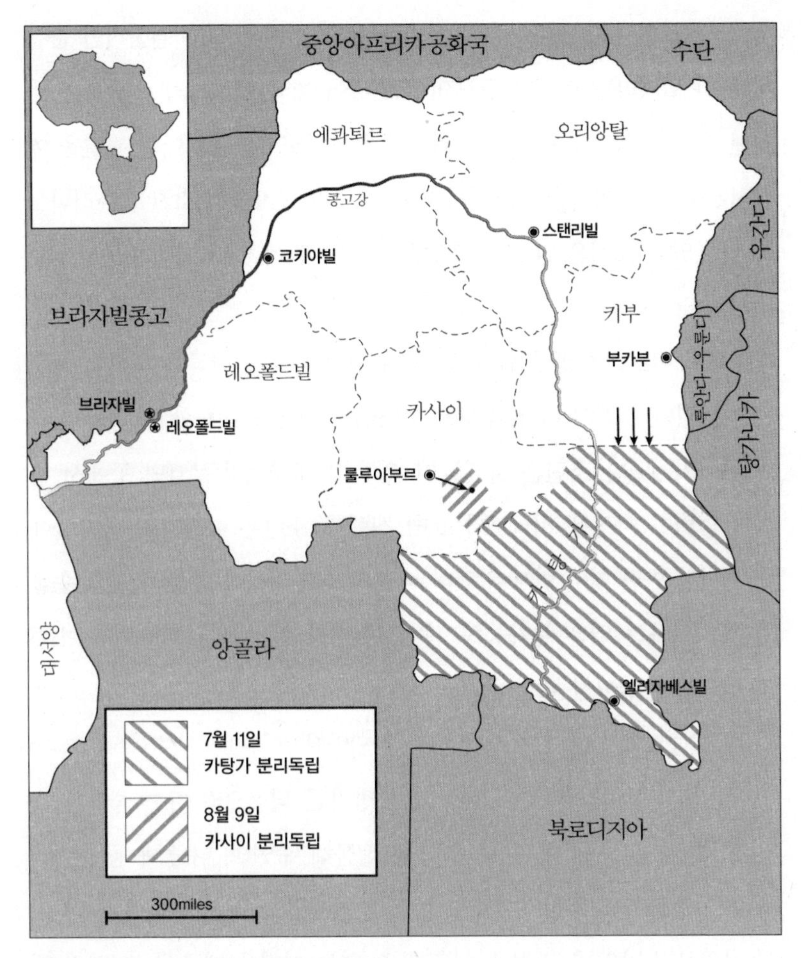

지도 2 콩고국군의 움직임(1960년 8~9월)

핵무기 개발에서는 미국보다 한참 뒤져 있었다. 흐루쇼프도 자신이 핵미사일을 많이 갖고 있지 못하다는 사실을 잘 알고 있었다. 아이젠하워는 군사력에서 적보다 우세하다고 믿었고 케네디도 열 배 정도는 미국이 우위에 있다고 생각했다. 그럼에도 불구하고 소련은 그 차이가 더 크다고 생각했다. 흐루쇼프는 미국을 괴롭힐 수 있을지는 몰라도 큰 소란을 감당할 수는 없었다. 서유럽이라는 주요 무대에 설사 결정적인 순간이 온다 할지라도 엄청난 규모의 소련군이 미국 핵무기의 우월성을 넘어설 수는 없었다. 1962년 일어난 쿠바 미사일 위기*는 이런 진실을 여실히 드러냈다. 미국은 플로리다 바로 건너편 쿠바에서 소련이 물러나도록 만들었다. 소련은 말 그대로 동독의 한복판에 있던 서베를린에서 보복하지 않았다.

소련이 아프리카에서 뭔가 얻을 게 있다고 해도 미국과 대적할 정도는 아니었다. 소련이 다른 대부분 지역에서 미국에 대적할 수 없는 상황과 마찬가지였다. 소련은 자신들이 '암흑의 대륙'이라 부르던 곳에서 경험이 없었고 사정은 미국보다도 더 심했다. 소련은 아프리카 국가들에게 제시할 만한 것이 별로 없었다. 아프리카의 지리적 특성 탓에 군수물자를 지원하는 일은 불가능하지는 않았지만 쉬운 일은 아니었다. 소련의 허세와 동떨어진 현실의 간극 사이에서 흐루쇼프는 '검은 아프리카'는 별로 중요하지 않다는 생각을 품게 되었다.

8월 말 루뭄바가 카사이 남부와 카탕가를 되찾으려 하는 중요한 순간에 흐루쇼프는 군대 수송 수단을 선물해 주었다. 나중에 공산주의자들은 루뭄바의 후임자에게도 돈을 주었지만 소련은 루뭄바를 더 이상 지원하지 않았다. 소련은 예측할 수 없는 어려움 때문에 더 많이 개입하게 될 수 있다는 점을 어느 정도 알고 있었다. 동시에 흐루쇼프는 소련보다 미국의 도움을 갈망하던 잠재적 동맹을 온전히 신뢰하지도

* 흐루쇼프가 비밀리에 쿠바에 미사일 기지를 건설하자 미국은 선전포고라며 대응했고, 두 나라는 '제3차 세계대전'으로 비화될 수 있는 일촉즉발의 위기까지 갔으나 협상 끝에 소련은 쿠바에서, 미국은 터키와 이탈리아에서 핵무기를 철수하기로 합의했다.

않았다. 또 콩고가 왼쪽으로 기울어도 별 소득이 없을 수도 있음을 어느 정도 직감하고 있었다. 콩고는 세력을 견고하게 하기보다는 허약하게 만드는 근원이었다.[18)]

함마르셸드의 인식

뉴욕에서는 문제가 달리 보였다. 뉴욕에 있던 함마르셸드는 상황이 무척 심각하다고 보았다. 흐루쇼프의 도움으로 루뭄바는 콩고에 독재를 불러오고 유엔의 힘을 약화시킬 거라고 생각했다. 함마르셸드는 무궁무진한 역사적 상상력의 나래를 펼쳤다. 때때로 그는 은크루마의 범아프리카주의를 파시스트의 팽창주의에 비유했고, 루뭄바를 '히틀러' 또는 은크루마의 '무지한 꼭두각시'인 '무솔리니'라고 불렀다. 그러나 전체적으로 루뭄바의 카탕가 작전은 함마르셸드의 이런 비유를 바꿔 놓았다. 함마르셸드는 카사이에서 "학살이 막 시작되었다"고 경고했다. 이후 카사이에서 일어난 일이 종족 학살 범죄의 양상을 띤다고 표현했다. 콩고에서 루뭄바의 적들이 별 도움이 되지 않는 것을 보면서 함마르셸드는 '히틀러' 루뭄바를 파괴하는 일이 어렵다는 걸 깨달았다. 함마르셸드는 코디어에게 콩고에서 또 다른 '뮌헨'(나치의 본거지)이 생겨날지 모르고 유엔은 루뭄바가 신청한 '마지막 결투'에서 반드시 이겨야 한다고 전문을 보냈다. 코디어 역시 루뭄바를 아프리카의 '작은 히틀러'라고 불렀다.[19)]

함마르셸드의 머릿속에서 보잘것없는 정권의 수장으로 앉아 있던 어릿광대는 어느덧 세계사에 남을 가장 위험한 악당으로 탈바꿈했다. 함마르셸드는 자신이 쏟고 있는 노력을 제2차 세계대전 당시의 연합국에 견주었다. 루뭄바가 유엔에게 콩고를 떠나도록 요구할 수 있다고 경고하고 나서자, 함마르셸드는 아프리카인들이 국제 질서를 위한 유엔의 설계도를 갈기갈기 찢고 있다며 고민에 빠졌다.[20]

06
콩고 정부, 무너지다

9월 초쯤 루뭄바는 자신을 갈아 치우려는 음모가 진행되고 있다는 걸 깨달았다. 콩고의 반정부 정치인들이 상원의장 조제프 일레오 주변에 모여들었다. 루뭄바에게 비판적인 이들은 당시에도, 그 이후에도 루뭄바가 정적에 대해 늘어놓는 과도한 불평에 편집증이 있다고 봤다. 하지만 루뭄바는 유엔 지도자들 가운데 친구가 없었다. 벨기에인들은 그의 기반을 허물려 했다. 레오폴드빌과 워싱턴의 미국 공무원들도 루뭄바를 끌어내리길 원했다. 루뭄바의 적은 실재했다.

카사부부와 루뭄바가 벨기에와 관계를 깬 후 벨기에 외교관들은 콩고 강 너머 브라자빌에 모였다. 그들은 이곳에서 루뭄바에 반기를 들려는 시도들을 최대한 부추겼다. 8월 말, 벨기에 외교관들은 그들의 소원대로 어떻게 루뭄바를 무너뜨릴 것인지 레오폴드빌의 백인·흑인들과 논의하고 있다고 브뤼셀에 보고했다. 모의한 이들은 '합법적 계략'을 구상했다. 콩고의 기본법 45조는 상·하 양원의 불신임 투표를 거치면 장관을 불신임할 수 있다고 규정하고 있었다. 노조들의 시위에 힘입어 반정부 의원들은 상원에서 루뭄바 내각의 몇몇 인사에 대해 불신임 투표를 발의하기로 했다. 그러면 카사부부가 총리의 사임을 요구할 거라고 기대했다.

이 계획은 레오폴드빌 가톨릭대학인 루바늄대학의 베누아 베르하겐 교수가 조율을 맡았다. 베르하겐은 콩고의 경제계획부 장관의 정책보좌관을 맡고 있었다. 베르하겐은 벨기에의 부유한 집안 후손으로 한국전쟁에 자원해 참전하기도 했고, 1958년 이래로 루바늄대학에서 정치학을 가르쳤다. 베르하겐은 루뭄바 축출 계획을 성공시키기 위해 브뤼셀에 급히 추가로 자금을 지원해 달라고 요청했다. 브라자빌에 있던 벨기에인들에 따르면, 카사부부는 아직 최종 승인을 하지 않고 있었다. 그는 이 사건에 어디까지 발을 담가야 할지 머뭇거리고 있었다. 브라자빌에 모인 벨기에 외교관들은 카사부부에게 그가 가진 법적 권한을 강조하는 문서를 작성해 주려 했다. 9월 1일 위니는 "쓰지 말고 서명도 절대로 하지 말고, 구두로만 하라"며 반대했다. 위니는 모의자들에게 기본법 45조에 따라 정부 불신임 투표 절차를 이용하는 것은 너무 위험하다며 그 방법을 사용하지 말라고 조언했다. 루뭄바가 의회 토론에서 이길 수도 있기 때문이다. 위니는 차라리 국가수반이 장관을 임명 또는 해임할 수 있다고 규정한 기본법 22조를 이용하는 편이 더 쉬울 거라고 편지를 썼다. 22조에 따르면, 카사부부에게는 의회 불신임 투표 없이도 내각을 해산시킬 수 있는 권한이 있었다.

위니가 이런 생각을 하게 된 건 보두앵이 벨기에 헌법의 똑같은 조항을 근거로 합법적 내각을 제거하려던 시도를 가까이서 봤기 때문일 것이다. 이제 위니는 카사부부에게 더는 망설여서는 안 된다고 다그쳤다.

대통령은 권력뿐 아니라 행동에 옮겨야 할 도덕적 의무도 갖고 있다고 압박했다. 위니는 얼마 전까지만 해도 벨기에에서 보두앵과 관련해 정반대 입장을 취했다. 이제 그들은 루뭄바를 야당으로 만드는 새 내각을 계획하고 있었다. 그러면서도 루뭄바가 아예 이 게임에 참여하지 않고 오히려 근거지인 스탠리빌에서 대적하는 정부를 선언하지 않을까 걱정했다.[1)]

이런 계책이 얼마나 현실적이었을까? 문제가 수면 위로 드러나고 벨기에가 카사부부에게 이 사실을 알렸을 때 카사부부는 결국 자기 뜻대로 행동했다. 그는 유엔에서 열정적인 새로운 조력자를 발견했다.

유엔 특사들

1960년 6월 번치는 업무를 시작했다. 그달 말 독립선포식에 참석했고 콩고로부터 유엔 가입 신청을 이끌어 냈으며 루뭄바가 요구한 기술적 지원을 조율했다. 번치에게 자신이 해야 할 일이 얼마나 커질지, 유엔의 일이 얼마나 엄청난 것인지 사전에 준비된 정보는 없었다. 일은 시시각각 불어났다. 그는 지휘부를 만든 뒤 10개국 출신으로 꾸려진 첫 군대가 콩고에 들어오도록 하고, 유엔 민간 관리 조직을 세우고, 요구가 많지만 불안한 콩고의 정치인들을 상대했다. 두 달 사이 이 모든 일로 번치는 나가떨어지고 말았다. 특히 관리가 안 되는 루뭄바에게 진저리가 난 번치는 집에 돌아가 아들과 학교를 돌보고 다시 뉴욕에서 함마르셸드를 돕는 일을 하고 싶어 했다.

함마르셸드는 새로운 대표를 물색했고 마침내 한 사람을 찾아냈다.

라예쉬와르 다얄이었다. 다얄은 범상치 않은 명민함을 갖춘 인도 외교관으로서 이후 콩고에서 가장 예리한 관찰자가 되었다. 그는 전에 유엔에서 인도를 대표했고, 이후 유엔은 다얄의 모국에서 잠시 그를 빌려 영입했다. 함마르셸드는 이제 다시 그를 빌려달라고 요구했다. 그는 다얄이 사전 준비를 위해 우선 뉴욕에 있다가 8월 말쯤 번치가 미국으로 돌아오면 레오폴드빌에 특사로 가길 원했다. 8월 25일 번치는 함마르셸드에게 루뭄바가 더 이상 자신을 상대하려 하지 않는다며 다얄이 바로 와주었으면 한다는 전보를 보냈다. 번치는 일기에 '정글의 선동가'이자 '콩고의 괴물'을 만나 얘기를 나눈 것이 8월 12일이 마지막이었다고 썼다. 다얄은 콩고 특사는 기꺼이 맡겠다고 했지만 뉴욕에 머무르던 일정을 9월 초까지로 연장해야 했다. 그러고 며칠 후 그는 드디어 레오폴드빌에 도착했다.[2)]

이런 상황에서 함마르셸드는 일시적으로 번치를 코디어와 교체했다. 코디어는 8월 28일 레오폴드빌에 도착했고 번치는 이틀 뒤 떠났다. 9월 1일이면 번치는 유엔본부로 돌아올 예정이었다. 다얄은 이틀 먼저 뉴욕에 와 있었다. 다얄은 유엔의 '콩고클럽' 및 번치와 콩고 문제를 상의한 뒤 9월 4일 저녁 레오폴드빌을 향해 날아갔다.

결과적으로 루뭄바는 코디어가 잠시 관리하던 그 시점에 기로에 놓였다. 코디어가 8월 28일 비행기에서 내렸을 때 레오폴드빌에는 카사부부와 루뭄바의 불화설, 그리고 서방 국가들이 외교적 수단과 비밀 모의로 카사부부에게 새 정부를 세우도록 하고 루뭄바를 총리 자리에서 끌어내리려 한다는 소문이 무성했다.

유엔의 정책 노선

당초 카사부부와 루뭄바의 동맹은 불안했다. 7월 군 소요 사태와 벨기에의 급작스런 대응으로 두 사람 사이에는 미약한 끈이 생겼다. 카사부부는 대통령으로서 카탕가의 엘리트들에게 받은 수모에 치를 떨었지만, 기본적으로 부족 지역주의에 헌신적인 사람이었고 그런 점에서 촘베와 공통점이 있었다. 공직 사회가 와해되고 8월 들어 루뭄바의 전제적 통치가 나타나고 내전의 바람이 불자 카사부부의 근심은 더욱 커져갔다. 벨기에인 참모들은 그에게 루뭄바 때문에 벌어진 이 상황을 타개해야 한다고 끊임없이 조언했다. 바콩고동맹(ABAKO) 지도부도 우려를 표하고 나섰다. 마침내 카사부부는 루뭄바를 해임하는 문제를 숙고하기 시작했다.

코디어와 함마르셸드는 매우 긴밀하게 움직였다. 함마르셸드는 코디어에게 유엔의 정책 방향을 상세하게 설명했고 코디어도 동의했다. 그들은 법과 질서 유지, 민주주의 보장, 내정과 거리 두기라는 유엔의 세 가지 목표를 천명했다. 함마르셸드는 콩고가 국제사회로 통합될 수 있도록 독려하고 식민주의가 다시 들어서는 일은 막고자 했다. 그러나 루뭄바의 날개를 꺾어 놓거나 좀 더 유순한 인물로 총리를 바꿔야 유엔이 성공할 수 있다고 믿었다. 그러고 나면 콩고가 좀 더 합리적인 모습으로 바뀔 것이고 벨기에도 물러나게 될 거라고 함마르셸드는 믿었다. 하지만 유엔의 목표는 실제로 약속한 것과 모순되었다. 함마르셸드는 평소에 틈만 나면 말하던 것처럼 루뭄바 정부를 '가르치고' 싶어 했다. 콩고가 최상의 이익을 도모하려면 함마르셸드가 구상한 길로 가야 했다.

아프리카 지도자들이 레오폴드빌에 모여 회담을 마무리했지만 소득은 거의 없었다. 8월 25일 개막식에서 CIA가 선동한 반루뭄바 시위대가 난동을 부렸고 이는 루뭄바의 명성을 훼손했다. 데블린은 "콩고가 처한 현실이 아프리카 대표단을 꼼짝 못하게 얽어맸다"고 썼다.[3] 그들은 아직 루뭄바를 배 밖으로 던지길 원하지는 않았고 9월 1일 코디어와도 논의했다. 아프리카의 지도자들은 유엔과 루뭄바의 관계를 개선하려 로비하면서 유엔 또한 루뭄바와 카사부부의 갈등을 수습해 주길 원했다. 함마르셸드는 이런 제안을 받은 뒤 코디어에게 "화해는 타협할 수 있는 선에서 이미 너무 멀리 가 버렸다"고 선문을 보냈다. 그는 "아무것도 할 수 없는 완전히 무능한 정부가 바라는 대로 유엔이 립서비스를 해 줄 수 있을지는 모르지만, 콩고인들의 몽상에 주의가 흐트러져서는 안 된다"고 적었다. 이어 "게다가 루뭄바 내각은 유엔에 대한 그들의 권리와 국제사회에서 그들이 해야 할 역할에 대해 완전히 잘못 생각하고 있고 루뭄바는 헌법에 맞게 행동해야 한다"고도 했다.[4]

9월 3일 저녁 카사부부는 코디어를 호출했다. 카사부부는 루뭄바를 해임하는 문제를 심사숙고하고 있었다. 코디어는 (카사부부 앞에서) 특별한 언급을 하지 않고 참았다고 얘기했지만, 사태의 전환을 기뻐하며 그날 밤 직통 전신으로 함마르셸드에게 이 소식을 알렸다. 그들은 카사부부가 의향을 밝힐 때가 가까워졌다는 것을 알아차렸다. 두 사람은 같은 목적을 공유했지만 그걸 전신기로 상세히 말할 필요는 없다고 입을 맞췄다. 한 관료가 지적한 것처럼 함마르셸드는 그다운 전형적인 말로 표현했다.[5] 함마르셸드는 코디어에게 보내는 전문에 "앞으로 있을지 모를 움직임을 가정하는 논의만 해도 유엔이 극도로 노출되는 처지에 놓일 수 있다. 서로의 생각을 알고 있는 우리 둘의 얘기만 신뢰하라"고 당부했다. 이어서 "콩고 정부가 완전히 붕괴되면 특사는 더 자유롭게 법과 질서를 보호하기 위한 활동에 나설 수 있을 것이다. 당신의 권한을 키워 줄 붕괴의 정도가 어디까지여야 하는지는 필연적으로 판단의 문제다"라고 썼다. 그는 "행운을 빈다. 우리 팀 전체가 당신의 행운을 빌며 힘을 보탰다. 다얄은 앞으로 해야 할 일을 위해 '세례를 받고' 있는데, 아직 물기도 마르지 않았다"고 전문을 마무리했다.[6]

코디어와 카사부부는 9월 4~5일 이틀 동안 여러 차례 만났다. 코디어는 나중에, 당시 중요한 얘기는 전혀 논의하지 않았다고 여러 번 썼다.[7] 9월 4일 레오폴드빌에 있던 유엔군은 다양한 긴급 대응 훈련을 실시했다. 다음 날 아침 다얄의 비행기가 도착했고, 그날 함마르셸드는 다얄과 코디어한테 전문을 보내 유엔의 노선에 대한 얘기를 밝혔다. 그는 두 사람이 "유엔의 원칙을 두고 자유로운 해석이 알아서 확산되도록 한다는 방향을 따르길" 원했다. 그들은 "엄격한 합법의 영역과 특별히 예외적인 비상 영역 사이에서 적절한 균형"을 찾아야 했다. 함마르셸드는 스스로 '무책임한 방관'을 택했다. 그는 "현장의 책임 있는 사람들은 스스로를 지켜야 할 원칙의 틀 안에 둬야 할지 모른다. 하지만 나는 그 원칙이 더 이상 중요하지 않다고 해서 원칙을 버리는 위험을 무릅쓰는 처사를 정당화할 수 없다"고 했다.[8]

9월 5일의 공작

9월 5일, 아침 8시를 몇 분 앞두고 카사부부는 공식 요청을 문서로 써서 벨기에 참모 예프 판 빌센을 통해 코디어에게 보냈다. 코디어가 공항을 폐쇄하고 레오폴드빌 라디오 방송국을 통제해 줘야 한다는 내용이었다.[9] 8시 12분, 카사부부가 라디오 방송국에 나타났다. 그는 형편없는 연설자였다. 카사부부는 꽥꽥거리는 목소리로, 프랑스어로 더듬더듬 연설을 읽어 내려갔다. 그는 초조한 목소리로 루뭄바를 해임한다고 발표했다. 그 와중에 루뭄바를 '총리'(prime minister)가 아니라 '제1시장'(prime mayor)이라고 잘못 말하기도 했다. 그럼에도 카사부부의 한계 때문에 담화의 폭발력이 뒤집어지지는 않았다. 조제프 일레오 상원 의장이 새로운 총리로 지명되었다. 카사부부는 그렇게 콩고를 혼란으로 몰고 갔다.

카사부부가 집으로 쉬러 가 오후 내도록 연락을 끊은 동안, 루뭄바는 아홉 시간 동안 라디오 방송에 세 번이나 나와 연설했다. 그는 정부를 방어하는 수준이 아니라 아예 대통령이 물러났다고 선언했다. 그는 대국민 연설을 하는 사이사이 장관들과 밤샘 논의를 벌였다. 9월 6일 정치인들은 사무실과 서방 국가의 대사관, 유엔 사무실을 왔다 갔다 하며 허둥댔다. 급박하게 돌아가는 콩고 정국을 가늠하면서 함마르셸드는 코디어에게 "카사부부의 생각을 참작하라"고 말했다. 물론 코디어는 카사부부가 원하고 요구한 것을 우선적으로 처리했다. 게다가 유엔은 겉으로는 카사부부와 루뭄바 양쪽에 똑같이 거리를 유지했지만, 함마르셸드는 코디어를 통해 필요하면 카사부부와 연락했다. 코르디에는 루뭄바를 피해야 했다. 함마르셸드는 코디어에게 "맹세코 루뭄바를 볼 일이 없을 것이고 볼 수도 없다. 특정 세력에 특혜를 주는 어떤 일도 해서는 안 된다"고 당부했다.[11] 데블린은 워싱턴에 카사부부의 계획을 "유엔 고위급과 조율된 것"이라고 정확히 보고했다. 레오폴드빌에 있던 유엔은 사건이 터진 후 2주 동안 루뭄바로부터 편지를 열네 통이나 받았지만 답장하지 않았다. 그중에 일부는 루뭄바가 분명히 총리 직책을 유지하

고 있을 때 쓰고 보낸 것이었다.[12)]

코디어는 카사부부의 서면 요청을 즉시 실행에 옮겼다. 사흘 전부터 코디어는 유엔이 확보하고 있던 일정 정도의 제공권(制空權)을 계속 유지하기 위해 루뭄바 정부와 협상을 벌여 왔다. 9월 5일 저녁 카사부부가 루뭄바의 해임을 선언하는 담화를 발표한 직후, 유엔은 콩고의 공항을 접수하고 자정 전까지 완전히 폐쇄했다. 또한 코디어는 카사부부가 요청한 대로 즉시 보안 요원들에게 라디오 방송국을 호위하게 했다. 카사부부가 방송국을 폐쇄하라고 명시하지 않고 그저 감시하길 원했기 때문에 루뭄바는 방송국을 쓸 수 있었다. 이튿날 오후 카사부부는 코디어에게 특사를 보내 더 강력한 정책을 요구하는 구두 메시지를 전달했다. 코르디에는 이 요청을 바로 실행에 옮겨, 레오폴드빌 라디오 방송국은 9월 6일 오후 12시 30분 이후 방송이 중단되었다.[13)] 콩고의 어떤 정치인보다 효과적으로 라디오를 이용할 줄 알았던 루뭄바는 더 이상 이 매체의 혜택을 누릴 수 없었다. 강 건너에서는 루뭄바를 거칠게 비난하는 방송이 계속 들려왔다. 강 건너 브라자빌은 프랑스 식민지 브라자빌콩고의 전직 총리이자 대통령인 퓔베르 율루가 통치하고 있었다. 아프리카에서 민족주의 목소리가 커지는 것을 두려워 한 율루는 브라자빌콩고를 카사부부와 반루뭄바 세력에게 열어 주었다. 무엇보다 중요한 것은, 공항이 없이는 루뭄바가 자기 휘하의 군대를 다른 지역에서 레오폴드빌로 데려올 수가 없다는 점이었다.

9월 초 함마르셸드는 카사부부와 유엔의 공식 연락 창구 역할을 할 사람으로 아이티 외교관 장 다비드를 골랐다. 카사부부는 다비드를 참모로 고용했다. 카사부부가 루뭄바를 해임한 뒤 다비드는 중재자로 나섰다. 다비드는 카사부부와 루뭄바 사이에서 루뭄바를 굴복시킬 협상을 타결시키려 했다. 카사부부와 루뭄바는 '협력'하게 될 것이고, 그러면 유엔은 콩고에 대한 모든 지원을 감독하며 루뭄바의 정치적 인선을 심사할 생각이었다. 의회에서는 일레오가 주도해 '모두의 평화'를 위해 '루뭄바 총리'를 거부하려고 했다. 만약 루뭄바가 따라 준다면 코디어나 다얄은 라디오 방송국과 공항을 다시 열 계획이었다. 코디어와 다얄이 함마르셸드에게 "다비드에게 강력한 권한을 주었다"고 보고하자, 함마르셸드는 이를 '다비드 라인'(David Line)이라고 불렀다.[14)]

유엔 관료들은 국제사회에, 때로는 서로에게도 라디오 통제와 공항 폐쇄가 법과 질서를 유지하려는 원칙을 적용한 것이라고 말했다. 코르디에가 공항과 방송국을 통제하기 전 뉴욕에 반복해서 보낸 전문들은 콩고 전역의 평온을 강조했다. 그건 카사부부의 요청이었을 뿐, 법과 질서와 관련해 유엔은 아무 문제가 없었다. 그러나 코디어가 하늘 길을 닫아 버리자 유엔을 오가는 전문(電文)에 긴장감이 감돌기 시작했다.[15)] 특히 촘베의 근거지인 엘리자베스빌에 있던 유엔 관료들은, 공항을 건드리면 법과 질서가 완전히 붕괴될 수 있다고 항의했다. 다른 나라의 외교관들도 상관이나 코디어, 함마르셸드에게 유혈 사태가 발생하지 않도록 엘리자베스빌의 루아노공항만은 폐쇄하면 안 된다고 간청했다. 유엔 당국은 카탕가의 군인들이 유엔 평화유지군을 공격할까봐 걱정했다. 함마르셸드는 유엔군에게 끝까지 아무 일이 없는 것처럼 행동하되 촘베가 루아노공항을 이용해 유엔을 압박하면 항복하라고 지시했다. 짜증이 난 함마르셸드는 전보를 보내 "공항 폐쇄를 놓고 다투고 있는 촘베는 뭐가 자신에게 가장 이득인지 이해하지 못하고 있다"고 적었다. 즉 촘베는 유엔이 루뭄바를 힘으로 눌러 준 것에 고마워해야 한다는 얘기였다. 결국 촘베는 루아노공항을 끝까지 열어 두는 데 성공했다. 반면, 루뭄바는 파

란 헬멧(유엔 평화유지군)들이 막아 선 레오폴드빌공항을 뚫을 수가 없었다.[16]

루뭄바의 근거지인 스탠리빌에 있던 유엔 관료들도 전문을 보내 항의했다. 브라이언 어커아트는 늘 유엔이 하는 일을 열렬히 옹호했지만 이때만큼은 코디어에게 이견을 전달했다. 당시 어커아트는 공항이 폐쇄되면 아수라장으로 바뀔 수 있다고 우려했고 이 상황을 이해할 수 없다고 했다. 나중에 그는 유엔의 방침이 매우 타당했다고 썼다.[17]

유엔의 새 특사 다얄은 뭘 하고 있었을까? 그는 회고록에서 9월 5일 밤과 9월 6일에 일어난 사건을 예상하지 못했다고 썼다. 미리 알았더라면 문제를 다시 검토해 보고 "가늠자를 조정하기 위해" 뉴욕에서 출발을 미뤘을 거라고 했다. 함마르셸드의 또 다른 인도인 참모였던 인다르 리큐 장군은 나중에 "당시 다얄은 거의 폭발했다"고 썼다. 다얄은 "뉴욕은 콩고 위기에 대해 거의 아무런 귀띔도 해주지 않았다"고 말했다. 그는 콩고에 도착한 뒤, 모든 방침이 임시 특사인 코디어가 구상한 거라는 걸 알았다. 이후 다얄이 기술한 바에 따르면, 코디어는 계속 주도권을 쥐고 있었고 다얄은 코디어에게 하던 대로 계속 추진하라고 말했다. 다얄에 따르면 코디어는 바로 동의했다. 다얄은 스스로 "나는 명목상 특사 자리에 있었지만 권한이 없었다"고 말했다.[18]

회고록에서 다얄은 9월 3일 자신이 뉴욕 유엔본부의 통신실에 있었다는 사실을 빼놓았다. 당시 '콩고클럽'은 전신으로 콩고 정부를 어떻게 변화시킬지 논의하고 있었다. 다얄은 콩고의 정치가 전개되는 상황에 관해 누구보다 많이 알고 있었다. 또한 그는 (회고록에서) 자신이 탄 비행기가 9월 5일 아침 콩고에 도착했을 때 바로 특사라는 직함을 달고 레오폴드빌에서 하루를 보냈다는 사실도 잊고 언급하지 않았다. 다얄은 코르디에가 하려던 것 또는 하고 있던 것을 승인했을 수도, 승인하지 않았을 수도 있다. 하지만 다얄은 뭐가 어떻게 돌아가는지 알고 있었다. 그는 다른 방침을 내놓아 책임을 떠맡게 되는 것을 거부했다. 그해 11월 다얄이 압박을 받았을 때는 자신이 줄곧 루뭄바를 꺾는 일을 맡았다고 자랑하면서 성실함을 주장했다.[19]

다얄의 하소연에 관해서는 이쯤 해두기로 하자. 코디어는 "나는 임시로 일을 맡고 있었기 때문에 다얄과 나는 특사직을 넘길 시기를 구체적으로 고려하기로 했다"고 썼다. 다얄은 9월 7일 인계를 한 차례 연기했고 다음 날까지도 콩고 사태에 개입하지 않았다. 함마르셸드는 코디어가 지금까지 해놓은 일 때문에 그날 떠나야 한다고 결론 내렸다. 함마르셸드는 코디어의 "현명함과 용기에 열렬한 감사"를 표명했다.[20]

후에 다얄은 "코디어의 결정은 유엔 대표단에 '저주의 주문'을 걸었고 그로 인해 손상된 결과는 결국 해결할 수 없었다"고 썼다.[21] 코디어는 콩고에서 자신이 했던 일을 정당화하기 위해 몇 년 동안 최소 다섯 차례는 그 일을 거론했다.[22] 코디어가 당시 일을 재구성한 것을 보면 지극히 자기중심적이다. 현존하는 증거들과도, 루뭄바를 밀어 버리려 했던 그의 의도와도 모순된다. 나중에 루뭄바의 죽음이 전 세계의 역사적 사건으로 공론화되었을 때 함마르셸드, 코디어, 다얄에 이르기까지 유엔의 그 누구도 관련된 일에 엮이려 하지 않았다. 하지만 그때도 모두 루뭄바를 깎아내리려 했다.

헌법 문제

유엔은 콩고의 국내 정치에 개입하면서 신생 국가를 규정한 법 절차를 놓고 격렬한 논쟁에 휘말렸다. 함마르셸드, 코디어, 다얄은 유엔 대표단이 편파적이라는 비판에 직면했다. 벨기에와 콩고 양국은 과도 체제로서 '기본법'에 합의했다. 기본법에 근거해 카사부부와 루뭄바의 임명이 결정되었다. 콩고 의회는 카사부부를 대통령으로 선출했고, 카사부부에게는 임기가 정해져 있었다. 기본법 22조는 벨기에 헌법에서 그대로 가져온 조항으로 "국가수반은 총리와 장관을 임면한다"고 되어 있었다. 카사부부의 직무 중에는 벨기에 국왕처럼, 해산되고 다시 꾸려지는 내각을 승인하는 일도 있었다.[23] 총리와 그 내각이 선거에서 의회의 다수를 차지할 만큼 표를 얻지 못하면, 내각은 카사부부에게 총사퇴 의사를 밝히고 카사부부는 새 정부를 꾸릴 정치인을 총리로 임명하게 되어 있었다.

한 달도 채 안 되어 보두앵은 헌법의 같은 조항에 따라 에스켄스 정부의 사퇴를 요구했다. 보두앵은 더 강력한 반루뭄바 정책을 원했다. 에스켄스 내각은 의회에서 충분한 의석을 갖고 있었고 국왕에 저항했다. 벨기에 장관들은 바로 직전 보두앵한테는 그럴 권한이 없다고 거부해 놓고, 콩고에서 국왕에 해당되는 인사인 카사부부에게는 그럴 권한이 있다고 보여 준 셈이다. 에스켄스는 카사부부의 참모인 판 빌센에게 카사부부는 그럴 권한이 있다고 말했다. 위니는 벨기에인들에게 카사부부가 루뭄바를 내쫓도록 설득하라고 지시했다. 판 빌센은 생각했다. '카사부부가 정말 그렇게 할 수 있을까?' '카사부부에게 합법적 사유가 필요하지 않을까?'[24] 아니나 다를까, 이상한 이중 잣대는 곧 스스로 정체를 드러냈다.

벨기에 헌법은 국가수반의 어떤 조치도 책임을 맡은 합법적인 각료의 서면 동의가 있어야 시행될 수 있다고 규정하고 있다. 콩고의 기본법도 마찬가지였다. 콩고 헌법에 따르면 카사부부가 칙령에 각료의 서명을 받아야 일레오가 다음 내각을 넘겨받을 수 있었다. 벨기에 전통에 따르면 국왕이 새 내각을 임명하면 국회 승인이 있기 전이라도 새 정부가 출범하는 것으로 봤다. 새 정부는 바로 가동에 들어가고 이전 내각은 새 내각이 아직 의회에 신임 투표를 요청하지 않았다 할지라도 바로 해산되었다. 하지만 그러려면 실질적으로 새 내각이 꾸려져 있어야 했다. 장관의 책임을 맡을 사람들이 임명되고 그중에 한 명이 총리로 지명되어 있어야 했다.

합법성은 유엔의 기본 바탕이었기 때문에 그 요건을 갖추는 일은 중요했다. 카사부부는 권한을 갖고 있었다. 하지만 그는 콩고의 정치인들로부터 조언을 구하지 않았다. 대신 그가 한때 관계를 끊어 버린 제국주의 열강이 그를 움직였다. 일레오는 의회에서 다수의 승인을 얻을 가능성이 없었다. 카사부부가 의회 표결에서 루뭄바가 이길 거라고 생각하는 것은 당연했다. 여러 서방 외교관들도 이런 이유로 의회를 소집하길 바라지 않았다. 의회는 일레오 정부를 부결시킬 게 뻔했다. 또한 카사부부는 일레오가 내각을 꾸리기도 전에 먼저 그를 총리로 지명했다. 마지막으로 카사부부는 어느 각료의 서명도 받지 않은 채 루뭄바를 해임하는 칙령을 발표했다. 판 빌센이 실제 카사부부에게 경고한 것처럼 그 해임은 효력이 없었다. 카사부부가 판 빌센을 코디어에게 보냈을 때 판 빌센은 카사부부에게 "서명 없이 이 일을 진행할 수 없다"고 말했다.[25] 카사부부는 국가수반이 아니라 한낱 일개 족장으로 움직였다.

이 사건은 서구식 정치에 대한 카사부부의 무관심과 그 특유의 자존심을 보여 준다. 카사부부는 제도를 잘 알지도 못했고 무심한 태도까지 보였다. 벨기에와 목표를 공유했던 게 아니라 그저 루뭄바를 협박해서 좀 더 자기 말을 잘 듣는 내각을 만들어 보고 싶었던 건지 모른다. '다비드 라인'을 내세운 유엔도 비슷한 의도를 갖고 있었다. 정권 교체가 이렇게 우스꽝스럽게 전개된 것은 두 가지 때문이었다. 첫째, 서방은 루뭄바를 침몰시킬 구실을 대충 짜깁기했을 뿐이다. 둘째, 카사부부는 루뭄바가 정치 현장에서 사라지는 것을 목표로 삼은 것은 아니었다.

루뭄바는 9월 6일 새벽 4시 함마르셸드에게 보내는 편지를 코디어에게 전달했다. 그는 이 서한에서 카사부부의 음모가 불법이라는 점을 명시했고 한 시간 반 후에 라디오 연설로 헌법적 하자를 다시 강조했다. 클레어 팀버레이크 콩고 주재 미국 대사는 8월에 이미 이렇게 탄식한 적이 있다. "전국적인 지명도가 있는 사람은 누구도 루뭄바를 반대하지 않는다. 카사부부는 정치에 완전히 젬병이고 단순한 데다 똑똑하지도 않고 게으르다. 그저 가끔 새 제복을 입고 나타나는 것을 좋아할 뿐이다." 팀버레이크는 "카사부부가 점점 식물인간처럼 행동한 반면, 루뭄바는 멋지게 '브로큰 필드'*를 내달리는 모습을 보여 주었다"고 썼다.[26)]

9월 7일 수요일 오후 루뭄바는 콩고 하원에서 카사부부의 조치가 불법이라는 점을 다시 힘주어 설명했다. 이 명연설은 루뭄바가 서구식 의회 절차를 얼마나 잘 꿰뚫어보고 있는지 보여 준다. 루뭄바는 전략적으로 날카롭게 파고들어 서방 외교관들에게 모욕을 주었다. 그는 동료 의

---

* 미식축구에서 수비수들이 진을 친 구역을 넘어선 지역을 말한다. 이 지역을 뛰려면 상대를 몸으로 막아 주는 자기 팀 블로커 없이 스스로 수비수를 뚫을 수 있어야 한다.

원들에게 "그들이 파괴하려 애쓰는 건 루뭄바가 아니라 바로 당신들이고 아프리카의 미래다"라고 말했다.[27] 함마르셸드는 코디어에게 전보를 보내 카사부부가 정권 이양의 합법적 효력을 담보하려면 일부 장관들의 서명이 필요하다고 지적했다. 유엔의 법률 부서는 줄곧 "카사부부가 자신의 결정에 서면 동의를 받을 때까지 루뭄바는 총리직을 유지한다"는 입장을 취했다. 9월 9일 함마르셸드는 새 정부가 합법성을 확보하려면 정치인들이 서명을 통해 승인해야 한다는 점을 거듭 강조했다.[28]

9월 6일 정오는 카사부부가 일레오를 총리로 지명하기에는 이른 시간이었다. 그때쯤 서구 열강들도 헌법적 문제를 파악하고 동조할 콩고 정치인을 모으고 있었다. 루뭄바가 법을 속속들이 꿰고 있다는 사실은 이미 널리 알려졌다. 그날 오후 카사부부는 두 사람한테서 필요한 서명을 받아냈다. 하나는 쥐스탱 봄보코 외교부 장관, 하나는 알베르 델보였다. 델보는 벨기에 대사에 상당하는 자리에 있었고 직급상 장관이었다. 이 서명을 가지고 카사부부는 9월 6일 오후 4시 브라자빌 라디오를 통해 헌법적으로 합당한 발표를 했다.[29] 최소한 이론적으로는 루뭄바가 해임되었다고 주장할 수 있게 되었다. 그럼에도 일레오가 내각을 구성하지 못했기 때문에 어떤 정부도 존재하지 않는 상황이 되었다. 일레오가 자신이 꾸린 내각의 진정한 총리가 되기까지 루뭄바 내각이 역할을 한다는 얘기다.

여기서 조금만 더 깊이 들어가 보자. 루뭄바 파면은 얼마간 합법적이지 못한 부분이 있다는 게 일반적인 판단이었지만, 사실 모든 절차 대부분이 말이 되지 않는 엉터리였다. 벨기에인들과 유엔은 위니가 직접 여러 차례 '쿠데타'라고 표현한 일에 뒤늦게 법적 틀을 씌우려 했다. 위니는 9월 5일의 술책을 정당화할 수 있는 온갖 논리를 생각해 냈다. 그는 일레오 총리 임명을 정당화하기 위해 장황한 헌법 해석을 만들어 냈고 카사부부에게 새 정부를 출범시킬 방법을 지시했다. 위니는 "일단 대통령이 승인한 정부는 국정을 모두 책임지게 되고 적절한 때를 기다려 신임 투표를 요청할 수 있다"고 주장했다. 그런데 9월 8일 콩고 의회 양원 모두 루뭄바를 지지하고 나서자 위니는 격노했다. 콩고 의원들은 위니의 권고를 따르지 않고 표결을 미루지 않았다. 위니는 "그 쿠데타는 루뭄바의 권한과 합법성을 강화시켜 주기만 했다"고 썼다. 그는 "이건 정말 심각한 일이다. 비관적이지 않을 수 없다" 하고 탄식했다. CIA는 리처드 닉슨 부통령에게 "카사부부의 느닷없는 행동이 헌법적 수단으로 루뭄바를 축출하려는 계획을 최악의 심각한 위기로 몰아넣었다"고 보고했다.[30)]

9월 10~11일에 내각 명단이 작성되면서 그제야 일레오 체제가 시작되었다고 할 수 있었다. 그럼에도 일레오는 12일 밤까지 장관 인선 결과를 발표하지 않았다. 새 정부는 존재했지만 의회가 적법한 절차로 승인해야만 굴러갈 수 있었다. 그날 뉴욕에 있던 함마르셸드는 의회가 언제 새 내각을 승인해 줄 것인지 걱정이 되어 밤잠을 이루지 못했다.[31)]

9월 10일은 합법적 정권 이양이 시작된 날이었다. 5일 동안 코디어는 정당한 권한이 없는 정치인들로부터 지시를 받았다. 그는 카사부부가 요청했기 때문에 라디오 방송국을 닫고 공항을 폐쇄했다. 하지만 사실 유엔이 중시한 콩고의 법과 질서에는 아무 문제가 없었고, 유일한 합법적인 총리 후보자인 루뭄바는 그 결정에 반대했다. 반면 코디어는 분리주의자 촘베에게는 그 결정을 어겨도 된다고 허가했다.

서구 열강의 결탁

카사부부에게 쿠데타라 할 만한 일을 조언한 건 벨기에였지만, 카사부부가 쿠데타를 실행에 옮기는 데 이용한 것은 유엔이었다. 카사부부의 라디오 발표 후 벨기에는 함마르셸드를 잘 부추겨 준 미국에 고마워했다. 미국은 그 쿠데타를 지원했지만 벨기에처럼 개입하지는 않았다.[32] 유엔이 상황을 주도했다. 물론 함마르셸드는 뉴욕에서 미국 관료들과 앞으로 펼쳐질 상황을 논의하면서 자신이 미국과 함께 움직이고 있다고 느꼈다. 코디어가 멋대로 권한을 휘두른 것이 옳든 그르든, 유엔은 스스로 선을 넘었고 루뭄바를 무너뜨리기로 마음 먹었다. 함마르셸드는 늘 "루뭄바를 헌법에 맞게 행동하도록 만들어야 한다"고 해놓고 루뭄바를 위헌적 수단으로 몰아냈다.

처음 콩고에 갔을 때 번치는 미국 국무부의 조언을 받으려 했다.[33] 6월 말부터 함마르셸드의 다른 미국 출신 보좌관들은 정기적으로 헨리 캐벗 로지 유엔 주재 미국 대사 및 유엔의 미국 대표부와 정보를 공유했다. 9월이 되자 '콩고클럽'은 레오폴드빌로부터 전신이 들어올 때마다 뉴욕의 미국 외교관들에게 그 내용을 보여 주었다. 함마르셸드도 그 정보 제공자 가운데 하나였다.[34] 9월 5일 코디어가 일레오를 만나 정치 상황에 대해 일러 주었다는 사실을 미국은 바로 그날 저녁 알았다. 유엔에 있는 그 어떤 소련 기관원도 함마르셸드와 '콩고클럽'이 미국에게 알려주는 식으로 그렇게 완전하고 신속하게 소련에 기밀을 알릴 수는 없었을 것이다. 하인츠 비쇼프('콩고클럽'의 멤버)가 9월 6일 미국 측에 말해 준 것처럼, 루뭄바는 아직 총리 자리에 있었음에도 코디어를 접촉할 수 없었다. 코디어는 루뭄바를 그저 한 사람의 시민으로 취급하며 만나는 걸 거절했다. 유엔과 대조적으로 레오폴드빌의 미국 대사관은 9월 7일까지도 불분명한 태도를 유지했다. 9월 9일 팀버레이크는 유명 인사인 객원 외교관 애버렐 해리먼과 루뭄바의 만남을 주선했다. 루뭄바는 한 시간 반 동안 해리먼에게 정치를 두고 열변을 토했고 총리로 대접받았다.[35] 유엔은 미국보다 루뭄바에게 더 적대적이었다.

뉴욕에서 유엔 사람들이 긴장 속에 코디어의 보고를 기다리고 있을 때 비쇼프는 미국인들에게 불평을 늘어놓기도 했다. 유엔은 루뭄바의 허약한 정적들이 침대에서 나오지 않는 한 콩고국군의 친루뭄바 세력을 거리에서 사라지게 만들거나 의회에서 배제하는 일은 어렵다는 사실을 깨달았다. 비쇼프는 이렇게 반문했다. "어떻게 그런 자들로 혁명을 이룰 수 있나?" 벨기에를 통해 비쇼프는 카사부부에게 루뭄바를 감옥에 보내야 한다고 제안했다. 유엔은 아프리카인들이 루뭄바에게 몰래 린치를 가하지 않는 한 개입하지 않으려 했다. 함마르셸드는 참모들과 함께 미국에 상세한 정보를 알려주는 식으로 가담했지만 미국 친구들에게 "내 손은 절대 깨끗해야 한다"고 했다. 9월 7일 함마르셸드는 루뭄바를 끌어내리려 했고 카사부부의 뒤에 섰지만 유엔의 입장과 자신을 난처하게 만드는 일은 바라지 않았다. 함마르셸드는 "실제 속이지 않고도 이길 수 있는 게임 능력"을 추구했다. 함마르셸드는 미국 인사들과 대화를 나누면서 자신의 입장을 두고 "헌법을 넘어섰다"고 여러 차례 언급했다. 함마르셸드는 안보리에 보고하기 직전인 9월 9일 로지에게 먼저 "루뭄바를 '파멸'시킬 것"이라고 말했다.[36]

함마르셸드는 안보리에 어떻게 보고했을까? 그는 줄곧 코디어에게 "직접적이든 간접적이든 또는 공개적이든 암시하는 것이든, 어느 한쪽이 판단을 내릴 수 있는 어떤 행동도 피하라"고 말해 왔다. (이들의 표현을 빌리자면) 코디어는 카사부부와 결코 사전에 '논의'한 적이 없고 함마르셸드와도 '논의'한 적이 없었다. 물론 함마르셸드는 코디어의 행동을 지지했다. 함마르셸드는 유엔이 매우 신중하고 공정하게 행동했다고 결론지었다. 그는 나중에 다얄에게 "나는 유엔에 콩고라는 '여인'의 '벌거벗은 진실'을 보여 줘야 했다. '여인'의 옷을 벗긴 것은 유혹하기 위해서가 아니라 회원국 정부들이 비현실적 태도에서 벗어나도록 하기 위해서였다"고 썼다.[37]

함마르셸드도 그저 한 인간일 뿐이었다. 자신의 결정에 영향을 미치는 정치적 신념과 성향을 갖고 있었다. 무엇보다 서구식 외교로 일관했고 늘 미국을 염두에 두고 움직였다. 소련과 소련의 동맹들은 이런 상황을 분명히 인지하고 있었다. 이런 성향은 왜 많은 서방 평론가들이 함마르셸드를 존경할 만하다고 여겼는지 설명해 준다. 그한테서 친서방 또는 반소련 성향이라는 점을 발견하는 것은 전혀 어렵지 않다. 이런 성향은 함마르셸드의 명예에 손상을 입히지 않았고 오히려 여러모로 권장되던 상황이었다. 여기에 더해 함마르셸드는 9월 초 국제사회에서 서방의 후원을 받는 유엔에 실질적인 영향력을 실어 주려 시도했다. 처음에 그는 콩고 내부의 사안에 개입하는 것을 거절했고 그 결과 루뭄바에 반대하는 촘베의 힘이 커졌다. 그런 다음 함마르셸드는 레오폴드빌에서 루뭄바의 힘을 빼는 일에 개입했다. 우리는 여기서 달갑잖은 그러나 전형적이라 할 만한 국제정치의 모습을 확인하게 된다.

더 특이한 건 함마르셸드는 스스로를 이해하는 데 무능했다는 점이다. 살균된 그릇 같은 이 인물한테서 유엔의 이상이 제대로 나올 수 없었다. 그렇다고 위선자도 아니었다. 함마르셸드는 자신이 콩고에 적용한 이상이라고 표현한 것과 실제 자신들이 그곳에서 실시한 정책의 간극을 보지 못했다. 의식적으로 거짓말을 한 것은 아니다. 함마르셸드 마음속에 냉소주의가 숨어 있었던 것도 아니다. 대신 함마르셸드에게는 설교를 좋아하는 사람들이 가질 법한 결점이 있었다. 그리고 정치가 자신을 변질시킬 수 있다는 점을 생각하지 못했다. 함마르셸드는 때때로 스스로 이상이라고 여긴 것에서 얼마나 멀어지고 있는지 감지하지 못했다.

아일랜드의 문인 코너 크루즈 오브라이언('콩고클럽'의 멤버)은 1961년 말 잠시 카탕가에서 함마르셸드의 특사를 맡았다. 오브라이언은 유엔을 떠난 뒤, 유엔이 콩고에 어떻게 개입했는지를 그린 희곡《살기에 찬 천사들》(Murderous Angels)로 충격적인 고발장을 써 냈다. 유엔은 그 고발장이 담고 있는 폭발력 때문에 오브라이언의 입을 다물게 해야 하나 생각했다. 그러나 이 작품에서도 오브라이언은 함마르셸드의 책임을 덜어 놓았다. 함마르셸드는 소련과 미국의 무시무시한 충돌 사이에 끼어 있었고, 그가 루뭄바를 제거하지 않는다면 핵전쟁이 올지도 모른다고 우려했다고 오브라이언은 주장했다. 일부 장기적인 문제들이 함마르셸드를 짓눌렀는지도 모른다. 1960년 8월에는 한동안 "자그마한 한국"이 걱정거리였다.[38] 하지만 미국과 유엔 기록보존소에서 가장 겁을 주는 문서에도 콩고에서 일어난 일 때문에 핵 대결이 일어날 수 있다는 언급은 없었다.

유엔이 콩고에 초대받았을 때 루뭄바와 동료들은 그들이 집주인이 아니라는 걸 보여 주었다. 게다가 유엔은 감당하기 벅찬 임무를 떠맡아야 했다. 서방 정보기관 요원들이 카사부부를 부추겨 카사부부·루뭄바 체제를 아예 무너뜨리자고 하기 전에도 그 체제가 얼마나 뒤죽박죽이었는지는 누구라도 알 수 있었다. 유엔이 루뭄바를 무너뜨리는 데 최선을

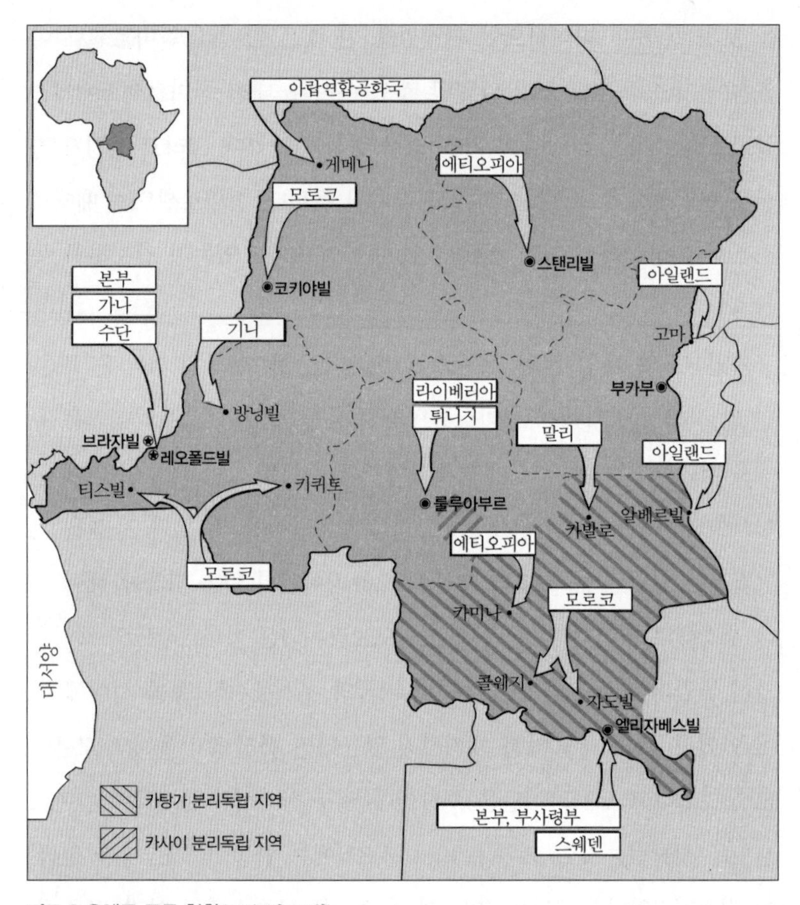

지도 3 유엔군 주둔 현황(1960년 10월)

다했음에도 불구하고 함마르셸드는 스스로 생각한 것만큼 노회한 정치적 실력자는 아니었다. 유엔 평화유지군도 함마르셸드가 꿈꿨던, 세계 문제를 해결할 그런 군대가 아니었다.

함마르셸드가 중립적이었거나 아니면 루뭄바를 지지했다고 하더라도 루뭄바는 권력을 지키지 못했을지 모른다. 또 루뭄바가 총리 자리를 지켰다고 해도 그가 실질적이고 순조롭게 콩고를 통치했을지는 아무도 알 수 없다. 그럼에도 함마르셸드는 선의를 가진 이들에게 세상의 평화를 제공하지 않았다. 뉴욕 유엔본부의 38층에서 그는 스스로를 콩고의 '교장 선생님'이라며 자랑스러워했고, 자신이 진행시킨 정책을 합리화했으며 루뭄바 정부를 무너뜨리기 위해 할 수 있는 모든 일을 했다.

07

모부투

카사부부가 루뭄바를 해임한 지 9일 뒤인 9월 14일 저녁, 군인 조제프 모부투는 라디오에서 프랑스어로 "카사부부와 대립 중인 두 정부, 그리고 의회를 무력화했다"고 선포했다. 이 짧은 연설은 미리 녹음된 것이었다. 모부투는 그 뒤 레오폴드빌의 고급스런 레지나호텔에서 기자회견을 열었다. 앞선 라디오 연설이 있었기 때문에 회의장은 취재진으로 꽉 들어찼다.

모부투는 "당분간 카사부부와 루뭄바 누구도 콩고를 통치하지 않을 것"이며 "군부는 두 사람이 서로 받아들일 수 있는 하나의 정부에 합의할 때까지 휴전을 제안할 것"이라고 말했다. 모부투는 잠정적인 기한을 12월 말까지로 잡았다. 모부투는 콩고의 대학생 일부에게 실무단을 꾸려 연말까지 공무를 관리해 달라고 요청했다. 모부투는 체코슬로바키아와 소련 같은 공산주의 국가의 외교 사절에게 떠나라고 명령하고, 대사관을 폐쇄하겠다는 선언으로 기자회견을 마쳤다. 9월 19

일, 30명가량의 대학 졸업생으로 구성된 '집행위원회'(the College of Commissioners)가 꾸려졌다.[1)]

콩고민족운동(MNC) 내에서 루뭄바의 후계자였던 모부투는 언론인으로 일한 경험이 있고 예전에는 공안군 본부에서 병장으로 복무했다. 1960년 6월 그는 루뭄바 정부의 내무부 장관으로 승진했다. 콩고 독립 직후 일어난 난리 속에서 모부투가 급부상한 것은 그를 대령으로 끌어올린 루뭄바 덕이었다. 빅토르 룬둘라가 콩고국군의 사령관을 맡았지만 루뭄바는 당초 모부투가 그 자리를 맡기를 원했다.[2)] 그러나 참모총장으로 임명된 모부투는 루뭄바에게 충성을 다하지 않았다. 1965년 콩고의 혼란이 수습된 뒤로 모부투의 독재는 무려 35년 동안 이어지게 된다.

당시 일어난 일은 역사가들이 모부투 독재의 시작을 잘못 되짚게 했다. 당시 현장에 있던 많은 이들이 증언한 것처럼, 9월 14일의 모부투는 깡마르고 긴장감에 몸을 떨던 29살 청년이었다. 그로부터 9일 전인 9월 5일 저녁때만 해도 그는 카사부부, 일레오, 봄보코와 운명을 같이 하지 않았고 루뭄바와 루뭄바 정부 인사들을 만났다. 카사부부는 그날 밤 집에 틀어박혀서 모부투를 만나 주지 않았다.[3)]

모부투의 멘토, 벤 하무 케타니

9월 초 모로코 출신 유엔군 장성, 벤 하무 케타니는 모부투에게 조언했다. 모로코는 1950년대 프랑스로부터 독립했다. 식민지 이후 위태롭고 불안했던 모로코 정치에서 케타니는 유력 인사였다. 그는 전통주

사진 9 조제프 모부투가 9월 14일 기자회견에서 정치 세력을 '무력화'한다고 선언한 뒤 질문에 답하고 있다. ⓒ *BelgaImage*

의자들과 왼쪽으로 기운 근대주의자들 사이를 오갔다.[4] 케타니가 자신이 모로코에서 했던 것처럼 모부투가 콩고에서 움직이길 바랐다는 것을 알려주는 증거가 많다. 모부투가 위기 상황에서 군인들을 자제시키고 콩고국군의 중립을 유지하면서도 원만한 정치적 해결을 위해 나서야 한다는 것이 케타니의 생각이었다. 한때 카사부부의 참모였던 예프 판 빌센은 케타니의 영향 탓에 모부투가 콩고 정치에 왜곡된 형태로 발을 들여놨다고 보았다. 클레어 팀버레이크도 모부투는 케타니를 좋아하고 신뢰한다고 보고했다.[5] 동시에 모부투의 장교들은 카사부부, 루뭄바,

일레오 같은 정치인들의 무책임함을 두고 모부투를 압박했다. 모부투는 염증을 느껴 사임을 생각하기도 했다.[6] 모부투는 우유부단하고 상황을 감당하지 못해 당황할 때가 많았다. 민족주의 성향을 지닌 그는 조국에 사명감을 갖고 있었다. '미래의 독재자' 모부투는 공산주의와 변덕스러운 루뭄바를 우려했다. 그렇다면 모부투는 무엇을 해야 했을까. 그는 그저 옳은 일을 하고 싶었고 합법적인 총리가 루뭄바인지 일레오인지 하는 문제는 알지 못했다. 그는 다만 9월 초의 무정부 상태가 계속되면 안 된다는 사실은 알고 있었다. 대립하는 두 개의 정부가 존재했고 그래서 무엇도 합법적이지 않았다.

모부투는 새해가 시작되기 전까지 정치인들이 안정적인 하나의 정부에 협력해야 한다고 생각했다. 그 사이 그는 콩고국군을 조각조각 분열시키고 있는 정쟁과 거리를 두려 했다. 정치인들이 군대를 차지하려 노골적으로 경쟁하면서 군대의 문제는 더 악화되었다. 모부투는 콩고국군에 규율이 제대로 작동하도록 하기 위해 유엔과 케타니에게 도움을 요청하는 방안을 생각했다. 실제 카사부부는 팀버레이크에게 케타니가 콩고군을 다시 정비하는 일을 도울 거라고 말했다.[7] 모부투는 군대가 새로 재편되면 신진 관료로 꾸려진 위원회 아래 과도 체제에 힘을 실어줄 수 있을 거라고 여겼다. 모부투는 물밑에서 조용히 몇몇 합의를 조율했다. 그는 카사부부의 선언이 일시적인 것이고 확정적인 것이 아님을 시사했다. 아마 그는 루뭄바를 포위해 손발을 묶으려던 카사부부와 함마르셸드의 방침을 따랐던 것 같다. 모부투는 9월 19일 인터뷰에서 "케타니는 내 군사적 조언자이자 가장 친한 친구"라며 "그는 카사부부를 만나도록 주선해 주길 바랐지만 나는 거기에 동의하지 않았다"고 말했다. "나는 카사부부의 편을 들 수 없었다. 그렇게 되면 군인으로서 나의 명예는 어디로 가겠느냐"는 게 이유였다.[8] 팀버레이크는 워싱턴에 케타니가 모부투에게 미치는 영향을 우려하는 보고를 거듭 올렸다.[9]

9월 29일 카사부부가 '집행위원회'를 정식 출범시킨 후 모부투는 카사부부의 힘을 빼는 것이 그다음 급선무임을 드러냈다. 카사부부는 파벌 싸움의 당사자가 아니라, 상징적 존재로 루뭄바와 일레오가 정쟁을 벌이게 될 제도를 그저 관장해야 했다. 모부투가 혼란스러워 한 것은 놀랍지 않다. 정치에 처음 발을 들였을 때 부정적인 측면을 보였을지도 모르지만, 모부투의 행동은 학자들이 깨달은 것보다 더 건설적인 의미가 있었다.

다음 달에 벌어질 소동은 이런 해석을 뒷받침한다. 서방에서는 루뭄바가 콩고국군에 갖고 있는 영향력에 힘입어 권력을 지킬 수 있을 거라 생각했기 때문에, 모부투가 루뭄바를 돕거나 아니면 모부투가 루뭄바와 카사부부 사이에서 어느 편도 들지 않을 거라고 믿었다. 벨기에나 워싱턴 국무부의 고위 관료들은 앞 다퉈 모부투를 분석하고 그의 정치 성향을 파악하려 애썼다. 팀버레이크의 평가를 비롯해 모부투에 대한 모순된 평가들이 대서양을 사이에 두고 이리저리 날아다녔다.[10]

결국은 총과 실탄을 가진 세력이 가장 강력한 중재자로 부상했다. 모부투의 명령이 레오폴드빌에 있던 병력 3천 명에게는 통했다. 하지만 모부투도 콩고군국 전체를 통솔하지는 못했다. 게다가 그는 정치인들의 권한을 완전히 해제하지도 않았다. 3주 넘도록 카사부부와 루뭄바를 화해시키려는 시도가 이어졌다. 장 다비드를 통해 유엔이 두 사람과 협상을 벌였다. 다얄도 몇 차례 비슷한 시도를 했다. 케타니는 모부투가 루뭄바와 카사부부의 타협을 이끌어 내도록 유도했다. 카사부부도 루뭄바가 반드시 총리를 관둬야 한다고 마음을 정한 것은 아니었다. 이런 다양한 노력 끝에 화해가 거의 이뤄지는 듯했다. 하지만 마지막 순간 카사부부는 루뭄바와 도출한 합의안에서 발을 빼 버렸다. 미국과 벨기에의 압박을 견뎌 내지 못한 것으로 보인다.[11] 모부투는 다른 배역을 맡은 이들과 마찬가지로 문제는 거의 밝히지 못한 채 카프카적인 드라마에 뛰어들었다.

난장판

서방 외교관들은 사태를 저질러 놓고 책임을 회피했다. 그러자 콩고의 정치판은 아프리카 정치인들이 저마다 쏟아내는 말과 행동이 난무했다. 그들이 무엇을 말하든 그때는 옳은 듯 보였다. 하지만 바로 다음 스스로 자기가 한 말을 무시했다. 하루는 협박하고 다음 날에는 비굴하게 사과했다. 또 어떤 일을 요구했다가 얼마 안되어 철회하기도 했다. 이런 일련의 언행에 외국 외교관들은 당황하지 않을 수 없었다. 콩고인들은 그런 혼란을 의도했는지도 모르지만 그들은 서로에게도 자주 이런 식으로 행동했다. 그들은 연거푸 타협했다가 다시 정적의 권한을 가로챘고, 환영하는 듯 굴다가 퇴짜를 놨다. 심지어 화해하고 협의하는 과정에도 체포와 그에 맞서는 체포가 난무했다. 콩고 정치인들은 거의 모든 사람이 만족할 만한 수준의 금전적 약속을 원했다. 사태가 감당할 수 없는 수준에 이르렀을 때 아프리카 방식은 서방 군 당국을 골치 아프게 만들었다. 아프리카 병사들은 원정에 나가서도 잘 싸우려 하지 않았다. 무장 세력은 총을 들기 전에 먼저 상황을 보고 일이 어떻게 전개될지 가늠한 다음 어제의 적들과 협상을 벌였다. 때때로 협상이 결렬되면 몇몇이 폭력의 여파로 목숨을 잃거나 병사들이 무리지어 무차별 살육을 저지르기도 했다.

말 그대로 '난장판'이라고밖에 볼 수 없는 상황이었다. 콩고의 정치 관행은 계속 타협을 모색했지만 민주적이지 않았다. 정치 공세라는 것도 대개 지리멸렬한 수준이었다. 다얄과 팀버레이크는 콩고의 정치 상황에 대해 "아프리카인들은, 말은 많고 건설적인 일은 거의 하지 않으면서 그 순간 싫은 것은 무엇이든 공격한다"고 보고했다.[12] 콩고 정치의 난맥상은 카사부부가 9월 5일 (루뭄바 해임을 발표하기 위해) 라디오에 나왔을 때도 문제였다. 모부투는 9월 14일 같은 행태를 되풀이했고 그 뒤로도 몇 주 동안 난맥상은 계속되었다.

그렇다면 미국과 벨기에는 어땠을까. 두 나라는 루뭄바가 남는 결과가 되는 애매한 상황에는 전혀 관여하고 싶어 하지 않았고 그런 상황을 막기 위해 온갖 수단을 동원했다. 서방 국가들은 루뭄바와 카사부부의 화해를 무산시키는 데 성공했다. 그러나 미국과 벨기에는 루뭄바와 논의하던 모든 협상에 파투를 놓을 수 있었을지 몰라도 동시에 루뭄바 없이는 어떤 협상도 이끌어 낼 수는 없었다. 모부투가 칙령을 내놓고 몇 주가 흘러 10월이 되었을 때, 자신들이 곤경에 처했다는 걸 알게 된 미국과 벨기에는 모부투 쪽으로 기울기 시작했다. 서방 국가들이 익히 알고 있는 그런 군 주도의 독재정권을 영구적으로 관리할 사람으로 모부투가 낙점된 것이다.

모부투가 있다면 유럽과 미국은 헌법을 빌리지 않고 루뭄바를 군사적으로 처리할 수 있었다. 외세는 루뭄바를 제거하기 위한 방식으로 대화가 아니라 혼란한 콩고 정국을 더 부채질했다. 이 길고도 더딘 서방의 학습 과정에는 온갖 방해물이 넘쳐났다. 모부투는 불안정함을 드러냈고 설전과 전투가 계속되었다. 하지만 그 사이 서방, 특히 미국은 아프리카의 난장판에 질려 버렸다.

래리 데블린과 루이 마를리에

1960년 9월 모부투는 일레오 내각이 곧바로 출범할 수 없을 거라 예측하고 집행위원회를 꾸렸다. 콩고는 루뭄바와 카사부부가 갈등을 해결할 때까지 행정 조직이 필요했다. 그러나 루뭄바와 루뭄바의 사람들은 모부투를 과소평가했다. 카사부부는 일레오 체제가 아무런 진전을 보지 못하자 자신이 보유한 형식적 지위를 동원해 모부투를 지원했다. 루뭄바와 모부투는 점점 소원해졌다. 하지만 루뭄바의 지나친 자신감과 카사부부의 고집만으로 그렇게 된 것은 아니었다.

래리 데블린은 애초부터 모부투와 거의 접점이 없었다. 하지만 그는 평소 콩고 정치인들과 친분을 발판으로 벨기에보다 미국을 기대하는 정치인들을 세력화하는 작업부터 시작했다. 데블린은 루뭄바와 껄끄럽다고 느낄 만한 상황에 있거나 루뭄바와 사이가 불편해지도록 유도할 수 있는 사람들의 환심을 샀다. 이들은 촘베와 달리 벨기에와 긴밀하게 협조하는 것을 꺼리면서도 느슨하게 통일된 콩고를 원했다. 심지어 카사부부도 그런 결과에 반대하지 않았다. 이들은 루뭄바가 이긴다면 그 누구도 앞으로 기회를 잡을 수 없을 거라고 느끼고 있었다. 그래서 그렇게 모두들 루뭄바의 정치 생명을 끊고 싶어 했는지도 모른다.

하지만 9월에 CIA가 모부투에 미친 영향력은 다소 과대평가된 면이 있다.[13] 데블린은 9월 14일의 일에 대해 자화자찬을 늘어놨다. 데블린이 자주 반복하던 얘기를 보면, 모부투는 미국의 지지가 있어야만 루뭄바를 무력화할 거라는 거였다. 또 데블린은 목숨을 걸고 새 군사정권에 대한 미국의 승인을 받아주겠다고 (모부투에게) 약속했다고 했다.[14] 그러나 데블린은 그런 약속을 이행할 위치에 있지도 않았고 워싱턴에 있는 누구도 모부투의 생각을 제대로 알지 못했다. 심지어 콩고국군이 온전히 모부투의 통제 아래에 있는지도 분명하지 않았다. 당시 증거들은 데블린이 자신의 역량을 과장했다는 걸 알려주고 있다. 그는 9월 14일 이전에 모부투를 만나기는 했다. 모부투는 데블린에게 자금 지원을 요청했고 루뭄바에 적대적인 감정을 자주 드러내면서도 군은 정치에 관여해서는 안 된다고 여러 차례 강조했다. 9월 21일 데블린은 모부투에게 로비를 하면서도 워싱턴에 보낸 전문에 "모부투는 딴 데 정신이 팔린 사람 같다"고 적었다. 한 주 뒤 그는 힘이 빠지고 있는 모부투에 대해 우려했다. 데블린은 또 "모부투에게 섣부른 군사행동을 벌이지 말라고 설득했다"고 주장했다. 군사행동이 실패할 수 있고 나아가 콩고에 합법적인 정부가 세워져야 한다는 논리를 흐릴 수 있다는 이유였다. CIA가 NSC에 보고한 대로 모부투의 행동을 둘러싸고 혼란이 일었다.[15] CIA는 데블린이 언급한 것처럼 모부투를 통제하지 않았다. 1960년 늦여름에서 초가을 사이 일어난 일에서 모부투는 거의 권한이 없었고 그나마 모순되는 모습을 보였다. CIA가 모부투에게 달러를 주고 살 수 있는 용병을 지원하기 시작했는데도 유엔은 9월 초 레오폴드빌에 있는 콩고국군의 월급을 대고 있었다.[16]

더욱이 벨기에는 카사부부에 집중하면서도 모부투를 케타니나 데블린 쪽으로 넘어가도록 보고만 있지 않았다. 벨기에에게는 루이 마를리에라는 자산이 있었다. 마를리에는 공안군(콩고국군의 전신)의 전 참모총장으로 레오폴드빌과 브뤼셀의 외교 관계가 파탄이 난 뒤 브라자빌에 남아 있었다. 마를리에와 모부투는 공안군 본부에서 함께 근무하던 시절부터 절친했고 가족 간에도 서로 얽혀 있었다. 마를리에는 모부투의 장남의 후견인이기도 했다. 8월 말 모부투는 마를리에한테 군으로 돌아와 달라고 요청했다.[17] 마를리에는 유엔과 모부투의 사이를 멀어지게 만들려고 했다. 모부투는 사태 초기에 유엔과 케타니가 콩고국군의 역량을 높여 줄 거라고 믿었다. 하지만 이후 유엔이 콩고국군을 해체시키고 싶어 하는지도 모른다고 생각하게 되었다. 다얄의 눈에 콩고국군은 그저 오합지졸일 뿐이었다. 그러자 마를리에는 교관과 군수물자를 준비시켰다. 마를리에는 콩고국군을 케타니가 아니라 벨기에에 의존하는 예측 가능한 도구로 만들기 위해 모부투의 야심을 계속 부추겼다. 마를리에가 모부투에게 미친 영향이 얼마나 되는지 정확히 가늠할 수는 없지만 그는 브뤼셀에 모부투의 불확실성을 알려주었다. 그는 데블린보다는 확실히 모부투와 더 가까웠다.

시간이 흐르면서 데블린은 모부투의 신임을 얻어 갔다. CIA는 수많은 아프리카 지도자들에게 돈을 댔지만, 모부투는 데블린이 표현한 것처럼 미국의 '1순위 연줄'이 되었다. 데블린은 모부투의 집행위원회를 점점 더 많이 도왔고, 다양한 집행위원들이 CIA의 후원을 받았다. 데블린은 그들에게 '조언과 지도'를 해주었고 그들은 집행위원회의 계획과 목표에 관한 정보를 가져다주었다. 이들의 수장이 전 루뭄바 내각의 외교부 장관이었던 쥐스탱 봄보코였다. 그는 카사부부가 루뭄바를 해임할 때 (합법성을 확보하기 위해) 서면 동의서에 서명해 주었고 집행위원회 위원장으로 지명되었다. 데블린은 차기 총리로 지명된 일레오가 수리테의 새 수장으로 임명한 빅토르 넨다카도 이용했다. 넨다카는 1960년 1~2

월에 진행된 원탁협상 후 벨기에와 미국에 루뭄바에 관한 정보를 넘겨 주었다. 그 무렵 브뤼셀은 루뭄바가 소련과 통하고 있다는 추측으로 미쳐 가고 있던 때였다. 3월 데블린은 브뤼셀에서 넨다카에게 맛있는 술과 음식을 대접했다. 넨다카는 몇 시간 동안이나 루뭄바를 헐뜯었다. 데블린은 넨다카를 두고 "술수가 뛰어나고 의뭉스러우며 표현력이 좋지만, 결코 진실한 사람은 아니다"라고 평했다. 넨다카가 레오폴드빌에서 CIA 사람이 된 후 데블린은 그를 '대단한 협력자'라고 말했다. 봄보코와 넨다카는 실제로 그의 '핵심 협력자'였다.[18)]

이들은 모두 친미 성향을 보였다. 이 때문에 워싱턴은 이들에게 '콩고의 냉전'을 막는 것과 다름없이 긴장을 완화하는 역할을 한다는 의미로 '온건파'라고 불렀다. 모부투는 서방 정보기관으로부터 전폭적인 재정 지원과 조언을 받기에 이르자, 카사부부와 손을 잡고 '변절자' 루뭄바와 권력을 공유하는 것에 전혀 관심이 없어졌다. 모부투가 소련을 몰아냈기 때문에 레오폴드빌에서 반서방 세력이 모부투에 맞설 가능성은 거의 없었다.

루뭄바 체포하기?

모부투가 애매한 태도를 취하는 사이, 알려지지 않은 다수의 벨기에인들이 헌법을 이용해 루뭄바를 몰아내려고 시도하던 카사부부를 도왔다. 카사부부의 반루뭄바 원칙은 불명확했지만 모부투보다는 훨씬 확고했다. 그럼에도 카사부부는 너무 게을러 신뢰할 수 없다는 점이 문제였다. 벨기에는 카사부부에게 루뭄바를 감옥에 보낼 수 있는 방법을 알려주었다. 루뭄바에게는 의원으로서 기본법이 보장한 최고 면책특권이 있었다. 하지만 카사부부는 루뭄바가 반역자라는 이유로 그 면책특권의 자격이 없다고 주장할 수 있었다. 루뭄바는 파면된 후에도 후임자에게 권력을 이양하는 데 협조하지 않았고 자신이 가진 권리에 기대어 끝까지 버텼다. 실제 9월 초 일련의 사건이 벌어졌을 때 루뭄바는 카사부부가 대통령 자리에서 물러났다고 선언하기까지 했다.

8월 말 루뭄바는 정적을 향해 압박 수위를 더 높이기 시작했고 서방 외교관들은 이런 시도를 비난했다. 이제 그들은 루뭄바의 정적들에게 똑같은 전술을 쓰라고 압박했다. 카사부부는 루뭄바가 해임된 지 한 주 후인 9월 12일 그를 체포하려 시도했다. 이때는 아직 모부투가 개입하기 전이었다. 루뭄바가 콩고국군 초대 사령관으로 임명한 룬둘라 장군이 이 시도를 좌절시키자 벨기에의 조언을 들은 카사부부는 룬둘라를 해임했다. (의회와 정부를 무력화한다는) 모부투의 선언이 발표된 다음날인 9월 15일, 루뭄바에게 적대적인 발루바족 군인들이 모부투의 사무실을 찾은 루뭄바를 공격했을 때,* 가나가 보낸 유엔군이 이를 막았다. 그럼에도 불구하고 정치적 인질극 1라운드는 서로 상대의 힘을 빼려는 정치인들과 군부 인사들에 의해 이제 겨우 토너먼트가 시작된 상황이었다. 누군가 감금되면 영장을 막을 권리가 있던 유엔이 나서 상황을 해제시켰다. 이 역시 난장판의 한 예였다.

9월 말 사법적 권한을 동원해 루뭄바를 잡으려는 시도가 있었지만 유엔은 모부투, 카사부부, 루뭄바를 보호했다. 이 셋 가운데 한 명은 나

---

* 루뭄바는 8월 말 군대를 이끌고 분리주의자들을 진압하는 과정에서 발루바족을 학살했다.

머지 두 명이 뭘 할지 모른다고 초조해했다. 9월 23일 루뭄바 내각의 부총리였던 앙투완 기젠가와 청년체육부 장관 모리스 음폴로*가 체포되어 카탕가로 이송될 예정이었다. 하지만 이튿날 유엔의 압력으로 모부투는 루뭄바 사람들을 풀어 주었다. 벨기에 수리테 요원 앙드레 라하예가 "모든 것이 총체적인 화해로 끝날까봐 염려된다"는 전문을 브뤼셀로 보냈다. 이어 "케타니와 다얄이 모부투에게 압도적인 영향력을 행사하고 있는 것이 틀림없다"는 메시지가 뒤따랐다. 팀버레이크도 워싱턴에 같은 우려를 전달했다. 9월 말 벨기에 특사는 "태도가 불분명한 모부투는 군부 내 또 다른 세력이 자신을 제거하지 않을까 두려워한다"고 보고했다. 10월 4일 모부투는 루뭄바를 체포하지 않으면 사임하겠다는 집행위원회의 압박에도 불구하고 체포 명령 집행을 거부했다.[19)]

모부투는 여전히 군을 완전히 장악하지 못했고 유엔은 콩고의 군대를 제대로 훈련시킬 생각이 없다는 걸 알게 되었다. 실제 다얄은 콩고국군이 해체되길 바랐다. 카사부부와 모부투는 유엔의 속내를 잘못 짚었다. 유엔은 이제 루뭄바가 아닌 다른 사람과의 짧은 협력 관계를 끝내려 했다. 동시에 모부투는 CIA로부터 돈을 받았고 데블린은 그의 귀에 대고 루뭄바가 사라져야 콩고 정부가 안정될 수 있다고 끊임없이 속삭였다. 더 중요한 대목은 모부투가 벨기에로부터 군대를 강화하기 위한 도움을 약속받았다는 사실이다.

* MNC의 일원이던 음폴로는 루뭄바 정부의 핵심 인물로 모부투에 맞섰고, 1961년 카탕가에서 루뭄바와 함께 처형되는 운명을 맞게 된다.

갈팡질팡하는 유엔

흐루쇼프가 유엔총회 개막식에 참석하기 위해 9월 19일 뉴욕에 도착한다. 소련은 유엔이 서방 진영에 치우쳐 있다고 비난하고 나섰다. 9월 23일 악명 높은 연설에서 흐루쇼프는 함마르셸드에게 고함을 지르고 새 지도부를 요구했다. 흐루쇼프는 조금도 물러서려고 하지 않았고 막 나가는 태도로 외교적 예의의 한계를 한참이나 넘어갔다.

소련이 함마르셸드의 정직성을 맹렬하게 공격한 것은 유엔에서 급격히 세를 키워 온 많은 아프리카·아시아 국가들의 미묘한 압력과 합쳐졌다. 이들 나라는 유엔이 공명정대한 정책의 확실한 보증인이어야 한다고 믿었다. 그리고 함마르셸드가 루뭄바를 해임시키는 과정에 부적절하게 처신했다고 확신했다. 함마르셸드는 미국에 숨은 협력자들을 둔 유럽 제국주의자들의 목소리에 귀 기울였다. 아예 아프리카와 아시아 국가들이 함마르셸드가 콩고에서 선출된 정부를 해체하는 일을 주도했다는 걸 알았다면 다르게 반응했을지도 모른다. 그러나 최종 판단에서 이 국가들은 소련보다 유럽, 미국, 유엔을 우선에 두는 선택을 했다.

함마르셸드는 여전히 자기기만적이었다. 동시에 그는 자신의 형편없는 수완을 자각하고 있었다. 그는 방향을 바꿨다. 이제는 루뭄바를 소생시키고 벨기에를 압박해야 했다. 사실 함마르셸드는 이미 유엔을 독자적으로 이끌 수 있다는 자신감을 내려놓았다. 그리고 이제는 다양한 세력의 요구에 흔들려 위태로운 단체의 대표 역할을 하고 있었다. 그는 9월 26일 유엔총회에서 이렇게 말했다. "어떤 단어를 쓰든 독립, 공정, 객관성은 모두 예외 없이 유엔 사무총장이 갖추어야 할 태도의 핵심적인 요소들이다. 유엔 사무총장이 타협한다면 특정한 정치적 목적을 더 쉽게 이룰 수 있는 이들에게는 이런 태도가 언제든 장애물이 되고 말 것이다."[20]

벨기에와 미국에게는 분명한 정치적 목적이 있었다. 그러나 벨기에는 유엔에 거의 영향력이 없었다. 반면 미국은 초기 콩고 주재 대사관에서 나서기를 망설이던 때가 지난 후 일레오를 지지하고 나섰다. 9월 26일 뉴욕에서 함마르셸드가 '공정성'을 외치던 그날, 크리스천 허터 국무부 장관은 함마르셸드에게 루뭄바를 투옥시키는 문제를 얘기했다. 국무부의 법률 부서는 루뭄바 내각은 자신들이 임시 내각으로 인정받아야 한다고 주장할 만하다고 판단했다. 또 국무부의 변호사들은 루뭄바가 면책특권으로 보호되어야 한다고 생각했다. 허터가 이 법률 의견을 듣지 못했을지도 모르지만, 어쨌든 그는 루뭄바를 체포해야 한다고 주장했다. 허터는 유엔이 루뭄바를 감옥에 집어넣으려는 정치인들의 편에 서야 한다고 주장했다. 함마르셸드는 정확히 "모부투를 비롯한 많은 콩고인들은 자국의 최고 거물을 체포하는 걸 원하지 않는다"고 답했다. 그러면서도 그는 명백한 거짓이 아니라면 문제를 회피하는 쪽을 택했다. 함마르셸드는 "나와 다얄은 루뭄바가 위험한 인물이라는 생각에 공감했다"고 말했다. 그리고 루뭄바를 체포하지 못한 책임을, 적법한 영장을 받아내지 못한 콩고의 정치인들 탓으로 돌렸다. 다얄은 한동안 이런 기조에 맞춰 일을 진행했다. 다얄은 확고하게 영장을 존중했지만 콩고 정치인들은 어떤 유효한 것도 내놓지 못했다.[21] 유엔 관료들이 불법적인 정부가 효력 없는 영장을 발부했다고 주장했기 때문에 그 정부는 제대로 된 영장을 만들어 낼 수 없었다.

함마르셸드는 곧 다른 이유를 찾아냈다. 그는 루뭄바의 구속을 허가할 수 없었다고 말했다. 콩고의 어두운 정치 현실에서 자신이 총리여야 한다는 루뭄바의 주장은 다른 사람들의 주장 못지않게 타당하다는 논리였다. 함마르셸드는 벨기에의 헌법으로 콩고 헌법을 해석해서는 안 된다고 주장했다. 일레오를 곧바로 총리로 만들어 준 것이 벨기에식 해석이었다. 함마르셸드는 또 콩고는 좀 더 보편적인 유럽식 입헌주의를 채택한 경우여서 루뭄바는 일레오가 이어받을 때까지 물러날 정부의 수반 자리를 유지한다는 해석을 제시했다.[22)]

이런 해석은 충분치 못했다. 유엔은 이미 콩고에 너무 깊이 개입했다. 함마르셸드는 줄곧 루뭄바가 유엔에 순종적이길 원했다. 그러나 이제 함마르셸드는 미국 관료들에게, 유엔은 원칙에 따라 행동해야 한다고 여러 차례 말하고 있었다. 이 원칙이 전에는 카사부부를 도왔고 이제는 루뭄바를 도울 차례였다. 함마르셸드는 내정 개입 불가 원칙에 따라 유엔군이 루뭄바의 체포를 막고 있다고 말했다. 그는 미국에 대고 "나는 특정한 사람이나 성향을 선택할 수 없고 객관적인 태도를 취해야 한다"고 말했다. 함마르셸드는 기록상 깨끗해야 했다. 그는 특히 "유엔은 어떤 외부의 영향력도 허용해서는 안 된다"고 역설했다. 그는 여러 미국 관료들에게 "유엔과 미국은 다른 철학에 따라 움직인다"고 말했다. 실은 유엔은 정책을 다시 검토해 이제는 루뭄바를 위한 정치적 공간이 생기길 원했다. 미국은 편파적이던 함마르셸드가 잠시 '공정성' 뒤에 몸을 피했다며 경멸 어린 시선을 보냈다.[23)]

9월 말이 되자 유엔은 루뭄바를 끌어내리는 일이 아니라 루뭄바의 적법성을 확보하는 일을 하고 있었다. 코디어가 해놓은 일은 함마르셸드에게 두려움을 주었고 다얄은 기꺼이 정책을 바꿔 루뭄바의 권리를 찾아주는 핵심 관리인으로 변신했다. '사실상의' 콩고 통치자 또는 레오폴드빌을 '사실상' 통치하고 있는 자와 유엔의 관계는 좋지 않았다. 8월 내내 루뭄바는 번치와 함마르셸드, 코디어를 비난하기만 했다. 잠깐 동안의 밀월 이후 모부투와 카사부부 또한 유엔이 비난을 일삼는 기구라는 것을 알게 되었다. 이 두 사람은 다얄과 다퉜다. 다얄은 집행위원들이 무책임한 무법자라는 걸 들춰낸 데 이어 이들을 "아마추어 풋내기들이 모인 쓸모없는 집단"이라고 비웃었다. 모부투에게는 "소심한 약골"이라고 했다.[24] 비록 콩고의 지도자들이 유엔에게 콩고를 떠나라고 하지는 않았지만, 이들은 유엔 특사가 콩고 정부를 무시하고 있고 반대한다고 믿었다. 다얄에 대한 이들의 평가는 둘 다 맞는 말이었다.

조여 오는 올가미

10월 9일 '전직' 총리 루뭄바는 집을 나와 레오폴드빌 시테에서 자신의 주장을 역설하기 위한 캠페인에 나섰다. 그는 다시 레오폴드빌의 맥줏집 작은 무대 위에 올라 나라를 움직이기 위해 목소리를 높였다. 바로 다음 날 모부투는 반루뭄바 진영에 가세했음을 분명히 하는 움직임을 보였다. 그가 통솔하던 티스빌에서 온 군인 200명이 유엔이 지키고 있는 루뭄바의 집 주변에 모습을 드러냈다. 모부투는 루뭄바를 체포하라고 명령하고 유엔군과 싸울 태세였지만 모부투의 군대는 퇴각해 버렸다.

뒤죽박죽인 상황을 보여 주는 또 다른 예가 있다. 모부투의 콩고국군은 전투를 두려워했다. 나중에 모부투는 (콩고국군에게) 일어난 일이 카사부부 때문이라고 탓했다. 콩고국군은 "루뭄바를 체포하려 한 것이 아니라 가택연금하려 했을 뿐"이라고 밝혔다. 마를리에는 모부투가 루뭄바를 체포하는 결단을 보여 주기만 한다면 벨기에는 콩고국군을 위해 사관생도를 훈련시켜 주겠다고 약속하면서 끝없이 부추겼다. 그렇게 되면 모부투는 유엔의 도움 없이도 군대를 키울 수 있었다. 10월로 접어들 무렵 모부투가 루뭄바 체포를 시도하기 전 이미 마를리에는 브뤼셀을 향해 "모부투는 때를 놓쳤다. 그는 지금 절망해 신경쇠약 직전"이라고 투덜댔다. 체포 시도가 무산된 뒤 마를리에는 "이제 모부투는 본인이 무장해제 당할 위험에 처했다"고 썼다.[25)]

헌법의 테두리 안에서 타협을 보는 일은 일어나지 않을 거라는 전망이 더 확실해졌다. 모부투는 반루뭄바 장치의 한 톱니였다. 루뭄바를 비방하는 세력은 함마르셸드를 더욱 압박해 갔다. 콩고국군은 루뭄바의 집을 보호하고 있는 유엔군을 느슨하게 에워쌌다. 아직 숨이 막힐 만한 정도는 아니었지만 올가미는 점점 조여들고 있었다. 콩고국군은 루뭄바의 가족과 참모들을 괴롭혔다. 루뭄바는 감옥에 갇힌 것 이상으로 자신의 세가 줄고 있음을 목도했다. 더 중요한 것은 10월 10일의 언쟁으로 함마르셸드가 태도를 다시 바꾸게 되었다는 점이다. 다얄은 카사부부와 모부투, 서방의 외교관들이 루뭄바를 구속하라고 압박하고 있음에도 공식적으로 유엔은 루뭄바를 적어도 자택 안에서는 보호할 거라는 태도를 보였다. 만약 루뭄바가 집 밖을 나선다면 신병을 적들에게 넘겨줄 수 있다는 뜻이었다.[26)] 함마르셸드가 루뭄바를 싫어한다는 점은 명백했다. 그럼에도 그는 서방 외교관들에게 콩고에는 법에 근거를 둔 정부가 세워져야 한다고 말했다. 루뭄바를 정상 궤도에서 끌어내야 했지만 어느 정도 준합법적인 방식으로 할 수밖에 없었다.[27)]

사실상의 정부가 윤곽을 드러냈지만 서방 세력은 함마르셸드의 요구에 맞출 수 없었다. 카사부부는 '무력화되지 않는' 실권을 가진 수반이었다. 그는 벨기에 참모들, 집행위원회의 청년들, 정치적 이득을 노리며 기생하는 의회 출신 인사들과 유엔 직원이 뒤섞인 이상한 행정 조직을 거느리고 있었다. 새로 중요한 자리를 맡은 이는 봄보코였다. 그는 집행위원회 위원장이자 외교 담당 대변인으로 임명되었다. 모부투가 진짜 수수께끼였다. 그는 그저 새 정부에 필요한 병력을 지원했다. 그러나 점차 서방의 신임을 받은 주요 구심점으로, 루뭄바의 냉정한 적수로 자리매김해 나갔다.

11월 21일, 군부 내 카사부부의 핵심 지지자였던 레오폴드빌 주둔군 사령관 쥐스탱 코콜로가 콩고국군과 튀니지 국적 유엔군 사이에 벌어진 심각한 교전 중에 사망하고 말았다. 코콜로는 병사 3천 명을 통솔하고 있었다. 기반을 잃게 된 카사부부는 모부투에게 더 의존할 수밖에 없었다. 모부투라는 별이 떠오르자, 다얄은 서방의 모부투 지지자들을 조롱하는 것 못지않게 모부투를 신랄하게 비웃었다. 그는 함마르셸드에게 이런 편지를 썼다.

"국고는 텅 비었고 이름에 걸맞은 정부도 없다. 실업률은 계속 오르고 있고 사법부도 치안판사도, 세금을 걷는 일도 없다. 제대로 돌아가는 학교도 없고 어디든 모든 것이 부족하다. 여기 지도자들에게 재앙적 상황이 올 수 있다고 주의하라고 끊임없이 호소했다. 하지만 그들이 정당 간 갈등과 사적 이익을 두고 다투는 씁쓸한 상황에서 벗어나 이런 시급한 문제에 관심을 갖게 하는 데 실패했다. 정치투쟁은 어떤 논리나 각성도 없이 완전히 무모하게 진행되고 있다. 만약 이걸 이른바 정쟁이라고 부를 수 있다면 말이다. 그 사이 콩고는 분열과 혼란의 길로 미친 듯이 질주하고 있다."[28]

벨기에와 미국은 루뭄바가 가진 능력을 한탄했고 저마다 따로 노는 반루뭄바 인사들을 폄하했다. 그럼에도 서방의 지원으로 레오폴드빌의 군사정부는 더 힘을 키웠다. 하지만 이런 지원에도 카사부부와 그의 세력은 강해지지도 못했고 유엔과 많은 아프리카·아시아 국가, 심지어 콩고의 정치권에게도 인정받을 만한 수준이 되지 못했다. 콩고의 공무원들 스스로도 "우리의 어떤 지도자는 백인들에게 뇌물을 받고 있다"고 한 것은 안타까운 일이다. 주고받은 뇌물은 문제가 원만히 해결되려 할 때 모든 내부 갈등의 원인이 되었다.[29]

과연 루뭄바는 소심한 반대 세력과 모순적인 유엔에 맞서 다시 일어설 수 있을까? 10월 내내, 그리고 11월까지 미국과 벨기에의 관료들은 루뭄바가 정부로 돌아올 가능성을 두고 내내 궁리하면서 발에 땀이 나도록 뛰었다. 카사부부와 더불어 모부투도 일레오 정부를 승인하기 위해 의회를 동원하는 걸 원치 않았다. 카사부부와 모부투는 그렇게 멍청하지 않았다.

의원들은 여전히 루뭄바를 동경했고 콩고 국민들은 선택할 권리를 가지고 있는 한 루뭄바를 선택했다. 당연히 서방의 민주주의 국가들도 (선거를 다시 치러) 의회를 새로 구성하는 일과 관련된 어떤 일도 하고 싶어 하지 않았다. 모부투가 흔들리는 조짐을 보일 때마다 이들은 모든 기회를 이용해 모부투와 카사부부에게 힘을 실어 주려 했다. 듣기 좋은 말과 달러로 말이다. 그리고 모부투는 거의 하루하루가 불안했다.

08

루뭄바에 맞선 아프리카 정치인들

루뭄바 살해는 오히려 루뭄바에게 월계관을 씌웠다. 그런 일이 없었더라면 씌워지지 않았을 월계관이다. 만약 루뭄바가 오래 살았더라면 역사는 그를 그렇게 대단한 인물로 기억하지 않았을 것 같다. 사실 20세기에 잠시라도 권력을 휘두른 아프리카 정치인 가운데 부패와 신식민주의 논란, 전쟁광이라는 오명, 무능하다는 딱지에서 자유로운 인물은 거의 없다. 루뭄바가 살아남았다면 모부투처럼 평가되었을까? 루뭄바는 살아 쟁취하지 못한 승리를 죽음으로 얻었고 아프리카를 위한 개척자가 되었다. 하지만 1960년에는 많은 아프리카인들이 루뭄바에 반대했다. 루뭄바를 반대하는 이유는 엇갈렸고 정치력도 제각각이었다.

백인들이 요구한 대로 아프리카인들이 움직였다는 제국주의 사고를 받아들이지 않는 한, 우리는 루뭄바의 적들이 어떻게 움직였는지 들여다봐야 한다. 루뭄바에 강경하게 맞선 이들은 아프리카 대륙에도, 콩고 안에도 있었다. 이들의 내면에는 서로 간에 또는 유럽과 전쟁을 벌이는 위험에서 벗어날 수 있는, 아프리카를 위한 길을 찾아야 한다는 인식이 있었다. 이들은 한편으로는 서구식 통치 개념을 갖고 있지 않으면서도 또 다른 한편으로 자신들이 추구한 길을 닦는 데 도움을 받으려고 서방에 기댔다.

루뭄바의 친구와 적들

루뭄바가 내각을 꾸렸을 때, 비동맹 노선의 아프리카인들과 비서구권의 많은 사람들이 환호했다. 두 차례의 투옥으로 루뭄바는 진정한 반제국주의자라는 명성을 얻었다. 게다가 그는 우아함과 지성 그리고 재능까지 겸비하고 있었다. 이런 면모를 가장 간명하게 보여 준 예는, 루뭄바가 내각을 소개하면서 "…… 그리고 총리는 당신의 종, 루뭄바입니다"라고 끝맺었을 때였다. 좌파 진영에서 루뭄바의 친구로는 가말 압델 나세르 아랍연합공화국 대통령, 콰메 은크루마 가나 대통령, 세쿠 투레 기니 대통령이 있었다. 루뭄바에 다소 비판적이었을지 몰라도, 자와할랄 네루 인도 총리와 튀니지의 마나지 살리몬은 세계가 유럽의 '제국'과 결별하는 데 대변인 역할을 떠맡던 루뭄바를 자랑스러워했다.

흑인들 사이에서 루뭄바의 적은 좀 복잡하다. 미국으로 갔던 노예들이 세운 라이베리아의 흑인들은 전투적이고 좀체 굽히지 않는 루뭄바의 정치에 대한 일종의 무조건 반사로 미국에 줄을 섰다. 나이지리아와 시에라리온도 라이베리아에 가세했다. 1960년 8월 프랑스령 콩고를 넘겨받은 브라자빌콩고의 퓔베르 율루는 벨기에인들과 콩고 국내 루뭄바의 적들에게 피난처를 마련해 주었다. 율루만 그런 입장을 보인 것이 아니다. 전 프랑스령 서아프리카(French West Africa)* 출신 '브라자빌 그룹'은 아프리카는 더 이상 서방의 보호나 감독이 필요 없다는 루뭄바의 견해와 거리를 두었다.

가톨릭 성직자 출신인 율루는 독립 이전 프랑스령 콩고에서 성공한 인물이었다. 율루는 드골이 1958년에 제안한 프랑스-아프리카 공동체**를 수용했다. 그는 프랑스가 선호하는 브라자빌 정치인으로 전면에 나섰다. 프랑스가 식민지를 포기한 뒤 율루가 그저 프랑스의 협력자 역할만 한 것은 아니었다. 프랑스어를 잘하는 다른 많은 아프리카인들처럼 그 역시 드골의 뜻을 거스르려 하지 않았다. 비평가들은 율루와 그의 세력이 식민주의에 굴종한다고 비난했다. 아프리카 정치인들은 유럽 백인들에게 특혜를 주었다. 이들 소수의 아프리카인들은, 자신들은 떳떳하지 못한 부를 누리고 살면서 자신들이 다스리는 국민들은 프랑스의 통치를 받을 때보다 더 못한 삶을 살도록 방치한다는 비판을 받았다. 그러나 율루는 프랑스로부터 일종의 후견을 받지 않고는 프랑스령 콩고를 꾸려 갈 수 없다고 믿었다. 그는 비록 소심하고 비겁한 사람이었지만 식민지 지배를 받은 콩고 국민의 지위를 끌어올리려면 프랑스가 필요하다고 보았다. 그는 프랑스가 브라자빌콩고를 이용하고 싶어 한다고 인식하면서도 한편으로는 자신도 결국 프랑스를 이용하겠다고 마음먹었다.

율루가 카사부부와 연결되면서 또 다른 변수가 추가되었다. 두 사람

---

* 1895년에 성립되어 1958년에 해체된 프랑스의 아프리카 식민지 연방체로서 모리타니, 세네갈, 프랑스령 수단, 프랑스령 기니, 코트디부아르, 오트볼타, 니제르로 이루어져 있었다.

** 정계에 복귀한 드골이 제5공화국 헌법 국민투표와 함께 제안한 프랑스연합을 말한다. 율루가 이끄는 브라자빌콩고, 콩고공화국은 1960년 8월 15일 국민투표에서 프랑스연합에 남는 쪽을 선택했다.

다 바콩고인이었고 (바콩고인이 주축이 되는) 독립 콩고국의 부활을 원했다. 6월 30일 이전에 카사부부는 콩고연합을 구상하던 분리주의 입장을 포기했지만 그의 지지자들은 여전히 콩고의 자치를 희망했다. 율루와 카사부부는 1950년대 후반 툭하면 '집안싸움'을 벌였지만 콩고의 독립이 가까워지자 율루는 카사부부를 (지도자로 밀기) 위한 캠페인에 나섰다. 이어 8월 브라자빌콩고 대통령에 취임한 후에는 루뭄바의 힘을 빼는 일에 힘썼고, 9월 루뭄바가 총리 자리에서 끌어내려진 뒤에는 복귀를 막는 일을 도왔다. 율루는 브라자빌콩고와 레오폴드빌 지역, 그리고 앙골라를 합친 콩고연합을 기대했다. 루뭄바의 처지가 돌이킬 수 없이 어려워진 후 (브라자빌콩고보다) 국력이 큰 레오폴드빌콩고가 아수라장에서 벗어날 것처럼 보이자, 율루는 카사부부와 모부투로부터 지원을 거두어 버렸다. 율루는 무엇보다도 국경을 맞대고 또 다른 강력한 콩고가 존재하는 것을 원하지 않았다.[1)]

새로 만들어진 국가 콩고는 아프리카를 급진화시킬지도 몰랐다. 율루의 관점에서는 이른바 루뭄바가 통치하길 원하는 '국가'라는 것도 제국주의자들이 만들어 낸 것이고 루뭄바도 제국주의자들의 손에 있는 것과 마찬가지였다. 식민지 이전 왕국을 부활시키겠다는 구상은 아프리카에 대한 낭만적 사고와 19세기 후반 이전 아프리카인의 삶에 대한 신화 만들기를 단적으로 보여 준다. 율루는 루뭄바 같은 민족주의자들이 받아들이기 힘든 '독립적인' 아프리카를 원했다. 결국 벨기에령 콩고가 독립해 스스로 정부를 꾸린 뒤에도 율루는 루뭄바를 끌어내리는 것뿐 아니라 유럽이 통치하던 시대 이전의 지역 자치로 돌아가길 원했다.

레오폴드빌의 반대 세력

1960년 루뭄바의 동맹들은 불공평하게도 '좋을 때만 친구'인 사람들이었다. 청년체육부 장관이자 루뭄바 내각의 열렬한 대변자였던 모리스 음폴로나 상원 부의장이었던 조제프 오키토 같은 강경 민족주의자들은 루뭄바와 끝까지 운명을 같이할 사람들이었다. 1956년 콩고의 첫 대학 졸업생이자 유엔 대사를 지낸 토마 칸자는 루뭄바에게 충성하면서도 살아남아 아슬아슬한 줄타기를 했다. 레오폴드빌 주지사 클레오파스 카미타투는 모부투와 카사부부의 압박에도 루뭄바에게 충성을 다했다.[2] 부총리 앙투완 기젠가는 1960년 9월 정치적 격변이 일어나자 루뭄바의 아성인 스탠리빌로 도망가 루뭄바의 민족주의를 고수했다. 기젠가는 이곳에서 그해 말까지 루뭄바를 복권시키기 위해 세력을 끌어 모았다. 기젠가의 노력으로 루뭄바 내각에서 정보장관을 맡았던 아니세 카샤무라가 12월 키부를 장악하기에 이른다.

그 무렵 레오폴드빌에 있던 루뭄바의 적들은 한때는 루뭄바와 가까웠던 사람들이다. 이 중에는 MNC에서 활동했던 이들도 있었고 일부는 1950년대 말부터 1960년 6월까지 짧은 독립 투쟁을 벌이던 시기에 동지들이었다. 심지어 루뭄바 정부 초기에 참여한 사람도 있었다. 대부분 민족주의자라고 주장했지만, 그들은 루뭄바보다 훨씬 조심스럽거나 적어도 루뭄바의 과격하고 혼란스러운 정치에 의문을 품었던 사람들이다. 1960년 9월 무렵 루뭄바가 자신들을 어디로 데려갈지 모른다는 공포가 이들을 뭉치게 했다. 어쩌면 루뭄바가 백인들의 전망대로 콩고를 독재국가의 길로 이끌었을지도 모른다. 정확히는 콩고를 미지의 영역으로 몰아갔을 가능성이 높다. 서방의 재정적 지원을 잃고 어쩔 수 없이 스스로 나라 살림을 꾸려 가야 하는 상황 말이다.

루뭄바의 적으로 돌아선 이들은 콩고는 그럴 능력이 안 된다고 생각했다. 이들은 또 야망이 컸다. 루뭄바라는 큰 산은 그들의 앞길에 걸림돌이 될 수밖에 없었다. 권력을 좇겠다는 야심이 이들을 루뭄바에 대적하게 만들었다. 탐욕스러운 서방 외교는 이런 아프리카인들의 마음을 파고들며 공을 들였고, 루뭄바에게 맞선 이들에 대한 루뭄바의 거친 비난이 사실임을 확인시켜 주었다. 그런데 루뭄바에게는, 그렇지 않았다면 자기편에 남았을 사람들도 쫓아 버리는 결점이 있었다. 그는 다른 정치인들을 멀어지게 하지 않으려 자신 안의 악마와 씨름하곤 했다. 이들이 루뭄바에게 품은 적대감은 사실 원칙이 없었다. 그들은 루뭄바의 재능과 후원을 인정했다. 루뭄바가 좀 누그러지고 자신들에게 실질적인 자리를 보장할 거라는 생각이 들 정도만 되었어도 그들은 루뭄바의 편에 섰을 것이다.

카사부부는 벨기에의 지나친 간섭과 카탕가의 친벨기에 성향을 싫어하던 루뭄바와 생각을 공유했다. 그러나 1960년 늦여름 카사부부가 루뭄바로부터 떨어져 나가면서 소극적인 적이 되었다. 민족주의자이면서 MNC에서 루뭄바를 열렬히 따르던 모부투는 경우가 달랐다. 그는 서구 열강에 의해 갑자기 세상의 주목을 한 몸에 받게 되었다. 서방은 모부투를 제물로 삼았고 루뭄바를 미워하도록 등 뒤에 단 태엽을 세게 감았다. 1960년의 모부투는 경멸보다는 동정을 받을 만했다. 상원의장이었던 조제프 일레오는 MNC에서 루뭄바와 함께하던 인물로 의회에서 반루뭄바 전선에 앞장서는 일말의 용기를 보여 주었다. 그는 일정 시간 총리 지명자인 채로 있었다. 하지만 이후 다음 단계로 넘어가기 위한 중요한 조치를 취하지 않았고, 9월 5일 이후 사실상 권력을 장악하는 데도 이렇다 할 역할을 하지 않았다.

또 다른 두 사람은 비슷하게 중요한 역할을 했고 양심의 가책도 별로 느끼지 않은 이들이다. 우리는 이미 앞에서 에콰퇴르에서 온 쥐스탱 봄보코를 만나 봤다. 루뭄바 밑에서 외교부 장관을 지낸 봄보코는 9월 쿠데타 이후 루뭄바에 맞선 레오폴드빌 세력을 대외에 알리고 옹호하는 대변인이 되었다. 기회주의, 브뤼셀과 깊은 유착이 봄보코를 움직였다. 그는 루뭄바의 이상을 우려한 점에서 카사부부나 모부투와 유사했다. 하지만 봄보코는 처신과 출세에 탁월한 감각이 있었고 전형적인 정치인의 교활한 속성을 갖고 있었다. 말하자면 치열한 권력 게임을 할 줄 알았던 것이다.

사기꾼 빅토르 넨다카는 또 다른 정치적 유형이다. 일레오는 넨다카를 수리테 국장으로 임명했다. 모험심 강한 사업가 넨다카는 30대 중반에 정치에 뛰어들어 1959년부터 1960년 초까지 MNC에서 일했다. 하지만 1960년 5월 총선 전에 루뭄바와 갈라서게 된다. 넨다카는 루뭄바가 공산주의자라고 생각했고, 루뭄바는 넨다카가 MNC를 해친다고 보았다. 넨다카가 이끈 정당은 의석을 얻지 못했다. 독립 정국에서 MNC와 루뭄바가 승리하면서 넨다카는 그늘로 밀려났다. 카사부부가 9월 루뭄바에게 해임을 통보한 후 넨다카는 콩고 경찰의 수장으로 정계에 재빨리 복귀했다. 넨다카가 이끄는 경찰 조직은 벨기에와 미국의 지원을 받아 레오폴드빌에서 비밀경찰까지 거느리며 승승장구했다. 넨다카는 실제로 수완도 좋았다. 다른 이들의 소심함을 이용할 줄 아는 능력과 교활함, 루뭄바에 대한 뚜렷한 적대감은 주목을 받았다.

레오폴드빌의 경쟁자들은 그저 천천히 세력으로 굳어진 사람들일 뿐이다. 그들의 존재가 구체화되었을 때도 뭔가 내놓을 만한 긍정적인 것이 거의 없었다. 한 집단으로서 비록 파괴적인 결과를 만들어 냈지만 이들에게 민주적 정당성을 부여해 줄 지지도는 너무 낮았다.

분리주의자들

루뭄바는 콩고 내부에서 두 종류의 적과 맞닥뜨렸다. 레오폴드빌을 중심으로 한 루뭄바 적대 세력은 어느 정도 콩고 민족주의를 지향했다. 레오폴드빌 바깥의 치명적인 적들은 중앙정부와 거의 끈이 없었다. 이들은 루뭄바가 권력을 잡을까 두려워했다. 루뭄바 정권이 자신들의 출신 부족 공동체를 파괴할지도 모른다고 생각했기 때문이다. 이들은 중앙아프리카의 광활한 땅에서 자신들의 미래를 찾았다. 벨기에가 이곳에 마음대로 그어 놓은 경계를 무효로 만들고 토착 국가를 재건하길 원했다. 민족주의와는 거리가 먼 이런 아프리카인들은 누구 할 것 없이 루뭄바를 증오했던 벨기에와 한솥밥을 먹었다.

오늘날 학자들은 아프리카에서 펼쳐진 상황을 표현할 때 '부족주의'(tribalism)라는 말을 잘 쓰지 않는다. 이 용어가 함축하고 있는 야만적이고 몰역사적인 의미 때문이다. 하지만 완전히 이 말을 배척할 수도 없다. 부족주의는 더 동질적인 사람들을 합쳐 놓거나 덜 동질적인 사람들을 갈라놓는 문화적 관습을 뜻한다. 분명히 벨기에는 일찍부터 다양한 부족들의 특징을 교묘하게 이용해 왔다. 유럽인들은 부족의 동질성과 차이를 이용하여 때로는 부풀리고 고정관념으로 만들었다. 하지만 그렇다고 해서 실제로 존재하는 상황이 그저 허구였다는 의미가 되지는 않는다. 모든 아프리카 지도자들은 독립 후에 시도한 정치적 실험이 서구적 시민의 가치와 지역 공동체에 대한 신의 사이에 자리한 간극 탓에 위태로워지는 것을 목도했다. 루뭄바는 예로부터 내려온 족장의 지위나 자잘한 왕국을 무시했을 뿐 아니라, 콩고의 약점을 지적하면서 그중에 하나가 바로 부족주의라고 규정했다.[3)]

루뭄바보다 고지식하고 부족주의를 고수하던 세력들은 레오폴드빌과 거리를 뒀다. 카탕가와 카사이의 이런 정치 세력을 제대로 들여다보려면 좀 단순화된 형태이긴 하지만 먼저 부족·지역·인종 갈등이라는 난제부터 풀어야 한다.

이볼뤼에들은 루뭄바를 수장으로 1958년에 MNC를 창립했다. 루뭄바는 엄격한 민족주의에 반대한다고 하면서도 "민족주의 성향이 없는 사람은 영혼이 없는 사람"이라고 일갈했다.[4)] 그럼에도 콩고의 뿌리 깊은 분열은 루뭄바를 당황하게 만들었다. 1959년 중반 무렵이 되었을 때 루뭄바의 정당에도 중앙집권화를 둘러싸고 내분이 일었다. 카사이에서 당초 루뭄바는 주도(州都) 룰루아부르의 회계원이었던 알베르 칼론지와 손을 잡았다. 칼론지는 카사이의 발루바족 출신으로 카사이 MNC를 이끌었다. 발루바족은 정체성이 남달리 강했고 자신들만의 언어를 지켰기에 다른 부족들의 의구심을 불러일으켰다. 별로 놀랍지 않지만 칼론지는 카사이의 MNC를 발루바 연합체로 여겼다. 루뭄바가 반대하는 일이었다. 1959년 말 즈음 발루바에 중심을 둔 칼론지의 MNC가 설립되면서 국가를 구상하는 루뭄바의 MNC와 대립하게 된다. 칼론지는 특이한 사람이었지만 카사이의 발루바족에 헌신적이었다. 칼론지는 좀 작고 덜 복잡한 무대에서 루뭄바와 같은 포퓰리스트의 면모를 보였지만, 루뭄바에 맞서 가장 강력한 반대 목소리를 냈다.

1959년 말 카사이에서 발루바족과 카사이 주의 또 다른 주축 세력인 룰루아족 사이에 격렬한 분쟁이 일어났다. 겁에 질린 발루바족은 룰루아부르 주변 지역에서 빠져나와 남부 바콰가 주변 고향으로 피했다. 1960년 5월 치러진 총선은 혼란을 더했다. 칼론지의 MNC가 카사이에서 가장 큰 정당이었음에도, 루뭄바의 MNC는 그 밖의 모든 다른 정당과 연합했고 이 연정이 카사이 주의회를 장악했다. 칼론지는 카사이 남쪽에 발루바족의 정부를 세우겠다고 위협했다. 칼론지의 선언으로 발루바족은 바콰가로 더욱 내몰렸다. 루뭄바는 중앙정부를 세웠을 때 또다시 칼론지를 무시했다. 8월 9일 칼론지는 협박을 실행에 옮겨 독립을 공표했다. 그 무렵 카탕가는 이미 떨어져 나간 뒤였다. 더 많은 발루바족이 바콰가로 향하면서 심각한 난민 문제를 불러왔다. 양측의 갈등이 고조되는 것을 막아 보려 하던 유엔은 골치가 아팠다. 루뭄바의 눈에는 카사이 남부의 변절자들 때문에 나라의 분열이 더 심각해졌다. 카사이 4개 구역 가운데 한 곳을 장악한 칼론지의 지분은 보잘것없었다. 그러나 카사이 남부는 카탕가 다음으로 가장 많은 광물을 생산하는 곳이었고 벨기에 광산회사 포미니에르(Forminière)가 운영하는 다이아몬드 광산이 있었다. 칼론지는 다이아몬드가 버티게 해 줄 거라고 기대했고, 껄끄럽지만 남쪽의 카탕가와 손잡을 계획을 세웠다. 루뭄바에게 칼론지는 최악의 부족 지역주의를 의미했다. 루뭄바의 눈에는 발루바 부족주의로 인한 폭력 사태의 책임이 칼론지에게 있었다. 몇 달 뒤 칼론지는 스스로 카사이 발루바의 왕 자리에 올라 기이한 영적 신앙까지 끌어들였다.

루뭄바는 8월 말 카탕가를 침공하려 할 때 카사이 남부를 지나가는 것으로 경로를 잡았다. 촘베에 앞서 칼론지를 먼저 무너뜨리려는 의도였다. 루뭄바의 군대가 근처까지 진격하자 바콰가는 짧은 교전 후 8

월 26일 항복해 버렸다. 칼론지는 엘리자베스빌로 피신했다. 그리고 그 달 말 이곳에서 예상치 못한 작은 피의 전투가 벌어졌다. 루뭄바의 콩고 국군은 카사이 남부 발루바족을 짓밟았고, 함마르셸드는 이를 종족학살이라고 규정했다. 함마르셸드의 얘기에 귀 기울인 것이든 아니든, 이제 루뭄바는 칼론지에게 철천지원수였다. 루뭄바가 총리 자리에서 쫓겨난 직후인 9월 마지막 주 카사부부와 모부투는 카사이·카탕가 지역 진압 작전을 중단하고 군을 철수시켰다. 카사부부는 유엔에 바콩가 주변에 중립지대를 설정하자고 요청했다. 하지만 벨기에는 카사이 발루바족에게 무기를 지원했고 칼론지는 자신의 작은 소왕국에서 권력을 되찾았다. 그는 분리독립을 포기하지 않은 채로 일레오 정부의 법무부 장관 자리를 수락했다. 그에겐 루뭄바를 잡는 것이 주요 목적이었다.

카탕가의 친구와 적들

카탕가에서는 격심한 권력투쟁으로 문제가 더 복잡했다. 카탕가 주는 크게 북부와 남부로 나뉘었지만 그 안에서도 분열이 심했다. 벨기에 광산회사 위니옹 미니에르가 있던 카탕가 남부, 특히 도시 지역에서는 여러 부족이 모인 카탕가부족연합(Conakat)이 우세했다. 7월 11일 이후 촘베는 카탕가 전역을 아우르는 분리독립국을 통치했다. 카탕가부족연합은 당초 카사이에서 카탕가로 넘어온 발루바족의 권리를 제한하려는 움직임에서 시작되었다. 촘베의 부족연합은 외부 세력에 맞서 모든 카탕가인을 보호하려 했다.[5]

부유한 상인 집안에서 태어난 촘베는 룬다족 족장의 딸과 결혼했다. 촘베는 궁극적으로 유럽으로부터 약간의 도움을 받아 새 아프리카에서 독자적인 왕국 건설을 목표로 했다. 수하의 장관 두 명은 이념적인 성향이 강했지만 그는 실용주의를 따랐다. 카탕가 분리독립국 내무부 장관인 고드프루아 무농고와 촘베는 서로 늘 으르렁거렸다. 초반에는 무농고가 카탕가부족연합을 주도했다. 바예케(Bayeke) 왕의 손자인 무농고는 민주주의나 서구화된 콩고를 싫어했다. 그는 카탕가 남부에서 예전 영토를 되찾고, 통치하기 위해 투표할 필요가 없는 족장 관습을 부활시키고 싶어 했다. 분리독립 후 촘베와 무농고는 서로 이해관계가 맞아떨어지면서 엘리자베스빌에서 긴밀하게 협력하게 된다. 1960년 7월 엘리자베스빌공항을 카사부부와 루뭄바에게 닫아 버린 결정 뒤에는 무농고의 의지가 있었다. 무농고는 8월 랠프 번치의 카탕가 방문을 불편하게 만들고 카탕가 문제에서 함마르셸드의 항복을 받아 냈다. 이런 무농고를 두고 한 전문가는 "무농고는 강압적이고 공격적이며 잔혹하다"고 평가했다.[6)]

카탕가 분리독립국에서 주목할 만한 또 다른 장관으로 장바티스트 키브웨가 있다. 무농고보다는 덜 알려진 인물이다. 키브웨는 카탕가의 독립에 헌신했지만 1960년 5월 일단 카탕가 주의회에 입성했다. 7월 카탕가가 콩고에서 떨어져 나가자 촘베는 키브웨를 재무부 장관으로 임명했다. 키브웨는 곧 콩고 바깥을 돌아다니며 후원자를 구하려 다녔다. 8월 키브웨가 이끈 카탕가 대표단은 브뤼셀에서 보두앵을 만났다. 무농고와 키브웨 두 사람 다 카탕가의 근대화에 반감을 갖고 있었다. 이들에게 루뭄바는 전통을 쓸어버릴 유럽식 민족주의 열망을 품은 전형적인 인물이었다. 촘베와 무농고는 처음부터 끈질기게 루뭄바를 반대했다. 루뭄바가 8월 말 카탕가 침공을 시도한 후에는 그들 모두 루뭄바를 증오하게 되었다.

촘베와 무농고, 키브웨는 벨기에와 복잡한 동맹을 맺고 있었다. 이 카탕가의 지도자들은 브뤼셀이나 엘리자베스빌의 백인들과 거리를 두려 했다. 카탕가의 유럽인들은 콩고의 분권화뿐 아니라 과거 식민지에 정착한 유럽인의 권리를 위해 움직였다. 이들은 아프리카 대륙 남부 영국 식민지에서 발전한 정착민 체제를 본보기로 삼았다. 엘리자베스빌의 벨기에인들은 카탕가의 자치를 보장받으면서도 사실상 브뤼셀에 종속되는 정부가 들어서길 원했다. 1950년대 말까지 콩고 지역 세력의 구상은 촘베에게 일종의 자치를 약속한 유럽인들의 계획과 맞물렸다. 유럽인들은 촘베를 통해서 카탕가의 분리를 강화하려고 했다. 촘베파는 카탕가의 반루뭄바 세력을 유지하기 위해 의식적으로 유럽인들을 이용했고, 엘리자베스빌의 벨기에인들 역시 촘베 세력이 자신들을 이용하고 있다는 점을 잘 알고 있었다. 만일의 사태에 대비해 양다리를 걸치기 위해 무농고와 키브웨는 촘베에게 벨기에의 영향력을 상쇄할 만한 기술·군사 지원을 프랑스에 요청하라고 압박했다.

촘베는 유럽인들이 필요로 하는 자산을 갖고 있었다. 카탕가가 독립을 선언한 뒤, 국제적 승인은 받지 못했지만 정부는 실제로 작동되었고 촘베의 매력과 화려함이 정통성을 부여해 주었다. 어떤 면에서 촘베는 전형적인 아프리카 외교를 보여 주었다. 서방 관료들이 어떤 동일한 사안에 '그렇다'고 했다가 '아니다'라고 말을 바꾸는 수준이었다면 촘베는 그 이상이었다. 그는 조금도 당황하는 기색 없이 사안을 방해하고 잠적하고 조작했으며 모순되는 입장을 주장할 줄 알았다. 또 예우해야 할 일행을 만나지도 않는다거나 헛고생을 시키고, 협상에서 뭔가를 내놓았다가 나중에 번복하기 일쑤였다. 그러면서도 특유의 친화력으로 이 모든 일관성 없는 언행을 마치 없던 일로 만들어 버렸다. 촘베의 수완은 분리독립 정부를 안정시키는 데 큰 역할을 했다. 독립 후 카탕가 정부는 유럽의 조언과 이윤을 내는 경제에 힘입어 제법 잘 돌아갔다. 물론 이윤의 대부분은 백인들에게 돌아갔지만 말이다.

어쩌면 내무부 장관 무농고는 카탕가에서 없어서는 안 될 사람이었다. 그는 카탕가의 수리테를 무자비하게 운영했고 경찰력을 완전히 장악하고 있었다. 경제 관리와 정치에서 모두 수완이 뛰어난 키브웨도 중요한 역할을 했다. 촘베는 카탕가 체제에서 적당히 인기 있는 얼굴마담 역할을 했다. 세 사람 다 루뭄바의 아프리카 민족주의가 공산주의라고 주장했다. 카탕가에게 중앙집권화는 소비에트식 독재와 매한가지였다. 그들은 미국의 관심을 사기 위해 이런 레토릭을 더 요란하게 떠들어 댄 측면이 있다. 그러나 카탕가의 분리주의자들은 그들이 혐오스러워하던 입헌민주주의처럼 공산주의 역시 아프리카에 예방접종을 해야 할 서방의 바이러스라고 봤다. 그들이 아프리카의 것이 아니라고 인식한 것들에 대한 혐오는 촘베가 믿었던 아프리카판 복음주의 기독교와 불편한 동거를 했을지도 모른다. 종합하면, 카탕가 정부는 기묘한 아프리카 중심주의 시각을 갖고 있었다. 카탕가 정부에는 반개인주의, 반서방 정치 성향과 아프리카와 유럽의 전통을 통합시킨 종교성이 모두 뒤섞여 있었다.

제선 센드웨

카탕가 북부와 카탕가 도심을 중심으로 발루바 주민의 존재는 눈에 두드러졌고 엘리자베스빌 정권을 성가시게 했다. 이들에게는 이후 정당 카탕가발루바연합(Balubakat)으로 세를 키우는 조직이 있었다. Balubakat의 힘은 주로 매력적인 지도자인 제선 센드웨한테서 나왔다. 미국인들은 그를 친절하고 유쾌하지만 멍청하고 미숙하다고 생각했다. 하지만 그는 바보처럼 굴지 않았다. 돌아가는 사정에 밝았고 무슨 일이든 그가 끼지 않은 일은 없었다. 간호사였던 센드웨는 촘베의 어린 시절 친구였고 촘베와 같이 감리교 신자였다. 처음에 그는 외세를 극도로 배척하는 촘베의 정치를 따랐다.[7] 하지만 Balubakat는 콩고가 독립하기 전부터 촘베가 발루바 출신 이민자들을 싫어하는 태도가 카탕가에 정착한 발루바족에게 영향을 줄 수 있다고 느꼈다. 센드웨도 카탕가부족연합(Conakat)의 우월주의가 카탕가의 발루바족을 다치게 할 수 있다고 여겼다. 촘베가 콩고에 정착한 유럽인들과 유착되어 있는 점도 센드웨를 혼란스럽게 했다. 촘베는 속으로는 유럽인들을 혐오했을지도 모르지만 아프리카의 벨기에인 사회와 잘 어울렸다. 센드웨가 보기에 촘베는 식민주의자들과 한 침대에 있는 것과 마찬가지였다. 1960년 5월 총선에서 Balubakat는 Conakat에 도전장을 내밀었다. Conakat가 전반적으로 승리를 거뒀지만 아슬아슬한 승리였다. 두 정당은 세가 비슷했다. 촘베는 카탕가 남부에서, Balubakat은 북부에서 우세했다.

비례대표제 투표 덕분에 1960년 5월 총선에서 센드웨는 엘리자베스빌 의원으로 중앙 의회에 입성했고 촘베의 영향력이 카탕가 남부 도시에서도 약하다는 것을 보여 주었다. 촘베는 복잡한 정치적 협상으로 Balubakat를 지방정부에서 배제할 수 있었다. 그러나 루뭄바는 레오폴드빌에서 센드웨를 카탕가 주장관으로 임명했다. 카탕가가 7월 중순 분리독립해 버린 뒤에도 촘베는 센드웨를 높이 평가하며 카탕가의 부총리로 데려오는 연정을 원했다. 하지만 레오폴드빌에 있던 센드웨는 거절했다. 두 지도자 간 불화가 확인되는 순간이었다.

8월 말 루뭄바의 군대는 카사이와 카탕가에서 일어난 반란 진압에 나서면서 카사이 남부를 거쳐 카탕가를 향해 진군했다. 콩고 동부에서 진행된 또 다른 작전으로 센드웨는 카탕가의 바로 북동쪽에 있는 키부의 콩고국군을 지휘해 달라는 요청을 받았다. 이 부대는 카탕가 북부의 발루바 지지 세력과 합세할 예정이었다. 카사부부가 루뭄바를 총리 자리에서 내쫓은 뒤로 레오폴드빌의 군사작전은 엉망이 되었고 진압은 없던 일이 되었다. 촘베를 신압하려던 루뭄바의 군대가 카탕가 북부를 떠났지만 이 지역에서는 폭동이 계속되었다. 발루바족의 봉기는 촘베가 지배하는 카탕가의 경계가 어디까지인지를 드러냈다. 카탕가 북부에서 촘베의 영향력은 제한적이었다. 남부에서 촘베의 통치력은 공고했지만 촘베의 위치는 늘 센드웨의 대중적 인기에 위협을 받았다.[8] 북부는 민족주의 성향의 센드웨를 선호했고, 지지자들은 루뭄바와 센드웨를 '조국의 해방자'로 찬양했다.[9] 센드웨는 촘베로부터 발루바족을 보호했고 루뭄바 못지않게 촘베의 카탕가를 위태롭게 했다. 센드웨가 엘리자베스빌 바로 가까이서 강력한 지지 세력을 보유하고 있었기 때문에 더 그러했다.

센드웨는 아슬아슬한 줄타기를 하고 있었다. 촘베의 적수로서 그는 레오폴드빌과 함께하고 있었다. 그러나 카사부부와 모부투 같은 사람들이 보기에 그는 루뭄바와 너무 가까워 보였다. 10월 16일 모부투는 엘리자베스빌에서 촘베를 만나 긴 대화를 나눴다. 마치 레오폴드빌과 엘리자베스빌이 루뭄바와 센드웨에 대한 반감을 바탕으로 연결된 것처럼 보였다. 두 사람의 논의에 대한 백인 관리들의 설명에 따르면 석 달 동안 명백히 촘베는 레오폴드빌에 현금을 댔다. 모부투는 "루뭄바를 완전

사진 10 모부투(왼쪽)는 촘베(오른쪽)와 서로 이해관계가 일치하는 지점을 발견했다. 민간인처럼 양복을 입고 나비넥타이를 맨 모부투는 10월 16일 카탕가에서 촘베와 극적으로 합의를 이뤄냈다. *Time & Life pictures / Getty Images / photo by Terrence Spencer*

히 무력화시킬 것이고 될 수 있으면 물리적으로도 그렇게 할 것"이라는 뜻을 내비쳤다.[10)]

이런 협의가 오간 지 사흘 뒤인 10월 19일 레오폴드빌의 정치인들은 센드웨를 투옥시켰다. 센드웨의 체포로 모부투와 촘베의 거래는 완성되는 듯했다. 유엔은 "센드웨가 의원으로서 불체포 특권이 있다"고 주장하며 그를 구치소에서 꺼내 주었다. 이제 유엔의 지원 속에 평화의 중재자가 된 센드웨는 발루바족이 피를 흘리는 일을 막아야 한다며 카탕가 북부로 향했고 센드웨의 지지자들은 열광했다. 이런 현상은 일반 대중에게 미치는 '루뭄바 효과'를 연상시켰다. 유엔이 카탕가를 전쟁의 위험에서 보호함에 따라 이 지역의 긴장은 크게 줄어들었다. 촘베는 유엔의 간섭을 비난했고 센드웨를 가리켜 '공공의 위험'이라고 지목했다.[11)]

센드웨는 촘베에게 굴욕감을 주었고 또 모부투는 카탕가를 배반했다. 촘베가 카탕가 남부 바깥에도 자신의 힘이 미친다고 주장하는 것을 센드웨는 카탕가의 현장에서 거짓임을 입증했고, 촘베의 면전에서 루뭄바의 힘을 보여 주었다. 카사부부와 모부투, 모부투의 집행위원들은 센드웨를 카탕가와 협상하는 데 쓸모가 있을지 모를 장기 말로 여겼다. 하지만 센드웨는 장기 말처럼 행동하지 않았다. 적어도 카탕가의 위험한 체스판 위에서 그는 루뭄바와 동등했다. 벨기에와 미국은 용인될 만한 수준인 촘베의 민족주의가 촘베를 몰아낼지도 모른다고 두려워했다.[12] 촘베로서는 믿을 만한 사람이 아무도 없었다.

09
CIA

CIA는 골치 아픈 문제에 바로 해답을 제시한다는 다소 부풀려진 명성을 얻었다. 1940년대 후반, 미국은 소련에 대항하기 위한 기관으로 CIA를 창설했다. 처음에는 주로 정보를 수집했지만 CIA는 급속히 안보에도 관여하게 되었다. 다른 정부 부처들은 반발했다. 1950년대 중반까지 '냉전'이 미국의 정치를 뒤덮었다. 아이젠하워 정부는 미국이 싫어하는 체제를 장악하거나 그 정부 조직을 와해시키기 위해 점점 더 CIA에 의존했다. CIA는 부정한 수단, 더러운 술수, 반민주적 비밀공작에 손을 댔다. 극단적 환경에서 정책 결정자들은 공산주의나 소련에 위험스러울 정도로 가까이 접근한다고 생각되는 적을 영원히 불구로 만들거나 감옥에 가두거나 추방하라고 CIA에게 명령했을지도 모른다.

미국과 소련의 긴장은 곧 문명의 종말을 의미하는 수소폭탄 전쟁으로까지 치달을 뻔했다. 첩보 기관들은 아이젠하워에게 전 세계 곳곳에서 평화를 유지할 수 있는 상대적으로 인도적인 방법을 제시했다. CIA

는 '뜨거운 전쟁'(hot war)을 피해야 한다고 하면서 비밀 행각을 정당화했다. 소련과 미국이 눈에 보이지 않는 곳에서 이권 다툼을 벌인다면 결전은 피할 수 있을지도 몰랐다. 아이젠하워는 민주주의의 이상을 좀먹는 애매모호한 시도를 눈감아 줄 수 있었다. 만약 CIA가 일부 외국인을 뿌리 뽑거나 쫓아냈다면, 미국은 대결을 막을 방법을 찾아야 한다는 더 큰 선(善)을 위해 아주 작은 양심의 대가만 치르면 그만이었다. CIA가 내린 비도덕적인 결정 때문에 이런 사람들이 목숨을 잃는다고 해도 아이젠하워는 적은 비용만 지불하면 되었다. 쏟아지는 비난에도 아이젠하워는 CIA가 '제 멋대로 날뛰도록 내버려 뒀다'(get away with murder). 처음에는 상징적 의미였지만 나중에는 말 그대로가 되었다.

피델 카스트로가 1959년 쿠바에서 정권을 잡은 것은 결정적인 사건이었다. 미국의 관리들은 바로 코앞에서 공산주의 혁명이 성공하는 걸 보고 속이 부글부글 끓었다. 쿠바에서 일어난 사태의 본질을 제대로 판단할 수 있게 되었을 때 카스트로는 절대로 받아들일 수 없는 인물이라는 걸 알게 되었고, 무엇보다 먼저 카스트로를 끌어내려야 한다고 마음먹었다. 그다음은 카스트로 같은 인물이 나오지 못하도록 막는 일이었다. 많은 역사가들은 아이젠하워가 쿠바에 대해 가졌던 우려를 발견했다. 후임 대통령 존 F. 케네디는 근심이 더 심해서 강박적이다 못해 어쩌면 '미쳤다'고 할 정도였다. CIA는 카스트로를 죽이려는 미친 음모 전부를 최종적으로 관리했다. 어쨌든 1959~1960년 카스트로가 국제무대에 갑자기 등장한 이래 고위 간부들은 늘 암살을 염두에 뒀고 또 논의했다. 이 선택은 결국 승인을 받아 냈다.

1961년 1월 케네디가 취임했을 때 CIA는 대놓고 '집행 공작'(Executive Action)* 계획을 만들었다. 작전명을 'ZR/Rifle'이라 붙인 카스트로 암살 공작은 승인을 얻어 곧 실행에 옮겨졌다. 'ZR/Rifle'은 살인이 허용될 수 없는 것에서 이례적이고 즉자적인 것으로, 다시 (공적 영역에서) 행정 절차에 따른 것으로 변모했음을 보여 준다.[1)]

도의와 정치

이 문제에 관심이 있는 역사가나 시민들은 1975년 미국 상원 위원회가 의심스러운 정부 작전을 조사한 보고서 덕을 톡톡히 봤다. 그 무렵 정보활동과 관련한 정부 작전을 조사하는 상원 특별위원회가 꾸려졌다. 위원회는 1968년 당선된 리처드 닉슨 정부의 스캔들이 터진 후 청문회를 열었다. 위원회는 정보활동의 역사를 이해하기 위한 문건들을 찾아냈다. 나아가 청문회는 요원들과 고위 공무원들이 살인에 어떻게 관여했는지 증언하게 하는 장을 열었고, 모든 것을 털어놓은 많은 기록을 남겼다. 그러나 과거의 기억을 더듬어 증언했다고 해서 관련자들이 꼭 진실을 말하고 있다고 볼 수는 없다. 증언한 인물들과 조직적인 완곡어법에 유의해야 했다.

상원 특별위는 국가안보 관리자들이 실제로 다른 나라의 고위 인사들을 살해하라고 제안했는지 알고 싶어 했다. 심문을 받은 이들은 때때로 1950~1960년대 세계 위기 때문에 수상한 작전이 필요했을지도 모른다고 인정했다. 그럼에도 불구하고 청문회에 나온 관리들은 그런 작전을 간접적으로만 언급했다고 했고, 의원들에게 '그럴듯한 진술거부권'

---

* 1950년 초반부터 CIA가 사용하기 시작한 용어로 암살 공작을 뜻한다.

(plausible deniability)을 행사할 수밖에 없다고 말했다. 예를 들면 '고위 당국' 또는 '상부의 생각' 이라거나 '내 동료들'이라는 표현을 써 가며 대통령을 보호했다.[2)]

민주주의는 공공 외교에도 작동하고 외교 정책은 시민들과 논의된다. 그와 관련된 윤리는 일상생활에서도 친숙한 것들이고 누구나 받아들일 수 있는 옳고 그름의 개념을 바탕으로 삼는다. 1960년 9월 22일 콩고가 전 세계의 주목을 받게 되었을 때, 아이젠하워는 종교계 지도자들에게 전화도 걸고 유엔총회 개막식에서 연설도 했다. 아이젠하워는 회원국들에게 전 인류에게 진심으로 관심을 기울이고 있는 유엔이 아프리카에서 펼치고 있는 노력을 지지해 달라고 호소했다. 그는 "유엔을, 개별 국가들이 선동의 목소리를 높이는 올림픽 조직 같은 것으로 여겨서는 안 된다"고 말했다. 그는 연설 과정에 다섯 번이나 콩고의 내정을 갖고 장난치려 하지 말라고 호통을 쳤다. 또 어떤 대목에서는 "(체제를) 전복시키거나, 힘 또는 선동으로, 아니면 사람들이 서로 폭력을 휘두르도록 부추기는 방식으로 또는 그 어떤 수단으로도" 콩고 내정에 끼어들지 말라고 말했다.[3)]

그런데 그 연설이 있기 전 한 달 사이에 CIA는 아이젠하워가 언급한 (체제) 전복, 힘, 선동, 국내 폭력 조장 등 온갖 방식을 동원하며 콩고에 개입했다. 우리는 그저 이런 어처구니없는 이중성에 두 손 들고 포기해 버려야 할까? 아이젠하워의 말과 행동이 일치할 수는 없었는가? 단순히 정치에서 보이는 거짓말에 대해서만 얘기한다면 실제 벌어진 일을 오해하게 된다.

국제 문제는 유엔에서 보이는 것과는 다른 종류의 도덕성을 요구한다. 아이젠하워는 자신의 집사나 형제에게 하듯 루뭄바를 다룰 수 없었다. 그는 부득이하게 개인윤리와 충돌할지도 모를 방식으로 행동해야 했다. 이런 주장은 다른 맥락에 놓일 수 있다. 사적인 개인에게 적절한 것은 정치적 의무와 다르다. 아이젠하워는 최선을 이루기 위해 또는 차악을 선택하기 위해 나쁜 일을 꾸며야 했을지도 모른다. 탁월한 결과는 의심스러운 수단을 정당화하게 마련이다. 비평가들은 이 문제를 '더러운 손'(dirty hands)이라고 부른다.[4)]

이 문제는 어떤 면에서 쉽게 이해될 수 있다. 아이젠하워는 제2차 세계대전에서 미군의 최고 지휘관이었고 엄청난 사람들이 피를 흘려야 하는 일을 지휘했다. 전쟁은 피해야 하는 것이지만, 일단 시작된 전쟁은 사람을 죽이고 싶어 하지 않는 마음에 전쟁의 방식을 강요한다. 정치철학자들은 전쟁 바깥에 있는 사람들까지도 순수하게 통치할 수 없다고 말한다. 정치는 개인의 선과 상반되는 비정하고 불법적인 일을 요구하게 마련이다. 정치 안에는 악마 같은 힘이 도사리고 있기 때문에 얼간이들이나 개인과 공공의 삶에 똑같은 원칙이 적용될 수 있다고 여긴다. 함마르셸드는 예외적인 경우였다. 두 길 사이에 놓였을 때 환멸을 느끼거나 비극적이라고 느끼는 다른 공인들과 다르게 그는 자신의 도덕적 잣대로만 사안을 바라봤다. 그래서 업무 중에 작동하는 사악한 힘을 결코 이해하지 못했다.

정치 이론가들은 또 중요한 역설을 인정한다. 정치와 윤리는 서로 다른 영역에서 작동하고 다른 법으로 규정되지만, 두 영역은 일정 정도 서로를 건드린다. 정치적 행동을 위한 선택은 전통적인 윤리 기반이 전혀 없는 곳을 고르지는 않는다. 정치 윤리는 개인 윤리를 모두 쳐내기보다는 얼마간 불편한 동맹을 맺는다. '국가의 명분'은 어떤 동의할 수 없는 결정을 정당화할지 모르지만, 그렇다고 정치인들이 아무거나 하고 싶은 대로 할 수는 없다. 국가안보를 다루는 관리들은 정치 윤리가 합법적이라고 인정하는 것과 그 경계를 벗어난 것 사이 좁은 길을 걸어야 한다. 암살이 놓인 길은 종교적·도덕적 평가를 받아야 한다. 대부분의 사람들은 히틀러를 죽이기 위해 비밀공작을 하는 것은 받아들일 것이다. 하지만 아이젠하워나 폴헨리 스파크의 살인 청부 시도를 두고는 평가를 망설일 것이다. 이런 정치인들은 인간에게 주어진 가장 어려운 일 가운데 일부를 맡았다. 이들은 다른 이에게 감사받을 자격이 있지만 또한 잘못 선을 넘었을 때 혹독한 비판도 감수해야 한다.

이런 사람들에게 정치 윤리와 개인 윤리 시이에 있는 영역은 극단적 위험이 도사리고 있다. 아이젠하워가 유엔에서 연설한 뒤에 흐루쇼프가 일어나 콩고에서 미국이 저지른 불법적인 내정 개입에 대해 반박할 수 없는 증거를 제시했다고 가정해 보자. 미국이 러시아 상공에 정찰기 U-2를 띄웠을 때도 비슷한 상황이 벌어진 적이 있다. 소련은 1960년 5월 정찰기 한 대를 격추시켰고 아이젠하워는 그 사건을 숨겼다. 그런데 흐루쇼프는 그 사고에서 기적적으로 살아난 조종사를 세상에 공개해 버렸다. 흐루쇼프 때문에 아이젠하워는 말을 얼버무려야 했고 위신이 크게 깎였다. 당황한 미국 정부는 상황을 맥없이 끝내 버렸다. 이 기간에 아이젠하워는 기존 정책을 고수하면서도 정작 정책을 제대로 실행하지 않고 머뭇거렸다.

그래서 CIA 참모들이 상원 청문회에서 '그럴듯한 진술거부권' 운운했을 때, 그들은 고도의 정치적 문제가 일상과 만나는 상황이 벌어지면 어떤 전략을 쓰는지 그 윤곽을 보여 주었다. 누군가는 아이젠하워 같은 사람을 보호해야 했다. 때때로 정책은 공개적으로 개인윤리의 문제로 논의되어야 할지 모르기 때문에 '그럴듯한 진술거부권'은 그 정책을 설명하는 일종의 언어 규범이 되고 말았다.

CIA의 세계

'그럴듯한 진술거부권'에 따라 국가안보 관료들은 "특정 단어들을 언급하지 않아도 된다면, 우리는 살해가 아닌 다른 것을 원했다고 말하겠다"고 주장했다. 이런 논리는 좀 이상하다. 어떤 단어를 말하든 영어의 맥락은 그 의미가 명백했다. '집행 공작'은 살해와 같은 의미였고 '제거'(elimination) 역시 살해와 같다. '없애다'(getting rid of)는 말도 매한가지다. 1975년 상원 위원회에서 증언한 미국인들은 스스로를 보호해야 하는 1960년 시점에 있지 않았고, 누군가가 살해당하게 만들었다는 사후 비난을 감수해야 할 대통령도 아니었다. 철저한 검토 결과, 문건들은 틀림없는 살인을 말해 주고 있었다. '고위 당국,' '상부의 생각,' '내 동료'가 아이젠하워를 가리키는 것처럼, 살인을 뜻하는 표현들의 의미는 명백했다. 역사학계는 이런 '그럴듯한 진술거부'를 전략으로 분류한다.

리처드 비셀은 CIA의 2인자였고, 앨런 덜레스는 비셀을 후임자로 낙점했다. 그러나 1961년 CIA가 피그 만 침공에서 카스트로를 끌어내리는 데 실패하자 비셀은 덜레스와 함께 해임되고 말았다. 비셀이 1975년 상원 위원회에 불려 나왔을 때 그의 발언은 다소 신랄했다. 거침없는 첩보 전문가로 꼽혔던 비셀은 특이하게도 정보활동의 세계에 관해 기꺼이 있는 그대로 다 말하려 했다. 비셀은 위원회에 에둘러 말하는 식으로 모호하게 말하지 않겠다고 밝혔다. 그의 말이 뜻하는 것은 분명했다. "국장(덜레스)은 (윗선으로부터) 그자를 없애라는 지시와 암살을 포함한 극단적인 수단까지 사용해야 한다면 그렇게 하라는 얘기를 들었다." 비셀은 증언을 이어 갔다. 그는 이 문제에 대해 모호하게 말하지 않았다. "그것은 완전히 명백했다. 만약 이해할 수 없는 말들이 있다면 그것은

(대체 무슨 일이 일어난 것인지 혼란스럽게 하기 위해) 일부러 말을 앞뒤가 맞지 않게 만든 것이다"라며 그는 말을 맺었다.[5)]

(루뭄바 암살과 관련해 아이젠하워 정부에서 일어난) 이런 불명확한 일들이 사람들을 호도하기 위해 그것을 나타내는 말까지 모호하게 만들어서는 안 된다. 미국 정치인들이 적을 희생양으로 삼거나, 적에게 모욕을 주거나, 적의 힘을 약화시키거나, 스캔들을 폭로하거나, 적을 조사받게 하거나 소환되게 만들거나, 적을 괴롭히거나, 적에게 복수하는 것에 대해 말할 때 다양한 표현을 사용할 수도 있다. 하지만 그 누구도 여기에 '제거'라는 말은 쓰지 않을 것이다. 그것은 곧 살인을 의미하기 때문이다. 영어는 프랑스어와 다르다. 프랑스어에서 제거(éliminer)라는 단어는 좀 더 폭넓고 덜 치명적인 의미를 담고 있다. 또 다른 범주의 단어들은 사람의 목숨을 끊는 다른 종류의 방식과 관련되어 있다. 정부에 몸담고 있는 누구도 범죄자들이 다양한 다툼 중에 자주 쓰는(적어도 영화에서) '제거하라'(waste) '죽여라'(off) '시멘트 신발을 신겨 줘라'(give a cement shoes)* '없애 버려라'(take for a ride) 같은 표현을 쓰지 않는다. CIA 직원들은 루뭄바의 죽음에 대해 말하는 것을 두고 웃었을지도 모른다. '살해'(killing)는 군인들이 전투 중에 선호하는 단어다. 상관들이 전쟁 상황에서 살인을 명령할 때는 '처형'(execute)이라는 말을 선호한다. 국가안보 관리자들은 정치적 이유로 고위 인사를 살해하라는 의미를 담을 땐 '암살'(assassination)이라는 말을 쓰려고 할지도 모르겠다. 상원 위원회의 한 의원은 비셀에게 이렇게 물었다. "당신은 얼마나 많은

---

* 마피아나 갱단이 쓰는 말로, 누군가를 죽인 뒤 시신을 수장시키기 위해 발을 콘크리트 통에 넣는 것을 말한다.

살인(murders)을 검토해 봤는가……. 아니 암살(assassination)을, 미안하네."[6] 주로 계획적으로 누군가의 목숨을 끊는 행위를 표현하는 말은 여러 다양한 상황에서 그 목적을 정당화하고 충격을 완화시킨다.

위원회 청문회에서 관리들은 흔히 무슨 일이 있었는지 기억하지 못한다거나, 살해 논의는 전혀 없었다거나, 미국과 미국이 고용한 청부업자는 살인자들과 관련이 없다고 말했다. 1960년에 석 달 내내 살인을 궁리했으면서도 이 자들은 이렇게 말했다. "암살 시도 논의가 있었는지 들어 본 적이 없다." "그 문건들은 검토해 봤지만 기억이 나지 않는다." "전혀 아는 바가 없다." "난 전혀 듣지 못했다……, 기억이 나질 않는다." "어떤 특정한 기억도 없다." "직접적인 기억이 없다."[7]

1960년 CIA 작전국에서 비밀공작을 지휘했던 리처드 헬름스는 비셀과 함께 일했고 나중에 CIA 국장 자리까지 올랐다. 다음은 그가 루뭄바에 관해 말해야 했던 것이다.

> 나는 비교적 미국 정부가 선호하지 않은 일들을 맡았던 것은 틀림없지만 그게 뭐였는지 더 이상 기억할 수 없었다. 그가 우익이었는지, 좌익이었는지……. 실제 루뭄바와 관련해 뭐가 잘못되었는지. 우리는 왜 그를 싫어했는지.[8]

때때로 사람들은 기억하지 못한다. 그리고 어떤 관리들은 실제 살인과 거리를 두고 있었을지도 모른다. 그리고 또 이런 국가 공무원들은 중요한 비밀을 보호하고 싶어 한다. 하지만 전반적으로 기억력 부족이나 정직함을 강조한 표현, 고상한 말들을 보면 그들은 어떤 측면에서는 현명했다. 그들은 자신이 맡았던 일을 완전히 파악해 스스로를 보호했다.

국제 문제를 다루는 험악하고 추잡한 세계에 관여한 이들도 자신이 어땠는지 공개적으로 말하길 원치 않았다. 말들은 그들이 했던 많은 일들을 위장하도록 도와주었다. CIA는 나중에 정치인들에게 준 뇌물을 '지원금'이라고 표현했다. 미국의 적을 살인범에게 넘겨 달라고 외국 정치인들을 설득할 때는 '송환'이라고 했다.[9] CIA의 계속된 문서 검열은 '교정' '위생'이라는 말을 썼다.

한 사람을 살해하는 일은 일종의 언어적 안전망을 필요로 한다. 관료들은 언어를 이용해 양심의 목소리를 억눌렀다. 모호한 표현을 쓴다고 해서 꼭 미국인들이 비양심을 택했다는 것을 의미하지는 않지만, 그들은 자신의 정책 결정을 설명할 때 일부러 에두르는 말을 반복적으로 골라 썼다. 현실 정치가 그들이 한 일을 정당화해 줄지 모르지만, 이들은 살인에 손을 댔다는 사실을 절대 직시하려 하지 않았다.

개인윤리와 정치 윤리 사이에 적지 않지만 고르지 못한 차이가 존재하고, 역사가와 정책 결정자 모두 그 차이를 이용한다. 이런 괴리 말고도 언어는 또 다른 문제를 드러낸다. 그건 누군가 정치의 영역에서 벌인 일에 정면으로 대응하지 못하는 무능함을 보여 준다. 관리들이 스스로 벌인 일을 되돌아볼 때 언어는 일정 정도의 편안함을 느끼게 해주었다. 영국의 추리소설가 애거서 크리스티는 살인과 관련해서 "다행스럽게도 교묘하게 사용된 말은 벌거벗은 진실의 추악함을 은폐하는 것을 돕는다"고 썼다.[10] 우리의 분석은, 1960년 가을 워싱턴에서 '네' '아니오'라고 말했던 국가안보 엘리트들에게 각별히 중요한 의미가 있다. 푹푹 찌는 날씨에도 에어컨이 나오는 쾌적한 사무실에서 재킷을 입고 넥타이를 맨 채 일하던 이들은 콩고의 더러움과 고통에서 멀리 떨어져 있었다. 그들의 대화 역시 그러했다.

CIA는 미국의 엄청난 돈을 지원받았고 오랜 동안 지속된 관료주의의 혜택을 입었다. 아이비리그, 특히 프린스턴대학과 예일대학은 수많은 CIA 직원을 배출해 냈다. 하지만 그들이 모두 탁월한 능력을 갖춘 건 아니었다. 이 배타적인 사람들이 다 실력으로 이런 대학에 간 것도 아니었다. 어떻게 규정한다 해도 재력이나 집안의 연줄이 작용했다. 이들은 집단으로서 특별히 똑똑하거나 타고난 재능이 있거나 유능하지 않았다. 그럼에도 비밀공작을 할 권한은 있고 외부의 감독은 거의 받지 않아 CIA는 엄청난 권력을 갖게 되었다. CIA는 그들끼리 쓰는 언어 말고도 괴상한 절차와 의식을 만들어 냈다. 제임스 본드 영화처럼 낭만적으로 그려진 CIA의 자아상은 조직 내 늘 있던 병적인 인물들을 가려 주었다. 약물 남용과 가벼운 염문 같은 문제를 가진 이들이 상사를 골치 아프게 했지만, '사내애들은 다 그렇지 뭐'라는 말로 용인되었다. 물론 신중하고 유능한 모습을 보여 줄 때도 있었다. 하지만 사람들은 이들을 보면서 주로 아이비리그 졸업생들의 비밀 사회를 떠올렸다. 콩고는 늦은 사춘기의 유흥보다 더 심각한 위기에 처해 있었고, 이 공무원들은 누군가의 삶을 끝장내는 일에 몰두하고 있었다.

이후 반세기 넘게 CIA는 역사가와 대중의 호기심 어린 눈길로부터 기록을 지켰고, 자기 조직에 대한 조사를 무효로 만들기 위한 끝없는 싸움을 벌였다. 사실, 도덕과 정치의 차이에 관한 복잡한 이론들은 별로 고려할 가치가 없는지도 모른다. 이런 관료들은 자기 자신과 전임자들이 당황하거나 수모를 겪는 일을 막기 위해 온갖 수단을 다 동원했다.

주도권 다툼

브뤼셀은 루뭄바의 미국 방문과 유엔의 콩고 통치에 격분했다. 벨기에 정치인들의 분노는 서방세계의 동맹을 위협했고 폴헨리 스파크 나토 사무총장의 격렬한 비난은 아이젠하워를 곤란하게 했다. 동시에 루뭄바와 함마르셸드의 충돌로 콩고에서 유엔의 활동이 위기에 처하면서 러시아인들이 유리해졌다. 이 모든 문제는 8월 18일 유엔 안전보장이사회에서 아이젠하워를 폭발시켰다. 기록에는 아이젠하워가 "미국은 루뭄바가 유엔을 콩고에서 내보내지 못하도록 반드시 막아야 한다"고 말한 것으로 되어 있다. 이날 회의 기록 작성을 맡은 로버트 존슨은 "아이젠하워는 루뭄바 암살을 주문했다"고 또렷하게 기억했다. 그는 "어떤 논의도 없었고 회의는 단순하게 정리되었다"고 덧붙였다.[11] 상원 위원회에서 관련 질문을 받았을 때, 많은 관리들은 대통령이 말한 것을 정확히 기억하지 못했고 일부는 아이젠하워가 살인을 주문했다는 사실을 완전히 부인했다. 그럼에도 대부분 서면 기록이 날 것 그대로의 말을 담고 있지 않다는 점에는 동의했다. 어쨌든 미국 정부는 곧바로 행동에 들어갔다.

우리는 이미 9월 초 유엔이 루뭄바를 총리 자리에서 끌어내리는 것을 도왔고, 그 결과 9~11월 콩고 정치인들 사이에 혼란만 더 가중되었다는 사실을 살펴본 바 있다. 그러나 이런 혼란 속에서도 미국의 정책은 콩고 내부에서 상황이 어떻게 바뀌고 있는지 제대로 살피지 않은 채 새로운 방향을 잡았다. 우리는 미국이 콩고 정치의 세부 문제에 거의 관심을 기울이지 않았던 1960년 가을로 되돌아가 봐야 한다.

아이젠하워의 발언은 무엇보다 정부 내에서 계속되던 알력 다툼에 기름을 부었다. 군인, 외교관, 정보 요원 가운데 누가 외교 정책을 주도해야 할지를 두고 다툼이 끊이지 않았다. 국방부, 국무부, CIA 말고도 다른 정부 기관들까지 끼어들어 있었다. 이 다툼은 끝없이 되풀이되었고 시기와 사안에 따라 각각 다르게 해결이 나곤 했다. 하지만 근본적인 문제는 앨런 덜레스의 능력에 있었다. 8월 18일 대통령이 짜증을 내게 되면서, CIA를 운영하는 덜레스의 능력에 대한 정부 전반의 우려는 더 커졌다.

CIA 본연의 임무는 정보를 수집하는 것이었지만, 덜레스는 정보를 모으는 일에 별 흥미를 느끼지 못했다. 그는 체제를 전복시키는 일을 좋아했고 그를 비판하는 사람들이 주장하는 것처럼 CIA가 미쳐 날뛰도록 용인했다. 덜레스는 공산주의에 대한 과도한 공포, 값싸고 은밀하고 효율적으로 악당을 꼼짝 못하게 하는 CIA의 능력 덕분에 연방 정부에 대한 주도권을 행사할 수 있었다. 그러나 1956년부터 해외정보활동자문위원회(Board of Consultants on Foreign Intelligence Activities)는 CIA의 변화를 권고해 왔다. 덜레스의 미숙함을 지적한 위원회의 보고서가 이미 아이젠하워의 책상에 올라가 있었다. CIA의 비밀공작이 실제로 얼마나 가치가 있었는지, 돈이 얼마나 분별 있게 쓰였는지 그 누구도 알지 못했다. 위원회는 실질적인 감독과 책임 규명을 원했고 수상하고 미국의 위신에 위험이 되는 론 레인저*식 무모한 장난질은 끝내길 원했다. 덜레스는 줄곧 개선하겠다고 약속했지만 지키지 않았다.

해외정보활동자문위원회는 또 CIA와 국무부가 밀접하게 연결되어 있어야 최악의 권력 남용을 막을 수 있다고 밝혔다. 국무부는 충분한

* 미국 서부영화에서 무법자와 싸우던 주인공.

사진 11 CIA 국장 앨런 덜레스는 조직 안에서는 존경받았지만, 밖에서 볼 때는 신뢰할 수 없는 사람이었다. *Princeton University Liberary*.

검토를 거친 정부의 전반적인 방향을 CIA에 제시하는 역할을 했다. 여기에는 앨런 덜레스 국장과 존 포스터 덜레스 국무부 장관이 형제간이었던 배경도 작용했다. 그런데 1959년 4월 형은 지병으로 장관직에서 물러났고 곧 세상을 떠났다. 새로운 그룹이 국무부를 맡았다. 존 포스터 덜레스는 더 이상 동생을 보호할 수 없었고 1959~1960년 CIA에 대한 비판 여론은 더욱 커졌다. 우리는 1960년 카스트로와 관련해 덜레스가 자신과 CIA를 대통령에게 없어서는 안 될 존재로 만들고 싶어 했다고 믿는다. 해외에서 특정한 정책 목표를 달성하는 데 CIA만큼 비용 대비 효과가 좋은 수단이 어디 있냐는 게 덜레스의 생각이었다. CIA가 첩보 작전으로 저지해 온 공산주의 문제만큼은 덜레스가 기득권을 갖고 있었다. 어쨌든 그는 자문위원회의 눈에 CIA가 미친 코끼리처럼 비치지 않도록 조직을 재건할 의지도 능력도 없었다. 자문위원회는 비밀공작의 효과를 폄하했고 수많은 비밀공작을 문제 삼았으며, CIA가 그런 식으로 일하는 걸 그만두길 원했다. 덜레스는 이러지도 저러지도 못했다. 아이젠하워의 임기가 끝날 때쯤 대통령이 CIA를 우려하고 있다는 사실에 덜레스는 좌불안석이었다. 그러나 결국 아이젠하워는 CIA를 건드리지 않는 것으로 책임을 졌다. 그는 4년 동안 CIA에 폭넓은 자유를 주었다. 1960년 가을 아이젠하워가 카스트로에게 느낀 실재적인 공포와 루뭄바에게 갖고 있던 괴팍한 성마름은 CIA에게 공작을 압박하는 결과를 낳았다.[12)]

마법사 프로젝트

8월 23일 아이젠하워가 정부에 루뭄바를 잡으라고 명령한 지 한 주도 안 되어 국무부는 CIA와 회의를 열었다. 회의 결과 국방부가 포함된 관계 부처 합동팀을 제안하고 유엔의 틀 밖에서 취할 수 있는 조치를 논의하기로 했다. 국무부는 CIA가 뭘 할지 알았으면 했다. 그러면 새로 꾸려질 위원회가 작전을 조율할 예정이었다.[13)] 군은 늘 전투를 생각했다. 외교관들은 대개 대화를 원한 반면, CIA는 몰래 은밀한 방법을 준비해 두고 있었다. 누가 정책을 결정하고 어떤 결정을 내려야 할까? 덜레스와 부하들이 8월 23일 국무부에 뭐라고 얘기했든, 그전 2주 사이 CIA는 레오폴드빌에 대한 전략을 수정했다.

그러다 이른바 '마법사 프로젝트'(Project Wizard가) 수립되었다. 이는 데블린의 머리에서 시작되었지만 CIA 브뤼셀 지부가 제안한 것이기도 했다. 아이젠하워의 분노가 이 프로젝트에 고속 기어를 달아 주었다. 아이젠하워는 8월 18일 루뭄바가 유엔을 내보내도록 놔둬서는 안 된다고 말한 직후 고든 그레이 국가안보보좌관을 만났다. 다음 날 CIA는 데블린에게 전신을 보내 그간 준비해 온 다양한 불법 공작을 진행하라고 지시했다. 미국 정부가 하게 될 가장 추악한 일을 두고 국가안보회의(NSC) 산하 4명으로 구성된 소위원회 '특별그룹'으로부터 최종적인 공식 승인이 떨어졌다. 이 특별그룹은 회의 기록을 작성하는 사람 외에 국방장관, 국무부 장관, 덜레스 그리고 그레이로 구성되어 있었다. 여기서 그레이는 대통령을 대변했다.[14]

8월 25일 덜레스는 특별그룹과 정규 회의를 가졌다. 그는 최근 '마법사 프로젝트'로 반루뭄바 공작이 어떻게 진행되고 있는지 간략히 설명했다. 하지만 그레이는 CIA에 만족하지 못했고 덜레스에게 그 프로젝트만으로는 충분하지 못하다고 통보했다. 그레이는 "덜레스의 부하들은 직접적인 방법을 택하려는 생각이 극단적으로 강하다"고 말했다. 그레이는 CIA가 제대로 하고 있는 것인지 의문스러웠다. 특별그룹은 논의를 거친 후 루뭄바를 제거하는 결과를 낳을지도 모를 모종의 작전을 고려하는 것도 배제하지 않기로 합의를 봤다.[15]

이튿날 덜레스는 데블린에게 "루뭄바를 제거하는 일이 시급하고 가장 중요한 목적"이라고 타전했다. 국무부의 동의를 받은 덜레스는 데블린에게 작전을 펴는 과정에 어느 정도 재량권을 허용했고, 비밀이 지켜질 수 있다면 좀 더 공격적인 행위도 괜찮다고 명시했다. CIA는 목표 달성을 위해 추가로 10만 달러를 레오폴드빌에 내려보냈다. 표적이 때맞춰 저절로 모습을 드러내거나 데블린이 콩고 주재 미국 대사관이나 CIA 본부에 의사를 타진할 만한 시간이 없을 때를 대비한 돈이었다.[16] 8월 말 루뭄바를 향한 함마르셸드의 짜증이 극도로 고조되고 있을 때 데블린은 은밀한 공작에 박차를 가했다.

9월 초 카사부부가 루뭄바를 쫓아낼 때 벨기에와 유엔 당국의 도움을 받았고 제국 열강의 도움도 틀림없이 있었다. 그리고 CIA의 호의도 있었다. 이때 미국은 카사부부가 총리로 지명한 조제프 일레오도 '지원금' 명단에 올려 두고 있었다. 일레오는 이미 콩고 상원의장으로 뽑히는 데 필요한 돈도 받아 챙긴 상태였다.[17)]

이 모든 세력이 루뭄바를 궁지로 몰아넣을 때조차 미국은 변함없이 루뭄바는 위협적이라고 생각했다. 카사부부의 라디오 연설이 방송되고 하루 뒤인 9월 6일, 데블린은 "야권에 있는 루뭄바는 총리로 재임할 때만큼 위험하다"고 썼다. 덜레스는 9월 7일 NSC 회의에서 "루뭄바는 늘 이런 싸움에서 이기는 편이었다"며 루뭄바를 끌어내린 것만으로는 위협이 줄지 않는다고 말했다. 이날 회의 기록은 아이젠하워가 뭐라고 말했는지 기록하지 않고 있다. 그러나 다음 날 특별그룹 회의에서 그레이는 덜레스에게 또 한 번 "대통령은 현장에 있는 사람들이 강력한 조치를 취해야 한다는 점을 알아주길 원한다"고 상기시켰다. 워싱턴의 CIA 본부는 "설사 패한 것처럼 보일지라도 그는 다시 자기 자리를 만들 수 있다. 루뭄바의 재능과 패기를 무엇보다 중요하게 봐야 한다"며 레오폴드빌에 있는 데블린을 들들 볶았다.[18)]

2주 뒤 9월 21일 열린 NSC에서 덜레스는 아이젠하워를 비롯한 당국자들에게 최신 상황을 요약해 보고했다. 카사부부는 루뭄바를 해임했고 그런 다음 모부투가 쿠데타를 성사시켰다. 그러나 합의를 보려 한다는 얘기는 계속 돌아다녔고 루뭄바는 여전히 정치적 입지를 갖고 있었다. 덜레스는 데블린이 보고한 내용을 그대로 읊었다. "루뭄바는 아직 제거되지 않았고, 그가 제거되지 않는 한 심각한 위험으로 남아 있다."[19)] 그 사이 라예쉬와르 다얄 유엔 특사는 루뭄바를 어느 정도 보호해 주었다. 유엔군은 루뭄바의 집을 에워쌌고 루뭄바에 적대적인 일부 군대의 행동을 저지했다. 유엔의 보호 덕에 루뭄바라는 존재는 훨씬 더 위험해 보였다. 데블린은 "유엔이 루뭄바에게 반격을 조직할 기회를 주었다. 유일한 해결책은 될 수 있으면 조금이라도 빨리 그를 제거하는 것이다"라고 전신에 썼다.[20] 모부투가 소련 외교관들을 짐 싸서 떠나게 만들었지만, 미국의 의도가 공산주의를 몰아내려는 것이라면 그들은 루뭄바를 찍어 내야 했다. 서방의 공작이 성공하면서 한 발 더 나아가 아예 못을 박는 해결책이 필요하다는 분위기에 힘이 실렸다.

덜레스가 NSC에 루뭄바에 대해 보고하기 이틀 전인 9월 19일, 덜레스와 그의 직속 부하들은 데블린과 'PROP'라 불리는 1급 비밀통신 채널을 개설했다. 오직 암살만을 논의하는 채널이었다. PROP를 통해 데블린은 진행 상황을 보고하고 최상부로부터 지시를 받았다. 9월 19일, PROP는 특수 요원이 레오폴드빌로 날아가고 있다고 알렸다. 시드니 고틀리브*는 리처드 비셀의 과학 담당 보좌관으로 말을 더듬는 버릇이 있었고 선천적으로 발이 기형이었다. '죽음의 박사'로 알려진 고틀리브는 1950~1960년대 무시무시한 CIA의 세계에서도 괴이한 인물이었다. 그는 데블린에게 독극물을 가져다주었다. 데블린에 따르면, 고틀리브는 도착하자마자 데블린에게 "덜레스는 아이젠하워 대통령으로부터 지시를 받았다"며 "최고위 당국의 뜻에 따라 무슨 수를 쓰든 루뭄바를 암살하라는 지시를 전달한다"고 말했다. 데블린은 자신이 고틀리브를 믿었다고 수차례 상기했다. "그들은 심각했다. …… 루뭄바를 암살하라는 결정이 내려진 것은 틀림없다."[21]

---

* 캘리포니아공대 화학박사로 독극물 전문가였다. 1950~1960년대 CIA의 암살 시도에 연루된 요원들을 지휘하는 역할을 했다.

바로 그때 보두앵은 파비올라와 약혼한다는 사실을 전 세계에 발표했다. 의전상 미국 대통령이 축전을 보내야 하는 것인지 확실치 않았다. 브뤼셀에 있던 버든 대사는 국무부를 압박했다. PROP가 데블린에게 고틀리브가 레오폴드빌에 갈 거라고 알린 바로 그날 아이젠하워는 보두앵에게 축전을 띄웠다. "미국인들은 이 행복한 소식을 기뻐하는 벨기에 국민들과 마음을 함께합니다."[22)]

'아프리카'의 카스트로

이런 일련의 일은 어떻게 해석되어야 할까? 미국의 책임 있는 자리에 있는 어떤 지도자도 콩고를 잘 알지 못했다. 그럼에도 CIA 밖에서 대통령과 가까운 당국자도, CIA 스스로도, 벨기에 주재 미국 대사도, 현장에 있는 요원까지 루뭄바를 히틀러나 카스트로에 비유하며 형편없고 끝도 없는 비난 속으로 서로를 몰고 갔다. 8월 중순쯤 되었을 때 이들은 루뭄바를 몰아내는 일이라면 어떤 대가도 치를 태세였다.

상원 특별위원회의 조사에 힘입어 많은 평론가들은 그 음모에 아이젠하워가 연루되었는지 의심해 왔다. 1960년 아이젠하워는 거의 일흔이었고 20년 동안의 벅찬 공무로 지쳐 있었다. 그는 점점 더 강퍅해지고 있었고 새로운 정치와는 멀어졌으며 대통령직을 멋지게 마무리하지 못하는 자신의 무능함에 낙담했다. 존 F. 케네디의 대선 캠페인은 아이젠하워 시대가 끝나 가고 있다는 일말의 진실을 보여 주었다. 아이젠하워는 종종 NSC를, 정책을 놓고 짜증 섞인 수다를 늘어놓는 공간으로 이용했다. 어떤 학자는 이런 대통령을 '훈수 사령관'이라고 비꼬았다. 책임져야 할 자리에 있는 사람이라기보다 걸핏하면 투덜거리는 구경꾼처럼 말했다. 게다가 역사가들은 아이젠하워에게는 방아쇠를 당기고 싶어 근질거리는 손가락이 없다는 걸 잘 알고 있었다. 그는 군사적 해결을 매우 싫어했다. 특히 멀리 주변부에서 일어나는 일에는 더 그러했다.

8월 18일 이후 아이젠하워는 그레이에게 짜증을 내고 안달하면서 루뭄바는 없어져야 한다고 여러 차례 얘기한 것으로 보인다. 그러나 아이젠하워의 마음속에 지시에 걸맞은 신중한 정책 같은 것은 없었다. 포괄적인 반공주의도 아이젠하워한테는 큰 동기가 되지 못했다. 그렇다면 그는 왜 불운한 루뭄바를 죽이려 한 것일까? 목표는 왜 소련에 도움을 요청할 지도 모를 은크루마나 아프리카의 다른 지도자가 아니었을까? 루뭄바 그 자신은 별 위협이 아니었고 처형당할 만하지도 않았다. 언젠가 어떤 역사가는 이렇게 썼다. "1956년 맨발로 밀림을 뛰어 다니던 꿈 많은 우체국 직원을 훌쩍 뛰어넘어, 몇 년 만에 루뭄바는 세계 평화와 안녕을 위협하는 사람이 되어 버렸다."[23]

스파크가 나토 사무총장에서 물러난 것도 아이젠하워로서는 마음에 걸렸다. 아이젠하워는 루뭄바가 나토를 파탄 낼지도 모른다는 생각에 줄곧 기분이 상했고 화가 났다. 거기다 루뭄바가 유엔을 몰아낼지도 모른다는 얘기를 듣고 아이젠하워는 적극적 공세로 돌아섰다. 이건 CIA가 맡아야 할 일이었지만 대통령은 CIA가 콩고에서 어느 정도나 기반이 있는지 전혀 몰랐다. 더욱이 덜레스는 이를 과장했다.[24]

CIA는 처음부터 루뭄바의 위험성을 열심히 증폭시켰지만 그럼에도 워싱턴에 있던 덜레스는 천천히 움직였다. 데블린뿐 아니라 다른 사람들까지 대통령의 의중을 실행에 옮기자고 조직의 수장을 다그쳐야 했다. 그레이는 1975년 상원 위원회에서 "루뭄바에 대한 별다른 기억이 없다"고 말했다. 그레이는 루뭄바 살해와 관련해 편리한 기억을 갖고 있었다. 그는 "질문에 대한 답으로 의미 있는 설명을 할 수 있을 만큼 (루뭄바와 관련해) NSC에서 논의된 것을 충분히 기억하지 못한다"고 증언했다. 또 관련 기록을 들이밀었을 때는 "덜레스가 암살을 하나의 가능성으로 고려했을 수는 있다. 그럼에도 덜레스는 줄곧 살해는 미국이 해서는 안 될 일 중 하나로 생각한 것 같다"고 말했다.[25)] 더글러스 딜런 당시 국무부 차관도 CIA는 살해하는 방안을 신중하게 반대했다고 기억했다.[26)] CIA는 8월 18일 NSC 회의가 열린 지 한 달을 넘겨 9월 19일이 되어서야 결정적인 답을 내놨다. 8월 26일 '특별 그룹'이 살인도 고려하기로 합의한 지 3주 만이었고, 그레이가 (9월 8일) 두 번째로 불만을 터뜨리고 11일이 지난 뒤였다.

덜레스는 윽박질러야 움직일 수 있었다. 우리는 아이젠하워가 CIA 수장보다 더 암살을 독려했다고 믿고 있다. 우리는 덜레스가 비밀스런 행동에 관심이 많았던 것과 살인까지 저지를 생각이 있었는지는 구분해서 봐야 한다. 그는 공산주의에 대해 경보를 울려 대통령이 비밀공작과 관련해 CIA에 재량권을 주도록 만들었다. 덜레스는 거칠게 말하는 걸 좋아했고 그의 허풍은 결국 스스로를 살인에 발을 들이게 만들었다. 시커멓게 오염된 강물에 발을 담그는 게 탐탁지 않았지만, 일단 덜레스가 마른 땅을 떠나는 순간 CIA는 상황이 어떻게 바뀌든 무시하고 악취 나는 웅덩이 속으로 돌진할 수밖에 없었다. 그리고 CIA는 더 이상의 논의가 없는 것을 살인 면허가 난 것으로 받아들였다.

마지막으로 언급해야 할 요인이 있다. 정책 결정자들이 카스트로에게 느낀 감정은 격분 이상이었다. 카스트로가 작은 나라들을 부추겨 미국과 맞서려면 소련과 거래해야 한다고 부추긴다고 그들은 믿었다. 미국은 또 동맹 나토가 쿠바에 압박을 가해 주기를 기대했다. 그러나 미국은 루뭄바 암살 계획보다 불과 몇 달 앞서 카스트로를 죽이겠다는 계획을 세워 놓고도 더 이상 진전시키지 않았다. 이 때문에 두 계획을 실행하려는 논의는 시기가 겹쳤다. 우리는 스파크가 아이젠하워를 초대해 미국의 카스트로와 벨기에의 루뭄바를 비교해 얘기한 후 아이젠하워가 일종의 윤리적 공정함을 보이려 했다고 본다. 스파크는 아이젠하워에게 미국도 '식민지'를 갖고 있지 않느냐고 상기시켰다. 아이젠하워가 유럽 동맹들이 쿠바를 두고 미국의 편을 들어 주기를 바란다면 콩고에서는 유럽의 편을 들어야 했다. 카스트로를 죽여야 할 필요가 있다면 루뭄바를 죽일 필요도 있다는 얘기였다. 어떤 면에서 두 계략은 아이젠하워에게 동등했다.

게다가 덜레스는 가장 중요한 적인 카스트로에 대응하는 데 매달려 있었기 때문에 루뭄바 일은 좀 천천히 진행하고 싶어 했다는 얘기도 가능하다. CIA는 최우선 문제가 어떻게 진행되는지 지켜보고 싶었는지도 모른다. 반면 1960년 늦여름부터 가을에 걸쳐 일어난 CIA의 초기 암살 시도를 살펴보면, CIA는 루뭄바 쪽에 더 노력을 기울였고 카스트로는 오히려 덜했다. 1960년 초 쿠바에 대한 관심은 그리 크지 않았다. 1961년 케네디가 취임하고 루뭄바가 사망하면서 쿠바에 대한 관심이 좀 더 커졌다. CIA는 콩고의 진흙탕 정치 속에서 루뭄바를 시범 케이스로 결정한 건지도 모른다. CIA는 늘 벨기에를 비난하면서 더 마음대로 할 수 있었고 CIA가 감당해야 할 위험은 적었다. CIA는 여기서 얻은 교훈을 카스트로에게 적용할 수 있었다.[27]

영국 국왕 헨리 2세가 12세기 말 무렵 캔터베리 대주교 토머스 베킷에 대해 "누가 이 날뛰는 신부를 내 눈앞에서 좀 없애 달라"고 말했다.* 무슨 의미였을까? 아이젠하워도 정말 루뭄바를 죽이라는 뜻으로 지시한 것일까? 우리는 그렇게 생각하지만 이 질문이 가장 중요한 것은 아니다. 루뭄바는 일종의 '부수적 피해'**였다. 그러나 최고 통치자는 즉흥적인 충동이나 화가 나서 내뱉은 말을 심각하게 받아들여서는 안 된다고 주장할 수 없다. 아이젠하워는 대통령이었다. 그의 관리들은 따랐을 뿐이다.

암살 계획

CIA는 몇 달 동안 루뭄바를 돕고자 '사악한 음모'를 꾸미고 있는 다른 나라들의 도덕성과 루뭄바의 폭력단 운용을 비난하면서 살해할 방법을 찾아다녔다. 데블린은 말을 듣지 않고 제멋대로 행동했다. 그는 덜레스가 아니었다. 데블린은 7월부터 줄곧 CIA가 루뭄바를 제거해야 한다고 주장했고 다양한 계략을 준비해 왔다. 워싱턴이 암살을 결정한 뒤 데블린은 3주에 걸쳐 암살 임무를 어떻게 수행할지 여덟 가지 방안을 만들어 제시했고 다른 이들에게도 도와달라고 요청했다. 데블린의 상관은 이런 제안이 너무 불확실하다고 퇴짜를 놨다.[28)]

---

* 1162년 헨리 2세는 전임 테오발드 대주교의 사망으로 공석이 된 캔터베리 대주교 자리에 친우였던 베킷을 앉혔다. 그러나 교회에 대한 왕권을 강화하려는 헨리 2세는 베킷과 성직자 재판권 문제 등을 놓고 반목하게 되었고 베킷은 1170년 캔터베리 대성당에서 살해되었다.

** collateral damage, 대규모 군사행동에 따른 무고한 민간인의 피해를 뜻하는 미국의 군사 용어로 '의도하지 않은 희생'이라고 번역하기도 한다.

CIA의 변절자들은, 데블린이 암살 직후 CIA 내부 사람들에게 암살에서 자기가 한 역할을 자랑하고 다녔다고 증언했다. 그러나 데블린은 그 뒤로 40년 동안 수차례나 자신의 책임과 관련한 기록을 두고 전혀 다르게 기억했다. 그는 거듭 자신의 결정이 냉전의 공포 차원에서 나온 거라고 정당화했다. 시간의 압박이 냉전의 공포를 더 증폭시켰을지도 모르지만 현실주의가 루뭄바에 대한 비밀공작을 정당화했다고 회상했다. 그럼에도 데블린은 루뭄바를 암살한 책임과 루뭄바를 위험에 처하게 한 책임을 구별했다. 그러고는 후자를 택했다. 데블린은 루뭄바를 유엔의 보호 밖에서 처리하려 했다. 가담한 콩고인들은 루뭄바를 좀 다치게 하거나 감옥에 넣거나 판사 앞에 세워 사형선고를 받게 하려고 했을지 모른다. 데블린은 자신의 정책을 두고 "아프리카인들이 자기식대로 이 문제를 처리하도록 하자"는 것이었다고 상투적인 설명을 내놓았다. 워싱턴은 살해를 원했지만 자신은 상관들의 지시를 피해 갔다고 거듭 말했다. 이런 얘기들은 1975년 상원 위원회에서 그가 되살린 기억 속에 처음 등장했고, 2000년대 초반에 한 공개 인터뷰와 2007년에 펴낸 자서전에서도 되풀이되었다.

데블린도 코디어처럼 자신의 명예에 대해 반복적으로 말했다. 그는 실제로 명예가 훼손될까 걱정했다. 데블린은 상원 위원회에 "광적인 루뭄바 추종자들은 내가 총리를 죽였다고 믿고 있을지도, 데블린을 없애 버려야겠다고 결정했을지도 모르겠다. 누군가가 나를 죽이려 한다는 걸 안다는 건 별로 유쾌한 일이 아니다"라고 말했다. 독물학자 시드니 고틀리브도 자신의 활동이 상원 위원회를 통해 극히 일부가 드러났을 때 "언론의 주목을 받게 되면 나와 가족이 위험해지고, 평판도 회복할 수 없게 훼손될 것"이라고 걱정했다.

데블린에게는 개인적 안전 말고도 또 다른 동기가 있었다. 그는 대중들에게 자신이 혐오스러운 암살 공작에 연루되어 있지 않다는 걸 확인시키고 싶어 했다. 루뭄바가 히틀러만큼 위험한 사람이라면 데블린은 암살을 합리화할 수밖에 없을 것이다. 그러나 데블린은 사실 루뭄바와 히틀러를 동일하게 보지 않았다.

데블린의 기억과 회고록은 신뢰할 수 없다. 1960년 그는 루뭄바가 승리하면 중앙아프리카, 북서아프리카, 그리스, 이탈리아가 공산주의에 넘어가고 히틀러식 세력 확장이 일어날 것이라고 반복해서 주장함으로써 CIA의 정책에 영향을 끼쳤다. 데블린은 또 덜레스가 대통령으로부터 살해 명령을 받았다고 여러 차례 주장했다. 상원 위원회에 기록된 1975년 데블린의 증언은 기밀 문건의 내용과 맞지 않았다. 그는 "전문은 (내가) 임무에 대해 긍정적이고 적극적인 태도를 취한 것으로 그리고 있지만, 나는 그리 맹렬하게 작전을 추진하지 않았다"고 말했다.[29)]

기억이 불완전하다고 해도 데블린이 진실을 얼룩지게 할 수는 없었다. 1960년 그는 한사코 루뭄바를 해치우려 했고 루뭄바가 살해당하자 바로 대놓고 자기 공로로 돌렸다. 하지만 이후 자신이 그러려고 했다는 걸 고집스럽게 부인했다. 일단 루뭄바 살해라는 극악무도한 범죄 행위가 수면 아래로 가라앉자, 데블린은 유엔 사람들처럼 일어난 일에서 자신을 떼어 놓을 수 있는 일이면 뭐든 했다. 그는 자신이 내뱉은 말에 스스로 걸려 넘어졌다. CIA에서 자신의 자리를 증명하고 막후 실력자가 되려는 욕구는 용감하게 정도를 지켰다는 주장과 충돌했다.

살인 청부업자

살인 의도가 있다고 해서 바로 실제적인 행동으로 옮겨지는 것은 아니다. 콩고에서 CIA는 능력만큼이나 허풍도 셌다. 고틀리브는 9월 26일이 되어서야 독극물과 살인 명령을 들고 레오폴드빌에 나타났다. 그날 데블린은 "나와 고틀리브는 마음이 맞아 잘 움직이고 있다"고 워싱턴에 전신을 보냈다. 논의 결과, 두 사람은 데블린이 우선 자택에 있는 루뭄바와 수행원들에게 접근할 수 있는 요원을 찾기로 했다. 데블린이나 요원 중 한 명이 루뭄바가 독을 삼키게 만들면 사인은 아프리카에 널리 퍼진 흔한 질병으로 인한 것으로 보일 것이다. 데블린은 또 워싱턴에 "모부투가 루뭄바와 타협하라는 압력을 받고 약해지고 있고 상황이 최대한 신속한 행동을 요구하고 있다"고 말했다. 고틀리브는 독을 전달하고 10월 5일에 미국으로 돌아갔다. CIA는 데블린이 요원을 증원해야 할 필요가 있다면 누구도 미국과 결부시킬 수 없는 제3국 국적자의 도움을 받는 게 좋을 것 같다는 뜻을 내비쳤다.[30]

8월 국무부는 아이젠하워에게 보두앵의 동생 알베르*가 가을에 휴가를 보내러 미국에 오면 그를 초대해 대접할 것을 요청했다. 벨기에에 준 모욕을 만회하는 데 도움이 될 거라는 이유였다. 위니 외교부 장관은 미국의 책임을 너무 쉽게 없애 줄 것이라며 알베르의 미국행에 반대했다. 그로서는 "왕자가 루뭄바와 같은 침대를 쓰게 된다는 건 상상할 수 없는" 일이었다.[31] 알베르와 파올라 왕자비가 머물 곳은 알려지지 않았

* 1993년 보두앵이 자녀 없이 사망하자 벨기에 6대 국왕 알베르 2세로 즉위해 2013년까지 재임했다.

지만 그들은 위니를 무시하고 10월 초 워싱턴으로 향했다. 10월 4일 아이젠하워는 워싱턴에서 스파크와 조찬을 함께하며 나토 문제를 논의했다. 10월 7일 아이젠하워와 부인 메이미는 백악관에서 알베르와 파올라를 위한 부부 동반 오찬을 마련했다. 아이젠하워는 일어서서 "두 나라가 화합할 수 있는 우정의 유대를 강화하자"고 발언했다. 그는 말을 이었다. "두 나라는 공통의 이상과 공통의 목표를 위해 흘린 피로 유대관계를 형성해 왔고, 이 유대는 두 나라를 영적 동맹으로, 필요할 때는 칼의 동맹으로 묶어 주었습니다. …… 보두앵과 나 그리고 벨기에의 왕을 위해 건배를 제안합니다."[32] 같은 날 데블린은 고틀리브의 독극물을 루뭄바의 자택 안으로 어떻게 반입시킬 것인지 한 요원과 논의했고 아마도 음식 안에 넣는 방식이 될 것 같다고 보고했다.[33]

10월 중순 데블린은 아무도 루뭄바의 집에 잠입하지 못했다고 한탄했다. 워싱턴은 특공대가 집을 급습하는 방안이나 루뭄바가 레오폴드빌에 나타났을 때 기습하는 방법을 제안했다. 그러나 루뭄바는 이때까지도 모부투의 군대와 유엔이 지키고 선 덕분에 집을 떠날 수 없었다. 현지 암살에 CIA가 연루된 것으로 비칠 수 있다면 CIA는 자격을 갖춘 제3국 국적자를 보낼 수 있다고 했다. 데블린은 본부가 자신의 선택이 위험하다고 생각한다면 그는 꼭 그런 외부인이 있어야 한다고 말했다. 워싱턴은 데블린에게 "제3국 국적자가 임무를 해낼 것이라고 생각한다면 미국에서 데블린 밑에서 암살을 총괄할 상급 요원을 보내 주겠다"고 덧붙였다.[34] CIA는 암살 음모에 데블린이 노출될 위험이 있다고 본 것 같다. 그래서 데블린과 실제 범행을 실행할 자들 사이에 가능한 한 넓은 공간을 만들어 두길 원했다.

일이 약간 지체된 후 11월 3일 CIA 본부의 선임공작관(case officer)

저스틴 오도넬이 레오폴드빌에 도착했다. 오도넬은 암살을 총괄하고 데블린에게 상황을 보고할 예정이었다. 워싱턴의 격려 후 데블린은 본부에 오도넬 파견을 요청하면서 "아직 독극물을 갖고 있지만 망원경과 소음 장치가 달린 외제 고성능 소총도 필요하다"고 알렸다. 데블린은 9월에 고틀리브와 소총을 쓰는 방법을 논의했고 CIA가 새 지부를 연 카탕가에 요원으로 온 데이비드 도일과도 이 문제를 논의해 왔다. 루뭄바가 자택 앞에 모여든 대중에게 연설을 하러 드물게 발코니에 나타난 후 한 주가 지나자 데블린은 이제 아예 소총을 지원해 달라고 요청하게 된 것이다.[35]

덜레스는 오도넬을 낙점하고 있었지만 오도넬은 당초 그 임무를 맡지 않겠다고 거절했다. 그렇다면 그는 왜 콩고행 비행기를 타게 된 것일까? 덜레스는 비록 자신이 지시를 이행해야 하는 신임 받는 관료지만 100퍼센트 확신하지 못하는 일에 위험을 무릅쓰고 싶지 않았다. 오도넬은 뛰어나게 임무를 수행할 것 같지 않았다. 하지만 바로 그 이유 때문에 그는 덜레스에게 좋은 선택으로 여겨졌는지도 모른다. 데블린은 "오도넬은 대부분 시간 동안 어떤 일도 하지 않는 것처럼 보였고 나도 그를 진지하게 생각하지 않았다. 그는 술 마시는 데 숱한 시간을 보냈다"고 회고했다. 동시에 오도넬은 루뭄바를 직접 살해하는 것은 반대한 반면 루뭄바를 카사부부나 모부투에게 넘기는 방식은 반대하지 않았다. 그들이라면 자신이 루뭄바에게 직접 하지 않으려는 바로 그 일을 할 것이라고 오도넬은 생각했다. 11월 말 오도넬은 루뭄바의 집 근처에 감시소를 만들기를 원했다. CIA가 루뭄바를 밖으로 유인해 내면 루뭄바는 붙잡혀 아프리카의 적들에게 넘겨질 수 있었다. 그러나 데블린은 워싱턴에 대고 "표적을 잠깐 보는 것도 힘들다"고 걱정했다.[36]

오도넬이 덜레스가 가진 양심의 가책을 드러낸 반면, CIA의 2인자 비셀은 용기를 끌어모았다. 그는 데블린처럼 암살을 감행하려는 의지가 강했다. 곧 워싱턴은 비셀을 통해 데블린에게 추적이 불가능한 조수 두 명을 보내 주었다. 이 가운데 한 명은 위조와 은행강도 전과가 있는 살인 청부업자 'WI/ROGUE'였다. 워싱턴은 의욕적으로 그를 추천했다.

> ROGUE는 옳고 그름의 수칙을 잘 알고 있는 사람이다. 세상의 시선으로 옳지 않을 수 있는 임무를 부여받더라도, 그의 공작관이 그걸 실행하라고 지시하고 옳은 일이기 때문에 해야 할 필요가 있다면 그는 양심의 가책 없이 임무를 실행하기 위해 충실하게 적절한 작전에 나설 것이다. 한마디로, 그는 모든 작전을 합리화할 수 있다.[37]

CIA 사람들은 CIA가 옳지 않다고 생각하던 일을 ROGUE가 할 거라고 말하고 있는 것일까? CIA는 모든 작전을 합리화할 수 없다고 말하는 것일까? 도덕적으로 파탄난 자에게 자기 대신 살인을 하게 하는 것이 괜찮다고 말하는 것일까?

9월 19일 CIA는 ROGUE가 콩고로 가도록 준비시키기 시작했다. 이날은 CIA 본부가 암살 계획에 착수한 날이다. 고틀리브가 독극물을 지니고 레오폴드빌을 향해 출발하던 바로 그때 ROGUE는 부분 가발을 쓰고 성형수술까지 받았다. 그러나 CIA는 10월 말이 다 되도록 ROGUE를 대기시키지 않았다. 그는 결국 11월 초가 되서야 데블린을 만날 수 있었다.

그 사이 CIA는 또 다른 요원을 준비시켰다. 제3국 국적자인 'QJ/WIN'이었다. CIA는 WIN을 양심이 없는 범죄자로 묘사했고 그에게 뭐든 믿고 맡길 수 있다고 판단했다.[38] CIA는 WIN에게 맡은 임무에 커다란 위험이 따른다고 알려주었지만 그가 어떤 일을 하길 원하는지 정확히 말하지 않았다. "그를 쓴다는 최종 결정이 내려질 때까지 우리의 구체적인 실제 요구는 말하지 않는 것이 최선이라고 생각된다." 그러나 CIA는 WIN이 일단 콩고에 도착하자 다른 적당한 사람들을 모으게 했다. 워싱턴은 오도넬 밑에서 암살을 맡을 사람으로 사실상 WIN을 낙점했다. ROGUE는 구체적인 역할이 불분명한 프리랜서에 가까웠다. 오도넬이 레오폴드빌에 도착하기 전날인 11월 2일 워싱턴은 WIN이 곧 도착할 거라고 전신을 보냈다. 그러나 데블린이 WIN을 바로 보내 달라고 거듭 요청했는데도 WIN은 11월 중순까지 콩고에 도착하지 못했다. WIN은 11월 21일 비로소 콩고 땅을 밟을 수 있었다. 나중에 드러나게 되지만 WIN이 도착한 것은 ROGUE보다 2주 먼저였다.[39]

그때까지 미국은 루뭄바를 살해하려는 계획을 숙성시켰다. 루뭄바는 출입이 제한되어 자유롭게 드나들 수 없었고, 데블린과 그가 고용한 청부업자들은 루뭄바에게 가까이 접근할 수 없었다. 유엔 평화유지군으로 온 프랑스, 영국 등 다른 열강의 군대도 루뭄바를 해치우려는 음모를 꾸몄다는 약간의 증거와 많은 심증들이 있다.[40] 그러나 10~11월 이들의 작전도 CIA의 작전도 모두 물거품이 되고 말았다.

10
벨기에의 귀환

아롤드 데스프레몽 린덴 백작은 9월 벨기에 정부의 아프리카부 장관을 맡게 된다. 이 무렵 카사부부는 조제프 일레오를 총리로 임명했고 모부투는 정치인들을 '무력화'시켰다. 동시에 미국은 콩고에 대한 접근법을 잔혹하게 단순화해 버렸다. 레오폴드빌의 혼란으로 브뤼셀의 외교는 더 복잡해졌다. 벨기에인들은 콩고로 되돌아왔다. 어떤 이들은 루뭄바가 사라졌다며 안도했고 어떤 이들은 재기를 막아야 한다고 결의를 다졌다. 가스통 에스켄스 총리는 훗날 방대한 회고록에서 "브뤼셀은 콩고의 내정에 어떤 간섭도 하지 않는다는 최우선 원칙을 굳게 지켰다"며 벨기에의 공식 입장을 되풀이했다. 그는 루뭄바가 몰락한 뒤 "우리는 권력을 다투던 어떤 정치인과도 따로 손을 잡지 않았다"고 말했다.[1] 절반의 진실 위에 쌓인 또 다른 절반의 진실은 에스켄스의 공명정대함을 입증하기 위한 뒤얽힌 왜곡을 만들어 냈다.

카사부부와 루뭄바가 브뤼셀과 국교를 단절해 버렸기 때문에 '벨기에타운'은 레오폴드빌 바로 강 건너 프랑스령 콩고의 브라자빌을 중심으로 만들어졌다. 브라자빌에서는 마르셀 듀프레가 총영사를 맡고 있었다. 브뤼셀은 브라자빌콩고의 공식 독립기념일인 11월 28일 영사관을 대사관으로 승격시켰다. 이 이야기에 등장하는 많은 다른 벨기에인들처럼, 듀프레 대사도 제2차 세계대전에 참전한 군인으로서 왕정주의자이자 열렬한 반공주의자였다. 그가 이끈 브라자빌 대사관은 일레오를 비롯한 정치인들, 특히 알베르 칼론지 같은 카탕가 출신 유력 인사들에게 필요한 모든 편의를 제공했다. 식민지 시절 브라자빌 영사관과 레오폴드빌의 전 총독 관저 사이에 놓였던 전화선은 카사부부가 이 관저를 대통령 관저로 쓰게 된 뒤에도 변함없이 운용되었다. 카사부부와 일레오가 유엔이나 다른 국가 정상에게 메시지를 보낼 때는 브라자빌 대사관의 전신을 이용했다.

동시에 벨기에인들은 아프리카인들을 과소평가했고 어떤 일이 벌어지고 있는지 파악하지 못할 때가 많았다. 카사부부와 일레오는 백인들이 주장한 것처럼 그리 게으르지 않았을지도 모른다. 콩고 정치인들은 누가 봐도 독립적으로 움직였다. 브뤼셀은 그들을 조종할 수 있다고 생각했을지 모르지만, 아프리카인들은 규칙 없는 게임 속에서 차례차례 돌아가며 벨기에를 이용했다.

이것이 루뭄바를 끌어내리는 작업이 벨기에의 현지 지원으로 준비되고 벨기에식 법률 용어가 동원되었음에도 불구하고 9월 5일 갑자기 일어난 까닭이다. 듀프레는 피에르 위니 외교부 장관에게 전신을 쳐 "루뭄바 제거를 위한 시나리오가 48시간 사이 너무 빨리 전개되었다"고 보고했다.[2)]

귀가 얇다고들 했지만 카사부부의 마음속에는 벨기에에 대한 적개심이 자리 잡고 있었다. 카사부부의 측근 가운데 벨기에인은 두 명뿐이었지만 둘 다 꽤 이름을 알렸다. 안트베르펜에 있는 해외지역대학연구소(University Institute for Overseas Regions)의 교수 예프 판 빌센은 1959년부터 바콩고동맹(ABAKO)의 지도자였던 카사부부를 자문했다. 카사부부는 콩고가 독립하자 판 빌센을 공식 고문으로 임명했다. 앞에서 살펴봤지만, 판 빌센은 9월 5일 카사부부의 메시지를 코디어에게 전달하는 역할을 했다. 그 후 루뭄바와 그 추종자들은 판 빌센을 쫓아내려 했다. 나중에는 카사부부의 사람들도 판 빌센이 문제가 있다고 느꼈고, 카사부부가 일레오를 총리로 내정한 뒤로는 더 이상 그를 반기지 않았다. 신변의 안전을 걱정한 판 빌센은 곧바로 레오폴드빌을 떠났다. 그는 비공식 대사로 뉴욕, 브뤼셀, 엘리자베스빌을 다니며 카사부부의 사건을 변호했다. 9월 말 판 빌센이 며칠간 다시 레오폴드빌을 방문했다. 카사부부가 망설이면서도 압력에 못 이겨 두 사람의 협력 관계를 끝내자 판 빌센은 낙심했다. 10월 2일 판 빌센은 카사부부에게 22쪽짜리 편지를 보냈는데 유엔이 이를 가로챘다. 판 빌센은 이 편지에서 카사부부에게 설교를 늘어놓으며 "권력을 완벽하게 장악하기 전에 어떤 타협도 하지 말라. 당장 중요한 문제는 당신의 '합법적인 정부'를 세우는 데 성공하고 전임 정부와 그 협력자들을 완전히 제거하는 것"이라고 강조했다.[3)]

식민 정부에서 변호사로 일했던 또 다른 벨기에인 조르주 드니는 카사부부 내각에 법률 문제를 조언했다. 9월 5일 이후 드니는 한 달 넘도록 대통령 관저에서 은신했다. 9월 16일 첫 상황 보고가 위니에게 전달되었다. 드니는 카사부부가 이기려면 루뭄바는 반드시 감옥에 가야 한다고 강조했다. 그는 "위기가 장기화되는 것은 유감스럽지만 회복할 수 없는 것은 아니다. 영리하지만 느긋한 카사부부는 일을 진행하는 속도든 논리든 우리 서방의 이익을 신경 쓰지 않는다. 유일무이한 문제가 루뭄바, 한 사람을 제거하는 것이고 그 문제는 여전히 남아 있다. 이를 위해 우리는 군대가 필요하다"라고 썼다. 그리고 그는 이렇게 결론을 맺었다. "나는 자유 서방세계의 이상을 지키기 위한 핵심 전선에 서 있다는 사실을 잘 알고 있다."[4)]

브뤼셀은 처음에 일레오에게 모든 것을 걸었다. 일레오는 유명한 독립 선언문을 썼기 때문에 민족주의자로서 신망을 얻고 있었다. 그는 상원 의장을 맡아 루뭄바를 비판해 왔다. 가장 중요한 것은 그가 독실한 가톨릭 신자이며 레오폴드빌 흑인 주교의 친구라는 점이었는데, 이 때문에 그는 벨기에의 눈에 들었다. 일레오는 레오폴드빌의 루바늄가톨릭대학 이사회의 일원으로 일했고, 기독교인 노동조합과 벨기에의 돈으로 운영되던 최고 유력 언론 《쿠리에 다프리크》(Courrier d'Afrique)의 지지를 얻을 수 있었다.[5)] 벨기에인들은 카사부부보다 일레오와 더 많이 거래했다. 총리 자리를 예약한 일레오는 정기적으로 브라자빌로 건너와 벨기에 외교관들과 사안을 논의했다. 그러나 벨기에인들은 결국 일레오에게 실망했다. 일레오 역시 게으르고 열정이 없어 보이는 또 다른 아프리카인일 뿐이었다.

일레오가 점점 더 뒤처지는 경주마처럼 보이자, 벨기에는 돈을 (모부투가 만든 임시 행정 조직인) 집행위원들에게 걸었다. 집행위원들은 젊고 경험이 부족한 대학 졸업생이나 여전히 재학 중인 학생들이었다. 이들은 벨기에의 대학이나 루바늄대학을 졸업했거나 다니고 있었다. 집행위원 가운데 핵심 인물 두 명이 벨기에를 위해서 움직였다. 집행위원장을 맡은 쥐스탱 봄보코는 브뤼셀자유대학에서 공부했고 늘 친벨기에 노선을 추구했다. 부위원장인 알베르 은델레는 루뭄바 정부에서 재무부 장관 비서실장으로 일했던 인물이다. 그는 벨기에 루뱅가톨릭대학을 졸업한 첫 아프리카인으로 모교와 좋은 관계를 유지하고 있었다. 페르디낭 카자디 같은 또 다른 집행위원도 루바늄대학에서 공부했는데, 이들은 그 대학 교수들로부터 영향을 받았다. 베누아 베르하겐은 교수로 있으면서 이미 루뭄바 축출 계획에 관여했다. 알로이스 카방기는 루뭄바 정부 안에서 온건파에 속하는 장관이었지만 8월 말 루뭄바로부터 떨어져 나와 베르하겐을 차석비서관으로 고용했다. 이제 베르하겐은 경제·계획 담당 집행위원이던 조제프 음베카에 버금가는 위상을 갖게 되었다. 음베카도 루뱅가톨릭대학 졸업생으로 카방기의 수석비서관을 맡고 있었다.[6)]

그러나 벨기에와 콩고는 수교하고 있지 않았고 집행위원회는 합법적인 정부가 아니었다. 이는 특수한 상황을 낳았다. 8월 제네바 회담에서 브뤼셀과 신생 콩고민주공화국은 벨기에령 콩고·루안다-우룬디 중앙은행을 청산하는 방안을 논의했다. 청산은 여태 이뤄지지 않았고 중앙은행은 벨기에의 아프리카부 장관, 즉 데스프레몽의 감독 아래 여전히 콩고의 중앙은행으로 기능하고 있었다. 9월이 되자 레오폴드빌의 재정은 완전히 엉망이 되었다. 국고가 파산하지 않도록 돕고 집행위원회가 콩고국군에게 월급을 지급할 수 있도록 데스프레몽은 콩고의 부채 한도를 1천만 달러 더 늘렸다.[7)]

9월 중순으로 접어들면서 점점 더 많은 벨기에인들이 레오폴드빌로 돌아오고 있었다. 사람들은 국경 너머에서 상황이 나아지길 기다렸다. 귀국해 버렸던 공무원들도 돌아왔다. 브뤼셀에서는 '국제협력센터'(International Center for Cooperation)라는 한 인력채용 회사가 잘 나가고 있었다. 집행위원들은 정부 내 빈자리를 알리는 명단을 이 센터에 건넸다. 이는 식민 관료들이 콩고로 복귀하는 것을 가려 주었다. 베르하겐이 음베카 밑에서 했던 주요 업무 중 하나가 센터를 통해 정부 내 자리와 적합한 후보를 물색하고 브뤼셀에 진행 상황을 알리는 것이었다.[8] 물론 새로운 인물들이 눈에 띄는 자리로 가기도 했지만 '베테랑'들이 요직에 앉았다.

유엔 특사 다얄은 즉시 상황이 달라졌다는 걸 감지하고 함마르셸드에게 경고를 보냈다. "모부투의 집행위원들은 대부분 아직 대학생들이다. 이들은 앞서 수립된 유엔의 계획에 간섭하는 벨기에 교수들이 하라는 대로 하고 있다. 상황은 명백히 독립 이전의 상황으로 되돌아가고 있는 것으로 보인다." 다얄은 2주 후 다시 "엄청난 수의 벨기에인들이 돌아와 집행위원들 주변에서 접근을 어렵게 만드는 장막을 치고 있다. 이는 벨기에가 콩고에 꼭 필요한 존재임을 입증함으로써 유엔은 불필요하게 중복되는 존재라는 걸 보여 주려는 것으로 보인다"고 알렸다. 다얄은 벨기에가 전략적으로 정책을 결정하고 유엔에게는 집행위원들이 사무업무만 떠맡기는 식이 될까봐 두려워했다.[9]

루뭄바의 복귀를 막아라

벨기에의 외교와 콩고에 있는 벨기에인들의 목표는 루뭄바를 고립시키기 위해 카사부부, 모부투, 봄보코가 연대하도록 만드는 것이었다. 쫓겨난 루뭄바에게 일말의 여지도 줘서는 안 되었다. 벨기에의 공포는 곧 루뭄바의 복권에 맞춰졌다. 벨기에는 루뭄바와 협력하려는 어떤 움직임

도 일어나지 못하도록 모든 영향력을 동원해서 막았다.[10)]

위니는 해임에 대해 보인 루뭄바의 반응을 전해 듣자마자 루뭄바 체포를 요구했다. 위니에 따르면, 루뭄바는 이제 더 이상 의회 면책특권이 없는 반군으로 전락했고, 그를 "어떤 해악도 끼치지 못하게 만들어야" 했다. 위니는 9월 6일 오전 9시 35분, 10시 10분, 11시 45분 세 번이나 똑같은 긴급 메시지를 보냈다. "카사부부의 정치 활동이 성공적으로 먹혀들면서 선제적인 체포로 루뭄바가 어떤 위협도 가하지 못하게 만들어야 할 필요가 생겼다."[11)]

9월 6일 밤 카사부부는 드니의 도움을 받아 콩고의 유력 법률가인 백인 검사장 르네 롬을 관저로 불렀다. 루뭄바 총리가 검사장으로 임명하기 전에 롬은 변호사로 활동했는데, 스탠리빌에서 열린 재판에서 루뭄바를 변호한 바 있다. 롬은 압박을 견디지 못하고 루뭄바에 대한 체포영장을 발부했다.[12)] 이 영장은 향후 몇 주 동안 다툼과 절도, 논쟁의 주제가 된다. 9월 10일 위니는 신속한 체포가 중요하다고 또 다시 강조했다. 그러나 9월 내내 루뭄바는 레오폴드빌을 자유롭게 돌아다닐 수 있었다.

루뭄바를 체포하려는 두 차례의 시도가 실패한 뒤 9월 16일, 벨기에 외교관들은 이 문제를 언급했다. "일반적 상황: 루뭄바가 누구에게도 해를 끼치지 못하도록 만드는 일이 아직도 이뤄지지 않고 있는 것은 실행 의지 부족 때문이라고 말할 수 있다. …… 그러므로 핵심 문제는 콩고인들이 통일된 강력한 행동으로 루뭄바를 치워 버리는 것이어야 한다."[13)] 10월 10일 유엔이 위헌적인 집행위원회 체제는 법적으로 유효한 루뭄바 체포영장을 발부할 수 없다고 결정한 뒤에도 위니는 줄곧 루뭄바 체포가 합법적이라고 강변했다.[14)]

브뤼셀은 루뭄바와 그의 동지들에게 발언권이 주어질 만한 어떤 합의라도 이뤄질 만한 징후가 있는지 촉각을 곤두세웠다. 9월 말 위니는 뉴욕 유엔본부에서 봄보코를 만났다. 위니는 브뤼셀에 "화해는 타협이 아니라 재앙"이라고 알렸다.[15] 데스프레몽은 벨기에가 레오폴드빌에 재정 지원을 한 것에 화가 나 있을지 모를 촘베에게 편지를 보내 자신의 정책을 정당화했다. "우리가 루뭄바에 맞서 행동할 수 있는 가장 효과적인 방법은 가능하고 합리적 범위 내에서 현 정권을 지원하는 것이라고 보인다. 이들은 루뭄바가 레오폴드빌에서 공인으로 아예 발붙이지 못하도록 애쓰고 있다."[16]

10월 초 카탕가의 내무부 장관인 무농고뿐 아니라 일부 루뭄바의 사람들까지 포함해 전 진영 인사를 모아 레오폴드빌의 새 정부가 꾸려지고 있다는 소문이 돌았다. 데스프레몽은 자신의 후임으로 엘리자베스빌에 실무파견단을 이끌고 와 있는 로베르트 로트스힐트 대사에게 전신을 보내 그 계획을 중단시키라고 말했다. 데스프레몽은 이 포괄적 내각이 출범하기 힘들 것 같지만 그래도 간접적으로라도 루뭄바의 목소리를 키워 줄 수 있기 때문에 위험하다고 생각했다. 로트스힐트는 무농고에게 그 계획에 발을 담그지 말라고 경고하는 임무를 맡았다.

데스프레몽은 10월 6일 프랑스어로 보내는 전신에서 "왜냐하면 콩고와 카탕가, 벨기에를 위해서 가장 중요한 목표는 루뭄바를 완전히 제거하는 것이기 때문"이라고 끝맺었다. 논란의 소지가 다분한 이 문장에서 어떤 이들은 살해 명령을 읽어 냈다. 그러나 누구도 외교관에게 사람을 죽이라고 명령하고 외무부에 그 명령을 담은 메시지를 전달하지는 않는다. 핵심만 보면 그 전신의 메시지는 간단했다. 무농고에게 새 정부가 수립되고 있는 우려스러운 상황이라는 걸 알려주고 그 계획에 반대하라고 경고하라는 것이다. 루뭄바가 돌아올 일말의 가능성도 받아들일 수 없었기 때문이다. 데스프레몽의 말은 당시의 전반적인 분위기를 반영하고 있다. 루뭄바가 다시는 재기하지 못하도록 해야 한다는 것이다. 10월 6일 데스프레몽은 새 정부 출범을 좌절시키는 것으로 충분하다고 여겼다.[17] 그리고 보이지 않는 곳에서 브뤼셀은 또 다른 작전을 꾸미고 있었다.

비밀증서

이 시기 브뤼셀과 콩고 사이를 이어 주는 많은 끈에는 늘 모호함이 걸려 있었다. 외교 관계가 헝클어진 두 나라 사이 안개가 자욱한 곳에 연락책, 참모, 중재자, 문제를 일으키는 사람들이 오가고 있었다. 당시 문건에는 두 나라의 관계가 '경험적 협력'이라고 표현되어 있다. 게다가 카사부부와 집행위원들은 국내용으로 반벨기에 발언을 내놨다.[18] 그러나 이런 혼탁한 정치 뒤에는 이보다 더한 더 많은 비밀과 기묘한 음모가 도사리고 있었다. 이는 브뤼셀에 있던 벨기에 각료 대부분에게도 비밀에 부쳐졌다.

9월 3일 에스켄스가 개각을 단행하면서 데스프레몽을 승진시킨 조치는 많은 비판을 받았다. 세간에서는 데스프레몽에게 너무 많은 권력이 갔다고 평가했다. 야당인 사회당은 그에게 '대기업을 거느린 사람'이라고 이름 붙였다. 위니는 환멸을 느꼈고 또 다른 힘든 나날이 닥쳐올 거라고 예상했다. 그는 지난 두 달 동안 아르튀르 질송 국방부 장관과 격론을 벌였고 데스프레몽이 실무파견단 단장으로 지나치게 튀는 행동을 하는 것을 탐탁지 않아 했다. 위니는 자신이 콩고 정책을 책임져야 한다고 요구했다. 에스켄스는 9월 6일 내각회의에서 이 요구를 받아들였다. 그러나 위니는 자기 손 안에 통제권을 두는 데 내내 어려움을 겪었고 이따금 문제들이 자기 손을 떠나 있는 걸 발견했다. 1961년 2월 콩고 문제가 국가 위신에 영향을 줄 정도로 난처한 상황이 되자, 그제야 에스켄스는 정부 안에 콩고위원회를 설치했다.[19)]

아우구스트 드 스라이퍼 아래에서 무기력했던 아프리카부는 데스프레몽이 이끌게 되면서 활기를 되찾았나. 데스프레몽은 탈식민화가 일어나지 않은 것처럼 행동했고 위니를 학생처럼 취급했다. 카탕가에서 외교부 사람들과 아프리카부 사람들은 거의 교류가 없었다. 위니는 데스프레몽이 쥘 루스 소령에게 주요 책임을 맡겼다는 사실도 알지 못했다. 루스는 아프리카부에 군사에 관한 사항을 자문했다. 그는 식민지 시절에도 특별 임무를 맡았었다. 벨기에령 콩고에서 오래 복무했던 루스는 공안군에 벨기에 장교를 임용하고 무기와 탄약, 제복을 징발하는 일을 맡았다. 벨기에가 카탕가 군대를 지원하게 되면서 루스의 역할이 중요해졌다. 루스는 카탕가에서 갓 창설된 카탕가군의 벨기에 장교 200명 정도를 책임지게 되었다. 그와 더불어 데스프레몽의 지원 아래 루스는 또 다른 임무도 맡게 되었다. 루스는 벨기에군이 레오폴드빌에 주둔하도록 이끌었고 모부투의 콩고국군 개혁을 위한 정책을 만들었다.[20)] 그는 또 'L작전'이라고 불린 계획을 궁리하고 있었다. 'L작전'은 루뭄바를 제거하려는 작전으로, 아마 유해 약물을 루뭄바의 집에 들여보내는 방법 따위를 검토했을 것이다.[21)]

루스는 레오폴드빌에서 루이 마를리에 대령과 접촉했다. 공안군 참모총장을 지낸 마를리에는 7월에 벨기에와 콩고의 관계가 단절된 후 처음에는 모부투의 친구이자 자문으로 레오폴드빌에 남아 있었다. 8월 18일 벨기에 대사관이 폐쇄된 이래 마를리에는 가장 나중에 브라자빌로 건너간 사람 중 하나였다. 3주 후 카사부부가 루뭄바를 몰아내고 나서 마를리에는 레오폴드빌에서 다시 영향력을 갖게 된다. 그는 다른 누구보다 콩고국군 장교와 병사들을 잘 알았고 콩고국군의 강점과 특히 취약점을 잘 알았다. 루스와 마를리에를 연결해 주던 비밀 전신선은 불이 나서 타 버렸다. 두 사람은 모부투와 그의 군대까지 끌어들이는 다양한 비밀작전을 세세하게 검토했다. 마를리에의 첫 번째 개입이 (콩고 정국에) 영향을 미쳤다. 9월 12일 그는 브라자빌에서 총리로 지명된 일레오를 만났다. 일레오는 콩고국군이 복종하지 않을까봐 두려워했다. 마를리에는 룬둘라(루뭄바가 임명한 콩고국군 초대 사령관) 장군에게 엄중히 경고하고 룬둘라가 명령을 따르길 거부한다면 제거하라는 해법을 제시했다. 일레오는 즉시 카사부부에게 전화를 걸었다. 룬둘라는 엄중한 경고를 듣지는 못했지만, 다음 날 대통령이 자신을 해임했다는 소식을 라디오를 통해 알게 되었다.[22] 길은 이제 모부투를 위해 말끔히 정리되었다. 룬둘라는 이후 스탠리빌에서 기젠가와 합류하게 된다.

브라자빌 벨기에 총영사관에서 비밀을 품고 있는 사람은 마를리에만이 아니었다. 1960년 7월 브뤼셀은 수리테의 앙드레 라하예를 '요원 070a'라는 가명으로 파견했다. 식민지 시대의 유산인 수리테는 콩고에서 7월 초까지만 해도 완전히 와해되어 있었다. 당시 루뭄바는 수리테 수장 프레데릭 판데발레 대령을 해임한 뒤 추방해 버렸고 수많은 벨기에 요원들도 콩고를 떠났다. 벨기에에서 수리테는 법무부에 소속되어 있었다. 수리테의 수장인 뤼도 카이막스는 자신에게 들어오는 정보의 종류에 따라 여러 장관들에게 보고했다. 카이막스는 식민지 시절 콩고 수리테 국장이던 라하예에게 벨기에 요원들의 송환을 조직하는 임무를 맡겼다. 하지만 라하예는 훨씬 모호한 임무를 띤 채 콩고에 남아 있었다. 거의 매일 그는 브뤼셀에 있는 정보기관에 전신을 보냈다. 라하예는 미국과 프랑스 정보 요원들과 점점 더 긴밀하게 교류했다. 나중에 그가 남긴 문서들을 보면 이런 유형의 문서들이 대개 그렇듯 간략하고 암호문처럼 되어 있다. "주머니칼을 숨긴 한 남자가 접촉해 왔다. 그는 당신이 레오폴 2세 훈장을 주었던 사람이다." '요원 070a'는 8월 10일 브뤼셀에 있는 상관에게 "접촉을 해 온 자는 수리테가 '레이먼드'라고 부르던 래리 데블린이다"라고 썼다.[23)]

마를리에와 라하예는 처음에는 각자 다른 역할을 맡았지만 나중에 브라자빌 대사관에 라디오 시설이 갖춰진 사무실에서 함께 팀을 이뤄 일하게 되었다. 라하예가 정보를 전달하면 마를리에는 그에 맞춰 움직였다. 9월부터 마를리에는 몇몇 비밀공작에 등장하기 시작했다. 공작에 필요한 무기를 제공하거나 루뭄바가 집 밖에 머무르도록 만드는 일 같은 거였다. 가장 흥미로운 시도는 '작전 58916'이었다. 9월 16일에 보낸 전신 589번에서 이름을 따왔다. 작전의 아이디어를 처음 제시한 자는 루스였다. 그 뒤로 3주 동안 보낸 일련의 암호 전문들은 '58916'에 관한 것이다. 마를리에는 어떻게든 루뭄바(암호명은 '조제프')를 그의 정적들의 손으로 구속시키려고 했다. 그러나 비상 상황이 아니라면 그 기회를 판단하는 것은 데스프레몽의 몫이었다. 10월 1일 마를리에는 바로 그 시간이 되었다고 알렸다. 브뤼셀은 어떻게 생각하고 있었을까? 기밀 유출을 피하기 위해 루스와 데스프레몽이 보낸 밀사가 브라자빌콩고의 푸앵트누아르까지 와서 마를리에와 논의했다.[24)]

'알렉스 라피트' 또는 '아킬레스'라는 가명을 쓰던 에두아르 피레트의 움직임은 '작전 58916'의 선택지에 이 살인자가 포함되어 있었음을 증명한다. 레지스탕스 전사였던 피레트는 안트베르펜의 다이아몬드 기업 포미니에르의 영업사원으로 되어 있었지만 실은 포미니에르의 사설 정보원이었다. 그는 '작전 58916'의 틀 안에서 데스프레몽과 루스의 지하 세계에 슬며시 발을 들이게 되었는데, 나중에 마를리에에게 심각한 골칫거리가 되었다. 피레트는 자신의 임무를 "무엇보다 나는 내 임무를, 파트리스가 사라지든지 우리 군이 사라지든지 둘 중 하나인 인정사정없는 싸움으로 이해했다. 사태 해결이나 화해로 이어질 수 있는 일말의 후퇴나 의심도 없어야 한다"고 표현했다. 마를리에와 달리 피레트는 아직 움직일 때가 아니라고 생각했다. 공작 조직이 아마추어 같은 구석이 있다고 생각했기 때문이다. "열흘가량 지켜보고 접촉한 뒤에 든 생각은 내가 '르 페르도'라고 부르는 우리의 아름다운 게임에 돌입할 때가 무르익지 않았다는 것이었다." 프랑스어인 '페르도'(Perdreau, 자고새라는 뜻이다)는 영어로 패트리지(partridge), 네덜란드어로 파트리스(patrijs)가 된다. 즉, 루뭄바의 이름인 '파트리스'를 의미한다. 이 전신 이후 관련 음모의 자세한 사항은 더 이상 나오지 않았다.[25)]

뇌물과 비자금이 벨기에의 목표를 이루기 위한 수단으로 동원되었다. 데스프레몽은 마음대로 쓸 수 있는 비자금을 숨겨 두고 있었다. 8~9월 벨기에 정부의 결정으로 아프리카부는 데스프레몽이 재량껏 할당할 수 있는 100만 달러를 받았다. 이 돈은 국가 예산의 일부였지만 어디에 썼는지 보고할 필요도 없었고 의회의 감시 밖에 있었다. 아프리카부 직원들은 이 돈이 어떻게 들고 나는지 세세하게 기록했다. 이 기록은 훗날 2001년 의회 조사 과정에서 비로소 세상 빛을 봤다. 봄보코 같은 인사들은 상당한 현금을 받았다. 이 지원금이 아무런 조건 없이 흘러들어가지는 않았다. 루뭄바와 함께 정부에 참여하거나 그런 제안을 하는 정치인은 더 이상 돈을 받을 수 없었다.[26)]

모부투는 케타니와 협력 관계가 거의 수명을 다하자 유엔의 후원이 아닌 외곽에서 훈련된 장교와 군수물자를 제공받길 바랐다. 9월 말에 이르자 병사들에게 급료로 줘야 할 돈이 모자라게 되었다. 데스프레몽은 비자금에서 콩고국군에 쓸 40만 달러를 떼어 내 마를리에에게 넘겨주었다. 집행위원들은 루뭄바의 힘이 실질적으로 소진되어야 그 돈을 만질 수 있었다. 거의 같은 시기 데스프레몽이 콩고 중앙은행의 부채 한도를 늘리기로 결정하면서 보조금은 남아돌았다. 그러나 벨기에는 모부투와 더 강력하게 협력하기 위한 길을 닦아 나가고 있었다.

10월 6일 모부투의 요청으로 마를리에는 레오폴드빌로 돌아오게 된다. 데스프레몽은 전신을 쳐 "나는 당신이 레오폴드빌에 비공식적으로 돌아가는 것에 동의한다. 한 번 더 말하지만 모부투의 비공식적인 고문으로. 제복을 입지 말라"고 당부했다.[27)] 10월 10일 라하예가 내무 담당 집행위원인 다미앙 칸돌로의 고문으로 뒤따라왔다. 라하예는 새로 창설된 콩고 수리테에도 관여하고 있었다. 당시 수리테는 빅토르 넨다카의 수중에 넘어가 있었다.

마를리에와 모부투는 벨기에가 군사원조를 하는 대신 루뭄바를 체포하는 것으로 합의를 봤다. 마를리에는 브뤼셀에 이렇게 보고했다. "저는 (아프리카 장교들을) 훈련시키는 것이 지원금보다 이득이 더 크다고 확신합니다. 그리고 벨기에가 훈련을 맡아야 한다고 생각합니다. 유일하게 반대할 곳은 유엔입니다. 그러나 우리는 유엔 모르게 훈련생을 민간인으로 보내야 합니다." 그는 이어 "루뭄바를 해치우기 위한 작전은 다시 시작될 수 있습니다. 그 작전의 핵심은 모부투가 지휘권을 보여 주는 것

입니다. 동시에 이를 보증하기 위해 사관생도의 훈련을 승인해 줄 것을 요청합니다"라고 덧붙였다.[28]

앞에서 살펴본 것처럼, 10월 10일 모부투는 레오폴드빌 남쪽 티스빌에 주둔한 캠프 하디의 군인들을 동원해 루뭄바 체포를 시도했다. 그러고 나서 모부투는 철수했다. 비슷한 전례가 있었는데도 마를리에는 여전히 모부투와 협력하는 데 공을 들였다. 그 무렵 훈련 교관을 맡을 벨기에 장교 네 명이 캠프 하디에 도착했다. 케타니와 다얄은 곧 마를리에의 '비밀 활동'에 관해 알게 되었고, 이는 유엔과 새로운 갈등을 낳게 된다.

카탕가의 늪에 빠지다

루뭄바가 일시적으로 권력에서 밀려난 뒤 레오폴드빌의 정치로 인해 벨기에 관료들의 삶은 복잡해졌다. 그 사이 카탕가도 다른 방식으로 벨기에 관료들을 피곤하게 했다. 분리주의자들의 카탕가는 더 이상 벨기에인들이 7월에 칭찬해 마지않던 평온한 피난처가 아니었다. 9월 5일 쿠데타로 아주 잠시 레오폴드빌과 엘리자베스빌 사이 화해 분위기가 감돌았지만 흐름은 갑자기 뒤집혔다. 9월 6일 촘베는 수상하게도 연방을 얘기했다. 그 뒤에는 로트스힐트 대사가 있었다. 그러나 촘베는 이후 자신이 한 말을 철회했다. 카탕카는 레오폴드빌 정부에 참여해 달라는 일레오의 요청을 거절했다. 촘베와 그 동료들은 먼저 카탕가의 독립을 인정하라고 요구했다. 그들은 레오폴드빌의 장단에 맞춰 춤추고 싶지 않았다. 반발은 전보다 더 컸다. 레오폴드빌의 통치는 5일 이후 훨씬 더 엉망으로 보였다.

결정을 내리지 못한 브뤼셀은 또 다시 애매한 태도를 보였다. 심각한 갈등 속에서 벨기에 정치인들은 딜레마에 직면했다. 그들은 루뭄바를 무너뜨리기 위해 레오폴드빌에 맞서 카탕가의 편을 들었다. 이제 그 목적이 달성되면서 레오폴드빌과 화해해야 한다는 사실은 분명했다. 카탕가와 계속 엮이게 된다면 앞으로 카사부부 및 모부투 세력과 관계를 만들어 나가는 일은 불가능했다. 그러나 레오폴드빌을 선택하는 것은 카탕가를 기분 상하게 하는 것을 의미한다. 외교부와 아프리카부가 서로 다른 노선을 취했지만 브뤼셀은 일단 양쪽 모두와 잘 해보려고 노력했다. 위니는 레오폴드빌과 관계를 정상화하길 원했다. 로트스힐트에게 실무파견단 단장직을 넘겨 준 데스프레몽은 서방에 우호적인 콩고를 재건하려면 카탕가와 촘베의 지도력이 필요하다고 생각했다. 데스프레몽은 콩고는 계속 '폭발'할 것이고 칼론지의 카사이와 키부 역시 카탕가의 편에 서는 쪽을 선택할 거라고 예상했다.[29] 그는 촘베와 각별한 관계에 기대어 자원이 풍부한 카탕가를 유연하게 만들고 어떤 형태든 느슨한 연방을 받아들이게 하려고 했다. 그러나 데스프레몽은 촘베의 영향력을 과대평가했고 촘베가 이루려는 과업에서 모순을 보지 못했다. 그는 마를리에를 통해 불굴의 촘베를 만들어 냈지만, 그런 다음 모부투에게 힘을 실어 주었고 그러고 나서는 다시 레오폴드빌로 옮겨 갔다.

카탕가의 정치인들이 브뤼셀의 온갖 권모술수를 속속들이 알지는 못했다. 그러나 벨기에가 그런 생각을 하고 있으리라는 건 충분히 짐작하고 있었다. 벨기에의 이중 플레이는 레오폴드빌 사람들을 불쾌하게 한 것만큼 카탕가인들을 불쾌하게 했다. 촘베와 주변 인사들은 아마 벨기에 참모들이 알려주었을 외교 수완을 금세 파악해 험악한 말로 브뤼셀을 협박했다. 카탕가의 외무부 장관으로 막 임명된 에바리스트 킴바는 위니의 엘리자베스빌에 대한 적대적 태도를 두고 벨기에 유엔 대표단에게 비난을 퍼부었다. 촘베는 10월 중순이 되기 전까지 에스켄스에게 세 통의 편지를 잇달아 보내 노골적으로 비판을 쏟아냈고 브뤼셀이 카탕가의 대의를 저버렸다고 비난했다.[30)]

촘베의 분노는 벨기에 실무파견단의 해산을 불러왔다. 10월 16일 파견단이 활동을 접게 되면서 로트스힐트는 브뤼셀로 떠났다. 엘리자베스빌은 카탕가에 이익이 되더라도 유럽의 지시를 받아야 하는 일이라면 더 이상 듣고 싶어 하지 않았다. 촘베, 무농고, 키브웨, 킴바는 카탕가를 인질로 잡고 국가로 인정하길 거절한 벨기에에 몹시 분노했다. 그럼에도 불구하고 현실은 벨기에인들의 관용이 필요했다. 벨기에의 장교나 위니옹 미니에르의 임원들이 없다면 카탕가의 '각하'들은 보따리를 싸야 하기 때문이다.[31)]

실무파견단의 해체는 벨기에로서도 좋은 일이었다.[32)] 사실 바뀔 거라고는 거의 아무것도 없었다. 위니옹 미니에르의 광산으로 촘베 체제는 돈이 넘쳐났다. 백인 참모들이 카탕가 정부 곳곳에 자리 잡고 있었고 내각의 장관 대부분은 벨기에인이었다. 행정, 경찰, 정보기관 모두 백인에게 의존했다. 벨기에은행(National Bank of Belgium)의 파견 직원들은 카탕가 통화와 관련한 업무를 처리하기 위해 엘리자베스에 상주했다. 새 기구인 자문국(Bureau Conseil)을 통해 벨기에는 카탕가 정부에 기술 지원을 계속했다.

벨기에의 가장 결정적인 지원은 현지 군대인 카탕가군(Gendarmerie Katangaise)이 받고 있었다. 벨기에군이 떠난 자리를 메우기 위해 카탕가는 재빨리 벨기에 주도로 군대를 만들었다. 10월 초에 장교 114명, 하사관 90명, 상병 및 이등병 25명 등 백인 231명이 아프리카 사병을 감독하는 일에 관여했다. 대부분은 공안군에서 장교로 복무하던 사람들이었고 나머지는 본국 벨기에군에서 왔다. 본국에서 온 병력은 유엔의 눈을 속이기 위해 벨기에 제복에서 카탕가 제복으로 갈아입었다. 벨기에 아프리카부는 이런 본국 출신 군인을 감독했고 군사자문관인 루스가 그 일을 맡아 관리했다. 9월 20일 채택된 유엔 결의안에 힘을 얻은 함마르셸드는 10월 초 이들의 철수를 요구했다. 위니는 형식적으로라도 양보할 의사를 보였지만 부하 외교관들은 거부했다. 로트스힐트는 이렇게 주장했다. "우리 장교들은 카탕가의 질서를 유지하는 데 핵심적이고 결정적인 역할을 하고 있다. 장교들이 철수하면 24시간 안에 카탕가군은 붕괴되고 촘베 정부도 곧 그렇게 될 거라는 걸 잘 이해할 필요가 있다."[33] 함마르셸드의 철수 명령에 아무도 귀 기울이지 않았다. 촘베 통치의 근간인 카탕가군은 여러 벨기에인들의 머리를 아프게 했다. 카탕가군은 지휘부 고위 장교들 사이의 분쟁, 계약 문제, 일반 아프리카 사병 사이의 갈등, 흑인 장교의 부족 등으로 몸살을 앓고 있었다.

8월 루뭄바 군대의 공격을 모면한 후 촘베는 이제 외부가 아닌 내부로부터 위협을 받았다. 카탕가 북쪽에서 무장봉기한 발루바족의 기세가 더 커지고 있었다. 벨기에는 발루바족이 떨쳐 일어나게 된 정치적 배경은 무시하고 주동자들을 약탈자나 도적단 정도로 매도했다. 하지만 카탕가군은 내란을 진압하지 못했다. 양측 모두 사망자가 늘어나는 와중에 처음으로 벨기에 장교가 목숨을 잃었다. 10월 17일 촘베는 마지못해 휴전에 동의하고 반란 지역을 봉쇄해 유엔 중립 지역으로 만드는 데 동의했다. 그러나 이 합의는 카탕가의 주권을 위협한다는 이유로 시작부터 반대에 부닥쳤다. 카탕가 북부의 불안정은 카탕가 독립의 정당성과 열망을 더욱 약화시켰다.[34]

동시에 카탕가의 자치에는 카탕가에 유리한 핵심적인 지점이 있었다. 촘베 정부는 루뭄바의 투옥을 훨씬 더 쉽게 처리할 수 있었다. 10월 26일 아직 레오폴드빌에 있던 마를리에는 루뭄바를 가둘 장소로 감옥이 있는 카탕가의 엘리자베스빌이나 자도빌을 검토해 보라고 브뤼셀에 요청했다. "이곳이 조제프와 그의 친구들에게 믿을 만한 휴가지가 될 수 있지 않을까요? 유엔의 모든 개입도 막아 주지 않을까요?"[35)]

국왕의 사람들

이런저런 벨기에인들이 엘리자베스빌 정부를 성가시게 했다. 그중에는 카탕가를 위해 일한 관료와 일하지 않은 많은 이들이 있었다. 모험주의자와 이상주의자도 있었고, 현실주의자와 근본주의자도 있었다. 기베베르 소령은 근본주의자의 범주에 드는데, 그의 신념은 국왕 보두앵과 연결되어 있었다.[36)] 늘 벨기에 제복을 입고 다녔던 베베르는 촘베의 군사고문을 맡아 '그림자' 역할을 했다. 베베르는 8월 초 브뤼셀에서 보두앵을 만난 이래 보두앵의 비서실장 르네 르페뷔르와 정기적으로 서신을 주고받았다. 그는 정치·군사 관련 기밀 정보와 촘베와 유엔 고위 관리들 사이 오고간 대화를 벨기에 궁에 전달했다. 베베르는 늘 분명하게 상황을 알렸고, 자신의 편지가 왕에게 일이 어떻게 돌아가는지 실상을 전달하고 있다고 여겼다. 그 무렵은 보두앵이 에스켄스 정부, 특히 위니를 신뢰하지 못하던 때다. 르페뷔르는 결코 베베르의 말을 반박하지 않았다. 몇몇 답장에서는 오히려 베베르를 격려했다.[37)]

베베르는 벨기에 정치인들, 그중에서도 위니를 혐오했다. 카탕가를 둘러싼 긴장이 고조되자 베베르는 촘베와 보두앵 사이에서 간계를 꾸미느라 여념이 없었다. 10월 6일 베베르는 촘베를 위해 타자를 친 편지 한 통을 벨기에 궁으로 보냈다. 촘베는 편지에서 보두앵이 끔찍이 싫어하는 바로 그 정치인들을 향해 비난을 퍼부었다. 그는 편지에 "평화의 오아시스이자 반공주의의 근거지인 카탕가를 인정하지 않고 허약하고 소심한 모습을 보이고 있다"고 비난하며 국왕에 대한 충성을 맹세했다.

누구도 두 장의 카드로 게임을 할 수는 없습니다. 폐하에 대한 제 충성은 절대적입니다. 저는 폐하의 지원 아래 장차 벨기에-카탕가 연방이 세워지기를 꿈꾸고 있습니다. 제 생각을 말할 자유가 있다면 그건 폐하께서 카탕가의 대의를 따르고 이해하고 승인했다는 것을 알기 때문입니다. 또한 왕을 포로로 잡고 있는 헌법이 벨기에의 민주주의 문화를 구속하는 것처럼 폐하가 저에게 지지 표명으로 응답하는 것도 허용하지 않을 거라는 것을 잘 알고 있습니다. 그러나 저는 폐하께서 모든 영향력을 동원해 제 신의는 믿을 만하다는 점을 각료들에게 이해시켜 주실 거라고 확신합니다. 벨기에가 아프리카에서 영향력을 계속 유지하는 것을 기대하고 있다면 그건 카탕가를 근거지로 해서 이뤄질 것입니다. 카탕가는 독립을 선포했고 우리의 모든 영토에서 현실이 되었습니다. 우리는 벨기에의 모든 이익을 보호하고 있고 우리의 채굴지는 향후 수십 년 간 협력을 보장합니다.

촘베는 수사적 질문으로 네 장짜리 편지를 끝맺었다. "…… 벨기에는 카탕가를 버릴 겁니까?"[38] 촘베는 한동안 국왕으로부터 아무런 답도 받지 못했다. 그 편지는 그냥 왕의 책상에 놓여 있었다.

사진 12 에스켄스가 보두앵와 파비올라에게 인사하고 있다. 보두앵은 에스켄스 내각을 좋아하지 않았다. 보두앵은 자신의 약혼을 무척이나 자랑스러워했다. © *BelgaImage*

10월 26일 르페뷔르는 베베르한테서 편지 두 통을 받았다. 하나는 10월 19일에, 하나는 10월 22일에 쓰인 것이었다. 베베르는 두 번째 편지에서 촘베가 국왕의 결혼식에 초대받길 원한다고 언급했다. 카탕가는 외교적 지위가 없었기 때문에 쉬운 문제가 아니었다. 베베르는 냉소적으로 다음과 같이 덧붙였다. "우리는 이미 촘베에게 많은 것을 약속했습니다. 로트스힐트가 떠나기 전에 촘베에게 훈장을 주자는 제안이 있었습니다. 카사부부와 루뭄바는 왕관훈장을 받았습니다. 그런 다음에는 국왕의 친필 서명이 들어간 사진을 주자는 제안도 있었습니다. 촘베는 아무것도 받지 못했습니다. 이제 정부는 그를 결혼식에 초대할지 생각할 시간이 두 달 남아 있습니다."[39]

10월 19일에 쓴 첫 번째 편지에는 사흘 전 모부투가 엘리자베스빌을 방문해 촘베와 만나 논의했다는 눈에 띄는 보고가 적혀 있었다. 베베르는 르페뷔르에게 "훌륭한 회동이었다"며 "모부투는 재정 지원을 받는 대신 이쪽의 권고에 동의했다. 12월 31일까지 현상을 유지하면서 상황을 살피다가 루뭄바를 완전히 무력화시킬 것이다. 가능하다면 물리적으로도……"라고 적었다. 말줄임표는 뭔가를 말하고 있다. '무력화'(Neutralize)라는 표현이 그 자체로 살인을 의미하는 건 아니다. 그럼에도 불구하고 '완전히, 가능하다면 물리적으로도 무력화'한다는 구절은 살해를 의미한다. 르페뷔르는 이해했고 편지 여백에 커다란 물음표를 그려 두었다.[40]

르페뷔르는 10월 26일 편지 두 통을 받자마자 그날 바로 보두앵에게 가져갔다. 보두앵의 마음은 온통 곧 거행될 결혼식에 쏠려 있었다. 그는 파비올라와 함께 플랑드르 지방의 중심지인 안트베르펜과 왈롱의 중심지인 리에주를 방문해 국민들에게 미래의 왕비를 선보였다. 동화 같은 결혼식이 12월 15일로 잡혀 있었고 보두앵은 정치에 신경 쓰지 않으려 했다. 몇 주 동안 누구도 벨기에 궁에서 국왕을 알현하지 못했다. 그러나 베베르의 편지를 보고 보두앵은 다시 콩고의 험악한 현실을 인식하게 되었다. 왕의 서류함에 2주 가까이 놓여 있던 촘베의 편지는 갑자기 감성적이고 원칙주의적인 보두앵의 심금을 울렸다. 보두앵은 카탕가에 마음을 쓰기 시작했다. 그는 정부에 아프리카 정치인들을 결혼식에 초대하라고 거론했다. 이것이 보두앵이 베베르의 두 번째 편지에 답하는 방식이었다. 그러나 보두앵은 정부로부터 어떤 조언도 듣지 않고 10월 28일 촘베에게 답장을 보내 베베르가 보낸 첫 번째 편지에 대한 관심을 내보였다. 보두앵은 촘베의 지도력과 카탕가의 사례를 칭찬했다. 그는 촘베에게 레오폴드빌의 지도자들과 서로 이해하는 관계가 되도록 힘써 달라고 독려했다. 그러고는 이렇게 덧붙였다.

> 내 할아버지의 큰아버지 레오폴 2세께서 옛 벨기에령 콩고의 영토에 문명을 연 이래, 당신도 알다시피 콩고인들의 운명은 보위를 물려받은 왕들의 중요한 관심사 중 하나였다. 나도 이 전통에 충실해 각별한 관심을 기울여 왔고 지난 몇 달 동안 콩고를 불안하게 하는 일들이 벌어진 것에 우려하고 있다. 콩고의 대부분 지역에 닥친 극적인 사건들은 내 근심의 근원이다. 그러나 80년에 걸친 협력과 연대는 우리 두 나라의 국민을 하나로 묶어 주었고, 어느 한 사람의 정치로 끊길 수 없는 강력한 깊은 유대를 만들어 냈다.[41]

보두앵은 르페뷔르에게 즉시 이 편지를 보내라고 지시했다. 데스프레몽과 에스켄스는 이 사실을 통보받았을 수 있다. 그러나 위니는 배제되었다. 내각 전체가 베베르와 벨기에 궁 사이에 서신이 오고가는 것을 알지 못했다.

보두앵이 촘베와 모부투 사이에 거래를 기록한 베베르의 편지를 막 읽었을 즈음, 한쪽에서는 카탕가가 모부투에게 현금을 건네고 있었다. 모부투 세력은 또 다른 한 쪽에서 (가능하면 물리적으로도) 루뭄바를 완전히 무력화시키려 하고 있었다. 촘베와 모부투의 합의에 관한 얘기를 읽고 이틀 뒤, 보두앵은 촘베에게 살인을 승인하는 신호를 담은 편지를 보냈다. "80년에 걸친 협력과 연대는 …… 어느 한 사람의 정치로 끊을 수 없는 강력한 깊은 유대를 만들어 냈다"라고 한 구절이다. 보두앵은 '정치'라는 단어 앞에 '사악한'(malevolent)이라는 단어를 썼다가 지웠다. 그는 끊임없이 성공적으로 벨기에 정치인들을 압박해 콩고에 좀 더 단호한 정책을 취하도록 했다. 그가 베베르의 보고를 읽고 나서 촘베를 격려할 때 무슨 생각을 했을까? 우리는 그 답을 알지 못하지만 중요한 문제임에 틀림없다. 그 편지가 촘베에게 전달된 날 보두앵은 브뤼셀 북쪽의 작은 도시 메헬렌을 방문해 벨기에 교회의 최고 지도자인 판 루이 대주교에게 약혼녀를 소개했다. 그들은 곧 결혼식을 준비했다.[42]

10월 26일 보두앵이 베베르의 편지를 받아 본 그날, 마를리에는 브뤼셀에 "조제프와 그의 친구들에게 믿을 만한 '휴가지'로 엘리자베스빌이나 자도빌을 고려해 볼 수 있고, 이곳이 유엔의 개입도 막아 줄 수 있지 않겠느냐"고 물었다. 사흘 뒤 루스는 사무적으로 답했다. "편안하고 안전한 휴가지다."[43]

벨기에를 극단으로 몰아간 유엔

벨기에와 유엔의 관계는 긴장, 그 이상이었다. 그러나 늦여름 함마르셸드와 코디어가 유엔총회 개막식 전에 은밀히 루뭄바 정부를 무너뜨리자고 열을 올리던 벨기에도 잠시 누그러졌다. 함마르셸드는 흐루쇼프한테 거센 비난을 받고 도덕적 우위를 되찾으려 벨기에 식민주의를 비난했다. 그러자 콩고가 국제사회의 관심 한가운데에 서게 되었다. 벨기에는 내내 집중포화를 맞았다. 10월 8일 함마르셸드는 9월 20일 채택된 결의안에 따라 브뤼셀에 콩고에서 군대와 준군사 조직, 민간인을 철수시키고 카탕가를 비롯한 모든 콩고에 대한 지원은 유엔을 통하라고 요구했다. 함마르셸드는 엄중한 언어를 사용했다. "이 요구가 실행에 옮겨져야 콩고를 전 세계 분쟁의 장으로 만들 위험을 피할 수 있고 무엇보다 콩고가 가장 위험해지는 상황을 막을 수 있다고 확신한다." 함마르셸드는 촘베에게 편지를 보내 "벨기에가 (콩고에 개입할 수 있는) 요인을 봉쇄하고 제거해야만 갈등을 줄일 수 있다"는 자신의 생각을 명확히 전했다. 함마르셸드는 이 편지로 유엔의 최후통첩을 알리면서도 촘베와 협력을 모색하려 했다. 열흘 뒤 함마르셸드는 유엔 주재 벨기에 대사를 불러들여, 벨기에가 실무파견단이 해체된 뒤에도 카탕가에서 주요한 역할을 계속하고 있고 레오폴드빌에서도 베르하겐 교수와 그의 소개소(국제협력센터) 덕에 요직에 벨기에인들이 영입되고 있는 것을 인정할 수 없다는 뜻을 표명했다. 앞에서 봤지만 다얄은 함마르셸드에게 이런 벨기에의 움직임을 낱낱이 알리고 있었다.

벨기에 정부는 함마르셸드의 비판이 정당하지 않다고 여겼다. 내각회의에서 에스켄스는 "받아들일 수 없다"고 했고, 또 다른 장관은 '모욕적'

이라고 말했다. 정부는 "벨기에는 유엔이 창설된 이래 줄곧 유엔 체제에 충실했던 주권국가로서 제대로 존중받지 못했다"고 입장을 정리했다. 브뤼셀은 유엔에 보내는 공식 답변에서 교묘한 법 해석을 동원해 유엔 사무총장이 콩고 내정에 정치적으로 개입하고 있다고 개탄하고, 콩고는 양자 간 지원을 받을 자기결정권이 있다고 강조했다. 마지막으로 유엔 실무진 2백 명과 비교해 콩고에 있는 벨기에 공무원 2천 명은 없어서는 안 될 인력이라는 점을 지적했다.[44)]

그 후 얼마 되지 않아 벨기에는 군사훈련을 받는 사관생도의 문제로 곤란한 처지에 놓이게 된다. 생도들이 벨기에행을 준비하면서 주의를 기울였지만, 카탕가로부터 생도 40명이 10월 28일 도착한다는 소식이 벨기에 신문에 실리고 말았다(레오폴드빌에서 온 생도들은 극비리에 도착했다). 그것은 위니에게 찬물을 확 끼얹는 일이었다. 위니는 9월 6일 콩고 관련 일을 지휘할 수 있도록 해달라고 요청했지만 아무런 답도 받지 못했다. 마를리에와 모부투의 합의도 몰랐다. 사관생도가 오고가는 문제로 유엔에서 위니의 입지가 크게 흔들렸다.

10월 28일 열린 벨기에 내각회의에서 또 다시 두 입장이 충돌했다. 데스프레몽은 루안다-우룬디를 방문했다가 황달에 걸려 이날 회의에 불참했다. 하지만 그의 군사 고문 루스는 데스프레몽의 정책을 드러내는 교묘한 보고서를 준비해 에스켄스에게 제출했다. 위니는 생도 훈련에 반대하며 데스프레몽과 질송의 도전을 만회해 보려 애썼다. 그러나 위니는 에스켄스로부터 질책만 들었다. 루스의 보고서를 받아 든 에스켄스는 유엔의 군사 지원 금지를 탄력적으로 해석할 것을 호소했다.[45)] 위니의 일기에는 한탄하는 구절이 나온다.

내각이 군사훈련을 선호한다는 것을 알고 나는 충격을 받았다. 동료들 대부분이 계속 힘의 정치를 옹호하고 있다. 그들은 우리가 오직 재앙이 기다리고 있는 군사 정책과 특정한 목표에 맞게 민간이 지원하는 정책 사이에서 선택해야 한다는 것을 이해하지 못하는 것일까? 나는 분명 내 등 뒤에서 또 다른 정책이 실행되고 있다고 느낀다. 그것은 무력이 아니라면 적어도 군사적 수단과 책사들의 힘을 빌려 콩고를 다시 정복하는 방안일 것이다. 그들은 우리 군이 주둔했기 때문에 카탕가가 살아남았다고 생각하고 있고 레오폴드빌도 같은 방식으로 통제하는 길을 꿈꾸고 있다.[46]

함마르셸드는 생도 훈련 문제로 드러난 벨기에의 이중성을 널리 알리지 않고 그냥 지나갈 수 없었다. 함마르셸드는 10월 29일 또 한 번 브뤼셀을 조롱했다. 그는 벨기에가 레오폴드빌과 엘리자베스빌로부터 생도를 받아 훈련시키고 있다며, 9월 20일 채택된 유엔 결의안을 노골적으로 위반한 결정이라고 비난했다. 곧이어 코디어와 번치도 벨기에가 탈식민에 역행하는 정책을 펴고 있다고 공개적으로 질책했다. 그러고 나서 11월 2일 다얄이 충격적인 보고서를 제출했다. 다얄은 아무런 망설임도 없었다. 콩고의 상태를 극도로 암울하게 묘사했고 벨기에를 지목해 콩고 위기의 주범이라고 했다.[47] 함마르셸드는 유엔총회 자리에서 또 다시 승리를 거두었다. 11월 4일 다시 모인 벨기에 장관들은 누구 할 것 없이 다들 분개했다. 그들 대부분은 유엔에 적대적이었지만 동시에 유엔이 루뭄바를 회생시킬지 모른다고 두려워했다. 하지만 그런 전망 속에서도 그들은 내부 다툼을 멈추지 않았다. 위니는 데스프레몽과 질송을 향해 그들의 '힘의 정치'는 유엔을 배제시켰고 자신이 세운 능숙하고 사려 깊은 접근 방식에서 벗어난 것이라고 비난했다. 그러나 에스켄스가 강경 노선을 택하면서 위니는 또 다시 패배를 맛봐야 했다. 에스켄스 내각은 유엔이 군사 교육과 군사 지원을 동일시한 것은 말도 안 되는 억지라고 결론 내렸다. 군사훈련은 계속하기로 했다.

생도 훈련에 관한 벨기에의 주장은 다얄과 함마르셸드가 콩고에서 벨기에가 관여된 모든 일을 정면으로 공격하면서 길을 잃었다. 위니에게는 다행스런 일이었다. 위니는 국제사회를 상대로 벨기에를 옹호하면서 군사적 문제를 축소하고 시나가려 했다. 그는 11월 6일 다얄의 보고서를 놓고 토론하기 위해 뉴욕으로 떠났다. 전날 밤 그는 라디오와 TV 연설로 브뤼셀의 입장을 피력했다. 국내용 연설은 유엔, 특히 함마르셸드의 무례함을 비판했다. 그러나 실제 뉴욕 유엔총회에서 위니는 벨기에의 입장을 설명할 기회를 얻지 못했다. 떠들썩한 회의 자리에서 위니는 발언을 저지당했고, 이후 콩고를 둘러싼 논쟁은 예전에 설치된 콩고화해위원회의 활동에 힘을 실어 준다는 이유로 무기한 연기되었다. 위니는 불같은 기자회견을 열어 유엔을 신랄하게 비난했다. 다얄의 보고서를 '공소장'이라고 부르면서 벨기에는 유엔을 탈퇴할 거라고 위협했다.[48]

10월 말~11월 초 루뭄바가 유엔의 도움을 받아 권력을 되찾을 거라는 과도한 공포가 벨기에 여론과 정국을 점령했다. 에스켄스는 "현 정세를 볼 때 루뭄바가 결국 돌아올 수 있다는 점을 염두에 둘 필요가 있다"고 경고했다.[49]

이런 공포가 또 다른 암살 시도를 자극했을지도 모른다. '게오르게스'(Georges)라고 불리는 그리스인이 브라자빌에 도착한 것은 11월 초로 추정된다. 브뤼셀의 벨기에인들은 루뭄바를 자택에서 죽이기 위해 그를 고용했다. 벨기에 의회 위원회는 이런 음모의 윤곽을 밝혀냈다. 우파 언론《유럽 매거진》(Europe Magazine)에서 일하는 브뤼셀의 기자 조 제라르가 암살의 조력자였다. 이 기자는 브라자빌에 반공 라디오 방송국을 설립하는 과정에도 핵심 역할을 맡은 인물이다. 제라르의 전화 지시를 통해 마를리에의 통신 담당 직원은 브라자빌 대사관에서 신원 미상의 사람으로부터 총 한 자루와 돈다발을 받았다. 그리고 그것을 이튿날 한 술집에서 게오르게스에게 건네주었다. 이후 게오르게스의 소식은 결코 다시 듣지 못했다. 그가 돈을 들고 사라진 것일까? 아니면 계획이 막판에 취소된 것일까?[50] 브뤼셀로 돌아간 마를리에는 11월 15일 브라자빌로부터 '가브리엘'(Gabriel)이라는 이름을 가진 정체불명의 남자가 보낸 전신을 받았다. "제라르는 급히 'Gigi' 작전을 중단하고 상황에 대한 설명을 기다릴 것."[51] 제라르라는 이름과 암호문이 게오르게스가 실행하려던 암살 시도를 가리키는 것으로 보인다.

말수가 적은 버든 대사는 훗날 이렇게 증언했다. "벨기에는 한때 루뭄바를 암살하려는 생각을 했다. 나는 내 권한을 넘어 '그것이 나쁜 생각이라고 생각하지 않는다'고 말하긴 했다. 하지만 이를 결코 워싱턴에 보고한 적은 없다. 하지만 루뭄바는 암살되었고 그건 모두에게 좋은 일이라고 생각한다."[52] 벨기에의 첩자들은 CIA 못지않게 다루기 힘들고 고약했을 수 있다. 그리고 아마 다른 세력들도 살인을 마음에 두고 있었을 것이다. 그러나 그 땅에는 벨기에인들이 더 많았고, 그들은 온갖 치명적인 게임에 연루되어 있었다.

11
루뭄바, 위기에 빠지다

11월 초 벨기에가 유엔을 탈퇴하겠다고 협박하는 동안, 미국은 의회가 일레오를 승인해야만 민주 정부로 인정하겠다고 선언했다. 말하자면, 콩고 정치인들에게는 루뭄바를 지지할 권한이 없다는 얘기다. 의회는 그들이 원치 않는 인사를 총리로 선출해야만 열릴 수 있었다. 콩고에 헌법을 기반으로 한 정부가 있다고 할 수 없었다. 거기다 루뭄바는 공개적으로 강경하게 맞섬으로써 미국을 더 불안하게 만들었다. 뒤이어 그는 자택에 은거하면서 곧 복귀할 거라고 큰소리를 쳤다.

유엔에서 거둔 미국의 승리는 루뭄바의 꿈을 날려 버렸다. 9월 20일, 유엔은 콩고를 정식 회원국으로 승인했다. 루뭄바의 아프리카 동맹국 가운데 일부는 너무 욕심을 부려 유엔 회의석에 카사부부의 대표단이 아닌 루뭄바의 사람들이 앉기를 원했다. 하지만 콩고 자체가 위태로운 상황에서 누가 뉴욕에서 콩고를 대변해야 하는지 평론가들도 알 수 없었다. 많은 이들의 생각에 현명한 방법은 그 자리를 채우지 않은 채 두는 것이었다. 루뭄바의 후원자들은 미국의 격렬한 반응을 불러왔다. 미국의 도움으로 카사부부가 뉴욕에 자기 사람들을 둘 거라는 걸 그들이 깨달았을 때는 이미 너무 늦었다.

양측은 의회와 외교를 포함한 온갖 복잡한 수단을 동원했다. 미국은 루뭄바의 대표단을 저지하기 위해 전력을 다했다. 루뭄바에 대한 극도의 반감을 담은 조치였다. 카사부부는 집행위원회 외교 특사로 뉴욕에 와 있던 봄보코와 합류한 뒤 11월 8일 유엔총회에서 연설했다. 그는 유엔이 마음을 정할 때까지 뉴욕에 머무를 생각이었다. 미국 국무부는 카사부부를 위해 유엔에 그의 대표단을 승인하라고 간곡히 요청하는 서한을 보냈다. 미국 외교관들은 유엔 자격심사위원회에 그 서한을 받아들이라고 요구했다.[1] 11월 22일 미국의 집요한 팔 비틀기 끝에 유엔은 카사부부를 승인하기로 결정했다.

일련의 표결 결과는 아프리카와 아시아 국가들이 얼마나 카사부부와 모부투의 '동업'을 싫어했는지 드러냈다. 냉전 속에 있던 미국인들은 기뻐했다. 서방의 탈제국주의에 관심을 기울이고 있던 지식인들은 그 결과에 슬픔과 암울함을 느꼈다. 카사부부는 한껏 고무되었고, 며칠 뒤 국제사회의 인정을 손에 쥐고 뉴욕을 떠나 레오폴드빌로 향했다. 이런 합법성을 부여해 준 유엔이 어떻게 카사부부에게 그 표결의 과실을 먹지 말라고 할 수 있을까? 다얄과 함마르셸드는 루뭄바를 보호한다는 유엔의 원칙에 변함이 없을 거라고 기대했지만[2] 루뭄바는 앞으로 닥쳐올 결과를 알고 있었다. 그는 자신의 거처에 은신했다. 이제 유엔 평화유지군은 루뭄바의 신변을 전보다 덜 신경 쓸 것인가? 그리고 콩고국군은 그를 더욱 위협할 것인가?

루뭄바의 탈출

11월 27일 일요일 밤, 레오폴드빌의 정치인들은 유엔에서 돌아온 카사부부를 축하했다. 그날 밤 10시, 루뭄바는 자동차 트렁크에 몸을 숨긴 채 집을 빠져나가고 있었다. 모로코 유엔군도, 루뭄바의 집을 에워싸고 있던 모부투의 군대 때문에 감지하지 못했다.

루뭄바 내각의 부총리였던 앙투완 기젠가는 10월 스탠리빌로 다시 옮겨 왔다. 룬둘라 장군를 비롯한 수많은 민족주의자들이 기젠가 주변에 모여들어 루뭄바 추종자들의 진지가 되었다. 유엔이 카사부부의 대표단을 승인하기로 결정한 후 기젠가는 정부를 선언하고 콩고국군의 일부를 끌어모았다. 11월 27일 밤 루뭄바는 레오폴드빌에서 193킬로미터 떨어진 스탠리빌로 향했다. 무리 지은 자동차 석 대가 루뭄바와 그의 가족, 측근 몇몇을 싣고 달렸다. 그들은 레오폴드빌 주의 주도에서 이웃한 카사이 주로 가기 위해 동쪽으로 움직였다. 아마도 어딘가 공항에서 비행기를 탈 수 있기를 기대했을 것이다. 카사부부와 모부투, 그리고 미국과 벨기에는 루뭄바가 도주한 사실을 알게 되자마자 루뭄바 정부에 대한 불길한 예감에 휩싸였다.

레오폴드빌의 통치자들은 벨기에와 미국의 확고한 지원을 등에 업고 무슨 수를 써서라도 루뭄바를 잡아야 했다. 빅토르 넨다카 휘하의 수리테는 바로 행동에 돌입했다. 데블린과 라하예는 넨다카의 요원들과 함께 가능한 자원을 총동원했다.[3] 광분한 벨기에는 저공비행 정찰기까지 띄웠다. 모부투의 고문인 마를리에는 아프리카인들의 협조를 얻어 강을 건너는 페리를 탈 수 있는 곳곳에 바리케이드를 치고 검문소를 설치했다. 그 무렵 콩고는 자동차가 속도를 내 달릴 수 있는 길이라고는 거의 없었고 공항과 비행기도 제한적이었다. 추격자들은 루뭄바가 일단 레오폴드빌을 빠져나가면 북서쪽 스탠리빌로 향할 거라고 확신했다.

다얄과 유엔이 루뭄바의 탈출을 알게 되었을 때, 유엔은 루뭄바가 이동할 경로 길목을 따라 유엔군과 관리자들에게 '사냥꾼'을 도와서는 안 된다고 전신을 보냈다. 그러나 유엔은, 자택에 머물고 있는 루뭄바는 보호할 테지만 '사냥을 당하는' 루뭄바를 위해서는 아무것도 하지 않는다는 방침이었다.[4] 다얄은 최소한의 양보를 숙고했다. 함마르셸드의 승인은 받지 않았지만 다얄은 "개인의 삶이 특정한 상황에서 위험에 처한다면 다른 원칙이 적용될 수 있지만, 그때도 유엔의 보호는 오로지 평화를 회복하기 위한 과정의 일환이어야 한다"고 생각했다. 이론적으로 유엔 사람들은 이 싸움 건너편에 있으려 했지만 실제로는 그 싸움에 참여한 셈이다.

도로 봉쇄와 쏟아지는 빗줄기 탓에 루뭄바는 속도를 내지 못했다. 그가 탄 차는 열악한 도로 때문에 천천히 움직였다. 우호적인 지역에 머물고 싶은 합리적 바람도 있었다. 함께 갔던 정치인 중 일부는 먼저 안전한 곳에 도착했다. 만약 루뭄바가 가능한 한 빨리 스탠리빌에 도착하는 쪽을 선택했다면 그들은 모두 스탠리빌까지 가는 데 성공했을지도 모른다. 하지만 루뭄바는 오히려 마을 사람들에게 연설하기 위해 여정 중간중간 멈췄다. 사람들은 자유를 뜻하는 스와힐리어 '우후루'(Uhuru)를 외쳤고 '구원자' 루뭄바를 만지고 싶어 했다. 루뭄바는 뿌리칠 수 없었다. 마음을 움직이는 루뭄바의 웅변은 사람들에게 국가의 의미를 자각하게 했다. 루뭄바 행렬은 달릴 수 있는 것보다 더 천천히 나아갔다. 달아오른 선거 캠페인 같은 분위기의 여정 탓에 루뭄바의 동선이 더 쉽게 노출되었다. 적들은 11월 30일 상공에서 루뭄바의 자동차 행렬을 한눈

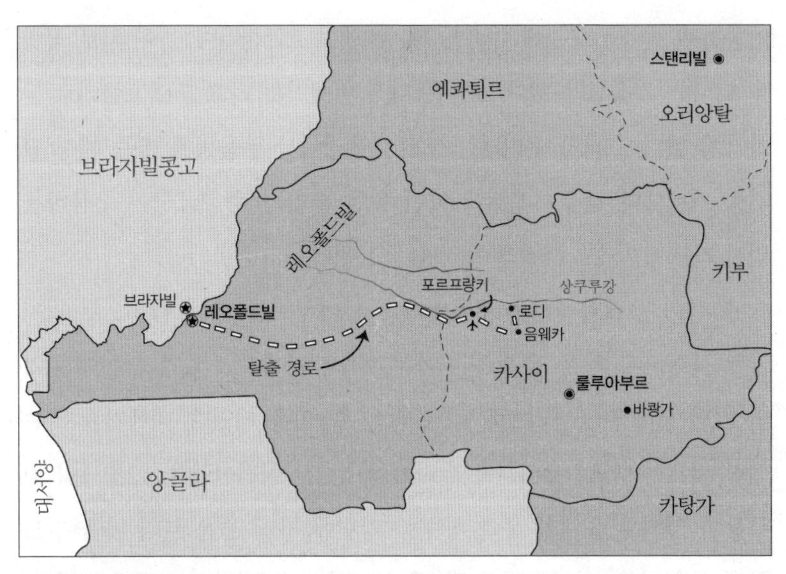

지도 4 루뭄바의 탈출 경로(1960년 11월 27일~12월 2일)

에 포착했다.

이튿날 12월 1일, 아침 루뭄바는 레오폴드빌 주와 카사이 주 경계에 위치한 중요 관문 도시 포르프랑키를 지나고 있었다. 그런 다음 음웨카와 카사이 주의 주도인 룰루아부르를 향해 남쪽으로 방향을 틀었다. 모두들 루뭄바가 카사이 주의 중심부로 가서 거기서 바로 비행기를 타고 스탠리빌로 날아갈 거라고 예상했다. 그러나 룰루아부르에서는 유엔 관리들, 지방 당국, 그리고 현지에서 독자적으로 움직이는 콩고국군 모두 루뭄바 또는 추격자들과 관련해 움직이지 않기로 합의를 봤다. 룰루아부르를 방문하는 건 때가 좋지 못했다. 유엔 관리들은 루뭄바에게 여정을 수정하라고 설득하기 위해 음웨카로 사람을 보냈고 루뭄바가 룰루아부르로 들어오지 못하도록 고속도로를 막았다.

동시에 레오폴드빌의 수리테 요원들이 루뭄바를 찾기 위해 비행기로 이동하여 룰루아부르에 내렸을 때, 현지 콩고국군은 그들이 차로 공항을 떠나는 것을 불허했다. 그들은 다시 비행기를 타고 포르프랑키로 돌아가야 했다. 그러자 수리테는 포르프랑키에서 루뭄바를 좇는 지상 작전을 개시했다. 룰루아부르에 있던 유엔 관리는 "콩고국군이 루뭄바를 먼저 가로채겠다고 하길래 동의했다"고 썼다.[5)]

그 사이 음웨카에서는 루뭄바가 룰루아부르를 향해 남쪽으로 가지 않고 북쪽으로 차를 몰아 룰루아부르에서 멀어지고 있었다. 이렇게 가면 그와 일행은 스탠리빌에 바로 닿을 수 있을 터였다. 비행기를 타는 대신 차로는 965킬로미터를 달려야 하는 긴 여정이었다. 12월 1일 밤 루뭄바 일행은 음웨카 북쪽 상쿠루 강변에 자리 잡은 로디 마을에 도착했다. 로디의 배는 그들을 강 건너로 실어 줄 것이고 그렇게 되면 탈출은 거의 성공하는 셈이다.

마침내 현지 콩고국군 병사 40명이 강을 건너려는 루뭄바를 붙잡았다. 유엔의 명령에 따라 가나 유엔군은 루뭄바의 체포를 허락했다. 그럼에도 이들은 루뭄바를 거칠게 다루지는 말라고 지시했다. 루뭄바를 레오폴드빌로 이송하기 위해 수리테가 다시 레오폴드빌에서 날아와 룰루아부르에 도착했다. 그리고 이들은 다시 쫓겨나 포르프랑키로 가야 했다. 다음 날인 12월 2일 콩고국군 소속 병사 40명은 루뭄바를 로디-음웨카 지역에서 포르프랑키로 데려왔다. 비행기가 루뭄바를 태우고 레오폴드빌로 갔다. 루뭄바는 오후 5시에 도착했다.

루뭄바를 구금해 놓고 레오폴드빌 지도부는 처음엔 그를 카탕가로 보내려 시도했다. 12월 3일 카사부부 체제를 대표해 마를리에의 브라자빌 사무실에서 카탕가군 본부로 전보 한 통이 날아들었다. "유대인들이 사탄을 받아들일까요?"(촘베가 루뭄바를 받아들일까요?) 촘베는 거절했지만 레오폴드빌은 고집을 부렸다. 촘베는 두 번째 전보에 "당신은 무슨 일이 일어날지 알고 있다"고 적어 답신을 보냈다.[6] 모부투는 루뭄바를 레오폴드빌 남쪽 티스빌로 옮겼다. 루뭄바는 그곳의 군사기지 캠프 하디안 감옥에 갇혔다.

'이 사람을 보라'*

다시 곤란한 입장에 처한 유엔은 모호하고 정직하지 못하게 처신했다. 10월 10일 이후 유엔은 루뭄바가 자택을 떠난다면 루뭄바의 신변을 책임지지 않기로 했다. 이 조치는 루뭄바가 체포되는 원인이 되었다. 게다가 룰루아부르 현지의 유엔 직원들은 콩고국군이 루뭄바를 체포하는 것에 동의했다. 함마르셸드는 포르프랑키 부근에서 유엔이 루뭄바를 보호하는 일은 불가능하다고 얘기했다.[7] 그러나 이건 사실이 아니다. 함마르셸드는 자신이 지휘할 수 있는 군사력을 활용하지 않았으며 결국 서구 열강의 뜻을 거스르는 행동을 하지 않으려 했다. 아무튼 모부투는 가나 유엔군이 루뭄바를 거칠게 다루지 못하도록 간섭한 것을 두고 공식적으로 불만을 제기했다. 그는 덧붙여 "수리테는 루뭄바를 현지 콩고국군으로부터 데려오는 것을 저지당했을 때 루뭄바를 죽이자고 제안했다"고 얘기했다. 모부투는 군대에 루뭄바를 해치지 말라고 지시했다고 주장했다.[8]

---

* '이 사람을 보라'는 뜻의 라틴어 에케 호모(Ecce Homo)는 빌라도가 가시 면류관을 쓰고 채찍질을 당한 예수를 십자가에 못 박기 전 군중 앞으로 끌고 나와 한 말이다. 예수의 잔혹한 수난을 나타내는 표현으로 많은 예술작품의 주제가 되었다.

그러나 모부투의 군대는 레오폴드빌로 오는 비행기에서도 루뭄바를 험하게 막 다뤘고 콩고국군이 루뭄바와 함께 붙잡힌 정치인들을 공항에서 트럭에 실었을 때도 구타는 계속되었다. 심지어 뉴스 특보는 웃고 있는 모부투 앞에서 콩고국군이 루뭄바를 두들겨 패는 모습까지 보여주었다. 모부투는 자신의 병사들이 아무렇지 않은 듯 잔혹하게 구는 모습이 전 세계에 공개되는데도 개의치 않았다. 수많은 관중은 그 가학증을 목격했고 거기서 콩고의 또 다른 추악함을 지켜봤다. 콩고국군은 모든 사람들이 말하는 것처럼 형편없었다. 어쩌면 더 심각했다. 그러나 뉴스 방송은 "콩고의 어둡고 비극적인 역사에 새로운 장이 시작되었다"고 보도했다.

유엔은 곧바로 억류자를 인도적으로 대우하라고 촉구했다. 미국도 격렬한 여론에 가세해 정부가 만약 그를 반역죄로 기소한다면 공정한 재판을 거쳐야 한다고 요구했다. 루뭄바 폭행 사건은 서방세계를 난감하게 했다. 미국 국무부는 방송 화면을 막을 수 없다는 걸 안타까워하면서도, 루뭄바가 레오폴드빌로 돌아올 때 히죽히죽 웃던 모부투의 모습을 축소시키고 싶어 했다.[9)]

9월까지만 해도 서방 열강들은 루뭄바를 끌어내리기 위한 법적 근거를 찾으려 분투했다. 그들이 배후에서 조종한 카사부부의 쿠데타는 실패했고, CIA의 표현을 빌리면 루뭄바를 박살내기 위해 잠시 '준헌법적 수단'을 써 보려 했다. 그때도 폭력배들이 루뭄바를 죽이려고 시도하지는 않았다.[10)] 12월쯤 되자 막후에서 루뭄바를 죽이려고 골몰하던 벨기에와 미국은 루뭄바의 손발을 묶기 위해 아예 합법성 따위는 노골적으로 걷어차 버렸다. 벨기에와 미국은 줄곧 자신들의 볼썽사나운 모습을 가리려 하면서도 헌법적 쿠데타를 조직하는 것에서 불가항력을 가장

사진 13
루뭄바가 체포되어 레오폴드빌로 이송되어 오는 모습을 포착한 유명한 사진(12월 2일). 루뭄바는 모부투의 수중에 떨어지고 말았다.
ⓒ *BelgaImage*

추하게 행사하는 것으로 옮겨 갔다.

유엔은 그다지 치밀하게 움직이지 않았다. 다얄은 루뭄바의 처우 문제를 조정하려 시도하는 과정에서 레오폴드빌의 정치인들과 그들을 지지하는 서방 국가들을 격분시켰다. 그는 아프리카인들을 어린애 같고 미성숙한 존재로 취급했다. 한편으로는 콩고의 구조적 상황을 정확하게 평가했다. 다얄은 "이 상황은 그간 서방이 이루려던 목표와 딱 맞아떨어진다"며 "모부투와 콩고국군은 최고의 자리에 있고, 카사부부는 회생했으며 집행위원회는 사실상 정부로서 어떤 제지도 받지 않고 있다. …… 그리고 루뭄바는 체포되어 있다"고 썼다. 그러나 다얄은 함마르셸드에게 올리는 보고서에서 이들 중 누구도 안정된 콩고를 만들어 내지 못할 거라고 결론지었다. 다얄은 콩고국군이 통치하고 있는 엄연한 현실을 강조했다. 그렇다고 모부투가 제대로 된 군대를 관리하고 있다는 의미는 아니었다. 다얄이 말하려 한 건, 토론이 아닌 총이 레오폴드빌을 지배하고 있고 모부투가 레오폴드빌 주변 대부분 지역의 병력을 통제하고 있다는 것이었다. 마를리에도 이렇게 썼다. "정상적인 군대라면 효율적으로 명령을 전달되는 병력이 있는 법이다. 내 노력에도 불구하고 콩고국군은 어떤 조직도 명령 체계도 없었고 복종하지도 않았다. 그런 병사들은 그야말로 가치가 제로였다. 심지어 나라에 위험이 되기도 했다."[11]

캠프 하디에 갇힌 채 루뭄바는 레오폴드빌 정치권의 이목에서 벗어나 있었다. 정치인들은 루뭄바가 자신들에게 큰 위협이 되지 못한다고 생각했다. 12월 6일 모부투는 기자회견을 열었다. 그는 루뭄바의 상태가 양호하다고 증명하는 진단서를 제시했다. 진단서에는 의사 두 명의 서명이 들어 있었다. 모부투는 "정부는 콩고국군 내 폭동을 선동하고 의원들을 고문한 혐의로 루뭄바를 재판에 회부하겠다"고 밝혔다. 모부투는 날짜를 못 박지 않았다. 그는 루뭄바를 일단 철창에 가뒀기 때문에 신뢰의 분위기가 좀 더 조성될 필요가 있다고 언급했다. 집행위원회는 의회에 양보하지 않고 일단 1월 1일 이후에도 임시정부로 남아 있기로 했다. 뉴욕에서 유엔은 화해위원회를 제안하고 많은 외교관을 콩고에 보내기로 했다. 그들은 모부투와 카사부부 같은 인사들을 면담하고 제반 문제를 조사할 예정이었다. 유엔의 중재자들은 콩고의 선출된 의원들을 통해 정부 권한의 한계를 설정하는 일을 하려 했다. 모부투는 기자회견을 마무리하면서 이 화해위원회에 반대한다고 말했다.[12)]

왕실 결혼의 정치학

레오폴드빌의 정치인들이 루뭄바를 어떻게 할지 고심하는 동안 벨기에와 미국의 관리들은 국왕의 결혼을 둘러싼 외교적 난제를 논의했다. 베베르는 12월 15일로 예정된 결혼식에 브뤼셀이 촘베를 초대하길 원했다. 하지만 카탕가는 국제적 지위가 없었기 때문에 촘베는 초대장을 받을 수 없었다. 대신 보두앵이 12월 6일 촘베를 개인적으로 초대했을 때 촘베는 국왕 부부를 위한 선물을 전달했다. 보두앵은 촘베에게 루뭄바와 똑같은 훈장을 주기를 원했다. 벨기에 정부는 처음에는 동의하다가 미국의 압력으로 번복했다. 촘베에게 훈장을 주면 레오폴드빌 온건 세력의 사기를 꺾을 수 있다는 이유였다. 보두앵은 촘베를 환영했지만 촘베는 결국 훈장 하나 없이 물러나야 했다. 훈장을 학수고대하던 촘베는 벨기에 정부가 보여 준 홀대에 격분했다. 그는 "우리는 이렇게 어린애 취급을 받을 수 없다"며 바로 떠나겠다고 위협했다. 작은 소란이 일자 보두앵은 공항에 약혼녀를 마중하러 나갔다가 위니와 훈장을 놓고 언쟁을 벌였다. 데스프레몽은 그날 저녁 촘베를 위한 만찬 자리에서 급히 즉석으로 수여식을 만들어 위기를 모면했다. 위니는 벨기에 정부의 일치된 모습을 보이라고 강요받는 기분을 느꼈다. 그제서야 촘베는 왕관 훈장(Great Ribbon of the Order of the Crown)을 다는 것을 아주 맘에 들어 했다.[13)]

버든 대사는 보두앵의 결혼식에 미국을 대표해 정치적으로 유력한 인사가 참석하게 해야 한다고 워싱턴에 졸랐다. 버든은 허버트 후버 주니어와 아이젠하워 대통령의 동생인 밀턴 아이젠하워를 추천했다. 후버 주니어의 아버지는 제1차 세계대전 때 벨기에 원조를 총괄했던 인연이 있었다.* 그런 다음 버든은 영국 여왕이 참석할지 모른다며 조건을 더 올려, 될 수 있으면 고위급 관리가 참석해야 한다고 요구했다. 아이젠하워는 예를 갖춰, 보두앵에게 허터 국무부 장관이 결혼식에 참석해 미국의 축하 인사를 전할 것이라고 알렸다. 물론 예식 전에 허터는 파리에서 열리는 나토 정상회의를 비롯해 다른 회의에 참석하는 일정도 잡혀 있었다. 아이젠하워는 보두앵에게 "폐하께 신의 가호가 있기를, 신께서 성스러운 예식이 거행되도록 해주시길"이라고 썼다. 그는 미국산 고급 유리 제품 브랜드인 스튜번 접시 한 세트를 선물로 보냈다. 12개 별자리 디자인이 각각 새겨진 이 미국적인 독특한 선물은 가격이 1,500달러나 되었다. 상자 값은 별도로 100달러. 아이젠하워는 버든에게 예식 동안 허터를 보좌하라고 지시했다.[14)]

---

* 허버트 후버는 미국의 제 31대 대통령으로 1929~1933년 재임했다. 장남 허버트 주니어는 1954~1957년 아이젠하워 대통령 밑에서 국무부 장관을 지냈다.

허터가 브뤼셀에 갔을 때, 그는 촘베가 받은 것보다 더 높은 벨기에 최고 훈장인 레오폴드 훈장(Great Ribbon of the Order of Leopold)을 받았다. 쟁쟁한 인사들이 총출동한 오찬에서, 버든은 폴헨리 스파크를 비롯한 귀빈들에게 애지중지하는 1947년산 고급 와인 샤토 슈발 블랑을 대접했다. 허터는 특별한 검정 실크 모자를 쓰고 국왕과 하객 앞에서 아이젠하워의 신임장과 축사를 전했다. 허터는 버든에게 "양국의 우호적 관계에 대한 의구심을 가장 우아하게, 남김없이 떨쳐 버렸다"고 치하했다.[15)]

스파크는 결혼식에 참석하기 위해 나토 회담을 12월 16일로 미뤘다. 그는 파리에서 열린 나토 회담에서 허터를 만났을 때 미국이 식민지에 대한 벨기에의 고민을 얼마나 과소평가하고 있는지 끊임없이 불평을 늘어놨다. 그러나 이때 루뭄바의 세력은 약했고 서방 열강들은 루뭄바에 맞서 똘똘 뭉쳐 있었다. 스파크의 투덜거림은 짜증만 나게 했을 뿐이다. 그는 어차피 나토를 공개적으로 비난하지는 않을 것이기 때문이다. 12월 회담이 진행되는 동안 스파크가 사퇴 시기를 놓고 여전히 다음번을 거론하면서 골칫거리로 남겨 놓았다. 다른 사람들이 그의 자리를 이어받길 원했다. 영국이 가장 유력한 (차기 사무총장 후보) 물망에 올라 있는 가운데 미국은 스파크가 원만하게 물러나도록 압박할 방법을 찾았다. 아이젠하워의 대응이 좀 과했던 셈이다. 스파크는 이제 별로 쓸모가 없었다.[16)]

결혼을 축하하던 분위기는 이내 싸늘해졌다. 11월 4일 에스켄스 내각은 정부지출법안 초안을 제출했다. 예산을 삭감하고 세수를 늘리면 콩고 사태로 타격을 입은 예산의 균형을 맞출 수 있었다. 야당인 사회당은 격분했지만 국왕의 결혼식이 끝나길 기다렸다가 반대하고 나섰다.

노동조합은 한 달 동안 벨기에 경제를 마비시키는 총파업에 돌입했다. 제2차 세계대전 이래 벨기에가 겪는 가장 큰 집단 파업이었다. 격렬한 사보타주는 시민들의 삶까지 위협했다. 에스켄스는 다시 살아남기 위해 싸웠다. 1월 13일 금요일 그는 의회에서 가까스로 승리를 거뒀다. 의회는 정부지출법안을 통과시켰고 파업은 잦아들었다. 그럼에도 에스켄스로서는 너무 많은 대가를 치르고 얻은 승리였다. 그의 정부는 힘이 떨어져 너덜너덜해졌고 내각은 한 달 후 총사퇴하게 된다. 12월 중순부터 1월 중순까지 서 멀리 콩고에 있는 루뭄바의 운명은 스트레스 가득한 브뤼셀 정치인들의 마음속에서 밀려났다.[17)]

혼란에 빠진 레오폴드빌 온건파

멀리 콩고로 다시 돌아가 보자. 군인들은 루뭄바를 티스빌의 군사기지로 옮겨 오는 과정에도 그를 내내 폭행했다. 루뭄바의 상태에 대한 루머가 퍼지면서 콩고에 급속한 반체제 움직임이 파문처럼 번졌다. 레오폴드빌에 대한 압박이 거세지자 모부투는 국제적십자사가 12월 말 캠프 하디를 방문할 수 있도록 허용했다. 건강은 나아졌지만 루뭄바는 완전히 고립되어 있었다.[18)] 더 중요한 것은 루뭄바의 구금을 놓고 캠프 하디의 의견이 갈렸다는 점이다. 콩고국군 내에서 벌어진 다툼은 카사부부와 모부투가 수도와 가까운 곳에서도 군을 제대로 장악하지 못했음을 증명한다. 이런 소동은 루뭄바에게 작게나마 운신할 여지를 주었고, 루뭄바의 적들 사이에 그를 어떻게 할지를 두고 더 많은 논쟁이 일었다. 모부투가 루뭄바는 반역죄로 재판을 받게 될 거라고 말했지만 누구도 그 재판이 언제 어디서 열리는지 말하지 않았다. 만약 모부투가 의도대로 12월 31일 이후에도 선출된 의회를 배제한 채 계속 정국을 끌고 가려 한다면 어떤 일이 벌어질 것인가? 캠프 하디는 유일한 합법 정부에서 총리로 간주될 만한 권한을 가진 사람을 잡아 두고 있을 수 없었다. 최소한 루뭄바는 더 안전한 구금 시설로 가야 했다.

서방 열강들은 레오폴드빌과 엘리자베스빌에 있는 루뭄바의 적들, 이른바 '온건파'들이 합의하길 원했다. 그러나 그중에서도 촘베는 가장 믿을 수 없는 인물이었다. 11월 말 미국의 유명한 흑인 재즈 가수 루이 암스트롱이 아프리카를 순회했고 엘리자베스빌에서도 공연했다. 레오폴드빌에 있던 미국 국무부, CIA 관리들은 암스트롱의 노래를 듣는다는 구실로 모인 카탕가의 백인·흑인 지도자들을 만날 기회가 생겼다.[19] 그저 그런 인물로 평가되던 팀버레이크 대사는 어느덧 미국의 입장을 대변하는 유능한 해설자가 되어 있었다. 그는 촘베에게 카사부부·모부투 정부와 협정을 맺으라고 한사코 권했다. 촘베는 팀버레이크 대사 앞에서 말 그대로 바닥에 넘어졌다. "팀버레이크 대사는 내가 별 볼 일 없는 카사부부와 신출내기 모부투, 시시한 봄보코 앞에서 이런 자세로 있는 걸 보고 싶은 건가?" 촘베는 차라리 죽는 게 좋겠다고 말했다.[20]

이런 촘베의 의향에도 불구하고 이 기간 벨기에의 지원 아래 카탕가와 레오폴드빌을 화해시키려는 시도가 이뤄졌다. 촘베와 카사부부는 11월 말 프랑스령 콩고의 독립을 기념해 퓔베르 율루를 축하하기 위해 브라자빌에 왔을 때 얼굴을 마주했다. 12월 15일 그들은 브라자빌에서 기자회견을 열었지만 성공적이지 못했다. 촘베는 어려운 처지에 놓여 있었다. 그는 훈장은 받았지만 벨기에와 관계를 다시 생각해 보고 있었다. 카탕가는 파리에 외교 사절을 보내고 카탕가군 사령관에 프랑스인을

앉히는 것을 고려했다.[21]

스탠리빌에서 루뭄바 지지 세력이 군사작전에 들어가자 우려는 더욱 커졌다. 기젠가에게는 정부와 군대가 있었다. 그는 소비에트연방 국가들의 외교적 지지 덕분에 카탕가보다 합법성에서 우위에 있었지만 여전히 국제적으로 따돌림을 받는 신세였다. 12월 말 스탠리빌 군대는 카탕가에 인접한 남쪽 키부 주를 향해 나아갔다. 그들은 지방 정부를 물리쳤고 스탠리빌 사람인 아니세 카샤무라(루뭄바 내각의 정보장관)를 중심으로 새로운 체제를 만들었다. 1961년 1월 초 모부투는 벨기에의 도움을 받아 반격을 시도했지만 참패하고 만다.

이제 위험은 분명했다. 스탠리빌은 레오폴드빌과 엘리자베스빌 모두를 위협했다. 레오폴드빌에 있던 제선 센드웨는 유엔에 자신을 카탕가 북부로 보내 그 지역의 평화를 되찾는 일을 하게 해달라고 요청했다. 1월 8일 다얄은 센드웨의 방문에 동의했다.[22] 다음 날 스탠리빌 군대는 카탕가 북부를 침공해 촘베의 영토를 점령했다. 카탕가발루바연합(balubakat) 정치인들은 스탠리빌 세력권에 별도의 행정구역인 루알라바 주를 만들었다. 콩고는 다시 분열했다. 센드웨가 돌아와 이번에 승리를 거둔다면, 그것은 촘베에게는 악몽이었다. 1월 12일 촘베는 보두앵에게 도움을 요청하는 편지를 써 "반공주의자들의 방어벽이자, 벨기에에 충성하는 카탕가를 온전하게 지켜 달라"며 "이런 카탕가야말로 우리가 중앙아프리카에 만들고자 했던 모습이 아니냐"고 간청했다. 촘베는 만약 카탕가가 벨기에의 도움을 얻지 못한다면 프랑스에게 부탁해야 할지도 모른다고 으름장을 놓았다.[23]

촘베가 카탕가를 도와달라고 협박한 것처럼 봄보코도 똑같이 벨기에에 레오폴드빌을 도와달라고 부탁했다. 그는 모부투의 키부 공격을 벨

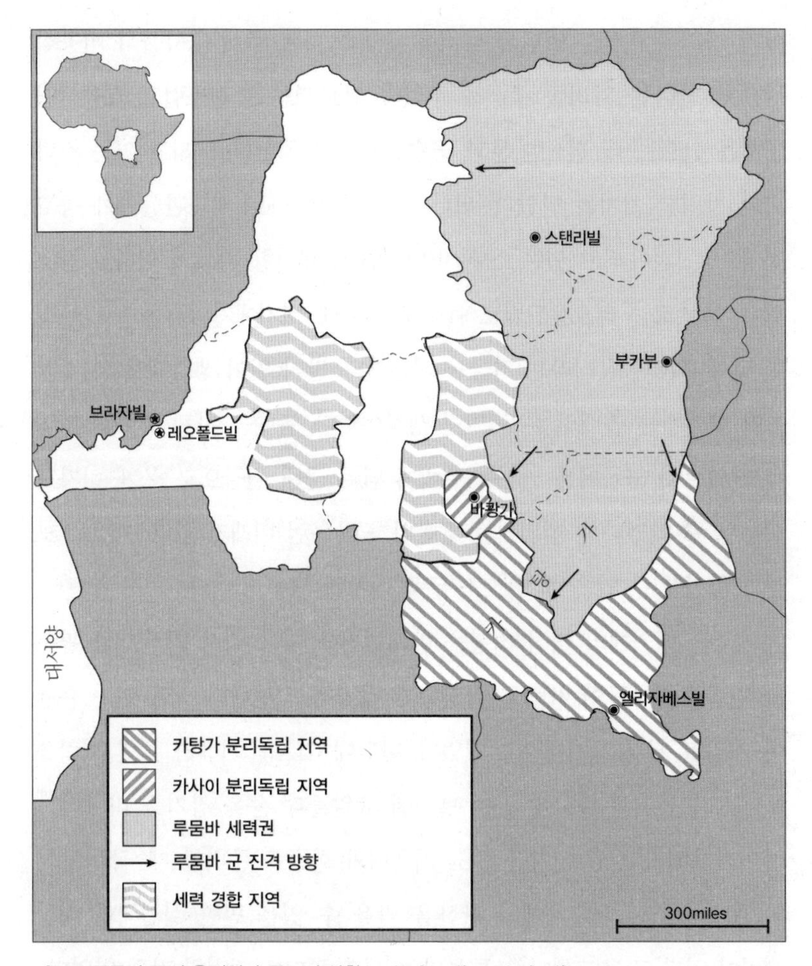

지도 5 루뭄바 군의 움직임과 콩고의 상황(1960년 12월~1961년 1월)

기에가 도와준다면 그 대가로 다시 외교 관계를 회복하는 것을 검토하겠다고 약속했다. 1월 10일 봄보코는 파리에서 벨기에 관리들과 만나 논의했다. 결국 봄보코는 양국이 외교 관계를 맺는 일이 다시 점진적으로 진행될 거라는 합의문에 서명했다. 합의문에 명시하지는 않았지만 벨기에는 그 대가로 낙하산 부대를 지원하기로 했다. 이튿날 스파크는 아직 파리에 머물고 있던 봄보코를 초대해 나토 주재 대사들과 비공식적으로 만나는 자리를 주선해 주었다. 봄보코는 충성스럽고 효율적인 군대를 만드는 데 필요한 돈과 군수물자를 요청했다. 그리고 그는 스파크의 강력한 지지를 받았다. 위니도 벨기에의 나토 외교관들에게 콩고 전역으로 '전이'되고 있는 스탠리빌의 '암'을 제거할 필요가 있다고 강조했다. 봄보코는 레오폴드빌로 돌아오는 길에 벨기에가 줄 돈으로 무려 한 달에 240만 달러라는 거금을 거론했다. 만약 일이 생각대로 되지 않으면 벨기에는 촘베의 손을 빌릴 생각이었다. 촘베는 자체 통화를 도입하고 있으니 구화폐를 카사부부에게 넘겨 군대 월급으로 쓰게 하자고 설득할 수 있었다.[24] 벨기에는 루뭄바가 아무런 미래가 없다는 것을 모두가 확신할 수 있을 때 비로소 돈을 내주려 했을 것이다.

미국은 벨기에의 직접 지원을 반대했지만 미국 역시 기젠가를 필두로 민족주의자들이 세력을 확장하지 않을까 걱정했다. 국무부는 유엔이 개입할 거라고 기대하고 있었다. 반면에 CIA는 기젠가 주변 세력을 무너뜨리기 위해 콩고에 있는 벨기에 요원들과 손을 잡기를 바랐다.[25] 아이젠하워가 정권 이양을 두고 케네디와 회동을 준비할 때, 국무부는 "현재로선 스탠리빌 체제의 확산을 막을 수 있을 만한 실질적인 대항 세력이 없다"고 보고했다.[26] 루뭄바는 캠프 하디에 여전히 갇혀 있었다.

케네디는 어떻게 할까?

10~11월 유엔과 콩고국군이 자택에 연금하면서 루뭄바는 외부 세계에 거의 모습을 드러내지 않았다. 데블린은 암살 음모가 잠정 무산되었

다고 여겼다. 그 뒤로 11월 말 루뭄바가 스탠리빌을 향해 탈출했을 때, CIA가 처음으로 고용한 살인 청부업자 'WIN'은 루뭄바가 포위망을 빠져 나갈 때를 대비해 계획을 세워 두었다. 또 다른 청부업자 'ROGUE'는 콩고인들이 루뭄바를 체포해 캠프 하디에 가둔 뒤에야 레오폴드빌에 나타났다. 데블린은 ROGUE와 '암살집행조'에 대해 논의한 것을 또렷하게 기억하고 있었다. 그럼에도 불구하고 두 청부업자의 일은 함께 묵고 있던 레오폴드빌의 호텔에서 논의한 수준에 그친 것으로 보인다. 공식적으로 암살 작전을 총괄하는 일을 맡았던 저스틴 오도넬은 그해 말에 떠났다.[27)]

누군가는 CIA가 루뭄바를 죽일 필요성을 거의 느끼지 않았다고 주장할지 모른다. 12월까지 카사부부와 모부투는 재판이나 그보다는 못한 다른 방법을 동원해 루뭄바를 권력에서 완전히 제거할 수 있었다. 미국인들은 "우리는 루뭄바의 존재를 없애기 위해 순전히 아프리카다운 방식을 선호했다"고 되풀이했다. 그런데 이제 그들은 '야만적인' 흑인들이 루뭄바를 끝장내 버리려고 할 때 "백인은 도덕적 기준이 있었다"고 말한다. 하지만 사실 루뭄바의 입장이 무엇이든 콩고에 있던 데블린과 그 주변 인물들은 누군가 그 일을 완수할 때까지 쉬려 하지 않았을 것이다. 아프리카인들은 살해를 염두에 둔 정도였는지 모르지만, 벨기에와 미국은 살해에 '집착'했다. 그들은 그저 아프리카인들이 루뭄바를 재판장 앞에 세우는 것을 원했을 뿐이라고 말할지 모른다. 그럼에도 데블린 같은 이들은 아프리카인의 능력과 복수에 대한 열망, 레오폴드빌의 용기에 별로 신뢰가 없었다.

가을이 되자 레오폴드빌에 있던 CIA의 계산표에 루뭄바의 위상과 상관없는 또 다른 변수가 등장했다. 미국 대통령 선거에서 닉슨과 케네디가 박빙으로 맞붙었다. CIA는 식민주의가 그들의 불명예이긴 하지만 영국, 프랑스, 벨기에에 기대를 걸자는 아이젠하워의 방침을 수용했다. CIA는, 닉슨은 기존 정책을 계속 이어갈 것이지만 미국인들이 만약 케네디를 선택한다면 케네디는 어리석게도 루뭄바와 잘 지내려 할 것이라고 내다봤다. 케네디는 11월 초 근소한 차이로 승리했다. 만약 당선자가 미국이 콩고의 민주주의를 저해하고 있다고 암시하지 않았다면? 이제 CIA 관리들은 케네디의 취임까지 딱 10주가 남아 있다고 입을 모았다. 그때가 되면 정책이 바뀌고 정치인들은 루뭄바를 다시 의회에 앉힐 것이다. 이는 미국에게 해로운 일이었다.[28)]

민주당의 베테랑 외교관인 애버렐 해리먼은 9월 초 케네디 대선 후보의 실사단으로 콩고에 다녀왔다. 해리먼은 국무부에 결과를 보고했다. 동시에 공화당 소속 팀버레이크 대사와 루뭄바에 대한 우려를 공유했다. 해리먼은 카사부부가 9월 5일 정부를 뒤엎은 직후 루뭄바를 만나 얘기를 나눴다. 그는 루뭄바는 권력을 잡고 있든 감옥에 들어가 있든, 아니면 풀려나도 문제를 일으킬 것이라고 보고했다. 해리먼은 11월 초 대선이 치러진 후 케네디에게 다시 보고했다. 케네디는 미국이 루뭄바를 구해야 하는지 알고 싶어 했다. 해리먼은 설사 그 정책이 현명하다고 결정한다고 할지라도 루뭄바를 구하는 것은 차기 정부에 위험이 너무 크다는 초기 의견을 재확인했다.[29)]

대선 과정에서 케네디는 미국이 세운 암살 계획에 관해 어떤 기밀 정보도 듣지 못했다. 그 뒤 11월 18일 덜레스와 CIA의 2인자 리처드 비셀이 당선자 신분인 케네디에게 보고했다. 비셀은 자신이 케네디에게 아무 말도 하지 않았다고 기억하면서 덜레스가 보고했다고 추정했다.[30)]

12월 초 루뭄바가 레오폴드빌을 탈출했을 때, 케네디의 동생 에드워드가 형의 희망에 따라 상원 대표단을 이끌고 콩고로 갔다. 그는 며칠 후 레오폴드빌에서 기자회견을 열었다. 이때는 루뭄바가 체포된 직후였다. 에드워드는 루뭄바를 포함한 모든 정치범을 석방하라고 촉구했다. 케네디는 "동생이 자기 맘대로 정책을 세운다"고 불평했다. 그러나 케네디 대통령 인수위원회는 루뭄바나 그 대리인들이 광범위한 연정에 참여하는 계획을 검토했다. 민주당 정권이 출범한 후 무슨 일이 일어날지를 두고 온갖 가설이 난무했다.[31)]

뉴욕 유엔에서 루뭄바에 동조하는 콩고 정치인 토마 칸자는 엘리너 루스벨트(프랭클린 루스벨트 전 대통령의 부인)나 곧 유엔 주재 미국 대사가 될 애들레이 스티븐슨과 관계를 이용해 미국의 정책을 루뭄바에 우호적인 방향으로 유도하려 했다. 가나의 콰메 은크루마는 케네디에게 루뭄바의 자유를 보장해 달라고 요청했다. 다얄은 1998년 내놓은 자서전에서 "유엔은 새로운 미국 대통령이 취임할 때까지 현상 유지를 하길 원했다. 그때 가서 우리가 대세에 역행할지도 모르기 때문이다"라고 말했다. 다얄은 심지어 "CIA는 케네디가 콩고의 연정을 승인할 가능성을 아예 차단하기 위해 루뭄바를 살해하려 했다"고 주장했다. 루뭄바가 살해된 직후 국무부에서 작성된 한 보고서는 유출된 정보가 담긴 언론 보도에 대해 우려했다. 이 보고서는 "향후 펼쳐질 케네디의 자유민주주의 정책이 킬러들을 행동하도록 더 압박했을지 모른다"고 적었다.[32)]

케네디가 무엇을 알고 있었든지 간에 민주당도 루뭄바에 대해 공화당이 세워 놓은 목표에서 벗어나지는 못했다. 명연설은 사람들로 하여금 정의를 바라보게 만들었지만 케네디는 콩고에 대한 미국의 정책을 거의 바꾸지 않았다. 취임까지 3주를 남겨 둔 1960년 말 차기 정부의 콩고 전담팀은 콩고가 안정될 때까지 루뭄바는 감옥에 있어야 한다고 결정했다. 정부가 출범한 지 열흘도 안 되어 국무부는 루뭄바 본인에게는 아니지만 루뭄바의 지지자들에게 역할을 줄 수 있는 예비 계획을 만들어 두자고 제안했다. 그러나 국방부는 민주당이 주도하는 정책 결정에 이미 깊이 관여하고 있으면서도 이런 예비 계획조차 반대했다. 초점은 다얄을 축출하는 쪽으로 옮겨 갔다. 이는 브뤼셀도 원하던 결과였다. 공화당 정부는 이전에도 함마르셸드의 특사 다얄을 해임하고 싶다는 바람을 강력히 피력한 적이 있다.[33] 민주당은 더 단호했다. 그들은 미국이 유엔에 돈을 대는 상황에서 "우리는 지금 레오폴드빌에 있는 다얄 덕분에 우리의 종말을 위해 돈을 내고 있다"고 판단했다. 모부투의 사람들도 역시 다얄을 싫어했기 때문에 다얄을 겨냥한 민주당의 새 정책은 레오폴드빌에 있는 아프리카인들도 만족시키면서 루뭄바를 옹호하는 유엔 고위 관료를 제거하는 결과가 되었다.[34]

'뉴프런티어' 관리들의 뇌리에 다른 생각들이 지나쳐 갔을지도 모른다. 하지만 그들은 루뭄바에 대한 아이젠하워의 프로그램을 거의 수정하지 않았다. 정부가 바뀌는 몇 주 사이 민주당은 다얄을 압박했다. 공화당도 하지 않았던 일이다. 상의하기 위해 다얄이 뉴욕에 돌아왔을 때 유엔에 있던 스티븐슨은 바로 다얄을 만나, 건강을 이유로 사임하라고 설득했다. 그러나 위대한 진보주의자로 평가받는 스티븐슨의 일처리는 너무나 서투르고 속이 빤히 보일 정도여서 다얄이 스티븐슨을 공공장소에서 가짜 약을 파는 '야바위꾼'이라고 표현할 정도였다. 그러나 CIA는 이 모든 것을 몰랐다. 11월 민주당의 승리는 데블린에게 '불만스러운 겨울'이 올 것을 알리는 불길한 징조였다.[35]

데블린의 공포

데블린은 레오폴드빌의 끊임없는 위기를 평가할 때마다 같은 말을 되풀이했고, 해가 바뀔 때쯤 데블린의 보고서는 거의 히스테리에 가까워졌다. 군대의 일부는 언제든 루뭄바 쪽으로 옮겨 갈지 몰랐다. 모부투나 그와 뜻이 맞는 정치인들은 우유부단했고 영향력도 부족했다. 헌법적 통치가 회복된다면 어떻게 될 것인가? 유엔은 모부투가 폄하한 화해위원회를 조직하고 있었다. 데블린은 콩고의 미래를 두고 스스로를 들들 볶았다. 나중에 그는 레오폴드빌에 연줄이 말라 버리고 일이 어떻게 돌아가는지 알 수 없게 되자 애를 태웠다고 썼다.[36] 데블린은 회고록에서 자신의 괴로움과 무지함을 소설보다 더 소설처럼 그려 놓았다.

1960년에서 1961년으로 넘어가는 가을과 겨울, 아프리카에서 냉전을 피한다는 이유로 데블린은 루뭄바를 암살하기 위한 각종 계획을 총괄했다. CIA는 모부투, 봄보코, 넨다카 같은 '온건파'에게 미국의 목적을 이루는 데 쓸 만한 노력을 하는 대가로 돈을 주었고 이들에게 루뭄바를 쓸어내 달라고 간청했다. 데블린은 이 아프리카인들을 지불 명단에서 각기 다른 이름으로 불렀다. 친구, 협력자, 대리인, 연줄, 협조자 같은 표현들은 종종 관계가 모호해지거나 지속적이지 못하다는 것을 암시했다.[37] 상원 위원회 보고서는 "이 사람들은 CIA와 일상적으로 가까운 업무 관계를 맺고 있었다"고 적었다.[38] 위원회에 따르면 데블린은 이들을 원조하고 조언해 주었고 루뭄바를 영원히 제거하라고 요구했다. 마지막으로 데블린은 스스로 자주 쓰던 표현을 써 가며 그들이 "전적으로 아프리카다운 일"을 하기를 원했다.

1월 17일 화요일 아침 레오폴드빌 정치인들은 루뭄바를 엘리자베스빌로 데려갔다. 데블린은 "다들 일단 그를 카탕가로 보내기만 한다면 살아날 기회는 사라지는 거라고 여겼다"고 회고했다.[39] 데블린은 루뭄바를 칼론지의 근거지인 바쾅가로 옮길 거라는 걸 1월 14일 알게 되었다. 바쾅가는 엘리자베스빌보다 루뭄바에 훨씬 더 적대적인 곳이었다. 연락책 네 명이 루뭄바 이송 계획을 알려 왔다. 그러나 데블린은 1월 17일이 되어서야 본부에 이 사실을 알렸다. 위에서 뭔가 조치를 취하기에는 이미 너무 늦은 때였다.[40] 그는 케네디 정부가 어쩌면 타협하려 할지 모른다고 고민했던 것일까? 그가 벌여 놓은 일들이 윗선의 고집에 흔들릴 거라는 공포 때문에 정보를 알리지 않고 움켜쥐고 있던 것일까?

데블린이 이렇게 정책의 변화를 우려한 것은 차기 정부의 목표를 지레 과장해 짐작했기 때문이다. 물론 좀 더 현실적인 근거도 있다. 1월 5일 아이젠하워의 CIA 정책 기구인 해외정보활동자문위원회는 다시 한 번 CIA의 개혁을 요구했고, 개혁이 이뤄지지 않는다면 덜레스 해임을 심각하게 고려하라고 권고했다. 게다가 1월 CIA와 경쟁하던 국무부는 루뭄바를 끌어내리고 내쫓기 위해 아예 유엔의 틀을 벗어나 행동에 나서는 것에 더 이상 구애받지 않기로 했다. 데블린은 이 중 어떤 사실도 알지 못했던 게 틀림없다. 정책이 확 바뀔 거라는 인상만 풍긴 소문이 어디서 나왔는지만 빼고. 그러나 퇴임을 앞둔 정부 말기에 국무부의 열의는 그리 대단하지 않았다. 게다가 아이젠하워는 위원회의 권고에 꿈쩍도 하지 않았고 그 보고서를 당선자에게 넘겨 버렸다.

케네디는 1961년 5월에야 NSC에 참석했다. 그는 이때 쿠바 피그 만에서 당한 굴욕 때문에 CIA에 격노했고 이는 덜레스의 해임으로 이어졌다.[41] CIA가 (루뭄바의 죽음에 대해) 반복해서 책임을 부인하는 것은 사소한 문제였다. 어쨌든 CIA의 무모한 행위, 만약 실행에 옮겨졌다면 잔인했을 그 행위는 무위로 끝났다. 그러나 셰익스피어의 맥베스처럼 데블린은 이미 손에 너무 많은 피를 묻혀 무수히 많은 바다를 붉게 물들여 버렸다.

12

루뭄바를 죽이다

세 가지 문제가 레오폴드빌 정치인들을 괴롭혔다. 그들은 내전에서 자기 군대가 패색이 짙어지자 당황했고 케네디가 대선에서 승리하자 전전긍긍했다. 또 많은 아프리카 국가들이 루뭄바에게 정치적 공간이 생기길 원한다는 사실에 절망했다.

1월 2일 카사부부는 압박을 이기지 못하고 1월 25일자로 원탁회의를 소집했고 칼론지와 촘베의 참석을 설득하기 위해 바콩가와 엘리자베스빌로 특사를 보냈다. 루뭄바도 여기에 참여하게 될까? 같은 시각 모로코 카사블랑카에서는 친루뭄바 성향의 아프리카·아시아 정치인들이 모여 루뭄바 석방을 촉구했다. 그리고 1월 4일 레오폴드빌에 도착하는 유엔 화해위원회도 같은 요구를 내놓을지 몰랐다. 함마르셸드도 레오폴드빌에 있는 콩고 정치인들을 더 압박하기 위해 1월 4일부터 6일까지 위원회가 해야 할 일을 재검토한 뒤 10일 잠시 콩고로 왔다. 1년 전 이맘때쯤 벨기에는 루뭄바를 석방해 브뤼셀에서 열린 원탁회의에 참석할 수 있도록 했다. 바로 그곳에서 루뭄바는 승기를 잡았다. 뜨뜻미지근한 태도를 보인 레오폴드빌의 지도자들은 이런 시나리오가 되풀이될 것을 걱정한 것일까? 그 누구도 루뭄바를 원하지 않았다. 그들은 유엔이 언제라도 루뭄바를 구해 줄지 모른다고 걱정했다. 왜 그들은 자기 손으로 루뭄바를 죽이지 않았을까? 이들은 스스로 너무 확신이 없었고 지지도 받지 못해 교도소를 완전히 장악하지도, 군대를 믿지도 못했다.

1월 13일 금요일 이른 아침 캠프 하디의 기강이 무너졌다. 병사들이 월급을 주지 않는다면 명령을 거부하겠다고 선언했다. 그중에 일부는 루뭄바가 풀려나길 원했고 또 어떤 이들은 루뭄바를 적으로 생각했다. 또 어떤 이들은 위험한 죄수를 이런 불안한 시설에 둔다면 재앙을 불러올 거라고 우려했다. 그날 아침 카사부부, 모부투, 넨다카는 군인들과 협상하기 위해 서둘러 티스빌로 향했다. 파리에서 벨기에와 협상을 하고 막 돌아온 봄보코는 콩고국군에 돈을 주겠다고 약속했다.[1] 정치인들은 당장 티스빌의 항명은 억눌렀지만 이 사태는 캠프 하디에 있는 루뭄바가 북쪽 레오폴드빌을 얼마나 골치 아프게 하는지 보여 준다. 이튿날 1월 14일 토요일, 불안해하는 국민들 사이에서 루뭄바가 곧 풀려날 것이고 스탠리빌에 있는 군대가 곧 레오폴드빌로 내려올 것이라는 소문이 퍼졌다. 스탠리빌 군대는 이미 카탕가 북부를 장악했고 티스빌 반란이 있기 전부터 레오폴드빌의 지도자들은 가족을 브뤼셀로 보내 두었다. 1월 13일 데블린은 워싱턴에 전문을 보내 콩고 정부가 며칠 안에 무너지고 루뭄바가 복귀할 수도 있다고 보고했다. 그는 "미국이 즉시 극단적인 조치를 취하지 않으면 미국의 정책은 물거품이 될 것"이라고 했다.[2] 브뤼셀에서는, 패닉에 빠진 위니가 곧바로 서방 국가의 대사들을 불러 모았다. 위니는 "우리는 돈과 무기를 달라고 한 봄보코의 요구를 들어줘야 하지만 뭔가 대가 없이는 안 된다"고 말했다. 위니가 대가로 언급한 '뭔가'는 "카사부부와 촘베를 서로 시급히 화해시켜야 한다는 것"이었다.[3)]

캠프 하디의 반란은 루뭄바를 다른 곳으로 옮기게 되는 결정을 촉발시켰다. 카사부부, 모부투, 봄보코 일당은 루뭄바를 어디로 옮길 수 있을까? 카탕가가 첫 번째 선택지였다. 1월 14일 정오를 넘기면서 라하예는 브라자빌 벨기에 대사관 사무실에서 엘리자베스빌의 카탕가군 본부로 전보를 쳤다. 레오폴드빌의 집행위원 이름으로 보낸 긴급 요청이었다. 촘베는 루뭄바를 받아들일까? 마르셀 듀프레 브라자빌콩고 주재 벨기에 대사는 브뤼셀에 이를 알리고 외교부에는 라하예의 메시지를 엘리자베스빌 주재 벨기에 총영사에게 전달해 달라고 요청했다.[4)]

알베르 칼론지는 다른 누구보다도 더 루뭄바를 증오했고 루뭄바를 손에 넣고 싶어 했다. 같은 날 칼론지 군대의 유럽인 사령관이 무전을 가로챘다. 그는 칼론지에게 카사이 남부 분리독립 지역에 루뭄바를 받자고 제안했다.[5)] 그러나 칼론지의 별스러운 성격과 루뭄바에 대한 고삐 풀린 복수심은 당황스러울 정도였다. 더 중요한 것은 바콴가에 있는 가나 유엔군이 비행기 착륙을 막거나 루뭄바를 구할지 모른다는 점이었다. 촘베가 루뭄바를 엘리자베스빌로 데려오는 것을 승인하지 않는 동안, 함마르셸드는 카탕가와 약속한 대로 엘리자베스빌 루아노공항에서 유엔 평화유지군과 카탕가군의 거리를 지키고 있었다. 유엔은 루아노공항에서 민간 항공기의 운항을 통제했지만 카탕가군의 수송기는 별도 영역이 있었다. 유엔은 엘리자베스빌에서 루뭄바가 넘겨지는 것을 막을 수 없었다. 카사부부를 비롯한 이들은 성공할 가능성이 높은 일에 촘베가 동의해 주길 바랐지만 결국 루뭄바를 카사이 남부로 옮기는 것으로 합의를 봤다. 1월 16일 월요일 아침 넨다카는 레오폴드빌공항에 있는 벨기에 국영 항공사 사베나(Sabena) 사무실에서 라하예와 합류했다. 라하예는 루뭄바를 바콩가나 엘리자베스빌로 실어 보낼 비행 계획을 짰다. 이송 작전은 그날 정오에 개시될 예정이었다. 페르디낭 카자디와 조나스 무캄바, 두 명의 집행위원이 동행해 루뭄바를 지키기로 했다.[6]

모부투 군대가 10월 루뭄바의 집을 지키던 유엔군을 에워싼 때부터 벨기에는 루뭄바가 투옥될 상황을 걱정했다. 12월 모부투의 군대가 루뭄바를 붙잡았을 때 벨기에는 그들이 루뭄바가 더 이상 활동하지 못하도록 확실히 해주기를 바랐다. 스탠리빌이 그곳의 재소자와 루뭄바를 맞바꾸길 원한다는 소문이 돌자 데스프레몽은 레오폴드빌에 있는 수하들에게 어떤 일이 있어도 협상을 무산시키라고 강력히 말했다. 1월 14일 데스프레몽의 심복인 쥘 루스는 티스빌의 반란에 관한 뉴스 보도를 보고 크게 동요했다. 그는 마를리에에게 루뭄바를 촘베에게 보내는 방법을 다시 시도해 보라고 말했다. 루스는 군 암호로 "조제프에 대한 브라자빌의 계획을 급히 재개한다"고 전보를 보냈다. 데스프레몽은 철통 같은 지하 감옥을 원했다. 그는 1월 16일 촘베에게 전신을 보내 루뭄바를 받으라고 압박했다. 이 전신은 촘베가 이미 마음을 결정한 후인 오후 늦게야 도착했지만 말이다.[7]

막판에 촘베가 루뭄바를 받기로 했지만 송환 협상을 제안한 쪽은 분명 레오폴드빌이었다. 촘베는 이 '뜨거운 감자'를 받는 것으로 얻을 게 거의 없었다. 그는 루뭄바의 이송을 허락했음에도 불구하고 공개적으로는 승인을 철회한 듯 굴었다. 레오폴드빌이 루뭄바를 보냈을 때 촘베는 비로소 루뭄바가 온다는 사실을 알게 되었고 그땐 이미 기정사실이 되어 있었다는 식으로 얘기를 꾸몄다. 촘베의 벨기에 출신 보좌관들은 더 부정적이었다. 엘리자베스빌의 유럽인들은 벨기에에 있는 상사들보다 더 카탕가의 분리독립을 열망했다. 이들은 루뭄바의 존재가 자신들에게 이로울 거라고 한 번도 생각해 본 적이 없었다. 브뤼셀은 늘 루뭄바를 무력화시키는 것을 염두에 두고 있었고, 이제 힘을 잃어버린 루뭄바는 카탕가에 득이 될 수 있었다. 하지만 카탕가의 벨기에인들은 루뭄바의 이송에 거의 관여한 게 없다. 이 정책을 밀어붙인 건 브뤼셀과 레오폴드빌에 있는 벨기에인들이지, 엘리자베스빌에 있던 벨기에인들은 아니었다. 그리고 어쨌든 촘베와 무농고는 모든 벨기에인들과 적당한 거리를 두고 있었다.

촘베는 왜 마지막에 '예스'하게 된 걸까? 엘리자베스빌의 유엔 참관인은 이 선택을 "어리석은 자살 행동"이라고 불렀다.[8] 이와 관련해 몇 가지 사실들이 있지만 추론도 필요하다. 알베르 델보가 역할을 했다. 루뭄바 내각에서 일했던 델보는 9월 봄보코와 함께 루뭄바 해임에 서명을 했다. 그리고 나서 델보는 일레오 내각에 임명되었다. 그는 그해 겨울 카사부부, 모부투, 촘베 사이에 화해를 중재하기 위해 레오폴드빌과 엘리자베스빌을 오갔다. 1월 중순 카탕가에서 델보는 계속 촘베를 압박했다. 1월 16일 월요일 아침, 라하예와 넨다카가 루뭄바의 이송 계획을 짜던 시간에 델보는 카사부부와 촘베가 전화 통화를 하게 만들었다.[9]

언론이 대대적으로 보도한 것처럼, 두 지도자는 엘리자베스빌에서 협상 테이블에 앉기로 합의했고, 두 사람이 루뭄바의 이송에 대해 합의할 것이 거의 확실했다. 1월 중순 카탕가 북부에 기젠가의 군대가 들어오고 카탕가에 적대적인 정부가 수립되면서 촘베는 이곳에서 미약하나마 유지하던 세도 모두 잃었다. 이는 제선 센드웨의 힘을 키워 주었다. 그가 카탕가 북부로 돌아오면 이곳은 그의 수중에 떨어질 참이었다. 센드웨는 레오폴드빌에서 자유롭게 돌아다녔다. 우리는 카사부부가 센드웨에 대해 뭔가 약속을 했고 이것 때문에 촘베가 루뭄바를 받았을 거라고 본다. 그러나 우리는 그 약속이 정확히 어떤 것이었고 언제 이행된 것인지 알 수 없다. 레오폴드빌은 11월 말에도 루뭄바를 촘베에게 보내려 제안한 적이 있다. 그러나 촘베는 이후에 이 사실을 떠올리면서 분노를 터뜨렸다. "루뭄바? 아니, 내게 대신 센드웨를 보내 달라."[10] 루뭄바가 이송된 후 촘베는 엘리자베스빌에 있는 벨기에 외교관에게 "루뭄바 이송에 대한 동의는 센드웨 체포에 달려 있다"고 말했다. 레오폴드빌에 있던 또 다른 벨기에 관리는 "촘베가 카사부부에게 센드웨를 내놓으라고 두 차례나 강력하게 요구했다"고 보고했다.[11] 카탕가의 미국 영사관은 본국에 "촘베가 루뭄바를 맡아 주는 대가로 카사부부가 센드웨를 체포하는 것에 동의했다"고 전신을 보냈다.[12]

센드웨를 투옥시키는 것은 가능하다 하더라도 촘베에게 불필요하게 힘을 실어 주는 결과가 될지도 몰랐다.[13] 그래서 레오폴드빌의 정치인들은 원래 약속에서 발을 빼기 시작했다. 1961년 초 센드웨는 운이 좋았고 결국 살아남을 수 있었다. 하지만 레오폴드빌은 다른 데서 대가를 치렀다. 레오폴드빌의 보스들은 12월 초 루뭄바를 손에 넣었을 때 모리스 음폴로와 조제프 오키토도 함께 체포했다. 루뭄바가 이끌던 콩고민족운동(MNC)의 일원이던 쉰 살의 오키토는 상원 부의장이었다. 상원은 9월 13일 이래 열리지 않고 있었다. 만약 상원 의장이던 일레오가 정말 총리가 된다면 오키토가 상원을 맡게 된다. 이 경우 오키토는 카사부부의 자리가 공석이 되면 무슨 일이 일어날지 결정할 권한이 있었다. 만약 루뭄바가 총리로 돌아온다면 오키토가 카사부부를 대체할 수도 있었다. 또 MNC에서 음폴로는 루뭄바 정부의 핵심 대변자로 청년체육부 장관을 맡고 있었다. 거기다 그는 7월에 잠시 동안 룬둘라를 대신해 콩고국군의 최고사령관 역할을 했는데 이때 모부투와 대립했다. 9월 32살의 음폴로 '장군'은 모부투의 쿠데타를 저지하려 했다. 그는 촘베에 맞서 콩고국군을 이끄는 데 있어 모부투의 유일한 핵심 경쟁자였다.[14) 기록에 따르면 루뭄바, 음폴로, 오키토는 또 다른 7명과 함께 캠프 하디의 독방에 각각 수감되어 있었다.[15)

막판에 카사부부와 촘베 사이에 긴장이 풀리면서 레오폴드빌 정부는 루뭄바를 바쾅가가 아닌 엘리자베스빌로 보낼 수도 있었다. 그러나 레오폴드빌은 센드웨에 대해서는 망설였고 오키토와 음폴로를 얹어 주었다. 적어도 우리는 그렇게 추론한다.

카탕가로 호송

1월 16일 넨다카는 비행 계획을 공들여 짠 뒤 그날 오후 바로 티스빌로 갔다. 그는 호텔에서 그날 밤을 보내고 이튿날인 1월 17일 아침 5시 30분쯤 루뭄바, 오키토, 음폴로를 차례로 독방에서 끌어내 차에 태웠다. 단출한 규모의 호송단은 남서쪽 해안가 쪽으로 차를 몰았다. 콩고국군의 믿을 만한 병사들을 골라 경호를 맡겼다. 이들이 향한 곳은 60킬로미터 정도 떨어진 루칼라 마을 인근 작은 활주로였다. 그곳에는 이미 작은 비행기가 착륙해 있었다. 일행은 아침 8시쯤 도착했다. '죄수'들과 넨다카, 그리고 군인 세 명은 여기서 비행기를 타고 짧은 거리를 이동했다. 이들은 해변가 무안다까지 약 240킬로미터 날아갔다. 무안다에는 식민지 시절 벨기에인들이, 나중에는 유엔 관리들이 주말에 즐겨 찾

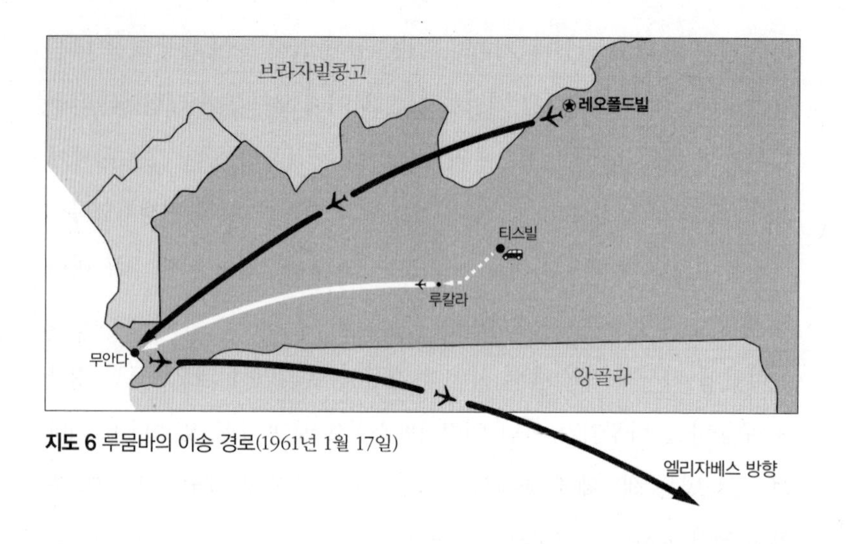

지도 6 루뭄바의 이송 경로(1961년 1월 17일)

던 리조트가 있었다. 호송 일행이 이렇게 정확하게 시간에 맞춰 움직인 데는 현지 기상 조건뿐 아니라 사람의 발길이 많은 공항을 피하려는 의도가 영향을 준 것으로 보인다. 붐비는 큰 공항은 유엔이 감독하고 있을 가능성이 높고 군인들이 있는 호송단은 사람들 눈에 띄기가 쉬웠다.

넨다카와 그의 '화물'이 티스빌에서 무안다로 오는 동안 콩고항공의 DC-4가 레오폴드빌을 떠나 무안다로 향했다. 이 큰 여객기는 긴 여정을 위해 두 명의 집행위원 카자디와 무캄바를 태웠다. 둘 다 카사이 남부 출신이었고 칼론지와 연계되어 있었다. 두 사람은 무안다 비행장에서 기다렸다.

다른 모든 이들이 그런 것처럼 이후 넨다카도 남 탓을 했다. 루뭄바 이송과 관련해 넨다카는 "나는 카사부부의 명령을 따른 것이고 엘리자베스빌로 가는 DC-4를 징발한 것도 카자디와 무캄바가 한 것"이라고 말했다. 그러나 넨다카가 탄 작은 비행기가 무안다에 착륙했을 때 집행위원들은 루뭄바를 바콩가로 데려갈 거라고 생각했을지도 모른다. 넨다카는 그들에게 엘리자베스빌로 가라고 명령했다. 훨씬 더 긴 비행을 한다는 건 DC-4에 여분의 연료가 더 필요하다는 걸 의미했다. 넨다카가 레오폴드빌공항에서 일을 처리하고 이후 카사부부와 촘베 사이 합의가 이뤄졌기 때문에 그는 불과 하루 전에 엘리자베스빌이 종착지로 결정되었다는 비밀을 알고 있어야 했다. 죄수들은 승무원뿐 아니라 집행위원 두 명, 군인 세 명과 함께 탔다. 넨다카는 레오폴드빌로 돌아왔다.

경호를 맡은 군인들은 난폭했다. 그들은 캠프 하디에서 무안다로 오는 길에도 루뭄바와 오키토, 음폴로를 학대했다. 무안다에서 엘리자베스빌로 1,770킬로미터를 이동해야 하는 긴 비행 중에는 더 심각했다. 군인들은 주먹질을 퍼붓고 마구 폭행했다. 조종사가 무엇보다 비행기 안전을 걱정하면서 계속 불평을 해댈 정도였다. 그러나 집행위원들은 심드렁했고 조종사는 결국 조종석으로 들어가 문을 잠궈 버렸다. 오후 4시 30분을 앞두고 콩고 남동쪽 상공에 진입한 DC-4는 엘리자베스빌 외곽 루아노공항에 다다랐다.[16]

카탕가의 땅에서 다섯 시간

관제탑은 급히 카탕가 정치인들에게 연락을 취해 어떻게 해야 할지 지시를 내려 달라고 요청했다. 비행기가 공항 일대를 선회하는 동안 공항 관계자들은 연락이 닿지 않는 촘베를 찾아 헤맸다. 촘베도 도착 시간은 예상 못했다. 촘베는 도덕재무장운동(MRA, Moral Re-

Armament)*이 돈을 댄 영화 〈프리덤〉(Freedom) 특별 상영을 관람하고 있었다. 미국에 본부를 둔 이 국제 단체는 보수 기독교에 뿌리를 두고 서방 정부와 친밀한 관계를 추구하면서 정직, 순수함, 이타심, 사랑 '4대 절대 가치'를 주창했다. MRA의 〈프리덤〉은 기독교 아프리카 국가들이 독립하면서 직면한 도전을 다루고 있었다. 그날 오후 촘베는 이 영화에 푹 빠져 있었다.[17)]

1960년 7월 카탕가의 내무부 장관 고드프루아 무농고는 루뭄바에게 절대 카탕가에 발을 들여놓지 말라고 말했다. 1961년 1월 이제 무농고는 유엔은 출입할 수 없는 군사 지역에 루뭄바를 태운 비행기가 착륙하도록 허가했다. 오후 5시쯤 비행기가 착륙했을 때 무농고는 공항에 병력을 대대적으로 집합시켜 놓고 대기하고 있었다. 경찰이 50명 정도, 카탕가군의 무장경찰 2개 소대가 60명쯤 되었다. 유엔은 그저 민간인 구역에서 안전거리 이상 떨어져서 루뭄바가 엘리자베스빌에 왔다고 증언하는 게 다였다. 수많은 카탕가 관리들이 우연히 현장에 있었다. 그래서 벨기에인 보좌관과 아프리카 각료들도 착륙하는 장면을 목격했다. 벨기에인 중에는 대령 한 명과 중령 두 명, 소령 두 명 등 카탕가군의 고위 장교들이 포함되어 있었다.[18)]

플랑드르 출신 하급 장교로 카탕가군의 간부였던 율리엔 하츠 대위는 탑승자들에게 비행기에서 내려 대기 중인 차량으로 옮겨 타라고 재촉했다. 기내에서 계속된 구타로 루뭄바, 음폴로, 오키토는 멀쩡한 모양새로 내릴 수 없었고 군용 화물차에 옮겨 태워질 때도 몸에 늘어난 부

* 제2차 세계대전 전후와 냉전 시기 각국의 군비 확장에 맞서 미국의 목사 프랭크 부크먼이 주도한 운동으로 기독교 정신에 입각한 도덕적 재무장으로 세계 평화를 이루자고 주장했다.

사진 14 비행기로 호송되어 내려오는 루뭄바. 버르스회러가 루뭄바를 교도소로 이송하고 있다 (1960년 1월). *Photograph by C. N. Thompson, Camera Press London*

상으로 괴로워했다. 호기심 가득한 군중들이 지켜보자 트럭과 무장 행렬은 죄수들을 데리고 재빨리 사라졌다.

이후 이틀에 걸쳐 카탕가의 신문《레소르 뒤 카탕가》(L'essor du Katanga)는 카사부부와 촘베가 전화로 대화를 나눴고 엘리자베스빌에서 원탁 협상을 여는 데 뜻을 모았다고 보도했다. 보도에 따르면 공식 성명은 카사부부가 촘베의 승인 아래 루뭄바의 이송을 요청했다고 밝혔다. 이 신문은 바콩고의 혼란과 루뭄바를 캠프 하디에 구금하는 문제 때문에 카사부부가 서둘렀다고 보도했다. 또 티스빌에서 온 다른 죄수들은 레오폴드빌 인근 교도소로 갔고 루뭄바에 한해 엘리자베스빌이 바콩가를 대신하게 되었다고 전했다.[19] 촘베 정부는 루뭄바의 이송을 비밀로 하지 않았고 언론들은 정확한 경위를 설명했다. 엘리자베스빌은 철저히 사전 준비를 했고, 이제 1월 17일 늦은 오후부터는 카탕가 당국이 능숙하게 루뭄바를 인계받았다.

벨기에 경찰관 프란스 버르스회러는 카탕가에서 아프리카인 고위 경찰 간부의 고문을 맡고 있었다. 1년 전인 1960년 1월 22일 벨기에 식민 당국이 스탠리빌에서 루뭄바에게 폭동을 선동했다는 이유로 징역을 선고했을 때, 버르스회러는 루뭄바와 동행해 카탕가 자도빌의 교도소로 데려갔다. 당시 버르스회러가 루뭄바와 함께 있는 사진이 신문에 실리면서 버르스회러는 카탕가에서 유명해졌다. 그 뒤 벨기에는 루뭄바를 석방했고, 루뭄바는 며칠 후 브뤼셀에서 열리는 원탁회의에 극적으로 모습을 드러낸 바 있다.

1년이 흐른 지금 전혀 다른 상황에서 버르스회러는 다시 루뭄바의 삶에 개입했다. 1월 17일 정오 무렵 무농고는 버르스회러에게 루뭄바가 이동 중이라고 말했다. 버르스회러는 루뭄바를 가둘 장소를 확보해야 했다. 버르스회러의 선택은 농부 루시앙 브로웨였다. 그의 빈 오두막이 루아노공항에서 나오는 도로에서 3.2킬로미터 정도 떨어진 곳에 있었다. 버르스회러는 이 집을 임시구금 장소로 요구했다. 보안 요원들은 이 곳과 가까운 길을 내주기 위해 공항 철조망을 끊었다. 이송 차량은 철조망을 끊은 지점을 통해 루아노공항의 정문을 피하고 바로 브로웨의 집으로 가는 길로 빠져나갈 수 있었다. 정부는 루뭄바를 급하게 어딘가로 보내 버릴 심산이었다. 버르스회러는 공항에 직접 나가지 않았지만 그날 오후 촘베의 자택으로 호출되었다. 경찰서 사무실에서 달려온 버르스회러는 저녁에도 대기하고 있으라는 말을 들었다.[20]

하츠 대위의 호송단은 루뭄바 일행을 브로웨의 집으로 데려온 뒤 도주나 유엔의 구출 행동을 막기 위해 경비를 섰다. 루뭄바 일행은 오후 5시 20분쯤 도착했다. 무농고와 다른 관리 두 명은 하츠를 뒤따라 브로웨의 집으로 왔다. 십중팔구 이 정치인들, 아니면 군인들은 루뭄바 일행을 더 심하게 학대했을 것이다. 오래 걸리지는 않았다. 이때 보좌관이 영화를 보고 있던 촘베에게 보고했고 촘베는 급히 관저로 돌아왔다. 그는 오후 6시쯤, 5인 전시 내각에 들어가는 각료들이 모이는 회의를 소집했다. 무농고는 바로 브로웨의 농장을 떠났다. 촘베의 관저는 루뭄바가 갇혀 있던 곳에서 10킬로미터가량 떨어져 있었다.

일련의 상황은 엘리자베스빌의 아프리카인들이 그들을 자문해 주던 벨기에 고위 인사들과 거리를 뒀다는 점을 시사한다. 이 유럽인들은 루뭄바가 그들 손에 들어가는 걸 원하지 않았다. 아프리카인들은 엘리자베스빌의 벨기에인들이 루뭄바를 함부로 대하는 것에 양심의 가책을 느끼는 척할 거라고 걱정했을지 모른다. 촘베와 무농고는 아마 자부심과 어려운 결단을 내린 능력을 보여 주고 싶어 했던 것 같다. 만약 보두앵이 촘베에게 루뭄바를 없애도 된다고 넌지시 말하지 않았다면? 그리고 데스프레몽이 루뭄바의 이송을 요청하지 않았다면? 카탕가에 있던 벨기에 정책 결정자들은 일어나고 있는 일에 대해 거의 아는 게 없어 보였다. 게다가 이들은 비록 루뭄바를 위험으로 몰아넣기 위해 가진 모든 힘을 동원하긴 했지만, 브뤼셀과 레오폴드빌에 있는 벨기에인이나 미국인들과 마찬가지로 최후의 장면과는 거리를 두려 했다. 카탕가의 벨기에인들은 그저 가만히 앉아 일부러 발을 빼고 있었을지도 모른다.

비상 내각회의는 오후 6시 30분부터 8시까지 딱 90분 동안 이뤄졌다. 아마도 무농고와 촘베는 이미 뭘 해야 할지 정해 둔 듯하다. 루뭄바, 음폴로, 오키토는 죽어야 한다는 것. 촘베와 무농고는 각료들을 불러 모아 간단히 상황을 알려주고 이 일에 끌어들였다. 알코올 덕에 세 명의 적을 처형하자는 공식 결정을 더 쉽게 내렸다고 한다.

시계가 밤 8시를 가리키기 바로 전에 버르스회러는 경찰서 본부에서 전화를 한 통 받았다. 그는 다시 근처 촘베의 관저로 들어갔다. 자신의 새 자동차에 아프리카 관리 한 명을 함께 태우고 브로웨의 농장으로 간 뒤 8시 30분까지 밖에 머무르다가 죄수들을 제거할 계획이었다. 8시에 촘베를 포함한 각료 일행도 차를 타고 브로웨의 농장으로 갔다. 몇몇 사람은 두 번째 방문이었다. 그들은 마지막으로 루뭄바를 잔인하게 괴롭혔다. 카탕가의 재무부 장관인 장바티스트 키브웨는 루뭄바의 민족주의를 두려워하고 증오했다. 그는 루뭄바를 반역자라고 부르며, 다음 날 카탕가는 루뭄바의 죽음을 축하할 거라고 조롱했다. 그 셋을 빨리 끝내 버리고 싶은 바람 덕에 잔인한 학대는 곧 끝났고, 장관들은 떠났다.

요구한 대로 8시 30분이 되자 버르스회러는 집 밖에 세워진 차 뒷좌석에 루뭄바, 음폴로, 오키토를 밀어 넣었다. 하츠와 버르스회러는 나중에 "아프리카인들이 죄수들을 더 안전한 곳으로 보낼 거라고만 알려주었다"고 말했다. 이 일행은 자도빌로 가는 도로를 달렸다. 130킬로미터 떨어진 자도빌에는 카탕가의 교도소가 있었다. 하츠와 버르스회러의 말을 믿는다면 그들은 그곳으로 향한다고 생각했다. 두 사람은 벨기에의 명령 계통에서 말단에 있었고 그저 아프리카인들이 요구한 대로 할 뿐이었다.

누군가가 브로웨의 농장에서 9킬로미터쯤 떨어진 장소를 골랐다. 여기서 총살형이 집행될 예정이었다. 자도빌로 가는 고속도로를 빠져나온 후 비포장도로는 멀리 음와딩구샤 마을로 이어졌다. 우기였기 때문에 길은 붉은 진흙으로 진창이 되어 있었다. 이 길을 따라 난 작은 길 외딴 곳에 누군가 도랑을 파 두었다. 아마 무농고의 매형이 이끈 지방 군 병력이 이 일을 맡았을 것이다. 어둠 속에서 군용 트럭의 전조등 불빛만 빛나는 가운데, 하츠와 버르스회러는 다른 유럽인 병사 두 명과 함께 아프리카 군인들에게 죽음을 부르는 명령을 내릴 것이다.

9시 30분쯤 버르스회러와 운전사는 루뭄바, 음폴로, 오키토를 끌고 최종 목적지에 도착했다. 다른 경찰과 군인들이 소집되었다. 촘베, 무농고, 키브웨 그리고 다른 분리주의자 관리들이 지켜보기 위해 기다리고 있었다. 버르스회러는 곧 처형될 루뭄바 일행을 저마다 매장할 구덩이 앞으로 밀고 갔다. 죄수 한 명마다 총살을 집행할 군인이 네 명이 대기하고 있었다. 하츠는 각 총살대에 따로 따로 방아쇠를 당기라고 명령을 내렸다. 루뭄바가 마지막 차례였다. 마지막 총살대가 그에게 두 번째 총알을 쏘았다. 죽은 이들이 한 사람씩 구덩이에 던져졌다. 병사 몇몇이 시신 위로 흙을 덮었다. 아프리카 군인들과 경찰, 그들의 플랑드르 출신 상관, 카탕가의 정치인들은 쏜살같이 사라졌다. 너무 서둘러 떠나는 바람에 총 한 자루가 진창길 위에 그대로 남아 있었다.

직후 버르스회러는 일기에 "9시 43분 루뭄바 죽다"(9.43 L. dead.)라고 적었다. 그 시각에 아직 오후인 미국에서는 아이젠하워가 밤 8시 30분에 진행할 대국민 TV 연설을 연습하고 있었다. 그 유명한 고별 연설이었다. 아이젠하워는 바로 이 연설에서 국민들에게 군산복합체의 과도한 영향력에 대해 경고했다.

우리가 루뭄바의 죽음에 관해 알고 있는 지식 진부는 거의 대부분 기억에서 오는 것이다. 그중에 일부는 수 십 년 뒤에 기록된 것도 있다. 카탕가의 장관들처럼 버르스회러와 하츠도 무슨 일이 있었는지 다른 이들에게 전했고 그 얘기들은 수년 동안 떠돌아다녔다. 1961년 말 무렵 개략적이지만 비교적 정확한 유엔의 조사를 시작으로 조금씩 그 사건에 대한 다양한 설명들이 세상에 나오기 시작했다.

1980년대 말 하츠와 버르스회러, 그리고 다른 공범 일부는 면담 조사를 받았다. 콩고인들도 1990년대 초에 면담 조사를 받았다. 하츠와 버르스회러는 자신들이 기억하고 있던 것을 말했다. 동료들은 하츠와 버르스회러 그리고 다른 이들이 풀어 놓은 얘기들을 기억해 냈다. 그럼에도 이 모든 것은 너무 오래전에 일어난 일이었다. 관련자들은 의식적으로 자신들이 예전에 말했던 것, 다른 이들이 말했던 것을 떠올렸다. 아마 그런 반추가 기억에 덧칠을 했을 것이다. 세월이 흘러 2000년 브뤼셀에서 청문회가 열려 증언들이 기록되었다. 1960년대를 지나 1980년대를 거쳐 새로운 세기로 넘어오면서 얘기들도 바뀌었다. 루뭄바가 어떻게 최후를 맞았는지 서로 다르거나 모순되는 설명들이 많다. 흑인, 백인 할 것 없이 관여한 모든 자들이 거의 다 세상을 떠났다.[21]

정치가 세 명을 잔혹하게 살해하는 일이 벌어졌지만 기록의 모든 상세한 서술이 입증되지 않은 추론을 하고 있다. 그 일이 그렇게 극적이었음에도 누구도 사진을 찍듯 묘사하지 못했다. 오직 버르스회러의 일기만이 살인이 있던 그때 쓴 것이다. 서류로 하나 남은 이 증거도 일기라고 보기 어렵고 예정이나 안건을 기록한 메모에 가깝다. 버르스회러는 거기에 자신이 잡아 놓은 업무 약속이나 논의 결과, 결정들을 적어 놓았다. 버르스회러는 거의 모든 항목을 콩고에 와서 익힌 프랑스어로 적었지만 루뭄바 살해에 관한 사항은 모어인 플랑드르어로 써 놨다. 버르스회러의 일기는 우리가 연구하는 과정에서 발견한 유일한 플랑드르어 자료인데, 벨기에 의회가 조사에 들어간 2001년에야 비로소 세상 빛을 보게 되었다.

추모 미사

카탕가의 정보부 장관이던 뤼카 사말렝게는 전시 내각에 소속되어 있지도 않았고 그날 일을 목격하지도 못했을지 모른다. 그러나 그날 밤 늦게 엘리자베스빌의 술집에서 그는 술에 취해 자기들이 루뭄바를 죽였다고 동네방네 떠들어 댔다. 그 이튿날 1월 18일 사말렝게의 상사인 벨기에인 비서실장은 언론에 제공하기 위해 붙잡힌 루뭄바의 사진을 요구했다. 사말렝게는 계속 떠벌렸다. 그는 웃으면서 이렇게 말했다. "지금은 사진을 찍을 수 없어요. 그는 죽었습니다."[22] 사말렝게의 말을 믿을 수 없었던 비서실장은 사실을 확인하기 위해 촘베의 집무실로 부리나케 달려갔다. 사말렝게의 경솔한 행동을 알게 된 촘베는 제정신이 아니었다. 그의 유럽인 고문은 "촘베의 얼굴이 납빛이 되었다"고 말했다. 비밀은 봉인이 제거되자 삽시간에 일파만파 퍼져 나갔다. 상황이 더 악화되는 것을 막기 위해 촘베는 그날 아침에 예정된 중요한 행사에 사말렝게가 나오지 못하도록 했다. 이날 엘리자베스빌 성피터앤폴 대성당에서는 카탕가 독립을 위한 싸움에서 목숨을 바친 이들을 추모하는 가톨릭 미사가 열렸다. 국제적으로 승인을 받지 못한 카탕가 내각은 이날 미사에 총출동했다. 지난밤 브로웨의 농장에서 장바티스트 키브웨는 루뭄바의 반역 행위를 조롱하며 곧 있을 미사를 언급했다.

1월 18일 아침부터 버르스회러는 힘들어했다. 그는 동료 헤라르트 수터에게 전날 밤 있었던 일을 말하는 것으로 일과를 시작했다. 수터는 카탕가 경찰국장의 고문으로 플랑드르어를 쓰는 벨기에인이었다. 수터는 간밤에 일어난 일에 전혀 관여되어 있지 않았다. 버르스회러는 지난밤 일로 기진맥진해 있었다. 그는 눈에 핏발이 선 채로 그 특별한 경험을 묘사했다. 그는 "그들은 내가 맡은 임무라며 그 일을 강제로 시켰다"고 말했다. 수터는 버르스회러한테 동정심을 느꼈다. 그러나 벨기에령 콩고 군인 출신인 그는 루뭄바의 죽음에 분노했다. 무능고는 성급하게 행동했다. 수터는 플랑드르어로 "그들은 완전히 궁지에 몰렸다"고 말했다. 유엔을 비롯하여 전 세계가 엘리자베스빌을 주시하고 있는 마당에 콩고 총리를 죽일 수는 없다는 거였다. 수터는 그들은 역사의 아가리 안에 들어갔다고 평가했다. 이제 벨기에는 카탕가에서 손을 뗄까?

수터는 카탕가의 영웅을 위한 추모 미사에 참석해야 했기에 버르스회러의 얘기를 다 들을 수 없었다. 오전 11시 흑인과 백인이 성당에 함께 모여 조용히 머리를 숙였다. 가톨릭이든 아니든 그들은 카탕가의 독립을 위해 죽은 이들을 기리는 의식에 참여했다. 죽은 자들의 관에 둘러싸인 채 모든 벨기에 군인과 카탕가의 유럽인 주교와 그를 보좌하는 성직자들이 복잡하고 성스러운 의식을 거행했다.

"레퀴엠 아테르나메 도나 에스 도미네"(오, 주여! 그들에게 영원한 안식을 주소서). 군 사제가 기도를 시작했다. "오, 주여. 그 끔찍한 날의 영원한 죽음에서 그들을 구하소서. 하늘과 땅이 움직이고 죽음과 자연이 경탄하는 그날, 모든 피조물이 심판자에게 굴복하게 되는 그날, 그리하여 심판자가 심판대에 앉고 모든 감춰 둔 것이 드러나게 되는 그날, 무엇도 형벌을 피한 채 남아 있을 수 없을 것입니다. 저는 떨립니다. 그 심판이 우리에게 오는 그날이."

이 미사는 자칭 독립국의 벨기에 파트너와 귀빈뿐 아니라 카탕가 정부의 전직 내각 인사들을 한 곳에 불러 모았다. 정보부 장관 사말랑게의 불참은 눈에 더 두드러졌다.[23)]

엄숙한 미사가 끝난 후, 무농고는 내무부에 치안 담당자들을 불러 모았다. 오가는 말은 누구도 알아듣지 못하던 라틴어에서 프랑스어로 바뀌어 있었다. 처형이 이뤄진 곳 주변 이웃들을 통해 무농고는 지역 주민들이 전날 밤 총성을 들었다는 사실을 알게 되었다. 또 주민들은 이튿날 루뭄바 일행이 파묻힌 무덤을 발견했고, 아직도 길 위에 버젓이 놓여 있던 총을 목격했다.

수터는 카탕가가 저지른 일에 분통을 터뜨렸다. 그 임무를 실행에 옮긴 자들뿐 아니라 무농고도 어리석은 열성을 보였다고 비난했다. 시신을 묻어 유기한 곳이 발견된 것은 시작일 뿐이었다. 카탕가는 그 죽음이 널리 알려졌을 때 일어날 난리를 감당할 수 있을까? 수터의 비난에 무농고는 불안해졌다. 무농고는 수터에게 시신을 파내어 보는 눈이 많은 곳에서 멀리 떨어진 다른 곳으로 옮기자고 말했다. 무농고는 처형 현장이 성스러운 유적이나 기념물을 찾아 헤매는 이상한 자들의 성지가 되는 것을 바라지 않았다. 그리하여 음폴로, 오키토, 루뭄바는 심판의 날 전에 다시 땅 속에서 나오게 된다. 카탕가를 위해 죽은 자들의 운명이 어떻게 되든지 간에.

하츠, 버르스회러, 수터

그렇게 해서 1월 18일 오후 수터는 수습 처리반에 들어가게 되었다. 이들은 엘리자베스빌에서 48킬로미터 떨어진 곳의 얕은 구덩이에서 시신 세 구를 파냈다. 루뭄바, 오키토, 음폴로의 시신은 질긴 천에 싸여 트럭 뒤에 던져졌다. 수터와 한 무리의 아프리카인들은 엘리자베스빌 북동쪽으로 차를 몰았다. 240킬로미터쯤 떨어진 로디지아 국경 근처에 세 명의 시신이 다시 매장되었다. 이번엔 좀 더 전문적으로 2미터 가까이 파서 깊이 묻었다. 수터와 부하들은 다음 날 아침 5시 30분이 되어서야 엘리자베스빌로 돌아왔다. 버르스회러는 일기에 플랑드르어 줄임말로 수터가 동원된 일을 적었다. "(루뭄바를) 꺼내 다른 곳으로 옮겼다"(Out & away). 다음 날인 1월 19일 버르스회러는 자신의 상태에 관해 "몸이 아프다"고 썼다.

그다음 주 내내 수터는 상관들에게 경고와 비난을 퍼부었다. 정치인들과 벨기에 보좌관들은 피의 굶주림이 불러올 엄청난 결과를 조금씩 실감하기 시작했다. 수터보다 더 중요한 자리에 있는 사람들도 그들이 저지른 일의 무모함을 강조했다. 사말렝게 말고도 모든 사람들이 수군거리고 있었다.

무농고가 최종 해결을 지휘했다. 이 일을 꾸민 자들은 시신의 모든 흔적을 지워야 했다. 루뭄바의 무덤이 발견되기라도 한다면 문제가 될 게 뻔했다. 1월 26일 무농고는 다시 한 번 수터를 보내 마지막으로 한 번 더 시신들을 파냈다. 그러고는 이제 시신을 아예 사라지게 만들었다. 무농고는 버르스회러에게 대형 유리 용기를 준비해 두라고 요구했다. 용기에는 위니옹 미니에르가 자동차 배터리에 쓰려고 만든 황산이 채워졌다. 수터와 부하들은 황산과 산에 견디는 금속으로 만들어진 큰 통을 받았다. 그들은 이걸로 시신을 아예 녹여 없애 버릴 계획이었다. 그러나 두 번째 찾은 로디지아 국경에서 수터는 '카탕가의 적들'을 처음 유기한 곳을 찾지 못했다. 그러다 마침내 전보다 큰 규모의 매장지를 찾아냈다.

루뭄바, 음폴로, 오키토는 죽은 지 열흘째 되는 날 마지막으로 부활했다. 수터는 시신을 꺼냈다. 그리고 쇠톱을 이용해 부패하고 있던 시신에서 팔과 다리, 머리를 잘라냈다. 수터는 마스크와 장갑을 끼고 있었고 술을 많이 마신 상태였다. 상반신 세 구가 남게 되었다. 그는 통에 계속 황산을 채워 넣었다. 시신의 다른 부위처럼 몸통도 충분히 작아졌다. '도굴범'이 시신을 부식시킬 통 안에 던져 넣을 수 있을 만큼. 그러나 황산이 충분치 않았다. 없애지 못한 것들은 불로 태워야 했다. 그 와중에도 수터는 이빨 같은 작은 '유품'을 챙겼다. '도살'은 이틀 밤낮이 걸려 2월 1일에야 끝났다.

수터는 나중에 이렇게 회상했다. "우리는 짐승만도 못한 일을 저질렀다."[24] 이후 CIA 안에서 데블린이 엘리자베스빌에서 차 트렁크에 루뭄바의 시신을 실어 옮겼다는 소문이 퍼졌다. 데블린이 떠벌린 것일까? CIA는 당시 엘리자베스빌에 있는 벨기에인 사이에서 요원을 모집하고 있었다. 루뭄바 살해에 관한 풍문은 대개 전부는 아닐지라도 일말의 진실을 담고 있었다.[25] 수터는 CIA를 위해서도 일했던 것일까?

레오폴드빌과 엘리자베스빌이 루뭄바의 이송을 공표했을 때 유엔과 미국 그리고 벨기에는 카탕가가 루뭄바를 문명화된 방식으로 다룰 것을 촉구했다. 카탕가 정부는 루뭄바에게 공정한 재판을 받을 기회를 줘야 하고, 적십자사는 루뭄바와 동료들의 건강을 검진해야 하며, 누구도 그들을 다치게 해서는 안 되며, 이들에게 적절한 음식과 필요한 의료 서비스가 제공되어야 한다는 내용이었다. 유엔과 미국, 벨기에 모두 루뭄바를 끝장내려고 했고 루뭄바를 적들의 손에 넘겨주기 위해 움직였다. 백인들은 혹시라도 어떤 흔적 때문에 조사관이 자기 집 문 앞에 오는 일이 없도록 하기 위해 이제 와서 걱정하는 척을 했다. 위니는 벨기에 의회에서 열변을 토했다. "우리는 이 이송에 직접적이든 간접적이든 연루되어 있지 않다는 것을 엄숙하게 확인합니다."[26]

카탕가에 있는 사람들은 서방의 '오지랖'을 어떻게 생각했을까? 베베르 소령은 벨기에 궁의 르페뷔르에게 "정치인들을 좀 봐라. 이제 그들은 루뭄바를 보살피겠다고 한다"고 썼다.[27] 그럼에도 불구하고 엘리자베스빌에 있는 지도자들은 적당히 얘기를 조작했다. 먼저 그들은 경비대가 죄수들을 안전하게 지키고 있고 올바르게 대우하고 있다고 발표했다. 그런 다음 1월 27일 루뭄바의 시신을 자르고 써는 작업이 시작되었을 때 하츠와 부하들은 또 다른 공무 차량을 타고 엘리자베스빌을 떠났다. 그 중 한 대의 뒷좌석에 군인 세 명이 군복을 벗고 앉아 있었다. 마치 루뭄바와 그의 동료들인 것처럼 가장했던 것이다. 이미 총살되어 땅에 묻히고 다시 파묻히고, 바로 그 순간에 시신까지 훼손당하고 있던 그 세 사람으로 말이다.

하츠 일행은 수터가 있는 곳과 정반대 방향인 엘리자베스빌 북서쪽으로 향했다. 멈춰 서는 곳마다 목격자들이 차 뒤편에 앉은 '카탕가의 적' 세 명을 볼 수 있었다. 목적지는 칼론지의 작은 왕국이 있는 카사이 주의 교도소로 알려졌다. 2주 후인 2월 10일, 카탕가 라디오는 죄수들이 도주했다고 보도했다. 그들은 교도소 벽을 뚫고 차를 잡아 달아났고 나중에는 배수로에 뛰어들어 걸어서 도망쳤다고 했다. 신문에 실린 사진은 하츠가 최신형 포드 세단이 버려진 곳으로 보이는 곳을 침울한 표정으로 둘러보고 있는 모습을 보여 주었다. 먼 훗날 거짓 탈출에 대한 진실이 밝혀졌을 때, 하츠는 루뭄바 살해에 자신이 관여했다는 사실을 피해 갈 수 없었다. 보복을 두려워한 그는 이름까지 '게이트리'로 바꾸고 죽을 때까지 그 사진을 찍은 것을 후회했다.

카탕가는 군이 탈주자를 뒤쫓고 있다고 발표했고 그들을 붙잡는 사람에게 포상을 내걸었다. 2월 13일 무농고는 외국 언론에, 숲속에 사는 마을 주민들이 도망간 죄수들을 잡은 뒤 죽였다고 말했다. 무농고는 그 일이 어디서 일어났고 죽은 세 명이 어디에 묻혔는지 밝히지 않았다. 그러나 그는 카탕가에서 일하는 벨기에 의사가 서명한 사망진단서를 제시했다. 무농고는 루뭄바의 최후에 관해 어떤 슬픔도 느끼지 못한다고 말했다. 무농고는 "어쨌든 함마르셸드도 루뭄바가 학살을 저질렀다는 이유로 비난했다"고 언급했다. 그는 확신에 차 말을 맺었다. "나는 늘 그랬듯이 솔직하고 직설적으로 말할 것이다. 우리는 그들을 죽였다고 비난받게 될지도 모른다. 하지만 내 대답은 이것뿐이다. 증명하라."[28]

후폭풍

수터가 더러운 임무를 끝낸 지 얼마 되지 않아 버르스회러는 1월 17일에 썼던 일기를 어설프게 고쳤다. 우리는 그가 2월 초에 그 일기를 다시 썼다고 본다. 버르스회러의 행위는 사실 사소한 것이었고 누구의 지시 없이 스스로 알아서 루뭄바 살인을 덮으려 시도한 일로 보인다. '9.43 L. dood'는 '9.43 L. doorgevoerd'로 바뀌었다. 버르스회러는 원래 '죽었다'는 뜻으로 적어 둔 'dood' 위에 서투르게 겹쳐 써 '옮겼다'는 뜻의 'doorgevoerd'로 바꿔 놓았다. 그러나 그는 자신이 직접 겪은 그 엄청난 일을 기록하지 않고는 배길 수가 없었다. 버르스회러가 지어낸 얘기에 맞게 일기를 고쳤을 때 그는 일기 세 편을 새로 썼다. 네덜란드어 약어로 쓰인 그 일기들은 친구의 여행에 관해 적고 있다. "수터가 1월 25일 돌아가, 26일 발견했고, 2월 1일에 끝냈다"고 되어 있다.

무농고가 루뭄바의 죽음을 발표한 2월 13일 폴헨리 스파크는 미국의 새 대통령 존 F. 케네디에게 편지를 썼다. 스파크는 1960년 8월 위기 이후 나토 사무총장 자리를 사임하겠다고 말해 왔다. 그는 1월 말 나토에 자신의 의사를 공식 통보했다. 2월 13일 스파크는 케네디에게 이유를 설명했다. "나토는 지리적 한계를 넘어서 만족스럽지 못했다. 서구 열강들은 세계의 한 부분으로 통합되지 못했고 서로 반목하기만 한다." 스파크는 "미국은 나토보다 유엔에 더 관심이 있지 않은가. 당신은 비동맹국가들을 지지해 나토 동맹의 감정을 상하게 하고 이익을 희생시킬 것 같다"고 썼다. 어쨌든 스파크는 더 이상 나토의 수장을 맡지 않을 터였다.[29] 케네디는 한 주 후 그에게 자유의 메달을 걸어 주었다.

워싱턴에서 메달 수여식이 진행될 때 레오폴드빌에 있던 다얄은 촘베에게 죽은 세 사람의 시신을 레오폴드빌로 송환해 달라고 요구했다. 촘베는 거절했다. "우리 전통에 따르면, 단 몇 초라도 땅 속에 묻힌 시신을 다시 꺼내는 것이 금지되어 있다. 그렇게 하면 고인이 심각한 충격을 받고 고인의 혼이 그를 살리려는 사람들에게 계속 나타나기 때문이다."[30)]

버든 대사는 시련을 겪고 있었다. 취임 후 한 달이 안 되어 케네디는 공화당 당원인 버든을 해임했다. 버든은 브뤼셀 주재 미국 대사관을 비워야 했다. 그러나 버든은 빈손으로 떠나지 않았다. 버든이 그동안 다져온 솔직하고 친밀한 관계 덕분에 벨기에는 그가 유임되도록 로비했지만 실패했다. 버든이 2월에 떠날 때 보두앵으로부터 "열렬하고 다정한 작별 인사"와 함께 레오폴드 훈장을 받는 영예를 안았다. 몇 달 전 크리스천 허터 국무부 장관에게 주었던 훈장이다.[31)]

1925년부터 1961년까지 함마르셸드는 스웨덴어로 시와 성찰의 글을 쓰고 개인 명상 목록에 이것들을 모았다. 그러고 나서 여러 곳을 다시 쓰고 편집했다. 함마르셸드의 친구들은 잘 다듬어진 명상록을 고인의 뜻에 따라 사후에 출간했다. 《마킹스》(Markings)는 함마르셸드의 영적 여정의 증언이었다. 난해하고 모호한 내적 성찰들은 이기적인 삶을 살지 않아서 겪는 지은이의 정신적 고통을 보여 주려는 의도였다. W. H. 오든은 함마르셸드의 명상들을 영어로 번역하면서 "《마킹스》는 인류애를 위한 고통이라는 하나의 주제가 반복되기 때문에 독자들의 인내심을 시험하게 될 것"이라고 적었다.

함마르셸드는 루뭄바가 전 세계의 이목을 끈 두 가지 사건을 거론했다. 하나는 1960년 12월 루뭄바가 체포되어 방송 카메라 앞에서 두들겨 맞을 때였고, 또 하나는 무농고가 루뭄바의 죽음을 발표한 후 전 세계에서 항의 시위가 일어나고 시위대가 유엔본부까지 난입했을 때였다.

두 가지 사건과 관련해 함마르셸드는 독자들에게 괴로움을 토로했다. "그 짐은 내 것으로 남아 있다"거나 "당신이라면 그 고통을 감출 것이다"라고 적었다. "나는 비난의 대상이 되었다. 오, 주여. 나를 도와주소서!"라는 구절도 등장한다. 함마르셸드는 작가 존 스타인벡에게 보낸 편지에서 "루뭄바는 '만들어진 순교자'다"라고 썼다.[32)]

프란스 버르스회러

2000년과 2001년 벨기에의 진상 조사는 수많은 목격자들을 브뤼셀의 공식 증언대에 서게 했다. 그러나 버르스회러의 두 차례 증언은 의회 조사위원회에 참여한 학자들이 그를 직접 만나 약식 면담을 하는 형태로 이뤄졌다. 두 번째 면담은 벨기에 해안가 근처에 있는 버르스회러의 자택에서 이뤄졌다.[33)] 조사팀은 마지막 구술 조사 시도에서 구체적인 내용을 조금이라도 더 모을 수 있기를 바랐다. 이제 75세에 시력도 시원찮은 버르스회러는 자기가 읽고 싶은 자료를 보기 위해서 돋보기를 썼다. 덜 위압적인 환경에 버르스회러는 긴장을 풀고 기운을 얻은 듯 했다. 버르스회러는 무슨 일이 일어났는지 조사팀에 다 얘기하고 그동안 자신을 괴롭힌 마음의 짐을 털어내려는 것처럼 보였다. 그의 심정은 40년 전 1월 17일 그날 밤 루뭄바를 죽이러 가는 길로 다시 돌아간 듯했다.

무농고는 루뭄바를 처형하는 일에 참여시켜 달라는 버르스회러의 부탁을 들어주려 했다. 버르스회러가 1년 전 루뭄바를 카탕가의 감옥으로 데려갈 때 언론에 찍힌 사진으로 그는 세상에 알려졌다. "그들은 내가 복수를 원한다고 생각했지만 그건 사실이 아니다." 브로웨의 집 밖에서 기다리면서 버르스회러는 키브웨의 위협적인 말을 들었다. "나는 아직도 기억한다. 그건 늘 내 뇌리에 박혀 있었다." 그런 다음 버르스회러는 아프리카인들을 태우고 울퉁불퉁한 길을 달려 그들이 곧 죽음을 맞이할 숲속으로 데려갔다. 몇몇 카탕가 정치인들은 최신형 포드 승용차를 타고 전속력으로 달렸다. 뒷좌석에 있던 루뭄바와 그의 동료들은 이미 죽음의 문턱을 드나들고 있었다. 누군가 그들의 손톱 밑에 나무 가시를 박아 놓았고 끔찍한 고통에 시달리고 있었다. 음폴로는 바지에 똥을 쌌고, 버르스회러는 음폴로가 전에 먹은 카사바의 악취를 맡을 수 있었다. 버르스회러는 그 세 명을 따로따로 한 명씩 차에서 끌어내 얕게 파인 구덩이 앞으로 끌고 갔다. 먼저 오키토였고 그다음이 음폴로, 그리고 마지막이 루뭄바였다.

그들이 오키토를 쐈을 때, 버르스회러는 세단 승용차의 열린 뒷문 앞에 서서 나머지 두 사람이 최후를 보지 못하도록 가렸다. "일은 곧 끝날 것이고 나는 그들에게 기도하라고 말했다." 그런 다음 그는 음폴로를 넘겨주었다. 음폴로는 가슴에 성호를 긋고 무릎을 꿇었다. "음폴로는 '하늘에 계신 우리 아버지……' 하고 말하기 시작했고 기도 중간에 총알이 날아들었다. …… 기도하는 중에." 버르스회러는 이제 혼자 남은 루뭄바를 지켜보고 있었다. "나는 루뭄바에게 소리쳤다. '그들을 제발 용서하고 기도하라'고. 하지만 묵묵부답이었다. 그는 답하지 않았다. 그는 처음부터 끝까지 고요했다. 나는 루뭄바한테서 그 어떤 반응도 보지 못했다."

버르스회러가 여기까지 얘기했을 때가 2000년 10월 2일 오후 4시였다. 버르스회러의 부인이 면담을 중단시켰다. 남편에게 중요한 약을 줘야 했기 때문이다.

1961년 초로 다시 돌아가, 버르스회러는 어둠 속에서 몸을 떨었다. 몸에는 열이 있었다. 총성이 잔인하게 숲의 적막을 깨뜨린 뒤, 죽은 이들은 급하게 파낸 구덩이 안으로 밀어 넣어졌다. 버르스회러와 운전기사는 일을 끝내고 촘베의 관저로 돌아갈 때 포드 승용차의 창문을 열어 두었다. 카탕가 정치인들은 버르스회러에게 관저의 대기실에서 기다리고 있으라고 말했다. "나는 피스타치오를 안주 삼아 맥주를 마셨다. 주필러(Jupiler)나 심바(Simba)쯤 되었던 것 같다." 그곳에는 카자디와 무캄바도 있었다. "나는 모르는데 그들은 내가 전지전능한 신이나 되는 양 계속 내게 물었다. 내가 그들을 레오폴드빌로 돌려보낼 힘이 있나? 그들은 루뭄바가 죽었는지 알고 싶어 했다. 그런 다음 촘베가 집무실에서 나왔고 나와는 거의 얘기하지 않았다. 촘베는 일어난 사태에 크게 동요하고 있었다. 그는 그렇게 될 거라고 예상하지 않았다." 그들은 버르스회러를 집으로 보냈다.

버르스회러는 콩고에서 일하던 시절을 기념하는 물건들을 신발 상자에 담아 학자들에게 주었다. 그곳에는 사진 몇 장과 토큰 몇 개가 있었고 바로 그 일기장이 있었다. 역사가들이 그 일기를 보게 된 건 그때가 처음이었다. 버르스회러는 1961년의 일기만 모아 두었다. 그는 그해 2월 이후로는 일기를 쓰지 않았다. 역사학자들은 바로 버르스회러가 1월 17일 일기를 고쳤다는 걸 발견했다. 경찰 전문가도 나중에 이 상식적인 추론이 맞다고 확인했다. 그러나 버르스회러는 어떤 조작도 없다고 부인했다. 그럼에도 그는 그 일기를 돋보기 밑에 두고 있었다. 그 때문에 서툴게 고쳐 쓴 것이 기이하게 커 보였다.

버르스회러는 너무 힘들어 고꾸라졌다. 그는 여전히 일기를 고친 것을 인정하려 하지 않았다. 그는 셔츠 앞자락을 거칠게 열어젖히고 손님들을 향해 네덜란드어가 아닌 아프리카어 같은 말로 소리를 질렀다. 링갈라어? 스와힐리어? 어쨌거나 손님들은 알아들을 수 없었다. 면담은 갑작스럽게 끝나고 말았고 학자들은 그 집을 나설 수밖에 없었다. 이튿날 가족은 버르스회러가 정신적으로 너무 쇠약해 더 이상 대화할 수 없다고 알려 왔다.

버르스회러는 조지프 콘래드의 《어둠의 심연》(Heart of Darkness)* 에 나오는 인물 같았다. 수많은 위기의 순간에 당초 어떤 생각들이 그의 머리를 스쳐 갔을까? 땀을 뻘뻘 흘리고 몸을 떨면서 지극히 차분한 루뭄바를 대면하고 살인을 도왔을 때. 그날 밤, 일어난 일을 처음으로 일기장에 플랑드르어로 적었을 때. 다음 날 아침 수터와 말할 수 없는 일에 대해 얘기를 나눴을 때. 몇 주 후 자신이 일기장을 조작하고 수터가 동원된 일에 관해 구체적인 내용을 추가했을 때. 벨기에로 돌아와 그 일기만 남겨 두기로 했을 때. 2001년 조사 도중 고꾸라져 플랑드르어조차 포기하고 아프리카어를 말했을 때.

버르스회러에게 언어는 어떤 의미였을까? 일상적으로 지시에 복종하는 공무원으로서 그는 식민지 통치에 쓰이던 프랑스어를 익혔다. 제국주의 시대에나 보던 폭압을 뛰어넘는 암살을 저지르라고 지시가 내려왔을 때 그는 모어로만 자신이 저지른 일에 관해 말할 수 있었다. 그리고 그 스스로 살인에 관여한 진실, 기꺼이 명령에 굴복하고 동정심에 반한 결과를 직면했을 때 그는 의식 깊숙한 곳에 자리 잡고 있던 아프리카 토착어로 돌아갔다. 아니면 인간이라는 존재에 대해 묻는 이 불안한 최

* 영국 교역선 선원으로 콩고에 다녀온 콘래드는 자신의 경험을 토대로 레오폴 2세의 사유지 콩고자유국에서 드러난 서방 열강 제국주의의 야만성을 고발하는 소설을 썼다.

후의 순간에, 그는 사람이라면 누구나 품고 있을 인간애를 표현하려 했던 걸까?

누가 이 죽음의 순회 카니발을 만들어 낸 것일까? 책임을 규명하려면 고려해야 할 사항이 여간 복잡하지 않다. 1962년 보두앵은 얼마 전 부룬디의 총리로 선출된 르와가소레 왕자*를 암살한 범인을 사면하는 방안을 숙고했다. 벨기에의 신탁통치를 받던 부룬디는 곧 독립을 앞두고 있었다. 보두앵은 외교부 장관 스파크에게 편지를 보내 "비록 처벌은 다른 문제지만 우리는 도덕적 차원에서 암살을 구상하고 암살범을 도구삼아 실행에 옮기려 한 사람들보다 왜 암살범들이 더 비난받아야 하는지 의문을 제기할 수 있다"고 썼다.[1)]

* 부룬디 국왕 음와음부차 4세의 아들. 부룬디의 민족주의 단체 국가진보연합(UPRONA)을 창당해 1961년 9월 선거에서 80퍼센트라는 압도적 지지율로 29세에 총리가 되었다. 그러나 한 달도 채 안된 10월 13일 암살되고 말았다. 부룬디는 이듬해 7월 벨기에로부터 독립했다. 한 벨기에 언론인은 그를 '부룬디의 루뭄바'라고 불렀다.

애거서 크리스티의 유명한 소설《오리엔트 특급 살인》(Murder on the Orient Express)에서 에르퀼 푸아로*는 사악한 새뮤얼 래쳇의 죽음을 조사한다. 래쳇은 열차 객실 안에서 수차례 칼에 찔렸다. 푸아로는 용의 선상에 12명을 올렸고 그들이 모두 연루되어 있다는 것을 밝혀낸다. 그들은 래쳇에게 약을 타서 먹인 후 단검을 서로에게 건넸다. 거기에는 심지어 피부가 반질반질하고 약해 한 번 찢어져 본 적도 없을 것 같아 보이는 노부인도 있었다. 공범들은 누가 찌른 것이 래쳇에게 치명적이었는지 모른다. 모두가 연루되어 있었다.[2)]

공동 책임의 또 다른 측면은 공동 목표, 사전 모의와 협력의 철저함에 달려 있다. 루뭄바 사건을 조사한 많은 사람들은 음모가 있었음을 감지했다. 상부에서 분명한 지시가 있었고 효율적으로 실행되었다. 그리고 협력은 국제적으로 벌어졌다. 우리는 음모의 증거가 그리 강력하지 않다는 것을 발견했다. 그리고 일이 좀 더 우발적이고 혼란스럽고 겹치고 서툴렀다는 점을 알 수 있다. 그러나 현지에서 벨기에와 미국 요원들은 정보를 주고받으며 협력했다. 루뭄바는 거의 같은 생각을 가진 열렬한 수많은 적을 한데 모았고 그걸로 충분했다. 몇몇 연구자들은 루뭄바의 운명을 지배한 인종적·경제적·문화적 힘에 우선 초점을 맞추기도 한다. 그럼에도 이 굉장히 복잡한 이야기에 나타난 실증적 사실들은 어떤 운명론도 피해 갈 만큼 타당성이 있다.

1960년 7월 중순부터 벨기에는 루뭄바 정부를 붕괴시키려 했고 미국과 유엔도 그 뒤를 따랐다. 9월에 벨기에와 유엔은 카사부부가 루뭄바를 총리에서 해임하는 것을 도왔다. 벨기에의 극단적인 반공주의자

---

* 크리스티가 창조한 소설 속 인물로 벨기에인 사설탐정이다.

들은 미국의 반공주의자들을 자극했다. 브뤼셀과 워싱턴은 권력에서 밀려난 루뭄바에게 더 두려움을 느끼며 루뭄바를 제거하려는 거친 계획을 세웠다. 함마르셸드와 다얄은 암살 가능성을 무시했고 적어도 루뭄바를 보호하는 일조차 거의 하지 않았다. 다얄은 루뭄바에 동조하는 많은 이들에게 비난받자 함마르셸드가 한 대로 따라갔다. 함마르셸드는 루뭄바를 좀 눌러 놓긴 했지만 동시에 어느 정도 위험을 피하게 해주었다고 스스로 굳게 믿었다. 유엔 지도자들은《오리엔트 특급 살인》에 나오는 노부인을 닮았다. 미국과 벨기에의 관리들은 그들 스스로 루뭄바에게 최후의 일격을 가하려고도 했지만 점점 더 루뭄바의 정적들에게 의지했다. 유럽인들과 미국인들은 아프리카인들에게 루뭄바를 감옥에 가두고 사형을 선고하라고 들들 볶았다. 레오폴드빌의 정치인들은 루뭄바를 투옥시키려는 생각은 있었지만 루뭄바를 재판에 넘기거나 죽이는 것은 두려워했다. 카탕가의 사람들은 두려워하지 않았고 벨기에와 미국, 그리고 레오폴드빌 세력은 그것을 알고 있었다. 서방의 요구에 따라 카사부부 세력은 루뭄바를 엘리자베스빌로 보내 죽음으로 내몰았다.

유엔은 루뭄바가 남아 있으면 유엔이 국제사회에서 위상을 잃을지 모른다고 생각해 협력했다. 함마르셸드는 그렇게 생각했다. 브뤼셀의 정치인들은 국왕의 힘을 키우려는 세력에 의해 압박을 받아 루뭄바를 나락으로 밀어 넣고 벨기에의 입헌민주주의를 지키려 했다. 미국의 정책은 장기적으로 아프리카의 패권을 유럽에서 미국으로 가져왔다. 동시에 아이젠하워는 루뭄바를 몰아내 서방 동맹을 보호하려고 했다. 천박한 반공주의가 미국의 정책 결정자들을 이끌었다. 모든 서방 국가들은 독립한 아프리카가 국제무대에 등장하는 것을 저지하려는 의욕에 차 있었다. 벨기에와 미국은 허약한 콩고는 후원했을지도 모른다. 유엔과 더

불어 유럽과 미국은 서방에 의존하는 강한 콩고는 예상했을지도 모른다. 그러나 서방은 경제적·정치적 역량에서 유럽의 여느 나라와 맞먹는 독립적인 아프리카 국가는 생각할 수 없었다. 루뭄바는 서방이 참을 수 없어하는 위대함을 갈망했다. 그토록 야심만만한 흑인이었기 때문에 제거된 측면도 있었지만, 루뭄바에 대한 공포는 극도로 부풀려졌다. 당시 루뭄바에게는 나라를 건설할 만한 자원이 거의 없었기 때문이다.

아프리카인들은 왜 벨기에와 미국을 도왔을까? 루뭄바는 많은 흑인들을 두렵게 만들었다. 어떤 이들은 루뭄바에 대한 응징을 강력히 원했다. 미국이나 벨기에 요원들에게 고용된 또 다른 이들은 백인들이 그토록 원하는 일을 해내지 못했을 때 일어날 일을 걱정했다.

카탕가의 분리주의자들에게 합법성을 인정해 준 정부는 없었다. 브뤼셀조차도 승인을 거부했다. 그럼에도 벨기에는 엘리자베스빌의 유럽 관리들에게 월급을 대 주었고, 그들은 결국 모두 벨기에에 충성을 맹세했다. 카탕가 체제가 루뭄바 처형을 집행할 때 벨기에와 미국, 유엔의 지문이 묻어 있었는지, 아니면 서방 관료들이 조직폭력배 같은 행위를 묵인한 것인지 물어보는 것은 좋은 질문이다. 브라자빌의 듀프레 대사는 브뤼셀에 프랑스어로 눈에 띄는 분석 보고서를 올렸다. 처음 몇 개월 동안 위기는 〈보드빌〉(vaudeville)*에 가까운 분위기로 진전되었다. 그러나 1961년 1월이 되자 사태는 무자비한 충돌 양상을 띠었다. 장광설을 늘어놓고 무기를 겨눴다가 물러나는 아프리카의 전통은 정적을 제거하는 가장 현대적인 방식에 자리를 내주었다.[3] 루뭄바의 죽음으로 서방은

* 20세기 초 미국, 캐나다에서 인기였던 노래, 춤, 마술, 곡예, 코미디, 연기 등을 함께 보여 주는 버라이어티쇼.

'식민지 이후'에 대한 첫 지침서를 제시했다. 한 달 내에 다른 저명한 루뭄바 지지자 6명이 레오폴드빌에서 카사이로 이송된 뒤 죽임을 당했다. 모부투의 지지자들은 스탠리빌에서 목숨을 잃었다.

사태가 진행되면서 루뭄바의 죽음에 책임이 있는 사람들 사이에는 쇼를 운영한 자들부터 무대 전면에 나선 자들까지 명확한 명령 계통이 생겼다.

유엔 함마르셸드, 코디어, 다얄

미국 아이젠하워, 그레이, 덜레스, 데블린

벨기에 보두앵, 에스켄스, 데스프레몽, 위니

레오폴드빌 라하예와 마를리에, 카사부부, 모부투, 봄보코, 넨다카

엘리자베스빌 촘베, 무농고, 하츠와 버르스회러

《오리엔트 특급 살인》과 비교하는 것은 루뭄바가 살해당한 것을 하찮게 보려는 게 아니라 살인의 공통된 과정을 다른 방식으로 보게 해 주는 의미가 있다. 이 추리소설은 살인이 관여한 사람들 중에 누가 치명타를 가한 것인지 모른 채 살인이 일어날 수 있다는 것을 보여 주고 있다. 이 소설은 살인을 저지른 사람들이 꼭 비난받을 필요는 없다는 것을 보여 주기도 한다. 소설의 등장인물들은 어떤 죄도 저지르지 않은 듯 보인다. 사람들은 그들이 한 짓을 다수가 나쁘다고 여겨야만 비로소 자기가 저지른 일에 죄의식을 느낀다.

사려 깊은 독자라면 루뭄바의 죽음으로 오명을 남긴 사람들의 책임을 평가할 때 두 가지를 짚어봐야 한다. 첫째, 루뭄바를 죽인 사람들에게는 이웃사람을 죽인 누군가와 똑같은 종류의 잘못이 있지 않았다. 우

리 앞서 주장한 것처럼 개인적 삶의 규범과 법의 규제를 받는 국가 조직의 규범은 국제정치에서는 미미하게 적용된다. 예를 들어 제2차 세계대전에서 아이젠하워는 군령과 반대로 많은 독일인을 학살한 군대를 지휘했다. 그러나 그가 이런 학살을 간과했다고 해서 그가 콩고에서 한 일처럼 역겨운 느낌을 불러일으키지는 않는다. 음모를 꾸몄던 모든 자들이 루뭄바가 콩고에서 그런 위상을 가질 만하다고 믿었음에도 실행에 옮겨진 암살에는 악취가 진동한다. 그러나 고위 정치인들이 얼마나 죄가 있는 것처럼 보이는지는 미묘한 주제다.

둘째, 우리는 어떤 시기에 어떤 위치에 있느냐에 따라 평가도 달라질 수 있다는 것을 살펴볼 필요가 있다. 1960년대 루뭄바의 죽음에 연루된 정치인들과 그들에게 고용된 자들은 그들이 옳은 일을 했다고 확신했고, 어떤 자들은 솔직하게 말한 것이든 아니든 그들이 해낸 일을 자랑했다. 1970년대 중반이 되자 공모 관계는 덜 중요해졌다. 미국 연방 상원에서 조사가 이뤄지는 동안 8월 18일 NSC 회의를 기록한 로버트 존슨은 아이젠하워가 그 명령을 내렸다고 증언했다. 당시 닉슨 정부를 둘러싼 난국이 존슨이 나서서 증언하도록 이끌었다.

증언에 나서기로 한 나의 결정에 개인적으로 깊은 도덕적 딜레마를 느꼈다. 나는 고위 공무원에게만 공유되는 제법 많은 기밀 정보에 접근할 수 있었다. 이런 책임은 인간 사회를 이루는 기본 토대 및 신뢰와 관련된다. 신뢰 없이 자유로운 사회는 존속할 수 없고 어떤 정부도 제대로 돌아갈 수 없다. 그러나 최근에 전개된 사태들 때문에 나는 타당한 정책뿐 아니라 공공도덕의 주요한 문제라는 점에서 (신뢰라는 고위 공무원의) 중요한 책임과 시민으로서 좀 더 폭넓은 책임을 비교해 무게를 달아

봐야 한다고 느꼈다. 나는 크게 망설이지 않고 암살에 관련된 정보를 공개하자고 결론 내렸다.[4)]

1991년 냉전이 끝난 후 콩고 정부는 루뭄바 살해를 비난했다. 2001년 벨기에는 콩고에 부분적으로만 사과했다. 루뭄바의 죽음과 은폐를 두고 벨기에와 콩고의 의회 진실화해위원회가 내놓은 조사가 도덕적 호소력이 떨어졌기 때문이다.

루뭄바는 몇몇 다른 이들의 눈을 통해 볼 수 있다. 그중에 함마르셸드, 보두앵, 카사부부, 데블린, 무농고, 버르스회러가 있다. 이들 대부분은 자신의 국가를 위해 행동했지만 이들과는 아주 다른 한 사람이 함마르셸드였다. 함마르셸드에게는 국가라는 개념이 거의 없었다. 그가 가진 개혁적 개신교 신앙은 모국 스웨덴 사람들보다 더 깊었다. 그러나 그가 입으로만 떠들던 인도주의는 그 자체로는 평가받을 만한 가치가 있다. 실제 (암살 작전을 실행한) 많은 자들이 스스로를 위해 도덕적 판단을 할 때 이 관점을 가져오고 우리도 이 시각을 가지고 이 사람들을 평가해 왔다. 그럼에도 불구하고 함마르셸드는 스스로를 정직함과 동일시했다. 그는 루뭄바보다 도덕적으로 더 옳은 사람이었을까? 국가 정체성을 핵심에 뒀던 사람들 중에 루뭄바보다 강렬한 애국주의를 가졌다고 인정받을 자가 누가 있었던가?

1961년 말 소련은 유엔 사무차장 자리에 있던 앤드루 코디어가 사무총장의 권한 가운데 많은 부분을 침범하고 있다고 비판하며 사무차장 자리에서 내려오게 만들었다. 코디어는 컬럼비아대학 국제대학원장으로 경력을 마쳤다. 잠시 컬럼비아대학 총장도 지냈다. 그는 1960년 9월에 관한 얘기를 말하지 않을 수 없었다. 코디어는 1975년 간경변으로 사망했다. 그리고 그해 '사무총장의 공개 문건'(Public Papers of the Secretaries-General) 중 코디어 부분은 연방 상원 조사위원회가 작성한 보고서 '외국 지도자 등 암살 음모 의혹'(Alleged Assassination Plots Involving Foreign Leaders)과 충돌할 수밖에 없었다.

CIA 요원들의 수장 앨런 덜레스는 카스트로를 제거하는 데 실패한 후 1961년 말 해임되었다. 그는 1969년 75세 되던 해에 병으로 세상을 떠났다. 래리 데블린은 CIA에서 25년을 근무했다. 이후 베트남전쟁 당시 라오스 지부장으로 임명되었지만 CIA 내에서 그는 콩고 때문에 유명했다. 코디어처럼 데블린은 86세라는 고령으로 사망할 때까지 1960년 CIA의 공작에 대해 데블린판 설명을 되풀이했다. 폴헨리 스파크는 1961년 초 나토를 떠난 후 5년 동안 벨기에 외교부 장관을 지냈다. 그는 1972년 영예롭게 세상을 떠났다. 유럽 의회의 첫 건물은 그의 이름을 따서 지었다. 데스프레몽, 위니, 에스켄스는 각각 1967년, 1986년, 1988년에 사망했는데 그전에 벨기에의 고급 훈장을 받았다. 프란스 버르스회러는 2004년에 세상을 떠났다. 그는 말년에 카탕가 독립 1주년을 맞은 1961년 7월 촘베가 걸어 준 '카탕가사령관십자훈장'을 자랑스럽게 달고 다녔다. 이 훈장은 루뭄바가 살해된 지 6개월도 안되었을 때 받은 것이다.

많은 최고 책임자들이 루뭄바 살해에 관여했다. 1964년 촘베는 카탕가 독립을 포기하면서까지 콩고 총리에 올랐다. 카사부부 대통령은 이듬해 촘베를 해임했다. 이후 모부투는 카사부부를 끌어내렸고 촘베를 반역죄로 기소했다. 촘베는 1967년 궐석재판으로 사형을 선고받았다. 그해 촘베가 알제리로 가기 위해 탔던 비행기는 납치되었다.* 촘베는 가택 연금되어 1969년 심장마비로 숨졌다. 정치에서 물러나 바콩고로 돌아갔던 카사부부도 그해에 사망했다. 1963년 케네디는 모부투에게, 뛰어난 업적을 이룩한 사람에게 주는 군 훈장인 수훈장(the Legion of Merit)을 수여했다. 모부투는 1990년대 중반까지 무려 32년 동안 콩고를 통치했다. 케네디에 이어 역대 미국 대통령들의 도움으로 모부투는 콩고에서 부패 정치를 이어 갔다. 살인은 말할 것도 없고 엄청난 도둑질과 부패를 기반으로 삼은 체제였다.

1961년 말 유엔이 한창 콩고에 개입하고 있을 때 사무총장으로 재임 중이던 함마르셸드가 의문의 비행기 추락 사고로 사망했다. 카탕가와 콩고 사이 계속되는 내전을 중재하기 위해 로디지아로 날아가는 길이었다. 서방 정치인들은 그의 죽음을 충격과 절망으로 받아들였다. 그해 그는 사후에 노벨평화상을 받은 유일한 사람이 되었고 거의 세속의 성인으로 위상을 얻게 되었다. 함마르셸드 사후 유엔은 활기를 잃고 장황한 설교를 늘어놓는 기구로 남게 된다.

보두앵이, 벨기에가 식민지 콩고가 사라지도록 손 놓고 있어야 하는지 우려한 데는 현실적 이유가 있었다. 1960년 이후 콩고라는 접착제가 사라진 벨기에는 스스로 분열의 길로 나아갔다. 그럼에도 보두앵은 국민을 이어 주는 유대의 상징으로 국민들에게 사랑받았다. 보두앵은 1993년에 세상을 떠났다. 보두앵의 별세는 벨기에를 분열로 몰아갔다. 7년이 흐른 뒤 벨기에 의회 조사위원회는 보두앵이 루뭄바 살인에 공모했다고 지목했다. 민주주의를 위해 싸운 존경받는 푸른 눈의 전사, 아이젠하워는 1969년에 78세의 나이로 떠났다. 6년이 흐른 뒤 상원 조사위

---

* 납치범은 프랑스의 해외 정보기관 'SDECE' 요원이었다. 촘베는 알제리에서 체포되어 투옥되었다가 가택 연금되었다.

원회는 아이젠하워가 어떻게 연루되었는지 지적했다.

1963년 11월 케네디에게 일어난 일은 모두 알고 있다. 케네디가 세상 사람들에게 잊히면서 케네디가 루뭄바의 살인에 관여한 사실도 가려졌다. 케네디는 루뭄바가 살해되고 사흘 후인 1월 20일에 대통령에 취임했다. 우리는 케네디가 2월 중순까지 루뭄바가 살해된 것을 알지 못했다고 본다. 물론 그는 CIA의 계획은 알고 있었을 수 있지만 아무것도 하지는 않았다. 아니면 CIA가 케네디에게 말하지 않았거나 루뭄바가 죽은 것으로 보인다고 언급하지 않았을 수도 있지 않을까? 어느 쪽 더 나쁜 것일까?

상황이 더 복잡했을 수도 있다. 데이비드 도일은 엘리자베스빌의 새 CIA 지국을 이끌고 있었다. 그는 1월 17일 루뭄바가 도착한다는 사실을 알고 있었다. 그러나 카탕가에서 온 전문은 케네디가 취임한 첫 주, 카탕가가 루뭄바를 죽이던 그때, CIA는 무슨 일이 일어났는지 소문만 듣고 있었다는 것을 명확히 보여 준다. 도일은 무농고가 (루뭄바의 죽음에 관해 조작한) 공식적인 발표를 내놓을 때까지 소문과 들은 말을 보고했다. 동시에 도일은 루뭄바를 손에 넣으려 했다. 1월 19일 그는 악명 높은 전문을 데블린에게 보내 "파트리스에 대해 감사드립니다. 그가 온다는 걸 알았더라면 뱀을 구워 놓았을 텐데요"라고 썼다. 그 전문이 덜레스까지 올라가면서 도일은 그 농담조 전문 때문에 곤경에 처하지 않을까 걱정했다. 그 후 도일은 자기 자리는 안전하다는 신호를 받았다. 워싱턴으로부터 온 메시지를 받았는데, 거기에는 남자 둘이서 뱀을 굽는 만화가 함께 동봉되어 있었다. CIA는 암살 작전에 관여하는 요원들을 '뱀을 먹는 사람'(snake eaters)*이라고 불렀다. 강인한 이 요원들은 정글을 엎드려 기고 파충류를 잡아먹는다.[5)]

CIA는 케네디에게 당면한 문제들이 사라졌다고 보고했을지도 모른다. 하지만 비밀 요원들이 루뭄바에 관련해 공작을 벌이고 있었는지 누가 알겠는가. 우리는 CIA가 그 뒤로도 계속 '살인주식회사'(Murder Incorporated) 역할을 했고, 케네디도 CIA가 쿠바의 카스트로에게 '흑마술'을 부리길 원했다는 걸 잘 알고 있다.

루뭄바의 죽음은 살인에 책임이 있는 모든 사람들과 관련해 수많은 문제를 해결하지 못했다. 하지만 이 특별한 사건은 일말의 보편적인 진실을 보여 준다. 스스로 민주주의와 투명성을 자랑하는 정부들조차 어김없이 입막음과 기만에 기댄다는 것이다. 정치인들은 세상일이라는 게 그렇듯 도덕과 거의 관계가 없어 보이는 행동을 정당화하려 애를 쓴다. 공적인 삶에서 악의와 이기심은 결코 멀리 있지 않다. 비이성을 길들이려는 야심으로 가득 찬 정치는 스스로 비합리성의 영역에 발을 들이게 마련이다.

---

* 미군에서는 정글, 사막에서 극한의 생존 훈련을 받는 병사들을 가리키는 말로 쓴다.

감사의 말

하버드대학 출판부에서 나온 이 책을 읽을 이름 모를 독자들에게 감사 인사를 전한다. 이 책을 비판적으로 읽어 준 리처드 비먼, 엘리자베스 블록, 리처드 프릴랜드, 이데스발드 고데리스, 데이비드 홀린저, 에드워드 모니노, 스테파니 맥커리, 레오 리버포, 찰스 로젠버그, 수전 슐턴, 마크 트랙턴버그, 사라 판 뵈르던, 루이 부, 자나 아지자 에탐발라에게도 감사한다. 무엇보다 스티븐 와이즈먼에게 가장 큰 감사를 전한다.

여러 가지로 도움을 준 클라스 케리서와 닐스 마트헤퍼에게도 감사드린다. 케리서는 스위스 제네바 국제적십자사 본부에서 조사 연구를 맡고 있다. 엘리자베스 블록과 호레이트 카스테르만스는 두 나라에서 저술할 수 있도록 환경을 만들어 주었다. 데버라 브로드넥스와 카린 드 흐레이프도 큰 도움을 주었다.

네덜란드어와 프랑스어를 영어로 옮긴 것은 모두 우리가 한 것이지만 피터르 브란트베이크와 특히 안토니아 트립에게 번역에 관한 도움을 받았다. 러시아어와 관련해 도움을 준 벤저민 네이선스에게 감사 인사를 전한다.

우리는 감사하게도 루뱅대학, 멜런재단, 펜실베이니아대학의 도움을 받을 수 있었다. 우리가 이용한 수많은 기록보존소 담당자들, 캐슬린 맥더모트 편집장을 비롯한 하버드대학 출판사의 직원들, 에이전트 리처드 밸킨에게도 신세를 졌다.

여섯 편의 지도 원본은 로즈메리 달바 아트앤드디자인(Rosemarie D'Alba Art and Design)이 제작한 책에 실려 있는 것이다. '유엔군' 주둔 현황에 관한 지도의 정보는 백악관의 콩고정보상황보고서(Congo Intelligence Situation Report, October 4, 1960, White House Office, Office of the Staff Secretary, Records 1952-1961, International Series, box 3, Eisenhower Library), '루뭄바 군'의 움직임에 관한 지도는 쥘 루스의 문서(Jules Loos Papers, February 10, 1961)를 바탕으로 했다. 루뭄바의 도주 경로와 루뭄바 이송 경로를 담은 지도는 다음 자료의 정보를 참고했다. Luc De Vos, Emmanuel Gerard, Jules Gérard-Libois, and Philippe Raxhon, *Lumumba: De complotten? De moord* (Leuven, Davidsfonds, 2004), 696-699.

주석

서문

1) Andrew W. Cordier and Wilder Foote, eds., *Public Papers of the Secretaries-General of the United Nations vol. 5, Dag Hammarskjöld, 1960-1961* (New York: Columbia University Press, 1975), 342; secretary general's statement, February 15, 1961, box 140, Cordier Papers, Columbia University. 스티븐슨의 연설과 도중 일어난 소동은 유튜브에서 볼 수 있다. 그 시위에 대한 설명을 보고 싶다면: 770G.13, box 1978; and folder 2-1561, box 1960, DOS, RG 59, NA; and Brenda Gayle Plummer, *In Search of Power: African Americans in the Era of Decolonization, 1956-1974* (New York: Cambridge University Press, 2013), 116-117; and Roger Lipsey, *Hammarskjöld: A Life* (Ann Arbor: University of Michigan Press, 2013), 478-480.

01 벨기에 식민지

1) Robert Rothschild, *Un phénix nommé Europe: Memoires 1945-1995 (Brussels: Racine, 1997)*, 253.
2) In particular: Adam Hochschild, *King Leopold's Ghost: A Tale of Greed, Terror, and Heroism in Colonial Africa* (New York: Houghton Mifflin, 1998).
3) 훌륭한 사례연구로 Jan Vansina, *Being Colonized: The Kuba Experience in Rural Congo, 1880-1960* (Madison : University of Wisconsin Press, 2010).
4) Guy Vanthemsche, *Belgium and the Congo, 1885-1980* (New York: Cambridge University Press, 2012), 59-64, 78-81
5) Crawford Young, *Politics in the Congo: Decolonization and Independence* (Princeton, NJ: Princeton University Press 1965), 22, 128-129, 248-249, 266n; René Lemarchand, *Political Awakening in the Belgian Congo* (Berkeley: University of California Press, 1964), 80, 129-130. 이 문제를 상세하게 조사한 자료는 Bambi Ceuppens, *Congo Made in Flanders? Koloniale Vlaamse Visies op "Blank" en "Zwart" in Belgisch Congo* (Gent: Academia Press, 2003).
6) Marc Depaepe, "Writing Histories of Congolese Colonial Education: A Historiographical View from Belgium," in *Connecting Histories of Education: Transnational Exchanges and Cross-Cultural Transfers*, ed. Barnita Bagchi, Eckhardt

Fuchs, and Kate Rousmaniere (New York: Berghahn Books, 2012), 1-30.

7) 그 예로 Ian Scott, *Tumbled House: The Congo at Independence (London: Oxford University Press, 1979), 47, 53, 64*. 스콧은 콩고 주재 영국 대사였다.

8) William A. M. Burden, *Peggy and I: A Life Too Busy for a Dull Moment* (New York: W. A. M. Burden, 1982), 페기의 말을 인용, 301.

9) 초창기 두드러지는 사례는 Frantz Fanon, *Black Skin, White Masks* (New York: Grove Press, 1952, 1967).

10) Jean Stengers, *Congo: Mythes et réalités* (Brussels: Éditions Racine, 2007), 300.

11) Basil Davidson, *The Black Man's Burden: Africa and the Curse of the Nation-State* (New York: Random House, 1992), esp. 50-51, 98-99, 114-116에서 저자의 주장을 보라.

12) Yolanda Covington-Ward, "Jeseph Kasa-Vubu, ABAKO, and Performance of Kongo Nationalism in the independence of Congo," *Journal of Black Studies* 43 (2012): 72-94.

13) 루뭄바의 전기를 보고 싶다면 Jean Omasombo and Benoît Verhaegen, *Patrice Lumumba, jeunesse et apprentissage politique: 1925-1956* (Paris: L'Harmattan, 1998); 이 저자들의 *Acteur politique, de la prison aux portes du pouvoir: Juillet 1956-février 1960* (Paris : L'Harmattan, 2005) 참조. 루뭄바와 그의 여성들에 대한 자료는 *Karen Bouwer, Gender and Decolonization in the Congo: The Legacy of Patrice Lumumba* (New York: Palgrave Macmillan, 2010), 56-68.

14) Lemarchand, *Political Awakening, 222*; Jean Van Lierde, ed., *Lumumba Speaks, The Speeches and Writings of Patrice Lumumba, 1958-1961* (Boston: Little, Brown, 1972), 71, 166.

15) Patrice Lumumba, *Congo, My Country* (New York: Praeger, 1962), 13, 35; *Young, Politics in the Congo*, 145-146, 267-268.

16) Catherine Hoskyns, *The Congo since Independence, January 1960-December 1961* (London: Oxford University Press, 1965), 21-81; Stengers, *Congo*, 269-293

17) Vanthemsche, *Belgium*, 217-219

18) Bunche to Hammarskjöld, June 27 and July 4, 370-12-2, UN.

02 독립

1) 제2차 세계대전 기간 레오폴 3세에 관한 연구는 Jan Velaers and Herman Van Goethem, *Leopold Ⅲ: De koning, het land, de oorlog* (Tielt, Belgium: Lannoo, 1994).

2) L. J. Cardinal Suenens, *Baudouin, King of the Belgians: The Hidden Life, trans. Sr. Helen M. Wynne* (Brussels: FIAT, 1996).

3) Robin McKown, *Lumumba: A Biography* (New York: Doubleday and Co., 1969), 66.
4) Jean Van Lierde, ed., *Lumumba Speaks, The Speeches and Writings of Patrice Lumumba, 1958-1961* (Boston: Little, Brown, 1972), 272; René Lemarchand, *Political Awakening in the Belgian Congo* (Berkeley: University of California Press, 1964), 152; Herbert F. Weiss, *Political Protest in the Congo: The Parti Solidaire Africain During the Independence Struggle* (Princeton, NJ: Princeton University Press, 1967), 261.
5) 세 연설의 전문은 Jules Gérard-Libois and Benoît Verhaegen, *Congo 1960* (Bressels: CRISP, 1961), 318-330
6) Robert Murphy, Report, folder 15, box 16, Murphy Papers, Hoover Institution, Stanford University. Bunche to Hammarskjöld, June 27 and July 4, 370-12-2, UN; Ralph Bunche, Notebook and Notes, Congo, June-July 1960, folder 8, box 283, Bunche Papers, UCLA.
7) Aimé Césaire, *A Season in the Congo*, trans Gayatri Spivak (New York: Seagull, 2010, 1966), 32.
8) Janssens-Pholien correspondence, December 20, 28, and 30, 1959; and January 9 and 18, 1960, Pholien Papers, Archives of the Royal Palace, Brussels.
9) 폭동을 가장 상세하게 잘 기록한 자료는 Louis-François Vanderstraeten, *De la Force Publique à l'Armée nationale congolaise: Histoire d'une mutinerie. Juillet 1960* (Brussels: Académie Royale de Belgique, 1993). Catherine Hoskyns, *The Congo since Independence, January 1960 to December 1961* (London: Oxford University Press, 1965)도 참조.
10) Jitendra Mohan, "Ghana, the Congo, and the United States," *Journal of Modern African Studies* 7(1969): 369-406, esp. 387-393.
11) Norrie MacQueen, *The United Nations, Peace Operations and the Cold War*, 2nd ed. (Harlow, UK: Pearson Education Ltd., 2011). 다른 나라의 관점을 보고 싶다면 Micheal Kennedy and Art Magennis, *Ireland, the United Nations and the Congo: A Military and Diplomatic History, 1960-1* (Dublin, Ireland: Four Courts Press, 2014).

03 제국의 반격

1) Guy Vanthemsche, *Belgium and the Congo, 1885-1980* (New York: Cambridge University Press, 2012), 101-142
2) 스파크의 전기를 보려면 Michel Dumoulin, *Spaak* (Brussels: Éditions Racine,

1999).

3) Gaston Eyskens, *De Memoires* (Tielt, Belgium: Lannoo, 1993), 515-591.

4) Burden Oral History, 23, 28, 33, DDE; William A. M. Burden, *Peggy and I: A Life Too Busy for a Dull Moment* (New York: W. A. M. Burden, 1982), 279-328; Robert Rothschild, *Un phénix nommé Europe: Mémoires 1945-1985* (Brussels: Éditions Racine, 1997), 240-241.

5) Louis-François Vanderstraeten, *De la Force Publique à l'Armée nationale congolaise: Histoire d'une mutinerie, Juillet 1960* (Brussels: Académie Royale de Belgique, 1993), 88-96.

6) Jean Van den Bosch, *Pré-Zaïre. le cordon mal coupé: Document* (Brussels: Le Cri, 1986), 42-45; Rothschild, *Phénix nommé Europe*, 245. 얀 판 덴 보스는 레오폴드빌 주재 벨기에 대사, 로트스힐트는 부대사였다.

7) Minutes of the Belgian cabinet, July 12 and 13, National Archive, Brussels (웹사이트 http://extranet.arch.be/lang_pvminister.html 에서도 볼 수 있다.); Vanderstraeten, *Mutinerie*, 406-411; *LCM*, 32-39. 질송은 벨기에군의 수를 벨기에 일간지에 알렸다. *Le Soir* (Brussels), August 5.

8) Jan De Meyer, Memorandum for the prime minister, July 12, Vandewalle Papers, Royal Museum for Central Africa, Tervuren, Belgium.

9) Vanderstraeten, *Mutinerie*, 397에서 7월 12일 카사부부가 한 말을 인용.

10) Burden to Herter, July 22(303), 7-1760, box 532, DOS, RG 59, NA.

11) Vanderstraeten, *Mutinerie*, 399, 410, 441.

12) Wigny, unpublished Mémoires du Congo, 402, box MC 16, Wigny Papers, UCL, Louvain-la-Neuve.

13) 2001년 벨기에 의회 조사위원회 증언. Colonel Noël Dedeken, *LCM*, 203-206.

14) Jules Gérard-Libois, *Katanga Secession* (Madison: University of Wisconsin Press, 1966), 320-327; Frans Buelens, *Congo 1885-1960. Een financieel-economische geschiedenis* (Berchem, Antwerp: EPO, 2007), 380-392 참조. 위니옹 미니에르의 역할에 대한 자료는 Chambre des représentants de Belgique, *Enquête parlementaire visant à déterminer les circonstances exactes de l'assassinat de Patrice Lumumba et l'implication éventuelle des responsables belges dans celui-ci*, DOC 50 0312/006, November 16, 2001, 516-573.

15) Robiliart (Brussels) to Cousin (Elisabethville), March 23, *LCM*, 83. René Brion and Jean-Louis Moreau, *De Generale Maatschappij van België 1822-1997* (Brussels: Mercatorfonds, 1998), 402도 참조.

16) Paulus (Paris) to Eyskens, August 6, folder 14, d'Aspremont Lynden Papers, National Archives, Brussels.

17) Union Minière cable of July 12 and notes of the king's chief of staff, *LCM*, 47-48.

18) 전문은 Jules Gérard-Libois and Benoît Verhaegen, *Congo 1960* (Brussels: CRISP, 1961), 513-514. 또한 Burden to Herter, July 23 (314), 7-2160, box 1954, DOS, RG 59, NA. 벨기에의 정책 변화는 콩고에 있던 벨기에 외교관들의 시각에서도 보여진다. Rothschild (Elisabethville) to Van den Bosch (Leopoldville), July 21, VIII, 18770, FPSFA.

19) D'Aspremont "Conversation avec Monsieur Doucy-1er Mars 1960", March 2 1960, Vandewalle Papers. 루뭄바를 공산주의자라는 틀에 넣으려는 시도와 관련된 자료는 Anne-Sophie Gijs, "Une ascension politique teintée de rouge: Autorités, Sûreté de l'État et grandes Sociétiés face au 'danger Lumumba' avant l'indépendance du Congo (1956-1960)," *Revue belge d'Histoire contemporaine*, 42 (2012): 11-58.

20) D'Aspremont, Memorandum for the prime minister, July 20, folder 6080, Eyskens Papers, State Archives, Louvain, facsimile in *LCM*, 656-659.

21) D'Aspremont (Elisabethville) to Eyskens, August 7, folder 6079, Eyskens Papers.

22) Minutes of Mistebel meeting, July 23, Rothschild Papers, Université Libre de Brexelles. Jean Stengers, "La reconnaissance *de jure* de l'indépendance du Katanga," *Cahiers d'histoire du temps présent 11* (2003): 177-191도 참조.

23) 이 부분 관련 자료는 *LCM*, 58-65. Burden to Herter, August 3 (386), 8-160, box 1955, DOS, RG 59, NA; Memoranda of conversation Herter-Scheyven (미국 주재 벨기에 대사), July 28, August 5, *FRUS 1958-1960*, vol. 14, 367-370, 386-390도 참조.

24) 왕실위원회 회의록은 다음 자료로 출판되었다. Chambre des représentants, *Enquête parlementaire*, 614-636.

25) Pirenne Paper, Archives of the Royal Palace, Brussels.

26) 함마르셸드의 시각을 보려면 Hammarskjöld to Baudouin, July 31, box M 5, vol.13, Wigny Papers.

27) 벨기에 내각의 위기에 대한 설명은 다음의 1차 자료를 근거로 했다. the Eyskens Papers (folders 6079, 6082, and 6084); the Spaak Papers (folder 180), Foundation P. H. Spaak, Brussels; Van Zeeland Papers(folders 163, 164, 820),

UCL, Louvain-la-Neuve; and Wigny Papers (box M 5, vol. 13-15). the Spaak Papers에 기초한 설명은 Dumoulin, *Spaak*, 583-591. 에스켄스는 자신의 회고록(593-600)에서 국왕와 만난 부분에 대해서만 밝히고 있다. 내각의 위기는 드 스라이퍼의 관점에서도 볼 수 있다. Godfried Kwanten, *August-Edmond De Schryver 1898-1991: Politieke biografie van een gentleman-staatsman* (Leuven: Leuven University Press, 2001), 565-576.

28) Louis Vos, "The Extreme Right in Post-war Belgium: From Nostalgia to Building for the Future," in *Modern Europe after Fascism, 1943-1980s*, ed. Stein Ugelvik Larsen, (New York: Columbia University Press, 1998), 344-388.

29) Cleveland (브뤼셀 주재 미국 대사관) to Herter, July 29, 7-2860, box 1955, DOS, RG 59, NA.

30) 다음 자료에서 인용. Pieter Lagrou, "Een oorlog achter de rug, een oorlog voor de boeg 1944-1965", in *Oost West West Best: België onder de Koude Oorlog (1947-1989). ed*. Mark Van den Wijngaert and Lieve Beullens (Tielt, Belgium: Lannoo, 1997), 131.

31) *De Standaard* (Brussels) and *Le Soir*, August 10.

32) Wigny diary notes, August 10 and 11, M 5, vol.15, Wigny Papers. 미국 대사관의 평가 인용 자료는 "Confidential. Department of State. Biographic Information Division. King Baudouin I Belgium," December, 1960, DOS Conference Files, Visit Brussels, box 239, RG 59, NA.

33) Communication of the Belgian government, *Le Soir*, August 2.

34) Rothschild (Mistebel) to Wigny, August 30 (481), VIII, 18770, FPSFA.

35) Eyskens, *Memoires*, 586; Jef Van Bilsen, *Kongo 1945-1965: Het einde van een kolonie* (Leuven: Davidsfonds, 1993), 160.

04 냉전의 그림자

1) Steve Weber, *Multilateralism in NATO: Shaping the Postwar Balance of Power, 1945-1961*(Berkeley: University of California Press, 1991), 41-42, 60.

2) *FRUS, 1958-1960*, vol. 2, 461n. Lawrence S. Kaplan, *NATO and the UN: A Peculiar Relationship* (Columbia: University of Missouri Press, 2010), 49-70 참조.

3) 콩고는 미국인들에게 아프리카의 전형으로 특별한 의미가 있었다. Kelly Enright, *The Maximum of Wilderness: The Jungle in the American Imagination* (Charlottesville: University of Virginia Press, 2012), esp. 44-58, 149.

4) Staff Notes, 802, July 15 (Admin. Conf.), Box 51, WH Office, Office of Staff

Secretary, Records Subject Series, Alphabetical Series; and Harr to McCone, October 14, Africa, box 1, WH Office, Office of the Special Assistant, National Security Affairs, 1952-1961, OCB Series, Subject Subseries, both in DDE.

5) 개괄적 설명을 보려면 Larry Grubbs, *Secular Missionaries: Americans and African Development in the 1960s* (Amherst: University of Massachusetts Press, 2009).

6) 미국 당국의 우유부단함을 보여 주는 예는 CIA to Department of State, April 18; CIA Briefing for NSC, July 25, both in *FRUS 1964-1968*, vol. 23, 7-8,13. 아이젠하워와 허터의 대화는 Memoranda of conversations, July 13-21, CAH phone calls, 7/1-8/31, box 13, Herter Papers; Record of NSC Actions, NSC 3, 1960 (2) 2246-2314, Ann Whiteman, DDE.

7) CIA, NSC Briefing, The Congo, July 14, CREST.

8) Sartre, Introduction in *Lumumba Speaks: The Speeches and Writings of Patrice Lumumba, 1958-1961*, ed. Jean Van Lierde (Boston: Little, Brown, 1972).

9) Press Release, July 22, Office International Administration, Congo 1960-1961, file: Congo 1960, box 1, RG 59, NA.

10) Intelligence Note, Cumming to Herter, July 25, 1960, 6-160, box 1831, DOS; Penfield to Herter, June 7, Elections, box 4; CIA Memorandum, August 22, Intelligence, box 5, Congo Working Group; Leopoldville to Secretary of State, August 24, Congo Working Committee, box: Circular Instructions Bureau of Public Affairs, Lot Files 62D370(11) RG 59, NA; CIA, NSC Briefings, The Congo, July 14, July 21, July 25, July 31, August 11, CREST. Alan James, *Britain and the Congo Crisis, 1960-63* (New York: St. Martin's Press, 1996), 61-62 참조.

11) H. W. Brands, *The Specter of Neutralism: The United States and the Emergence of the Third World, 1947-1960* (New York: Columbia University Press, 1989); Jason C. Packer, "Small Victory, Missed Chance: The Eisenhower Administration, the Bandung Conference, and the Turning of the Cold War," in *The Eisenhower Administration, the Third World, and the Globalization of the Cold War*, ed. Kathryn Statler and Andrew L. Johns (Lanham, MD: Rowman & Littlefield, 2006), 153-174.

12) Robert Rothschild, *Un Phénix nommé Europe: Mémoires 1945-1995* (Brussels: Éditions Racine, 1997), 244.

13) Peter Grose, *Gentleman Spy: The Life of Allen Dulles* (Boston: Houghton Mifflin,

1994)는 덜레스의 삶을 알려주는 사실 조사가 매우 뛰어나다. 덜레스에 대한 개략적 인 묘사는 다음 자료에도 나타나는데 덜레스의 도덕적 자만을 짚고 있다. H.W. Brands Jr., *Cold Warriors: Eisenhower's Generation and American Foreign Policy* (New York: Columbia University Press, 1988), 48-67.

14) NSC Meetings, July 15 and July 21, *FRUS, 1958-1960*, vol. 14, 309-310, 339 (같은 회의를 그레이가 기록한 것은 내용이 다르다. July 15, Planning Board Notes [NSC] 1960, box 4, White House Office, Office of the Staff Secretary, Records, 1957-1961, National Security Series, DDE).

15) Burden Oral History, 6-55, DDE; William A. M. Burden, *Peggy and I: A Life Too Busy for a Dull Moment* (New York: W. A. M. Burden, 1982), 279-328; Wendy Burden, *Deadend Gene Pool* (New York: Gotham Books, 2010), 233에서 인용. 버든의 삶에 대한 개략적인 내용은 다음 자료에서 볼 수 있다. *The Scribner Encyclopedia of American Lives, vol. 1, 1981-1985* (New York: Scribner's, 1998), 115-117.

16) Burden to Department of State, July 19, *FRUS, 1958-1960*, vol. 14, 330-332; Madeline G. Kalb, *The Congo Cables: The Cold War in Africa-From Eisenhower to Kennedy* (New York: Macmillan Co., 1982), 27-28.

17) Satterthwaite and Kohler to Merchant, February 16, 7-560, box 2601; Brussels to Washington, July 29, 7-2860, box 1955; Burden to Herter, August 4, 123-Burden, box 315, and October 19, 10-160, box 1956, all in DOS, RG 59, NA.

18) 데블린이 초기에 워싱턴에 보낸 전신을 보면 된다. *FRUS 1964-1968*, vol. 23, 6, 11-12; 1960년 3월의 메모는 3-160, box 1831, DOS, RG 59, NA; Sergey Mazov, *A Distant Front in the Cold War: The USSR in West Africa and the Congo, 1956-1964* (Palo Alto, CA: Stanford University Press, 2010), 108; Larry Devlin, *Chief of Station, Congo: A Memoir of 1960-67* (New York: Perseus Books, 2007), ix. 56.

19) Devlin, *Chief of Station*, 78-79, 106-107, 111; interview with Stephen R, Weissman, October 27, 29, 2010.

20) Martin Meredith, *The State of Africa: A History of Fifty Years of Independence* (London: New, 2006), 104-105.

21) 특히, Memo of Conversation, July 27, *FRUS, 1958-1960*. vol. 14, 359-366도 참조.

22) Kevin A. Spooner, *Canada, the Congo Crisis, and UN Peacekeeping, 1960-1964* (Vancouver: UBC Press, 2009), 56-59; Robertson Memo, August 1, *Documents on Canadian External Relations*, 1960, vol. 27 (online version, http://www.international.gc.ca/international/index.aspx?lang=eng).

23) NSC Meeting, August 1, 1960, *FRUS, 1958-1960*, vol. 14. 372-376.

24) Devlin, *Chief of Station*, 47-48, 54, 260; IR, 14.

25) NSC Meeting, August 1, *FRUS, 1958-1960*, vol. 14, 373-375; Memo, August 8, White House Office, Office of the Staff Secretary, Subject Series, 1952-1961, White House Subseries, box 3; Second Draft Record of Actions, August 1, Office of Special Assistant, National Security Affairs, 1952-1961, Special Assistant Series, Presidential Subseries, box 5, DDE.

26) 이와 관련해 다음 자료의 도움을 받았다. Stephen R. Weissman, and his *American Foreign Policy in the Congo, 1960-1964* (Ithaca, NY: Cornell University Press, 1974), 52-55.

27) Herter to embassy in Brussels, August 2, *FRUS 1958-1960*, vol. 14, 383; 또 다른 예로 Devlin to CIA, August 11; CIA to Devlin, August 12, both in *FRUS 1964-1968*, vol. 23, 14-18

28) Burden to Herter, July 27(345), box 1954, July 28(346), and Freeman(브뤼셀 주재 미국 대사관) to Herter, July 30(369, 370), box 1955, both in DOS, RG 59, NA; Memorandum of conversation, Herter-Scheyven(미국 주재 벨기에 대사), July 28, *FRUS 1958-1960*, vol. 14, 367-370.

29) Lodge(USUN) to Herter, August 7(347), 8-160, box 1955, DOS, RG 59, NA; and in DDE: Synopsis of Intelligence, August 5; Synopsis of State and Intelligence material, August 10 (conversation of August 7), Intelligence Briefing Notes, vol. 11(5), box 14, White House Office, Office of Staff Secretary, Subject Series, Alphabetical Subseries.

30) Burden to Herter, August 4, 123-Burden, box 315, DOS, RG 59, NA.

31) Conversation with Van Zeeland, August 17, 8-1760; Freeman (벨기에 주재 미국 대사관) to Herter, August 10, 8-2160, box 1955, both in DOS, RG 59, NA.; Robert S. Jordan, *Political Leadership in NATO: A Study in Multilateral Diplomacy* (Boulder, CO: Westview Press, 1979), 62, 70-76, 85, 91-94.

32) 그 예로 Nolting to Herter, July 5, 740.5612, box 1650, DOS, RG 59, NA; De Staercke(나토 주재 벨기에 대사) to Wigny, July 13, doc. 6213, Spaak Papers, Foundation P. H. Spaak, Brussels.

33) Jean Van den Bosch, *Pré-Zaïre. Le cordon mal coupé. Document* (Brussels : Le Cri, 1986), 175-177.

34) 편지를 보려면 Spaak to Eisenhower, Paris, August 10, doc. 6221, Spaak Papers; 이에 대한 평가를 보려면 Michel Dumoulin, *Spaak* (Brussels: Éditions Racine,

1999), 591.

35) Calhoun to Goodpaster, with top secret enclosure, Wolf to Herter, August 10, Belgium, box 1, White House Office, Office of the Staff Secretary, Records, 1952-1961, International Series, DDE; Paul-Henri Spaak, *The Continuing Battle: Memoirs of a European, 1936-1966* (Boston: Little, Brown, 1971), 358. 이 이슈들은 다음 자료에서 더 일반적으로 다뤄졌다. "The Evolution of NATO Political Consultation 1949-1962" (May 1963), esp. section 65, footnote 42, NATO Archives, Brussels.

36) Herter to NATO Embassy Paris, August 11, Belgium, box 1, White House Office, Office of the Staff Secretary, Records, 1952-1961, International Series, DDE.

37) Burgess (나토 주재 미국 대사) to Herter, September 10; Washington to USRO, Paris, September 15, JCS 1957-1961, vol. 1 (7), box 103, Norstad Papers, both in DDE.

38) Dillon to Eisenhower, August 19, Belgium, box 1, White House Office, Office of the Staff Secretary, Records, 1952-61, International Series, DDE.

39) Herter-Eisenhower conversation, August 10, *FRUS 1958-1960*, vol. 7, pt. 2, 402-403; Dillon to embassies, August 22, and Conference with Eisenhower, August 16, *FRUS 1958-1960*, vol. 7, pt. 1, 295, 613; IR, 64.

40) Colonel Margot (벨기에 군 정보당국 수장), "Situation générale à Berlin," August 2, folder 6097, Eyskens Papers, State Archive, Leuven; Memo, Bohlen to Herter, August 2, *FRUS 1958-1960*, vol. 9, 547ff. Cleveland (브뤼셀 주재 미국 대사관) to Herter, July 29, 7-2860, box 1955, DOS, RG 59, NA (노르스타드 장군 인용).

41) NSC Meeting, August 18, FRUS, 1958-1960, vol.14, 422-424. Kalb, *Congo Cables*, 51-55도 참조.

42) Memo, Contingency Planning for the Congo, August 20, 8-1960, box 1955, DOS, RG 59, NA.

05 함마르셸드와 유엔

1) Speech of October 3, 1960, in Andrew W. Cordier and Wilder Foote, eds., *Public Papers of the Secretaries-General of the United Nations, vol. 5, Dag Hammarskjöld, 1960-1961* (New York: Columbia University Press, 1975), 201.

2) Pamphlet printed by Clarendon Press, Oxford, 1961.

3) Brian Urquhart, *Hammarskjöld* (New York: Knopf, 1972), *A Life in Peace and War*

(New York: Harpers & Row, 1987), and *Ralph Bunche: An American Life* (New York: Norton, 1993); Urquhart, "The Tragedy of Lumumba," review of *The Assassination of Lumumba* by Ludo De Witte, October 4, 2001; "The Tragedy of Lumumba: An Exchange," December 20, 2001; and "Lumumba and the UN" (letter), February 14, 2002, all in *New York Review of Books*; and Urquhart's Introduction to Manuel Fröhlich, *Political Ethics and the United Nations: Dag Hammarskjöld as Secretary-General* (London: Routledge, 2008), xi-xii.

4) Conor Cruise O'Brien, *To Katanga and Back, A UN Case History* (New York: Simon & Schuster, 1963), 43.
5) Speech to the Security Council, July 20, in Cordier and Foote, *Public Papers, vol. 5, Hammarskjöld*, 43.
6) Thomas G. Weiss, Tatiana Carayannis, Louis Emmerij, and Richard Jolly, *UN Voices: The Struggle for Development and Social Justice* (Bloomington: Indiana University Press, 2005), 162.
7) Bunche to Hammarskjöld, July 16 (80); July 20 (29, 40), 217-1-2, UN.
8) Record of conversation, August 1, box 161, Cordier Papers, Columbia University; Bunche to Hammarskjöld, August 12 (433), 217-1-7, UN.
9) Chronology, August 13, 8-1160, box 1955, DOS, RG 59, NA.
10) Lodge to Herter, July 26, 234, box 1954, DOS, RG 59, NA.
11) 함마르셸드와 루뭄바의 설전은 다음 자료에 나타난다. Rosalyn Higgins, *United Nations Peacekeeping, 1946-1967: Documents and Commentary*, vol. 3, Africa (Oxford: Oxford University Press, 1980), 132-136.
12) 콩고 지원계획을 가장 잘 요약한 자료는 Draft Financial Regulations, September 26, 370-3-6, UN.
13) Hammarskjöld to Cordier, August 1 (293); Bunche to Hammarskjöld, August 7 (385); and Hammarskjöld to Cordier, August 14 and 15 (452, 453), 217-1-7, all in UN; Hammarskjöld, Memorandum on Katanga, August 6, Box 160; and Report of press conference, August 2 (by Cordier?), box 163, both in Cordier Papers.
14) IR, 14.
15) Sergey Mazov, *A Distant Front in the Cold War: The USSR in West Africa and the Congo, 1956-1964* (Palo Alto, CA: Stanford University Press, 2010), 103, 110-111, 115, 127-129, 160-166.
16) September 1 Press Conference, folder 6, box 98, Ralph Bunche Papers,

UCLA, 9-10, 20; 다음 논고도 참조. Susan Williams, *Who Killed Hammarskjöld? The UN, the Cold War, and White Supremacy in Africa* (London: C. Hurst, 2011).

17) 이 사건에 대한 가장 좋은 설명은 다음 자료에서 볼 수 있다. Draft UN History, chap. 18, 304-1-16, UN; and a review in Jean-Claude Willame, *Patrice Lumumba. La crise congolaise revisitée* (Paris: Éditions Karthala, 1990), 187-196.

18) 소련 정책에 대한 우리의 관점은 서방의 자료와, 소련 자료를 토대로 한 2권의 책에 근거하고 있다. Mazov, *Distant Front, and Lise A. Namikas, Battleground Africa: The Cold War in the Congo, 1960-1965* (Stanford, CA: Stanford University Press, 2013), 15, 92-94, 121-124, 223-224.

19) Hammarskjöld to Cordier, August 15 (472), 217-1-7; Draft UN History, Chap. 18, 304-1-16, both in UN; Wadsworth memorandum, September 10, FRUS, 1958-1960, vol. 14, 475, editorial note; Cordier to V. F. Schwalm, August 18, box 55, Cordier Papers.

20) Hammarskjöld to Bunche, August 26 (1278), 217-1-12, UN. Alan James, *Britain and the Congo Crisis, 1960-63* (New York: St. Martin's Press, 1996), 64-77 참조.

06 콩고 정부, 무너지다

1) Dupret (Davignon and Westhof) to Wigny, August 30 (293, 294), August 31 (303, 304, 308), September 2 (326, "Today I have met Verhaegen who co-ordinates the action of the opposition. Results can be expected before Wednesday September 7"), September 3 (334, 335, 336), September 5 (354, 355, convey messages of Verhaegen), 18.297, FPSFA; Wigny to Dupret (Davignon and Westhof), September 1 (150), box M 7, Wigny Papers, UCL, Louvain-la-Neuve; *LCM*, 116-122. 베르하겐과 관련한 자료는 Dupret to Wigny, September 10 (406, "If Kasa-Vubu does not prevail soon, Verhaegen and his friends will be in great danger in Leopoldville"), 18.297, FPSFA.

2) Press Release, Telegrams, Cordier-Dayal, Hammarskjöld-Dayal, Personnel, Da, box 59; Telegram, Dayal-Hammarskjöld, Telegrams, box 162, Cordier Papers, Columbia University; Hammarskjöld to Bunche (1304), 370-12-6, and August 25 (617), 217-1-10, both in UN; and Bunche Pocket Diary 1960, August 27-September 15, folder 11, box 280, Bunche Papers, UCLA. Rajeshwar Dayal, *Mission for Hammarskjöld: The Congo Crisis* (New Delhi: Oxford University Press, 1976), 10-13도 참조.

3) Dupret (Lahaye) to Wigny and Sureté, August 29 (276), 18.297, FPSFA. Larry

Devlin, *Chief of Station, Congo: A Memoir of 1960-67* (New York: Perseus Books, 2007), 66; 데블린은 다음 자료를 인용 없이 표현만 바꿔 적었다. Madeline G. Kalb, *The Congo Cables: The Cold War in Africa-From Eisenhower to Kennedy* (New York: Macmillan Co., 1982), 67. 아프리카 지도자들이 모인 국제회의에 대한 설명은 다음 자료 참조. Jean-Claude Willame, *Patrice Lumumba. La crise congolaise revisitée* (Paris: Éditions Karthala, 1990), 358-361.

4) Hammarskjöld to Cordier, September 1 (1437, 1438), 217-1-13, UN.
5) Indar Jit Rikhye, *Military Advisor to the Secretary-General: UN Peacekeeping and the Congo Crisis* (New York: St. Martin's Press, 1993), 88, 91.
6) Cordier-Hammarskjöld teleprinter conversation, September 3, 217-65-9, UN.
7) 그 예로 Memo by Mr. Cordier, Congo, box 160, Cordier Papers(1960).
8) Hammarskjöld to Dayal, Cordier, and Horn, September 5, 217-2-3, UN.
9) Jef Van Bilsen, *Kongo 1945-1965. Het einde van een kolonie* (Leuven: Davidsfonds, 1993), 162-165.
10) 카사부부의 연설 전문은 Jules Gérard-Libois and Benoît Verhaegen, *Congo 1960* (Brussels: CRISP, 1961), 818-819.
11) Hammarskjöld to Cordier, September 5 (1553), 375-4-2; Hammarskjöld to Cordier, September 6 (1568, 1581), 217-2-3; Cordier to Hammarskjöld, September 6 (807), 217-2-1; Hammarskjöld to Dayal and Cordier, September 7 (1625), 217-2-3, all in UN; Cook memorandum, September 9, *FRUS, 1958-1960*, vol. 14, 467; Rajeshwar Dayal, *A Life of Our Times* (Hyderabad: Orient Longman, 1998), 41 참조.
12) Devlin to CIA, September 5, *FRUS 1964-1968*, vol. 23, 23; Lettres de Lumumba, 751-1-3, UN.
13) Cordier to Hammarskjöld, September 1, 845-1-8; September 5 (797); September 6 (801, 807, 818), 217-2-1, UN.
14) Cordier-Dayal to Hammarskjöld, September 7 (827), 370-8-1; Hammarskjöld to Dayal, September 10 (1717, 1728), 217-2-3, both in UN. 다비드 플랜과 그를 둘러싼 협상을 가장 잘 설명한 자료는 UN draft history, chap. 21, 304-2-1, UN.
15) Cordier to Hammarskjöld, September 5 (794, 797, 799); September 6 (noon) (810); 유엔 내 긴장감이 감도는 분위기를 보여 주는 예는 Cordier and Dayal to Hammarskjöld, September 6 (midnight) (821), 217-2-1, all in UN 참조.
16) Byrne to Cordier, September 6 (87, 3069); September 8 (90); Hammarskjöld

to Byrne, September 8 (40); Berendsen to Cordier, September 8 (92) 736-26-5; Dayal to Byrne, September 8 (856), 217-2-1; Hammarskjöld to Berendsen, September 7 (1605), 217-2-3; September 8 (40, 41), 736-26-5; Byrne to Dayal, September 8 (96); September 9 (98), 736-26-5, all in UN.

17) Stanleyville to ONUC, n.d., 736-1-6, UN; Brian Urquhart, *A Life in Peace and War* (New York: Harper & Row 1987), 166.

18) Dayal, *Mission for Hammarskjöld*, 28-42; and Life of Our Times, 401-406; Rikhye, *Military Advisor*, 92-93 (다얄의 앞선 회고록에 영향을 받은 것인지는 명확하지 않다); Brian Urquhart, *Hammarskjöld* (New York Knopf, 1972), 446; Cordier and Dayal to Hammarskjöld, September 6 (823), 370-8-1, UN.

19) Wadsworth to Herter, November 16, 11-160, box 1957, DOS, RG 59, NA.

20) Cordier to Hammarskjöld, September 6 (808), 370-8-1; (817), 217-2-1; Cordier and Dayal to Hammarskjöld, September 7 (824), 845-1-1; Hammarskjöld to Cordier and Dayal, September 7 (1604), 217-2-3; Draft UN History, Chap. 21, 304-2-1, all in UN.

21) Dayal, *Mission for Hammarskjöld*, 46.

22) 다음 자료를 검토해 보라. Memo by Mr. Cordier, Congo, box 160, Cordier Papers (1960); Cordier, Recollections of Dag Hammarskjöld and the United Nations, Columbia University Oral History Collection (1963-1964); Cordier, "Challenge of the Congo," *Think 31* (July-August,1965), 21-29; and Cordier and Wilder Foote, eds., *Public Papers of the Secretaries-General, vol. 5, Hammarskjöld, 1960-1961* (New York: Columbia University Press, 1975), 159-81; and Kalb, *Congo Cables*, 73.

23) Legal Analysis, November 11, 357-20-13, UN.

24) *LCM*, Chap. 12; *The Assassination of Patrice Lumumba*, BBC documentary, 2001 (유튜브에서 볼 수 있다).

25) Van Bilsen, *Kongo*, 162-165.

26) Timberlake to Herter, August 17, 8-1760, box 1955; Timberlake to Herter, September 13, 9-1060, box 1956, both in DOS, RG 59, NA.

27) Jean Van Lierde, ed., *Lumumba Speaks, The Speeches and Writings of Patrice Lumumba, 1958-1961* (Boston: Little, Brown, 1972), 358, 381, 397(인용).

28) Hammarskjöld to Cordier, September 6 (1583), 217-2-3 and in 467-65-Congo Constitutional, both in UN; Statement by secretary general, United Nations Press Release, September 9, box 140, Cordier Papers.

29) Discours Prononcé par monsieur Kasa-Vubu, 736-18-6, UN.
30) Unpublished Mémoires du Congo, 513, box MC 16, Wigny Papers; CIA paper prepared for Nixon, September 7, *FRUS 1964-1968*, vol. 23, 26
31) For the timing see Thomas Kanza, *Conflict in the Congo: The Rise and Fall of Lumumba* (London: Penguin Books, 1972), 288-292; Van Lierde, *Lumumba Speaks*, 379-405; Urquhart, Life, 166-167; and Rikhye, *Military Advisor*, 89-93. And Dayal to Hammarskjöld, September 12 (920), 217-2-2; Hammarskjöld to Dayal, September 12 (1744), 217-2-3, both in UN.
32) Memorandum of conversation with Belgium embassy, September 8, 9-160, box 1956, DOS, RG 59, NA.
33) Memorandum, Bunche, June 9, Civilian Personnel, box 4, Congo Working Group, RG 59, NA.
34) Cook conversation with Hammarskjöld, September 5, *FRUS, 1958-1960*, vol. 14, 458-460. Wallner memorandum of September 7, 461n.; and Cook to Department of State, September 7, 467, both ibid 참조.
35) Cook memoranda, September 5 and 9, *FRUS, 1958-1960*, vol. 14, 458, 464; Timberlake memoranda, September 7 and 10, 463, 477, ibid.; Harriman memorandum of conversation, September 9, box 406, Zaire, Harriman Papers, Library of Congress.
36) Memoranda, September 5, 7, and 9, *FRUS 1958-1960*, vol. 14, 458, 465-466, 475n. Memorandum, August 26, 444; intelligence estimate, September 13, 485 참조. 비쇼프가 루뭄바의 체포에 대해 언급한 자료는 Van Bilsen Diary notes, foler 6-4-1, Van Bilsen Papers, KADOC Center for Religion, Culture, and Society in Leuven.
37) Statement by Secretary General, United Nations Press Release, September 9, box 140, Cordier Papers; Hammarskjöld to Dayal, September 15 (1861), 217-2-3, and the material, e.g., in 467-65-Congo Constitutional, both in UN.
38) Conor Cruise O'Brien, *Murderous Angels, A Political Tragedy and Comedy in Black and White* (Boston: Little, Brown, 1968); *O'Brien, To Katanga and Back, A UN Case History* (New York: Simon & Schuster, 1963) 참조. 오브라이언을 침묵시키려 한 것과 관련한 자료는 *370-41-8, UN;* 한국과 관련한 자료는 August 5, Synopsis of Intelligence and State material reported to the President, box 52, Briefings August 1960, DDE Diary Series, DDE.

07 모부투

1) 모부투의 라디오 연설은 Jules Gérard-Libois and Benoît Verhaegen, *Congo 1960* (Brussels: CRISP, 1961), 869 참조. 다얄의 평가는 *Mission for Hammarskjöld: The Congo Crisis* (New Delhi: Oxford University Press, 1976), 61-67 참조. 1960년 9월 21일부터 1961년 1월 21일까지 집행위원회에 대한 사진은 folders 01.08.29 and 01.08.30, Jules Gérard-Libois Papers, Royal Museum for Central Africa, Tervuren, Belgium 참조. 집행위원회의 활동에 대한 분석은 Jean Omasomba Tshonda, Chambre des représentants de Belgique, *Enquête parlementaire visant à déterminer les circonstances exactes de l'assassinat de Patrice Lumumba et l'implication éventuelle des responsables belges dans celui-ci*, DOC 50 0312/006, 16 November 2001, 939-969.
2) Louis-François Vanderstraeten, *De la Force Publique à l'Armée nationale congolaise: Histoire d'une mutinerie. Juillet 1960* (Brussels: Académie Royale de Belgique, 1993), 241
3) "Séance du conseil des ministres du lundi 5 septembre 1960," VII/BV/RDC/Lumumba/007/01, Verhaegen Papers, Royal Museum for Central Africa, Tervuren, Belgium. Cordier to Hammarskjöld, September 6 (800), Dayal to Hammarskjöld, September 9 (863), 217-2-1, both in UN.
4) John Waterbury, *The Commander of the Faithful: The Moroccan Political Elite-A Study in Segmented Politics* (New York: Columbia University Press, 1970), 287-289; Dwight L. Ling, *Morocco and Tunisia: A Comparative History* (Washington, DC: University Press of America, 1979), 36-37, 121. 당시 모로코의 정치를 탁월하게 연구한 자료는 Douglas E. Ashford, *Political Change in Morocco* (Princeton, NJ: Princeton University Press, 1961) 참조.
5) Van Bilsen to Brasseur, October 7, box 17, Brasseur Papers, State Archives, Arlon, Belgium; Timberlake to Herter, September 26, *FRUS 1958-1960*, vol. 14, 505.
6) Cordier to Hammarskjöld, September 5 (795, 799), September 6 (800, 822), 217-2-1, UN.
7) Timberlake to Herter, September 9, *FRUS 1958-1960*, vol. 14, 471-472.
8) Catherine Hosykyns, *The Congo Since Independence: January 1960-December 1961* (London: Oxford University Press, 1965), 222 인용.
9) Timberlake to Herter, September 18, September 26, *FRUS 1958-1960*, vol. 14, 494, 505.
10) Timberlake to Herter, September 13, 9-1060, box 956, DOS; Memo, Mobutu,

September 11, Political Activities, box 4, Congo Working Group; Memo Mobutu, Bureau of African Affairs, Research Relating to the Congo and Congo Coordinating Committee, 1960-1964, box 4, RG 59, all in NA; Dupret to Wigny, September 15 (463, 473), 18.297, FPSFA.

11) Dayal, *Mission for Hammarskjöld*, 57, 86-88; the cables from Dayal to Hammarskjöld in mid-September, 217-2-2, UN; Contra-project, September 17, Cables, 1960-1961, box 160, Cordier Papers, Columbia University 참조.

12) Timberlake to Herter, October 27, 10-2060, box 1957, DOS, RG 59, NA.

13) CIA의 역할을 처음 다룬 자료는 Catherine Hoskyns, *Congo Since Independence*, 215-216 참조; 이를 중점적으로 다룬 자료는 Stephen R. Weissman, *American Foreign Policy in the Congo 1960-1964* (Ithaca, NY: Cornell University Press, 1974), 95-99; Madeline G. Kalb, *The Congo Cables: The Cold War in Africa-From Eisenhower to Kennedy* (New York: Macmillan Co., 1982), 89-101; and Richard D. Mahoney, *JFK: Ordeal in Africa* (New York: Oxford University Press, 1983) 참조.

14) 데블린이 이에 대해 가장 상세하게 기술한 자료는 *Chief of Station, Congo: A Memoir of 1960-67* (New York: Perseus Books, 2007), 72, 79-84 참조. 데블린의 얘기는 일관성이 없고 그가 기록한 날짜도 앞뒤가 맞지 않는다.

15) Devlin to CIA, September 13, 21, 28, October 2, 11, 29-30, 37, 39, 40-41, 43; and CIA NSC Briefing, September 15, 32, both in *FRUS 1964-1968*, vol. 23.

16) Dayal to Hammarskjöld, September 10 (878), 217-2-1, September 12(913), 217-2-2, UN.

17) Dupret to Wigny, August 26 (253), 18.297, FPSFA.

18) Devlin's memos for March of 1960 in 3-160, box 1831, DOS, RG 59, NA; and Devlin, *Chief of Station*, 71-79, 97-98, 183, 209 참조. 책 안의 사진에 있는 인용문 참조.

19) Memorandum of Conversation, Herter-Lord Home, September 18, 9-1060, box 1956, DOS, RG 59, NA; the Dayal-Hammarskjöld cables for September in 217-2-2-4, UN; Minutes of commissioners' meetings, October 1960, Gérard-Libois Papers; Dupret to Wigny, September 23 (540), September 24 (545, 549, 551 qoute), September 26 (553, qoute), September 27(559), 18.297, FPSFA; Timberlake to Herter, September 26, FRUS 1958-1960, vol. 14, 505. 케타니는 9월 말 모로코로 소환되었다. 케타니의 귀국은 모부투에 대한 데블린과 마를리에의 영향력이 커졌음을 보여주는 것일 수 있다.

20) Kalb, *Congo Cables*, 112 인용.

21) Lumumba's Legal Position, October 14, Loi Fondamentale, box 1, Congo Working Group, RG 59, NA; Herter-Hammarskjöld conversation, September 26, *FRUS 1958-1960*, vol. 14, 506-507; Timberlake-Dayal conversation, October 11, 518, ibid.
22) Wadsworth-Hammarskjöld conversations, October 11, October 15, *FRUS 1958-1960*, vol. 14, 524, 529-531; Bohlen-Hammarskjöld conversation, October 22, 546-549, ibid.
23) Wadsworth-Hammarskjöld conversations, October 15, 531; Bohlen-Hammarskjöld conversation, October 22, 549, 552; Wadsworth-Hammarskjöld conversations, October 29, 559, all in FRUS 1958-1960, vol.14.
24) Wadsworth-Dayal Conversation, November 7, Records of the Foreign Service, US Mission to the UN, Central Subject File, 1946-1961, Congo, folder 9-12/60, box 78, RG 84, NA.
25) ONUC 538, October 10, 736-4-11; Dayal to Hammarskjöld, October 13 (1240), 736-5-4, both in UN; Marlière to Loos, October 1, October 21, AF/1/56 (P1332), FPSFA.
26) ONUC 538, October 10, 736-4-11; ONUC 548, 735-15-03; Dayal to Hammarskjöld, October 13 (1240), 736-5-4, all in UN.
27) Nicholls (벨기에 주재 영국 대사) to Wigny, October 24, box M 7, Wigny Papers, UCL, Louvain-la-Neuve.
28) Dayal to Hammarskjöld, September 15 (984), 217-2-2, UN.
29) Dayal to Hammarskjöld, September 14 (955), 217-2-2, UN.

08 루뭄바에 맞선 아프리카 정치인들

1) Benoît Verhaegen and Charles Tshimanga, *L'ABAKO et l'indépendance du Congo belge. Dix ans de nationalisme kongo* (1950-1960) (Paris: L'Harmattan, 2003).
2) Thomas Kanza, *Conflict in the Congo: The Rise and Fall of Lumumba* (London, Penguin Books, 1972); Cléophas Kamitatu, *La grande mystification du Congo-Kinshasa: Les crimes de Mobutu* (Paris: F. Maspero, 1971).
3) 이 문제는 다음 논문에서 다뤄지고 있다. Bruce Berman, Dickson Eyoh, and Will Kymlicka, *Ethnicity and Democracy in Africa* (Oxford: James Curry, 2004); in Crawford Young, "Nation, Ethnicity, and Citizenship: Dilemmas of Democracy and Civil Order in Africa," *in Making Nations, Creating Strangers: States and Citizenship in Africa*, ed. Sara Dorman, Daniel Hammett, and Paul Nugent,

(Leiden: Brill, 2007), 241-264; and Ngũgĩ Thiong'o, "The Myth of Tribe in African Politics," *Transition* 101 (2009): 16-23.

4) Patrice Lumumba, *Congo, My Country* (New York: Praeger, 1962), 173.

5) 카탕가 내부 권력투쟁에 대해 자세히 알고 싶은 독자는 Kabuya Lumuna Sando, *Nord-Katanga 1960-64. De la sécession à la guerre civile. Le meurtre des chefs* (Paris: L' Harmattan, 1992) 참조.

6) Catherine Hoskyns, *The Congo Since Independence, January 1960 to December 1961* (London: Oxford University Press, 1965), 280.

7) Memo, Sendwe, October 16, 1962, Jason Sendwe, box 4, Congo Working Group, RG 59, NA; Clare Timberlake, "First Year of Independence in the Congo: Events and Issues," (MA Thesis, George Washington University, 1963) 75.

8) 엘리자베스빌 주재 미국 영사관의 보고서가 도움이 된다. William Canup, e.g., Electoral Campaign in Katanga, May 19, 5-160, box 1831, DOS, RG 59, NA.

9) Dibwe dia Mwembu, "Popular Memories of Patrice Lumumba," in *A Congo Chronicle: Patrice Lumumba in Urban Art, by* Bogumil Jewsiewicki, (New York: Museum of African Art, 1999), 62.

10) Weber to King's Chief of Staff, October 19, LCM, 519. Canup to Herter, November 25, 11-1760; Burden to Herter, December 1, 12-160, box 1957; Cleveland to Department of State, December 6, 12-1160, box 1958, all in DOS, RG 59, NA 참조.

11) Van den Bloock (엘리자베스빌 주재 벨기에 총영사) to Rothschild (브뤼셀), October 29, Rothschild Papers, Université Libre de Bruxelles.

12) the memos and telegrams of Timberlake and Canup in 11-160, box 1957, DOS, RG 59, NA 참조.

09 CIA

1) Chronology of Lumumba testimony, box 55, 07-M-133, CC.

2) IR, 51-62, 65-70.

3) "Address Before the 15th General Assembly of the United Nations, New York City. September 22, 1960," *Public Papers of the Presidents of the United States: Dwight D. Eisenhower, 1960-61* (Washington DC: Government Printing Office, 1961), 708-710, 712, 718-719.

4) 인터넷에서 막스 베버의 에세이 〈직업으로서의 정치〉를 볼 수 있다. Hans

Morgenthau, *Politics Among Nations: The Struggle for Power and Peace* (New York: Knopf, 1948) 참조. 최신 학술자료로는 C. A. J. Coady, *Messy Morality: The Challenge of Politics* (New York: Oxford University Press, 2008); Janos Kis, *Politics as a Moral Problem* (New York: Central European University Press, 2008); and John J. Mearsheimer, *Why Leaders Lie: The Truth about Lying in International Politics* (New York: Oxford University Press, 2111) 참조.

5) Bissell Testimony, 9/10/1975, 32, HM.

6) Bissell Testimony, 6/11/75, 55-56, HM.

7) 진술서 07-M-06, box 48; 07-M-51 and 07-M-53, box 52; and 07-M-83, box 53, CC 참조.

8) Helms Testimony, 6/13/75, 153, 154, HM.

9) '지원금'에 대해서는 Charles G. Cogan, "Avoiding the Breakup: The US-UN Intervention in the Congo, 1960-1965," Kennedy School of Government Case Program CR14-99-1549.0 (1999), 41, 42, 43 참조. 코간은 전 CIA 요원이었다. '송환'에 대해서는 Devlin in Stephen R. Weissman, "'An Extraordinary Rendition'," *Intelligence and National Security* 25 (2010), 202 참조.

10) Agatha Christie, *The Murder of Roger Ackroyd* (New York: Dodd Mead, 1926), 165.

11) IR, 55-60.

12) 정책 주도권 다툼에 관한 자료는 White House Office, Special Assistant National Security Affairs, 1952-1961, NSC Series, Subject Subseries, box 8; Special Assistant Series, Presidential Subseries, box 5; and White House Office, Office of the Staff Secretary, 1952-1961, Subject Series, White House Subseries, box 3, all in DDE; and Patrick Coyne's report to John Kennedy, May 9, 1961, Covert Operations, Foreign Intelligence Advisory Board Briefing Material, box 94, Presidents Office Files, JFK 참조. 아이젠하워의 불만에 관한 자료는 Tim Weiner, *Legacy of Ashes: The History of the CIA* (New York: Doubleday, 2007), 166-167; and *FRUS, 1961-1963*, vol. 25, Documents 78-87 참조. Kenneth Michael Absher, Michael C. Desch, Roman Popadiuk, et al., *Privileged and Confidential: The Secret History of the President's Intelligence Advisory Board* (Lexington: University of Kentucky Press, 2012)는 덜레스 산하 CIA의 전반을 다룬 1차 자료로 당시 CIA에 대한 충격적 기록을 담고 있다. 특히 31, 35-36, 44 참조.

13) Memo on Congo Contingency Planning, August 23, 8-1960, box 1955, DOS, RG 59, NA.

14) IR, 15; John Prados, *Safe for Democracy: The Secret Wars of the CIA* (Chicago: Ivan

R. Dee, 2006), 275-276; Sean Kelly, *America's Tyrant: The CIA and Mobutu of Zaire* (Washington, DC: American University Press, 1993), 57.

15) IR, 60; Chronology of Lumumba testimonies, 07-M-133, box 55, CC.

16) IR, 15-16; Larry Devlin, *Chief of Station, Congo: A Memoir of 1960-67* (New York: Perseus Books, 2007), 56-57.

17) Weissman, "'Rendition'," 203.

18) IR, 17, 62; Devlin, *Chief of Station*, 63-64, 67, 70; NSC Meeting, September 7, *FRUS, 1958-1960*, vol.14. 460-462.

19) NSC Meeting, September 21, *FRUS, 1958-1960*, vol. 14. 496-497; IR, 62.

20) IR, 17-18.

21) IR, 22-23. Interview and Meeting Summary with Devlin, August 20, 1975, 07-M-53, box 53, CC. 데블린의 회고와 관련해 BBC documentary *The Assassination of Patrice Lumumba*, 2001 (유튜브에서 볼 수 있다) 참조. Joseph J. Trento, *The Secret History of the CIA* (Roseville, CA: Prima Publishing, 2001), 193-197도 참조.

22) Burden-Dillon conversation, September 16, box 15, Telcon September 1960, Dillon Papers, JFK; Eisenhower to Baudouin, September 19, International, box 3, Belgium (1), Ann Whitman, DDE.

23) Jonathan Kwitny, *Endless Enemies: The Making of an Unfriendly World* (New York: St. Martins Press, 1984), 57.

24) Devlin, *Chief of Station*, 52, 86에 등장한 서로 다른 두 얘기를 근거로 했다.

25) IR, 60, 64; Summary of interview with Gray, July 5, 1975, 07-M-06, box 48, CC; Affidavit, July 10, 1975, box 2, Church Committee (3), Gray Papers, DDE.

26) IR, 54(59와 비교).

27) 카스트로에 관한 자료는 Lars Schoultz, *That Infernal Little Cuban Republic: The United States and the Cuban Revolution* (Chapel Hill: University of North Carolina Press, 2009), 126, 128, 192-193; and Weiner, *Legacy of Ashes, 73-179* 참조. 반카스트로 시각에서 카스트로가 불러온 공포를 명확히 드러내는 자료는 Frank R. Villafaña, *Cold War in the Congo: The Confrontation of Cuban Military Forces, 1960-1967* (New Brunswick, NJ: Transaction Publishers, 2009), 3-29 참조; 이와 반대되는 입장을 담은 자료는 Morris H. Morley, *Imperial State and Revolution: The United States and Cuba, 1952-1985* (New York: Cambridge University Press, 1987), 72-130 참조.

28) Dulles and Tweedy to Devlin, September 24; CIA to Department of State, January 14, 1961, both in FRUS 1964-1968, vol. 23, 39, 74; and Weissman, "'Rendition,'" 204-206.

29) 1960년 데블린에 관한 자료는 Devlin to CIA, November 3, *FRUS 1964-1968*, vol. 23, 55; 나중에 데블린의 설명에 관한 자료는 IR, 26; Devlin (가명 빅토르 헤지먼), Testimony, 8/21/75, 112-113, HM; Devlin interview with Terry Gross, Fresh Air, March 13, 2007; interview for the BBC *Assassination of Patrice Lumumba; and Devlin, Chief of Station*, 96 참조. 고틀리브에 관한 자료는 Lennzer to Hart, October 14, 1975, 07-M-77, box 52, CC 참조.

30) IR, 23, 25, 27, 32.

31) Memorandum of conversation Wigny-Burden, September 9, M 7, vol. 20bis, Wigny Papers, UCL, Louvain-la-Neuve; *Europe Magazine, October 19, 1960, 29-32.*

32) Memo, August 19, with annotations, WH Central, OF, Pt.2, Box 853, 162 (2); Dillon to Eisenhower, August 19, Belgium, with proposed toast enclosed, White House Office, Office of the Staff Secretary, box 1, International Series, Records, 1952-61, DDE.

33) IR, 25, 27.

34) 데블린을 도운 조수들의 신원을 알려면 Devlin, *Chief of Station*, 66, 90, 96, 139; Testimony: Richard Bissell, 9/10/75, 80; Bronson Tweedy, 10/9/75 (오후), 12-14, and 10/10/75 (오전), 36-47, HM; IR, 28-29 참조.

35) IR, 25, 31-32, 37; Dayal to Hammarskjöld, October 10 (1218), 217-2-6, UN; Prados, *Safe for Democracy*, 275-276; David W. Doyle, *True Men and Traitors: From the OSS to the CIA, My Life in the Shadows* (New York: John Wiley, 2001), 129-130, 145. 도일은 데블린이 높은 도덕관념 때문에 소총을 거절했다고 기억했다.

36) IR, 18-19, 32, 37-43; Interview and Meeting Summary, Devlin, August 20, 1975, 07-M-83, box 53, CC.

37) IR, 23, 45-46; the Chronology of Lumumba testimonies in 07-M-133, box 55; Interview and Meeting Summary, Devlin, August 20, 1975, 07-M-83; Memorandum, WIROGUE Section of Report, November 25, 1975, 07-M-87, box 53, all in CC; and Memorandum, WIROGUE, December 1960, CIA-Miscellaneous, box 6, F-1, CIA 참조.

38) QJ/WIN의 신원은 오랫동안 미스터리였다. 연구자들은 그가 Mozes Maschkivitzan(룩셈부르크에 거주하던 러시아 망명자였다)이라고 주장해왔다. Richard D. Mahoney, *Sons and Brothers: The Days of Jack and Bobby Kennedy* (New York: Arcade, 1999), 91-95 참조.

39) IR, 43-44.

40) 그 예로 Alan James, *Britian and the Congo Crisis, 1960-63* (New York: St. Martin's

Press, 1996), 63; Calder Walton, *Empire of Secrets: British Intelligence, the Cold War, and the Twilight of Empire* (London: Harper Press, 2013).

10 벨기에의 귀환

1) Gaston Eyskens, *De Memoires* (Tielt, Belgium: Lannoo, 1993), 587.
2) Dupret to Wigny, September 6 (358인용, 365), 18.297, FPSFA.
3) Van Bilsen diary notes, and letters to Kasa-Vubu, September-October, folder 6-4-1, Van Bilsen Papers, KADOC center for Reilgion, Culture and Society, Leuven; 판 빌센의 말은 Dayal to Hammarskjöld October 6 (1188, 1189), 217-2-6, UN에 인용. 카사부부가 벨기에에 대해 갖고 있던 적의는 Burden to Herter, July 21(295-296), box 1954, DOS, RG 59, NA 참조.
4) Dupret to Wigny, September 17 (491), conveying a personal message of Georges Denis, September 16, 18.297. FPSFA. Full text in *LCM*, 161-63.
5) Annick Van Ostade, "Le manifeste de 'Conscience africaine': les origines et les implications immédiates," in *Recueil d'études Congo 1955-1960* (Brussels: Académie royale des Sciences d'Outre-Mer, 1992), 525-555. 기독인 노동조합의 일레오 지지에 관한 자료는 Timberlake to Herter, August 8 (359), box 1955, 8-160, RG59, NA.
6) Zana Aziza Etambala, *Congo '55-'56. Van koning Boudewijn tot president Mobutu* (Tielt, Belgium : Lannoo, 1999), 221-229.
7) Walter Pluym and Olivier Boehme, *De Nationale Bank van België 1939-1971. III: Van de golden sixties tot de val van Bretton Woods* (Brussels: Nationale Bank of Belgium, 2005), 373-470, 400-407.
8) Dupret to Wigny, September 21 (520), September 22 (534), October 4 (606), October 13 (655), October 20 (700), October 21 (702), October 26 (729), November 28 (865), 18.297, FPSFA.
9) Dayal to Hammarskjöld, September 24 (1068), October 5 (1181), October 6 (1189), and October 18 (1268), 217-2-6, UN. 뤽 지용은 1954년부터 루바늄 대학의 총장을 지냈다. 그는 회고록에서 관련 에피소드를 간략히 다루고 있다. Gillon, *Servir: En actes et en vérité* (Paris-Gembloux: Éditions Duculot, 1988), 148-171. 루바늄 대학에 관한 자료는 Ruben Mantels, *Geleerd in de tropen. Leuven, Congo & de wetenschap, 1885-1960* (Leuven: Leuven University Press, 2007) 참조.
10) "Compte rendu de l'entretien de M. Christian Herter, Secrétaire d'Etat avec M. Pierre Wigny, Ministre des Affaires Étrangères," September 26, doc. 6223,

Spaak Papers, Fondation P.H. Spaak, Brussels; Memorandum of conversation Herter-Wigny, September 26, Conference Files, box 235, RG 59, NA.

11) Wigny to Dupret, September 6 (163, 164 and 165), box M 7, vol. 20bis,, Wigny Papers, UCL, Louvain-la-Neuve.

12) Dupret to Wigny, September 17 (491), conveying a personal message of Georges Denis, September 16, 18.297, FPSFA. 롬은 그 후 루뭄바 세력에 체포되었다. Memorandum of Rom's interrogation, September 14, by minister of justice Rémy Mwamba in VII-BV/RDC/Lumumba, Verhaegen Papers, Royal museum for Central Africa, Tervuren, Belgium 참조.

13) Wigny memorandum, September 11, facsimile in *LCM*, 664-666; Dupret to Wigny, September 16(486), conveying a message of Étienne Davignon, 18.297, FPSFA.

14) Memorandum of conversation Dillon-Wigny, October 11, *FRUS 1958-1960*, vol. 14, 521-524.

15) D'Aspremont to Dupret, September 27 (Minaf 61327), conveying a message of Wigny to d'Aspremont, September 26. AF/1/56 (P1332), FPSFA. 전문은 LCM, 171.

16) D'Aspremont to Tshombe, September 28, folder 106, d'Aspremont Lynden Papers, Natioanl Archives, Brussels. 전문은 LCM, 155-156.

17) Draft signed d'Aspremont and dated October 5, AF/1/56 (P1332), FPSFA; message received in Elisabethville and dated October 6 (Minaf 65706) in Rothschild Papers, Université Libre de Bruxelles; and Vandewalle Papers, Royal Museum for Central Africa, Tervuren, Belgium. First published in Frédéric Vandewalle, *Mille et quatre jours. Contes du Zaïre et du Shaba* (Brussels: F. Vandewalle, 1974-1975), document 65. 뤼도 데 비테는 저서에서 (데스프레몽의 전신 메시지를 둘러싼) 논란을 제기했다. Ludo De Witte, *De moord op Lumumba* (Leuven: Van Halewyck, 1999), 그러나 데스프레몽의 전신 전문은 프랑스 번역본에만 실렸다. *L'assassinat de Lumumba*, Paris: Éditions Karthala, 2000, facsimile on 387 참조.

18) Dupret to Wigny, October 4 (606), conveying a message of Benoît Verhaegen; Dupret to Wigny, September 12 (431), October 17 (678) and October 18 (680), all in 18.297, FPSFA 인용.

19) Minutes of the Belgian cabinet; Wigny's unpublished Mémoires du Congo, 487-489, box MC 16, Wigny Papers. De Witte, *De moord op Lumumba*, 99-109에

나오는 주장처럼 9월 3일 이후 상설 콩고위원회는 없었다.

20) De Witte, *De moord op Lumumba*, 109-116. 루스의 활동에 처음 주목한 책이다.

21) *LCM*, 133-134, 662-663 ('L작전'이라고 이름 붙여진 메모 복사본).

22) Dupret to Wigny, September 12 (424, 428), September 13 (438); Marlière (Brazzaville) to Loos (Minaf), September 12, all in 18.297, FPSFA. Dayal to Hammarskjöld, September 14 (955, 967), 217-2-6, UN.

23) Lahaye to Paul Woot de Trixhe (수리테 국장), August 10, LCM, 178-179, Archives of State Security.

24) 마를리에의 움직임은 LCM, 183-188 참조.

25) 피레트의 임무는 다음 자료에서 언급된다. *LCM*, 189-199. 그 외 피레트의 임무에 관련한 기록은 Pilaet Papers, CEGESOMA Center for Historical Research on War and Contemporary Society, Brussels 참조.

26) LCM, 474-498; 489에서 인용.

27) 유엔의 비판을 차단하기 위해 마를리에는 바로 직후 국방 담당 집행위원인 페르디낭 카자디의 공식 고문이 되었다.

28) Marlière to Loos, October 3 and 5; Minaf to Marlière, October 5, AF/1/56 (P1332), FPSFA.

29) Wigny to Dupret, September 6, Wigny to Rothschild (Mistebel), September 7 (215), box M 7, vol. 20, Wigny Papers; Rothschild (Mistebel) to Wigny and d' Aspremont, September 6 (569), September 8 (623), 18.290; d'Aspremont (in Usumbura) to Minaf, October 12 and 14, AF/1/56 (P1332), FPSFA.

30) Rothschild (Mistebel) to Wigny and d'Aspremont, October 7 (1108), 18.290, FPSFA; Tshombe to Eyskens, October 8, 10, and 12, folder 6079, Eyskens Papers, State Archive, Leuven.

31) Dayal to Hammarskjöld, October 17 (1258, 1259) 217, UN.

32) Olivier Boehme, "The involvement of the Belgian Central Bank in the Katanga Secession, 1960-1963," *African Economic History* 33 (2005): 1-29.

33) Rothschild (Mistebel) to Wigny and d'Aspremont, October 11 (1208); figures in Van den Bloock (Mistebel) to Wigny and d'Aspremont, October 8 (1134, 1135), Rothschild (Mistebel) to Wigny and d'Aspremont, October 14 (1251), all in 18.290, FPSFA에서 숫자 참조; Dayal to Hammarskjöld, 18 October (1268, 1269, 1270), 217, UN.

34) 발루바족의 반란에 대한 가치있는 자료로는 Jules Gérard-Libois, *Katanga Secession* (Madison: University of Wisconsin Press, 1966); Rothschild (Mistebel)

to Wigny and Aspremont, October 6 (1083), October 11 (1209), Crener/Bloock (엘리자베스빌 주재 벨기에 총영사) to Wigny, October 20 (1349), 18.290, FPSFA; Dayal to Hammarskjöld, October 17 (1258,1259), 217-2-2, UN; and correspondence of René Smal (Mistebel) to Loos, September-October 1960, Loos Papers, Royal museum for Central Africa, Tervuren, Belgium.

35) Marlière to Loos, October 26, AF/1/56 (P1332), FPSFA.

36) 베베르의 회고록 Guy Weber, *Le Katanga de Moïse Tshombe ou le drame de la loyauté* (Brussels: Éditions Louis Musin, 1983) 참조.

37) 베베르와 벨기에궁 사이 오간 얘기는 *LCM*, 516-541을 근거로 했다.

38) Tshombe to Baudouin, October 6, Rothschild Papers. 편지 원본은 왕궁기록보존소에 보관되어 있지 않다. 베베르는 편지를 타자로 친 후 서명되지 않은 편지를 로트스힐트 대사에게 보여 주었고 로트스힐트는 이를 복사해 보관해왔다.

39) 로트스힐트가 사진선물을 제안했다. Rothschild to Van den Bosch, October 14, Rothschild Papers; Rothschild to Wigny and d'Aspremont, October 14 (1264, 1269), both in 18.290, FPSFA.

40) Facsimilé in *LCM*, 673-674.

41) 10월 28일자 편지의 전문은 Vandewalle, *Mille et quatre jours*, vol 3, document 79; LCM, 516-523 참조.

42) 비공개로 진행하려던 보두앵의 방문은 언론에 보도되었다. *La Libre Belgique* (Brussels), October 29.

43) Loos to Marlière, October 29 (75329), AF/1/56, FPSFA.

44) S-0845-0003-08-00001: Secretary-General's correspondence with Belgium, UN Online Archives (pdf-file, 74-75) 참조. "Évolution de la crise congolaise de septembre 1960 à avril 1961," *Chronique de politique étrangère* 14, nos. 5-6 (septembre-novembre 1961) (Bruxelles: Institut royal des relations internationales): 786-792 ; and Minutes of the cabinet, October 21 참조.

45) Minutes of the Belgian cabinet, October 28; Loos memorandum, October 28, folder 6073, Eyskens Papers.

46) Diary notes (Wigny), October 27 and 28, PC. Wigny memorandum, October 31, folder 6073, Eyskens Papers.

47) Second Dayal report, November 2, S/4557. Reply of the Belgian government, December 7, A/4629, S-0845-0003-08-00001: Secretary-General's correspondence with Belgium, UN Online Archives (pdf-file, 22-32). "Evolution de la crise congolaise," 758-785도 참조.

48) 다음 자료에 발언이 그대로 녹음되어 있다. "The Press Conference of Mr. Wigny, Minister of Foreign Affairs of Belgium. November 14," S-0845-0003-08-00001: Secretary-General's correspondence with Belgium, UN Online Archives (pdf-file, 55-70). Jules Gérard-Libois, *Le rôle de la Belgique dans l'opération des Nations Unies au Congo* (1960-1961) (Brussels: CRISP, 1965) 참조.
49) Minutes of the Belgian cabinet, November 4.
50) Testimony of Paul Heureux, Marlière's radio operator, before the Belgian parliamentary commission in September 2001. 서면기록은 LCM, 233-234 참조.
51) Dupret to d'Aspremont, November 15, conveying a message from "Gabriel" to Marlière, Loos Papers.
52) Burden, Oral History, 42, DDE.

11 루뭄바, 위기에 빠지다

1) Herter to Wadsworth, November 7; and Editorial Note, November 8, *FRUS, 1958-1960*, vol. 2, 437, 442-443.
2) Dayal to Hammarskjöld, November 23 (1502), 217-3-6; Hammarskjöld to Dayal, November 23 (3709), 217-3-9, both in UN.
3) Rothschild (Brazzaville) to Wigny, December 1 (880), 18.297, FPSFA. 전문은 LCM 260-261 참조. 루뭄바의 도주에 관한 가장 완벽한 설명은 G. Heinz and H. Donnay, *Lumumba: The Last Fifty Days* (New York: Grove Press, 1969).
4) 이에 대한 기술은 UN reports in 735-15-3, 특히 Veillet-Lavallee to Dayal, December 3 참조. 우리의 기술한 내용과 다음 자료를 비교해봐야 한다. Ludo De Witte, *Assassination of Lumumba* (New York: Verso, 2001), 52-56.
5) Dayal to Hammarskjöld, December 1 (1561), 217-3-7, UN.
6) Testimony of Paul Heureux, Marlière's radio operator at the Belgian consulate general in Brazzaville, before the Belgian Parliamentary Commission on September 2001. LCM, 232-235 참조. 사탄-유대인 발언이 담긴 전보 교환이 다음 자료에는 1월 14일에 일어난 것으로 잘못 기록되어 있다. Jacques Brassinne and Jean Kestergat, *Qui a tué Patrice Lumumba?* (Paris: Éditions Duculot, 1991), 107-113; and De Witte, Assassination, 109-200.
7) Hammarskjöld statement, February 15, 1961, SG/1008, box 140, Cordier Papers, Columbia University.
8) 매우 유용한 기록으로 Dayal to Hammarskjöld, December 4 (1595), 735-15-3, UN 참조.

9) Timberlake to Herter, December 3, 12-160, box 1957, DOS, RG 59, NA.

10) CIA to Devlin, September 13, *FRUS 1964-1968*, vol. 23, 31.

11) Dayal to Hammarskjöld, December 5 (1604), and December 7 (1618), 217-3-7, UN; Dupret to Wigny, January 16 (58), conveying a message of Marlière, 18.297, FPSFA.

12) Dayal to Hammarskjöld, December 5 (1605), 217-3-7; December 6 (1617), 735-15-03, both in UN.

13) LCM, 523-529; Cleveland(브뤼셀주재 미국 대사관) to Herter, December 9 (529), December 16 (546, 547); Memorandum of conversation Burden-d' Aspremont, December 3, 12-168, box 1957; Memorandum of conversation Cleveland-Rothschild, December 6; Memorandum of conversation Freeman-Van den Bosch, December 7, 12-160, box 1958, all in RG 59, NA. Guy Weber, *Le Katanga de Moïse Tshombe ou le drame de la loyauté* (Brussels: Éditions Louis Musin, 1983), 156-157도 참조.

14) Burden memos, October 12, 14, 16 (2), WH Central, OF, Pt. 2, box 853; Eisenhower to Baudouin, December 2, Belgium (1), 3, International, Ann Whitman; Chron File, all in DDE; December 1960 (2), box 9, Herter Papers, DDE. Burden to Herter, October 19, 611.55/10-1960 (microfilm); Visit to Brussels, Box 239; and Note, December 2, 123-Burden, box 315, DOS, RG 59, NA도 참조.

15) DOS Conference Files, box 239, RG 59, NA에 있는 자료 참조.

16) US delegation to NATO capitals, December 16, 396.1-PA, box 736; Memo of conversation, Norway, United Kingdom, US representatives, December 18, box 240; Memorandum: British antipathy to Spaak, December 18, box 239, all in DOS Conference Files, RG 59, NA.

17) Jean Neuville and Jacques Yerna, *Le choc de l'hiver '60-'61. Les grèves contre la loi unique* (Brussels: CRISP, 1990).

18) Comité international de la Croix-Rouge(CICR) Note no. 415, "Rapport technique sur la visite aux détenus politiques du camp militaire Hardy, à Thysville, effectuée le 27 décembre 1960," December 28; CICR Note no. 419, "Remarques complémentaires au rapport technique sur le visite aux détenus politiques du Camp militaire Hardy, à Thysville," December 30; Thudichum to Bomboko, January 16; CICR Note no. 479, "Concerne déténus politiques." January 17, all in B AG 225 229 (001-007), IRC.

19) 냉전 문제에 대한 독창적 연구로 Penny M. Van Eschen, *Satchmo Blows up the World: Jazz Ambassadors Play the Cold War* (Cambridge, MA: Harvard University Press, 2004), esp. 59-91 참조.

20) Canup to Herter, November 25, 11-1760, box 1957, DOS, RG 59, NA.

21) Tshombe Papers (Royal Museum for Central Africa, Tervuren, Belgium), box 6 (Trinquier) and Box 12 (diplomatic mission in Paris).

22) McIlvaine to Herter, December 2, 12-160, box 1957; Timberlake to Herter, January 9, 1-161; Canup to Herter, January 20, 1-1361, box 1958, all in DOS, RG 59, NA. Dayal to Abbas, January 8, 217-4-2, UN.

23) Tshombe to Baudouin, January 12, 편지 전문은 *LCM*, 533-534.

24) LCM, 273-280; Wigny's instruction for Ambassador Rothschild(인용), January 9, 1961, box M 10, vol. 30, Wigny Papers, UCL, Louvain-la-Neuve; Burden to Herter, January 13, 1-1361, box 1958, DOS Memorandum for Herter, January 13, box 1954, DOS, RG 59, NA.

25) Herter to UN, Elisabethville, and Leopoldville, January 11, 1-161, box 1958, DOS, RG 59, NA; CIA to Devlin, December 31, *FRUS 1964-1968*, vol.23, 71-72.

26) Satterthwaite to Herter, January 17, Bureau of African Affairs, Records relating to the Congo and Congo Working Group, 1960-1964, box 5, RG 59, NA.

27) IR, 18-19, 23, 43-48; Interview and Meeting Summary, Devlin, August 20, 1975, 07-M-83, box 53, CC.

28) 특히 Devlin to CIA, January 26, 1961, FRUS 1964-1968, vol. 23, 83-85 참조.

29) Larry Devlin, *Chief of Station, Congo: A Memoir of 1960-67* (New York, Perseus Books, 2007), 124; Madeleine G. Kalb, The Congo Cables: *The Cold War in Africa-From Eisenhower to Kennedy* (New York: Macmillan Co., 1982), 79-80; Richard D. Mahoney, *JFK: Ordeal in Africa* (New York: Oxford University Press, 1983), 31, 48.; Harriman to Secretary of State, September 13, *FRUS 1958-1960*, vol. 14, 486-487; and Lise A. Namikas, *Battleground Africa: The Cold War in the Congo, 1960-1965* (Stanford, CA: Stanford University Press, 2013).

30) James Srodes, *Allen Dulles: Master of Spies* (Washington, DC: Henry Regnery and Co., 1999), 508, 510; IR, 120-121; Allen Dulles memorandum, June 1, 1961, *FRUS 1961-1963*, Microfiche Supplement to vols. 10-12, no. 265. Peter Grose, *Gentleman Spy: The Life of Allen Dulles* (Boston: Houghton Mifflin, 1994), 512도 참조.

31) Kalb, Congo Cables, 194-195.

32) Thomas Kanza, *Conflict in the Congo: The Rise and Fall of Lumumba* (London, Penguin Books, 1972), 320; Mahoney, *JFK*, 63-64; Rajeshwar Dayal, *A Life of Our Times* (Hyderabad: Orient Longman, 1998), 441, 446-47; Analytic Chronology, Supplement, March 9, 1961, 3-5, box 27, NSF Files, JFK.

33) Timberlake to Herter, October 25, 10-2060, box 1957; Bohlen to Herter, December 6, 12-160, box 533; and Herter to Brussels, Leopoldville, and Elisabethville, January 19, 1-1361, Box 1958, all in DOS, RG 59, NA.

34) 다음 자료의 콩고 관련 논의 참조. *FRUS, 1961-1963*, vol. 20, 24-49; African Report, December 31, 1960, 40-41, Pre Presidential Papers, box 1073, JFK. Nitze to Cleveland, January 31, 1961, 611.70G (microfilm); Conversation with Belgian Ambassador, February 2, 1961, 1-461, box 518, both in DOS; "Talking Paper circulated to Congo Task Force, March 1," Congo Working Committee, 1961, box: Circular Instructions Bureau of Public Affairs, Lot Files 62D370 (11), RG 59, NA.

35) Dayal, Life, 455; Stevenson quoted from Memorandum: Dayal, March 20, Civilian Personnel, box 4, Congo Working Group, RG 59, NA; Mahoney, *JFK*, 62-69; Kalb, *Congo Cables*, 175; Sean Kelly, *America's Tyrant: The CIA and Mobutu of Zaire* (Washington, DC: American University Press, 1993), 70.

36) IR, 49; Devlin, *Chief of Station*, 127-129.

37) Devlin, *Chief of Station*, e.g. 57-58, 67, 88, 111, 145, 149-150, 154, 160.

38) Stephen R. Weissman, "'An Extraordinary Rendition'," *Intelligence and National Security* 25 (2010), 209에서 인용; IR, 17.

39) IR, 49-50.

40) Devlin to CIA, January 17, 1961, FRUS 1964-1968, vol. 23, 79; Devlin (alias Victor Hedgeman), Testimony, 8/21/75, 112-113, HM; Devlin, *Chief of Station,* 96; Weissman, "Rendition," 218-222.

41) Patrick Coyne, Summary of Recommendations, January 4, 1961, Foreign Intelligence Advisory Board Briefing Material, box 94, Presidents Office Files, JFK.

12 루뭄바를 죽이다

1) Dupret to Wigny, January 13 (46, 49), January 14 (51), 15 (57), January 17 (61, 65), all conveying messages of Lahaye and his assistant, 18.297, FPSFA.

2) IR, 49.
3) "Compte rendu de l'entretien [January 13] de M. le Ministre des Affaires étrangères avec MM. les ambassadeurs des États-Unis et de France, ainsi qu' avec le conseiller de l'ambassade de Grande-Bretagne," January 14, box M 10, vol. 30, Wigny Papers, UCL, Louvain-la-Neuve.
4) Dupret to Wigny, January 14 (53), 18.297, FPSFA. 듀프레의 전신은 주말을 지나 1월 16일 월요일에야 엘리자베스빌에 전달되었다. 브라자빌의 벨기에군은 엘리자베스빌의 벨기에군과 바로 무선 교신을 할 수 있었던 반면, 아프리카에 있던 벨기에 외교관들은 꼭 브뤼셀의 외교부를 통해야 했다. 라하예가 카탕가군에 보낸 전보의 복사본은 다음 자료에 실려 있다. Jacques Brassinne, *Enquête sur la mort de Patrice Lumumba* (unpublished phD diss., Université Libre de Bruxelles, 1990), vol. 3, annexes (9.1 and 9.2).
5) G. Heinz and H. Donnay, *Lumumba: The Last Fifty Days* (New York: Grove Press, 1969), 97.
6) 라하예는 루뭄바의 이송계획을 육필로 기록했다. 기록은 다음 자료에 처음 실렸다. the report of the Sovereign National Conference of the Congo, 1991. 원본은 2001년 벨기에 의회가 넨다카의 문건들과 함께 몰수했고 의회 보고서에 실렸다. 사본은 LCM, 679 참조.
7) Minaf to Marlière and Lahaye, January 10, FPSFA; Loos to Marliére, January 14, Loos Papers, Royal Museum for Central Africa, Tervuren, Belgium; d' Aspremont to Crener (엘리자베스빌 주재 벨기에 영사), with personal message for Tshombe, January 16 (Minaf 06416), FPSFA, 손으로 쓴 초안과 인쇄된 메시지의 복사본은 *LCM*, 681-683; *LCM*, chap 11 참조. 1월 16일 데스프레몽이 촘베에게 보낸 전신은 브뤼셀에서 오후 5시 10분 이후에야 작성되었고 엘리자베스빌에는 6시 10분 이후에야 도착했다. *LCM*, 309-316 참조.
8) Dayal to Hammarskjöld, January 18, 217-4-2, UN.
9) "La mission de M. Delvaux au Katanga. Léo et Katanga se retrouvent. Accord réciproque pour la Table Ronde. Le téléphone refonctionne entre MM. Kasa-Vubu et Tshombe," *Le Courrier d'Afrique*, January 17.
10) 촘베의 다음 인터뷰에서 인용. *Pourquoi Pas?, January 31, 1964*. 인터뷰가 실린 잡지의 해당 호는 벨기에 정부에 의해 압수되었다. 복사본은 *B AG 225 229 (001-007)*, IRC. Jacques Brassinne and Jean Kestergat, *Qui a tué Patrice Lumumba?* (Paris: Éditions Duculot, 1991), 115-117도 참조.
11) Dupret to Wigny, January 28 (140), conveying a message of Denis, 18. 297,

FPSFA; Bloock (엘리자베스빌 주재 벨기에 총영사) to Wigny, February 13 (133), 18.290, FPSFA.

12) Canup to Herter, January 20, 1-1361, box 1958, DOS, RG 59, NA.

13) Dupret to Wigny, January 28 (140), conveying a message of Denis, 18.297, FPSFA.

14) Jules Gérard-Libois, *Katanga Secession* (Madison: University of Wisconsin Press, 1966), 143; Francis Monheim, *Mobutu l'homme seul* (Brussels : Éditions Actuelles, 1966), 104-106, 109; Jean Van den Bosch, *Pré-Zaïre. Le cordon mal coupé. Document* (Brussels: Le Cri, 1986), 104, 123, 185, 193.

15) Comite International de la Croix-Rouge Note no. 415, "Rapport technique sur la visite aux détenus politiques du camp militaire Hardy, à Thysville, effectuée le 27 décembre 1960," December 28, B AG 225 229 (001-007), IRC.

16) Brassinne and Kestergat, *Qui a tué Lumumba?*, 132-135.

17) Daniel Sack, *Moral Re-Armament: The Reinvention of an American Religious Movement* (New York: Palgrave Macmiilan, 2009), 149-150, 158.

18) 그때 몇몇은 우연히 공항에 있었다. 카탕가군의 벨기에인 사령관, 그의 참모인 프레데릭 판데발레 대령, 카탕가 국방부 장관의 벨기에 출신 비서실장은 이틀 동안 카탕가 북부를 시찰 갔다가 막 돌아오는 길이었다. 판데발레는 루뭄바의 이송에 어떤 역할을 한 것으로 보이지는 않는다. 관련 언급은 Ludo De Witte, *De moord op Lumumba* (Leuven: Van Halewyck, 1999), 214 참조.

19) *L'Essor du Katanga*, January 18, 19, and 20.

20) 루뭄바, 오키토, 음폴로의 마지막 순간에 대한 자료는 Brassinne and Kestergat, *Qui a tué Lumumba?*; De Witte, *De moord*; and *LCM* 참조.

21) Brassinne, *Enquête*, vol. 4: Témoignages, esp. the interviews with Julien Gat (May 20, 1987), Gerard Soete (August 28, 1987, and June 8, 1988), and Frans Verscheure (April 18, 1988); and Chambre des représentants de Belgique, *Enquête parlementaire visant à déterminer les circonstances exactes de l'assassinat de Patrice Lumumba et l'implication éventuelle des responsables belges dans celui-ci*, DOC 50 0312/006, November 16, 2001, 682-827 참조.

22) Interviews with Etienne Ugeux (June 15, 1987), in Brassinne, *Enquête*, vol. 4: Témoignages. LCM, 423-429.

23) *L'Essor du Katanga, January*, 19. 이 신문은 루뭄바가 살해되던 현장에 없었던 장관의 부재 소식을 보도하고 있다.

24) BBC documentary, *The Assassination of Patrice Lumumba*, 2001 (유튜브에서 볼 수 있

다). 수터는 자신이 쓴 자전적 소설에서 당시 장면을 그렸다. Gerard Soete, *Het einde van de grijshemden: Onze koloniale politie* (Zedelgem, Belgium: Uitgeverij Flandria Nostra, 1993), 90-106.

25) John Stockwell, *In Search of Enemies*: A CIA Story (New York: Norton, 1978), 105; Kevin C. Dunn, *Imagining the Congo: The International Relations of Identity* (New York: Palgrave Macmillan, 2003), 96; John Prados, *Safe for Democracy: The Secret Wars of the CIA* (Chicago: Ivan R. Dee, 2006), 278; and David W. Doyle, *True Men and Traitors: From the OSS to the CIA; My Life in the Shadows* (New York: John Wiley, 2001), 145.

26) Proceedings of the Belgian Senate, Session 1960-1961, January 24, 182.

27) Weber to Lefebure, February 17, *LCM*, 531.

28) Munongo Press Conference, February 13, box 142, Cordier Papers, Columbia University.

29) Paul-Henri Spaak, *The Continuing Battle: Memoirs of a European 1936-1966* (Boston: Little, Brown, 1971), 344-353.

30) Heinz and Donnay, *Lumumba*, 188에서 인용.

31) Paris to Secretary of State, January 15; Brussels to Washington, March 2, 123-Burden, box 315, both in DOS, RG 59, NA; Burden Oral History, 35, DDE.

32) Hammarskjöld, *Markings*, trans. W.H. Auden, with a foreword (New York: Knopf, 1964), xviii-xix, 200-205; Carl E. Hovde, "The Dag Hammarskjöld-John Steinbeck Correspondence," *Development Dialogue* 1-2(1997): 124. Roger Lipsey, in *Hammarskjöld: A Life* (Ann Arbor: University of Mishigan Press, 2013), 458, 467-468, 484.

33) Verbatim record of the October 2, 2000, interview, in folder 01.13.77, Jules Gérard-Libois Papers, Royal Museum for Central Africa, Tervuren, Belgium. 2001년 6월 19일 있었던 2차 면담에 관한 자료는 Sven Augustijnen, *Spectres* (Brussels: ASA Publishers, 2011), 128 참조.

에필로그

1) Baudouin to Spaak, June 1, 1962, (doc. 6488), Spaak Papers, foundation P.H. Spaak, Brussels.

2) Agatha Christie, *Murder on the Orient Express: A Hercule Poirot Mystery* (Collins: London, 1934).

3) Dupret to Wigny, January 24 (110), 18.297, FPSFA.

4) IR, 55n.

5) David Doyle, *True Men and Traitors: From the OSS to the CIA, My Life in the Shadows* (New York: John Wiley, 2001), 148; John Prados, *Safe for Democracy: The Secret Wars of the CIA* (Chicago: Ivan R. Dee, 2006), 277-278; IR, 51; Transcript of testimony by Devlin (under pseudonym of Hedgeman) to Senate Intelligence Committee, 8/21/75, p. 70, HM; Loch K. Johnson, *Bombs, Bugs, Drugs, and Thugs: Intelligence and America's Quest for Security* (New York: NYU Press, 2000),102.

참고문헌

역사 자료

루뭄바가 죽음에 이르게 된 상황을 상세하게 기록한 자료는 거의 50년 내내 계속 나왔다. 새로운 연구가 나올수록 우리가 갖고 있던 정보는 점점 더 많아졌지만 루뭄바 암살을 둘러싸고 영향력이 있는 해석과 통설은 오랜 시간 동안 크게 달라지지 않은 채 그대로였다. 이런 해석들은 대부분 영어로 쓰였다는 특징이 있는데 몇몇 부류로 나뉜다. 이들은 서로 사실을 뒷받침하기도 하고 서로 충돌하기도 한다.

첫 번째 통설은 미국과 CIA가 군사 지도자 조제프 모부투를 밀어주었다는 점을 강조한다. 모부투는 1965년 콩고에서 완전히 권력을 장악하고 1990년대까지 콩고를 억압적으로 통치했다. 이런 시각은 베트남전쟁과 워터게이트 스캔들 이후 발표된 몇몇 훌륭한 논문에서 상세하게 그려지고 있다. 당시는 미국의 외교정책이 종종 악마적이고 무능하다고 여겨질 때다. 아래와 같은 자료들이다. Stephen R. Weissman, *American Foreign Policy in the Congo 1960-1964* (Ithaca, NY: Cornell University Press, 1974); Madeleine G. Kalb, *The Congo Cables: The Cold War in Africa-From Eisenhower to Kennedy* (New York: Macmillan Co., 1982); Richard D. Mahoney, *JFK: Ordeal in Africa* (New York: Oxford University Press, 1983).

이런 시각은 최근 다음 자료로 보완되었다. 초기 자료들은 콩고가 냉전적 교착상태에 있을 때 소련이 어떤 역할을 했는지 명확하지 못한 점이 있었다. 이 자료는 러시아 자료를 탁월하게 활용해 소련의 역할을 규명함으로써 주목을 받았다. Lise Namikas, *Battleground Africa: The Cold War in the Congo, 1960-1965* (Stanford, CA: Stanford University Press, 2013). 아래 자료에는 이런 개념이 훌륭하게 요약되어 있다. Robert B. Rakove, *Kennedy, Johnson, and the Nonaligned World* (New York: Cambridge University Press, 2013), 20-21.

통설로 여겨지는 또 다른 해석은 식민 열강의 정보기관, 특히 벨기에 정부의 정보기관이 제국의 특권을 유지하기 위해 살인을 저질렀다고 주장한다. 아래 책은 이런 접근이 매우 설득력이 있음을 보여줬다. Ludo De Witte, *The Assassination of Lumumba* (New York: Verso, 2001). 당초 네덜란드어로 쓰인 이 책은 프랑스어로 번역된 뒤 다시 영어로 번역되었다. 원서는 다음과 같다. *De Moord Op Lumumba* (Leuven: Van Halewyck, 1999).

세 번째 해석은 아프리카를 연구한 학자들이 주도한 것으로 아프리카 대륙에서 서방의 이권을 대표한 벨기에와 미국의 극악한 정책을 찾아내고 있다. 이 학자들은 오늘날 아프리카의 고난을 설명하기 위해 과거를 주목하고 루뭄바가 살해되지 않았다면 훗날 콩고의 역사는 크게 달라졌을 것이라고 본다.

1960~1961년 콩고에 관한 우리의 이해는 이런 개략적인 해석들을 모두 받아들인 것이다. 그럼에도 우리는 이런 일련의 해석이 루뭄바 암살을 미국이 전 세계를 대상으로 삼은 조악한 반공주의와, 미국 및 벨기에 정보기관의 의도적이고 계획적인 음모의 표출로 축소시켰다고 보고 있다. 그렇게 모두가 알고 있는 얘기는 식민지 사람들에 대해 실패한 서방의 냉전적 이상을 그린 권선징악 신파극이다.

대신 우리는 관점을 좀 바꿔 보았다. 새로운 문헌을 이용한 결과이기도 하고 그 문헌을 재평가한 결과이기도 하다. 냉전 시대 미국과 소련의 경쟁은 콩고에서 일어난 일들이 전개되는 맥락을 만들었지만 두 초강대국은 실제 현장에서 벌어진 상황에는 제한적인 역할을 했다. 소련은 신식민주의에 대해 분노의 수사를 쏟아내곤 했지만 1960년 당시 실제 행동을 취하는 데는 신중했다. 미국 역시 결정적 방식으로 개입하는 것은 거부했다. 그들의 루뭄바 암살에 관한 비밀스러운 행위는 CIA의 요원 두 명과 살인 청부업자 두 명에 국한되어 있었다. 그리고 우리는 CIA가 자체적으로 미친 영향은 그리 대단하지 않았던 것으로 본다.

그보다는 정책의 냉전적 맥락을 이해할 때 우리는 당시 나토를 매우 중시했던 미국의 태도를 강조하려 한다. 당시 나토는 벨기에 출신 사무총장 폴헨리 스파크가 이끌고 있었다. 미국은 나토를 통해 소련으로부터 서유럽을 방어하려고 했고 이것이 결정적으로 루뭄바에 대한 아이젠하워 정부의 반응을 낳았다.

미국의 나토에 대한 관심사 외에도 우리는 암살에 연루된 다른 세 그룹을 살펴봤고 그들의 역할은 초기 연구들이 주장한 것과는 좀 거리가 있었다. 우리는 유엔의 개입을 자세하게 소개했다. 유엔은 국제 외교에 부상한 새로운 힘으로 진정성을 보이길 원했다. 그리고 소련이나 미국과 달리 콩고에 대규모 관료들을 보내고 다국적군을 지휘했다. 독자들은 유엔과 다그 함마르셸드를 두고 종래의 긍정적인 시각과 대비되는 우리의 시각을 검토해 보길 바란다. 종래의 시각을 담은 가장 최근 문헌은 다음과 같다. Roger Lipsey, *Hammarskjöld: A Life* (Ann Arbor:

University of Michigan Press 2013).

우리는 반루뭄바 성향의 아프리카인들에게도 독립적인 책임을 부여했다. 그들은 독자적으로 움직였고 콩고에 대해 개입한 외세들보다 훨씬 더 진지한 생각을 갖고 있었다. 우리는 이들의 다양한 동기와 우려, 이들의 정치의 복잡성을 살펴봤다. 우리는 그들을 그저 서방의 꼭두각시로만 보지 않았다. 그리고 루뭄바의 특출한 능력은 잘 알고 있지만 그를 영웅으로 만드는 것은 자제했다. 마지막으로 우리는 수천 명의 노련한 식민지 관료집단이 주도한 벨기에의 대응을 조명했다. 그들은 7월 초까지도 콩고에 남아 있었고 9월 초 다시 돌아오기 시작했다. 콩고에서 그들의 전문성은 미국이나 소련을 훨씬 능가했다.

루뭄바의 암살에 관여한 자들의 위치는 묘하게 뒤섞여 있다. 아이젠하워가 나토의 위험에 반응할 때 유엔은 새로운 세계 지도자의 자리에 오르려 했다. 벨기에가 미국과 유엔에 굴복하는 듯 하는 모습에 좌절과 분노를 느낀 보두앵 국왕은 콩고에서 벨기에의 위상을 지키기 위해 자국의 입헌군주제를 위태롭게 만들었다. 조제프 카사부부, 조제프 모부투, 제선 센드웨 같은 콩고의 주요 정치인들은 자기만의 목표를 추구하면서 모든 서방 세력을 당황하게 만들었다.

냉전

다음 자료는 이 시기 외교를 다룬 가장 훌륭한 연구이다. Marc Trachtenberg, *A Constructed Peace* (Princeton, NJ: Princeton University Press, 1999). 많은 생각을 하게 만드는 종합적인 논의는 다음 자료에서 볼 수 있다. Odd Arne Westad, *The Global Cold War: Third World Interventions and the Making of Our Times* (New York: Cambridge University Press, 2005). 참고문헌이 뛰어난 최근의 개괄서는 다음 자료가 있다. Campbell Craig and Fredrik Logevall, *America's Cold War: The Politics of Insecurity* (Cambridge, MA: Harvard University Press, 2009). 이 책은 정치를 강조하면서 암묵적으로 경제적 해석을 제쳐 두었다. 경제적 해석이 담긴 자료는 다음과 같은 문헌에서 볼 수 있다. David N. Gibbs, *The Political Economy of Third World Intervention* (Chicago: University of Chicago Press, 1991); John Kent, *America, the UN and Decolonisation: Cold War Conflict in the Congo* (London: Routledge, 2010).

우리는 또 대체적으로 루뭄바 살해의 문화적 해석에 대한 논쟁에서는 벗어나 있다. 그러나 경제적 논의와 마찬가지로 문화적 관점을 축소하려 한 것은 아니다.

문화적 관점을 보여 주는 예로는 다음 문헌들이 있다. Kevin C. Dunn, *Imagining the Congo: The International Relations of Identity* (New York: Palgrave, 2003); Bambi Ceuppens, *Congo Made in Flanders? Koloniale Vlaamse Visies op "Blank" en "Zwart" in Belgisch Congo* (Gent: Academia Press, 2003); Lieve Spaas, *How Belgium Colonizes the Mind of the Congo: Seeking the Memory of an African People* (Lewiston, NY: Edwin Mellen Press, 2007).

문화의 비교분석

탈식민화와 연결되는 국제 냉전의 역사는 아프리카 연구자들의 관심사와 하위 주체 연구에서 나타나는 문화의 비교분석에서 거론되곤 한다. 우리는 이런 이슈의 일부를 간단히 언급할 때조차 반드시 거쳐 가야 하는 언어의 지뢰밭을 잘 알고 있다. 우리가 생각의 틀을 정립하는 데 도움을 받은 자료는 다음과 같다. Henrietta L. Moore and Todd Sanders, "Anthropology and Epistemology," in *Anthropology in Theory: Issues in Epistemology*, ed. Moore and Sanders (Oxford: Blackwell, 2006), 1-21; essays by Frederick Cooper: "Conflict and Connection: Rethinking Colonial African History," *American Historical Review 99* (1994), 1516-1545; "Between Metropole and Colony: Rethinking a Research Agenda" (with Ann Laura Stoler), in *Tensions of Empire: Colonial Cultures in a Bourgeois World*, ed. Cooper and Stoler (Berkeley: University of California Press, 1997), 1-56; "Possibility and Constraint: African Independence in Historical Perspective," *Journal of African History 49* (2008), 167-196.

다음 자료들도 참고했다. Basil Davidson, The Black Man's Burden: *Africa and the Curse of the Nation-State* (New York: Random House, 1992); two essays in volume 50 (1994) of the *Journal of Anthropological Research*: Christian Krohn-Hansen, "The Anthropology of Violent Interaction," 367-381; Andrea L. Smith, "Colonialism and the Poisoning of Europe: Towards an Anthropology of Colonists," 383-393; Wyatt MacGaffey, "Changing Representations in Central African History," *Journal of African History 46* (2005), 189-207; the Introduction and essays 1 and 7 in James Ferguson, Global Shadows: *Africa in the Neoliberal World Order*

(Durham, NC: Duke University Press, 2006); Gareth Austin, "Reciprocal Comparison and African History: Tackling Conceptual Eurocentrism in the Study of Africa's Economic Past," *African Studies Review 50* (2007), 1-28; Benjamin Rubbers, "The Story of a Tragedy: How People in Haut-Katanga Interpret the Post-Colonial History of Congo," *Journal of Modern African Studies 47* (2009), 267-289; Elleke Boehmer and Sarah De Mul, eds., *The Postcolonial Low Countries: Literature, Colonialism, and Multiculturalism* (Lanham, MD: Lexington Books, 2012), 1-22.

콩고의 역사

조사 자료로는 다음을 참고했다. Martin Meredith, The State of Africa: *A History of Fifty Years of Independence* (London: Free, 2006); Isodore Ndaywel è Nziem, *Histoire générale du Congo: de l'héritage ancien à la République Démocratique* (Paris: De Boeck and Larcier, 1998); Georges Nzongola-Ntalaja, *The Congo from Leopold to Kabila: A People's History* (New York: Zed Books, 2002); David Van Reybrouck, Congo: *The Epic History of a People* (New York: HarperCollins, 2014). 다음 두 자료는 서로 보완해서 봐야 한다. Adam Hochschild, *King Leopold's Ghost: A Tale of Greed, Terror, and Heroism in Colonial Africa* (New York: Houghton Mifflin, 1998); Daniel Van Groenweghe, *Rood Rubber. Leopold II en zijn Kongo* (Leuven: Van Halewyck, 1985, rev. 2010); 사료 연구가 훌륭한 자료로는 아래 자료가 있다. Guy Vanthemsche, "The Historiography of Belgian Colonialism in the Congo," *in Europe and the World in European Historiography*, ed. Csaba Lévai (Pisa, Italy: University of Pisa Press, 2006), 89-119; 가장 최근 조사로는 다음 자료를 참고하면 된다. Guy Vanthemsche, *Belgium and the Congo*, 1885-1980 (New York: Cambridge University Press, 2012); Jean Stengers, *Congo: Mythes et réalités* (Brussels: Éditions Racine, 2007); I. Goddeeris and S. Kiangu, "Congomania in Academia: Recent Historical Research on the Belgian Colonial Past," *BMGN-LCHR (Low Countries Historical Review)*, 2011: 54-74.

독립

1950년대 말부터 독립할 때까지 콩고에서 일어난 일에 대한 자세한 설명은 아래 수 많은 사료들에서 찾을 수 있다. 오래됐지만 실증이 풍부하고 경탄할 만하다. René Lemarchand, *Political Awakening in the Belgian Congo* (Berkeley: University of California Press, 1964); Catherine Hoskyns, *The Congo since Independence, January 1960-December 1961* (London: Oxford University Press, 1965); Crawford Young, *Politics in the Congo: Decolonization and Independence* (Princeton, NJ: Princeton University Press 1965); Herbert F. Weiss, *Political Protest in the Congo: The Parti Solidaire Africain During the Independence Struggle* (Princeton, NJ: Princeton University Press, 1967); 콩고 위기에 대한 두 차례 중요한 수정은 아래 새 자료를 근거로 했다. Jean-Claude Willame, *Patrice Lumumba: La crise congolaise revisitée* (Paris: Éditions Karthala, 1990); Ludo De Witte, *Krisis in Kongo: De rol van de Verenigde Naties, de regering-Eyskens en het koningshuis in de omverwerping van Lumumba en de opkomst van Mobutu* (Leuven: Van Halewyck, 1996); 더 최근 연구로는 다음 자료들이 있다. Zana Etambala, *Congo 55/65: van koning Boudewijn tot president Mobutu* (Tielt: Lannoo, 1999), and *De teloorgang van een modelkolonie: Belgisch Congo 1958-1960* (Leuven: Acco, 2008).

콩고의 정치인들

이 책의 장마다 달린 주석을 보면 우리가 루뭄바를 묘사하는 데 어떤 자료를 이용했는지 알 수 있다. 모부투의 관해 평가가 엇갈리는 평전 두 권을 추천한다. 비판적인 자료로는 Sean Kelly, *America's Tyrant: The CIA and Mobutu of Zaire* (Washington, DC: American University Press, 1993); 우호적인 자료로는 Francis Monheim, *Mobutu' l'homme seul* (Brussels: Éditions Actuelles, 1962). 다음 자료는 모부투가 잘못 해석된 경우다. A. B. Assensoh and Yvette M. Alex-Assensoh, *African Military History and Politics: Coups and Ideological Incursions, 1900-Present* (New York: Palgrave Macmillan, 2001). 카탕가와 그곳의 정치인에 관한 뛰어난 저작으로는 아래 자료가 있다. Jules Gérard-Libois, *Katanga Secession* (Madison: University of Wisconsin Press, 1966). 제선 센드웨에 관한 자료는 다음 자료를 보라.

Kabuya Lumuna Sando, *Nord-Katanga 1960-64: De la sécession à la guerre civile. Le meurtre des chefs* (Paris : L'Harmattan, 1992). 다음 자료는 '난장판'을 비롯해 콩고에서 일어난 정치공작의 여러 측면을 언급하고 있다. Wyatt MacGaffey, *Kongo Political Culture: The Conceptual Challenge of the Particular* (Bloomington: Indiana University Press, 2000). 다음 자료에서 저자 오브라이언은 '난장판'에 대한 뛰어난 현대적 에세이를 적었다. Conor Cruise O'Brien and Felix Topolski, *United Nations: Sacred Drama* (New York: Simon & Schuster, 1968). 이는 다음 자료에 나타난 것처럼 서구의 연구자들이 이해한 것과 비슷하다. David Brokensha, "The Leopard-Skin Priest," 301-308. 아래 자료도 매우 유용하다. Pierre Artigue, *Qui sont les leaders Congolais?* (Brussels: Éditions Europe-Afrique, 1961).

벨기에의 정책

콩고 위기가 전개되던 때 벨기에의 입장을 다룬 종합적인 논문은 존재하지 않는다. 1960년 여름 벨기에의 정책의 몇몇 주요한 당사자들의 회고록에서 다뤄졌다. 레오폴드빌 주재 벨기에 대사였던 얀 판 덴 보스의 회고록은 총리 가스통 에스켄스의 것보다 훨씬 더 놀랍다. Jean Van den Bosch, *Pré-Zaïre. Le cordon mal coupé: Document* (Brussels: Le Cri, 1986); Gaston Eyskens, *De Memoires* (Tielt, Belgium: Lannoo, 1993). 군인들의 폭동과 벨기에군의 개입을 다룬 뛰어난 문헌으로는 다음 자료가 있다. Louis-François Vanderstraeten, *De la Force Publique à l'Armée nationale Congolaise: Histoire d'une mutinerie. Juillet 1960* (Brussels: Académie Royale de Belgique, 1993). 식민지 벨기에령 콩고의 마지막 장관 아우구스트 드 스라이퍼에 대한 평전은 다음 자료를 보면 된다. Godfried Kwanten, *August-Edmond De Schryver 1898-1991. Politieke biografie van een gentleman-staatsman* (Leuven: Leuven University Press, 2001).

카탕가에서 벨기에인들의 역할은 아래 자료에서 다뤄지고 있다. Jules Gérard-Libois, *Katanga Secession.* 벨기에의 역할은 프레데릭 판데발레의 책에서 폭넓게 다뤄지고 있다. Frédéric Vandewalle, *Mille et quatre jours. Contes du Zaïre et du Shaba* (Brussels: F. Vandewalle, 1974-1975). 벨기에의 판데발레 대령은 벨기에령 콩고의 수리테 국장이었고 카탕가군의 참모였다. 판데발레는 자신의 저서에서 촘베의 비서실장이었던 자크 바르텔루와 엘리자베스빌 주재 벨기에 총영사였던 앙리 크레네르의 문서를 활용했다. 이들은 카탕가에서 추방된 뒤에 용케 기록을 보관하고 있었다.

미국의 정책

아이젠하워와 케네디의 외교 정책에 관한 자료는 앞서 언급한 다음 자료를 보면 된다. Weissman, *American Foreign Policy in the Congo*; Kalb, The Congo Cables; Mahoney, *JFK: Ordeal in Africa*; Namikas, *Battleground Africa*. 다음 자료는 45권의 책을 검토하고 세기의 전환기에 이 분야의 학문적 성과를 종합해 제시하고 있다. Peter Schraeder, "Sapphire Anniversary Reflections on the Study of United States Forcign Policy towards Africa," *Journal of Modern African Studies* 41 (2003), 139-152. 탈식민지화와 관련해 다음 자료를 참고할 수 있다. David Ryan and Victor Pungong, eds., *The United States and Decolonization: Power and Freedom* (New York: St. Martin's press, 2000); Kathryn Statler and Andrew L. Johns, eds., *The Eisenhower Administration, the Third World, and the Globalization of the Cold War* (Lanham, MD: Rowman and Littlefield, 2006); Philip E. Muehlenbeck, *Betting on the Africans: John F. Kennedy's Courting of African Nationalist Leaders* (New York: Oxford University Press, 2012); Robert J. McMahon, ed., *The Cold War in the Third World* (New York: Oxford University Press, 2013). 유엔과 관련된 문헌으로는 다음 자료가 있다. Caroline Pruden, *Conditional Partners: Eisenhower, the United Nations, and the Search for a Permanent Peace* (Baton Rouge: LSU Press, 1998).

국무부가 공식 발간하는 연속 간행물은 제목이나 출판 시기가 다양한데 귀중한 사료다. 우리는 편집의견이 달려 있는 이 일련의 중요한 문건들을 FRUS로 인용했다. 해당 문건을 알아볼 수 있도록 날짜, 권수, 쪽수를 기재했다. *Foreign Relations of the United States* (Washington, DC: Government Printing Office).

유엔

유엔의 역사를 다룬 최신 자료는 다음과 같다. Stanley Meisler, *United Nations: A History*, rev. ed. (New York: Grove Press, 2011). 유엔의 역사와 관련해 다음 자료도 검토해볼 수 있다. Evan Luard, *A History of the United Nations*, vol. 2 (New York: St. Martin's Press, 1989), 198-316. 아래 최근 문헌들은 유엔에서 일어난 행위보다 말에 더 주목하고 있다. Mark Mazower, *No Enchanted Palace: The End of Imperialism and the Ideological Origins of the United Nations* (Princeton, NJ: Princeton University Press, 2009); Samuel Mohn, *The Last Utopia: Human Rights in History* (Cambridge, MA: Harvard University Press, 2010). 유엔 평화유지군에 관한 최고의 소개 문헌은 아래 자료다. Norrie MacQueen, *The United Nations, Peace Operations and the Cold War*, 2nd ed. (Harlow, UK: Pearson Education Limited, 2011). 유엔 평화유지군의 콩고 작전에 관한 자료는 다음을 참고하라. Lyman M. Tondel, Jr., ed., *The Legal Aspects of the United Nations Action in the Congo: Background Papers and Proceedings of the Second Hammarskjöld Forum* (Dobbs Ferry, NY: Oceana Publications, 1963); Georges Abi-Saab, *The United Nations Operation in the Congo, 1960-1964* (Oxford: Oxford University Press, 1978); Rosalyn Higgins, *United Nations Peacekeeping, 1946-1967: Documents and Commentary, vol. 3, Africa* (Oxford: Oxford University Press, 1980). 함마르셸드에 관한 믿을 만한 자료는 다음을 참고하면 된다. Manuel Fröhlich, *Political Ethics and the United Nations: Dag Hammarskjöld as Secretary-General* (London: Routledge, 2008). 신념과 행동을 하나로 통합했다는 함마르셸드에 대한 우리의 논리는 다음 자료와 비교해봐야 한다. Jodok Troy, "Dag Hammarskjöld: An International Civil Servant Uniting Mystics and Realistic Diplomatic Engagement," *Diplomacy & Statecraft* 21(2010), 434-450. 랠프 번치에 대해서는 특히 다음 자료를 추천한다. Pearl T. Robinson, "Ralph Bunche and African Studies: Reflections on the Politics of Knowledge," *African Studies Review 51* (2008): 1-16; the essay in Robert A. Hill and Edmond J. Keller, eds., *Trustee for the Human Community: Ralph J. Bunche, the United Nations, and the Decolonization of Africa* (Athens: Ohio University Press, 2010).

소련의 정책

우리는 러시아의 움직임을 서방의 자료를 토대로 해석했고 열람 가능한 소련의 자료를 직접 검토하지는 못했다. 우리는 주로 아래 두 가지 영문 연구에 신세를 졌다. Sergey Mazov, *A Distant Front in the Cold War: The USSR in West Africa and the Congo, 1956-1964* (Palo Alto, CA: Stanford University Press, 2010); Namikas, Battleground Africa. 이 연구들은 1960년 당시 콩고의 상황에 대한 자료가 부족하다는 것을 언급하고 있고 확보할 수 있는 문헌을 근거로 우리의 판단과 같이 소련의 목적이 제한적이었다고 주장한다. 흥미가 있는 독자들은 비러시아 자료에 대한 우리와 마조프의 차이점을 살펴보길 권한다. 독자들은 또 다음 자료들을 검토해 봐야 한다. Aleksandr Fursenko and Timothy Naftali, *Khrushchev's Cold War: The Inside Story of an American Adversary* (New York: Norton, 2006), 292-322. 이 자료는 카스트로와 루뭄바를 설득력 있게 연결하고 있다. 다음 자료는 우리에게 좀 적절하지 않았다. Ilya V. Gaiduk, *Divided Together: The United States and the Soviet Union in the United Nations, 1945-1965* (Stanford, CA: Stanford University Press, 2012).

마조프는 다음과 같이 아프리카에서 소련의 활동도 기록해 출간했다. Sergey V. Mazov, *Politika SSSR v Zapadnoi Afrike, 1956-1964: neizvestnye stranitsy istorii kholodnoi voiny* [The Policy of the USSR in West Africa, 1956-1964: Unknown Pages of Cold War history] (Moscow: Nauka, 2008); document collection: *Rossia i Afrika. Dokumenty i materialy. XVIII v. - 1960. T.* Ⅱ. *1917-1960* [Russia and Africa. Documents and Materials. 18th century - 1960. Vol. 2, 1917-1960] ed. Apollon B. Davidson and Sergey V. Mazov.

CIA

CIA와 관련된 필수 자료는 프랭크 처치가 의장을 맡았던 미국 상원 위원회* 가 내놓은 루뭄바 암살에 대한 보고서에 실려 있다. Interim Report of the Senate Select Committee, *Alleged Assassination Plots Involving Foreign Leaders* (Washington, DC: Government Printing Office, 1975) (cited as IR), 13-70. 다음 자료는 이를 보완해 준다. *FRUS 1964-1963*, vol. 23, *Congo, 1960-1968* (Washington, DC: Government Printing Office, 2013). *FRUS 1958-1960*, vol. 14, *Africa, 1958-1960*과 *FRUS 1961-1963*, vol. 20, *Congo Crisis*의 부족한 점

* 1975년 미군 및 CIA의 해외 첩보활동과 관련한 정부 차원의 활동을 조사하기 위해 꾸려진 특별위원회다.

과 누락된 부분을 보완하기 위해 나온 특별본이다. 그러나 *FRUS 1964-1968*, vol. 23은 여전히 불충분하고 부분적으로 검열이 되었다.

IR과 *FRUS 1964-1968*, vol.23의 부속자료는 위원회 직원 앤 카라레카스가 만든 CIA의 역사다. *The Central Intelligence Agency: History and Documents*, ed. William M. Leary (Tuscaloosa: University of Alabama Press, 1984), esp. 54-75. CIA에 관한 가장 훌륭한 연구는 다음 자료다. Tim Weiner, *Legacy of Ashes: The History of the CIA* (New York: Doubleday, 2007). CIA의 정치에 관한 우수한 최근 문헌으로는 다음 자료가 있다. Joshua Rovner, *Fixing the Facts: National Security and the Politics of Intelligence* (Ithaca, NY: Cornell University Press, 2011).

CIA가 자금을 대 제작된 다섯 권 분량의 앨런 덜레스의 평전은 미국 메릴랜드 주 칼리지파크에 있는 국립문서보관소에서 열람할 수 있다. 그러나 CIA의 후원을 받은 이런 자료는 큰 도움이 되지 않았다. *Allen Welsh Dulles as Director of Central Intelligence: 26 February, 1953–29 November, 1961*, by Wayne G. Jackson. 다음 자료는 덜레스에 관한 불만을 종합적으로 다루고 있다. Kenneth Michael Absher, Michael C. Desch, Roman Popadiuk, et al., *Privileged and Confidential: The Secret History of the President's Intelligence Advisory Board* (Lexington: University of Kentucky Press, 2012) 14-74. 다음 문헌은 덜레스에 관한 뛰어나게 서술한 부분이 있다. Evan Thomas, *Ike's Bluff: President Eisenhower's Secret Battle to Save the World* (New York: Little Brown, 2012), 302-307. 아래 자료 중 덜레스의 성격과 CIA 관리를 다룬 부분은 훌륭하다. 그러나 루뭄바에 대한 사례연구는 신뢰할 수 없다. Stephen Kinzer, *The Brothers: John Foster Dulles, Allen Dulles, and Their Secret World War* (New York: Henry Holt, 2013).

앞서 언급했지만 루뭄바에 관한 미국 문헌의 지배적 해석은 CIA에 과도한 무게를 싣고 있고 특히 1960년 9월 CIA가 조제프 모부투에게 미친 영향을 중요하게 보고 있다. 여기 두 가지 예가 있다. 관심 있는 독자는 아래 문헌을 검토해 봐야 한다. Weissman, *American Foreign Policy in the Congo, 96-97*; "Opening the Secret Files on Lumumba's Murder," *Washington Post*, July 21, 2002; "'An Extraordinary Rendition'," *Intelligence and National Security 25*(2010): 198-222; "What really happened in Congo," *Foreign Affairs 93*, no. 4 (July/

August 2014): 14-24. 아래 자료도 와이즈먼처럼 CIA가 모부투에게 미친 영향을 규정하고 있다. Kalb, *Congo Cables*, 89-97. 우리 글은 이 같은 해석이 만들어지는 데 쓰인 CIA 직원들의 기억을 덜 중요하게 봤다. 가장 중요한 것은 래리 데블린의 회고록으로 그의 많은 이전 기억들이 한곳에 모여 있다. Larry Devlin, *Chief of Station, Congo: A Memoir of 1960-67* (New York: Perseus Books, 2007). 데블린의 회고록은 데블린이 80대 중반일 때 쓰여진 것으로 칼브의 책을 토대로 했다. 데블린은 출처를 밝히지 않고 여러 부분을 베꼈고 자신의 견해를 실었다. 아래 부분이 그 예다. *Chief of Station*, 34 ff; *Congo Cables*, 5 ff. 게다가 데블린은 지금의 증거와 모순되거나 그가 말한 다른 얘기와 모순되는 얘기를 쓰기도 했다. 아래 부분에 데블린의 기술에 관한 더 자세한 내용이 있다. *FRUS 1964-1968*, vol. 23, 29-30.

우리는 1960년 9월 14일 이후 모부투가 득세하는 데 CIA의 역할이 점차 커졌다는 점은 부인하지 않는다. 그러나 9월 14일 사태에 CIA가 결정적인 개입을 했다거나 모부투를 통해 명확한 반루뭄바 정책을 세웠다는 확실한 증거는 보이지 않는다. 우리는 수개월에 걸쳐 일어난 일련의 일들이 CIA 사람들의 기억에서 뒤섞였다고 보고 있다.

우리가 보기에 루뭄바가 살해된 상황은 혼란스러웠다. CIA는 서툴기 짝이 없는 조직 관리와 비밀작전 집행에도 불구하고 루뭄바가 살해된 후 바로 그 공을 가로챘다. 그러나 1970년대 들어 암살이 문제가 되자 CIA는 전에 자인한 것을 부인했다. 이 모든 것은 어느 하나를 진실이라고 보기 더 어렵게 만든다. 우리의 논의는 이 문제를 더 자세하게 다루고 있다. 우리가 CIA 관리들의 기억을 평가하고 자료로 이용한 것이 합리적이었는지는 독자들이 판단해야 할 몫이다.

살해

12월 루뭄바가 투옥되고 1월에 살해된 얘기는 수많은 논쟁의 주제였다. 어떤 논쟁이 있었는지 그 역사는 아래 문헌이 다루고 있는데 LCM으로 인용되었다. Luc De Vos, Emmanuel Gerard, Jules Gérard-Libois, and Philippe Raxhon, *Lumumba: De complotten? De moord* (Leuven, 2004).

그러나 다음 세 가지 중요한 문헌은 별도로 거론해야 한다. G. Heinz (Jules Gérard-Libois의 가명) and H. Donnay (Jacques Brassinne의 가명), *Lumumba: The Last Fifty Days* (New York: Grove Press, 1969, original in French, 1965); Jacques Brassinne, *Enquête sur la mort de Patrice Lumumba*, unpublished Ph. D diss., Université Libre de Bruxelles, 1990, published as Jacques Brassinne and Jean Kestergat, *Qui a tué Patrice Lumumba?* (Paris: Éditions Duculot, 1991); Ludo De Witte, *The Assassination of Lumumba*. 드비테는 어느 정도까지는 아래 문헌을 근거로 했지만 벨기에 외교부 문서에서 새 근거 자료를 추가했다. 특히 브라자빌의 상황을 아는 데 도움이 되는 자료다. Vandewalle, *Mille et quatre jours*. 드비테는 브라진의 박사논문에 있는 원 자료와 인터뷰의 상당 부분을 이용했지만 자신의 저서를 브라진의 저서와 대비되는 것으로 소개하고 있다. 브라진은 벨기에 공무원으로 1961년 1월에 카탕가에 있었다.

미간행 1차 자료

뉴욕에 있는 유엔기록보존소(United Nations Archives)에 콩고에서의 활동에 관한 자료는 방대하고 풍부하지만 잘 정리되어 있는 것은 극히 적다. 연구를 준비하기 위해 다양한 양장본의 자료와 씨름하려면 도움을 요청하는 것이 가장 좋은 방법이다. 우리는 문장을 인용할 때 해당 문건을 확인하고 그런 다음 문서 번호, 박스 번호, 서류함 번호를 적었다. 다음은 그 예시다. Hammarskjöld to Cordier, October 6, 745-4-6, UN. 캘리포니아대학(UCLA)에 있는 랠프 번치의 문서와 뉴욕 컬럼비아대학에 있는 코디어의 문서는 유엔기록보존소의 부속 문서다. 유엔에서는 찾을 수 없는 회의 기록이 코디어의 문서에 메모로 존재했다.

캔자스 주 애빌린에 있는 아이젠하워 대통령도서관은 대통령의 기록과 아이젠하워 정부의 많은 고위 공무원의 기록을 보관하고 있다. 보스턴의 케네디 대통령도서관에 있는 유사한 자료들은 아이젠하워 대통령도서관의 자료만큼 유용하지는 않다.

미국 국무부는 이 시기 콩고에 대해 방대한 양의 문서를 만들었다. 이 문서들은 칼리지파크의 국가기록보존소(NA)에 있다. 다른 정부의 문서들도 NA에 저장되어 있다. 기술 내용이 모호한 경우가 많지만 대개 국무부와 연관되는 내용들이긴 하다. 우리가 접근했던 기록에 대한 훌륭한 안내서가 있다. Carl Ashley, "Research Resources for Diplomatic History," *Perspectives on History: Magazine of the American Historical Association*, May 2011, 55-56.

IR과 *FRUS 1964-1968*, vol.23에 있는 처치 위원회의 기록은 1960년 당시 CIA

를 조사할 수 있는 주요 증거자료다. 위원회의 청문회 내용 및 공무원들의 증언 중 일부는 연구자들에게 NA의 많은 다른 자료와 더불어 유용하다. 처치 위원회의 자료는 'CC'로 적었다. 위원회는 '역사는 중요하다*(History Matters)'는 공개증언이 담긴 CD를 제작했다. 이 CD가 아니면 CC를 찾아야 한다. 우리는 CD에서 참고한 자료는 'HM'으로 표기했다. NA에는 다양한 CIA 문서들이 소량 소장되어 있는데 이는 처치 위원회의 자료와 연결된다. 또 당시 CIA에서 오간 전문은 거의 모두 처치 위원회에 제출되었고 CIA의 웹사이트에도 올라와 있다. 마지막으로 NA의 CREST시스템은 연구자들이 검색 엔진이 있는 컴퓨터 4대 중 1대에서 CIA의 자체 절차에 따라 기밀 해제된 모든 정보문서에 접근할 수 있도록 해준다. 우리는 이 시스템을 통해 CIA가 국가안전보장회의(NSC)에서 브리핑한 수많은 보고내용을 확보했다. 우리가 (미국의 정보공개법인) 정보자유법(Freedom of Information Act)에 따라 청구해 받아낸 자료를 포함해, 우리가 NA에서 이용한 많은 다른 문건들은 여전히 부분적으로 검열되어 있다.

미국의 다른 문헌들은 그리 도움이 되지 않았다. 예를 들어 프린스턴대학이 소장한 다음 자료들은 실망스러웠다. the papers of UN Ambassador Adlai Stevenson; the papers of Hammarskjöld's assistant Henry Labouisse; the papers of Under Secretary of State Livingston Merchant. 벨기에 주재 미국 대사였던 윌리엄 버든의 문서는 찾을 수 없었다. 애버렐 해리먼의 문서는 의회도서관에, 딘 애치슨의 문서는 예일대학에, 로버트 머피의 문서는 스탠퍼드대학 후버연구소에 있다. 애치슨은 1960년 당시 상황에 관심**이 좀 있었고 머피는 그해에 약간의 역할***이 있었다. 후버연구소에는 아프리카와 콩고를 연구하는 학자들의 자료도 있다. 이런 자료들은 목록에 실려 있지 않지만 다양한 가치가 있다. 다음 학자들의 자료다. Herbert Weiss, René Lemarchand, Ernest Lefever. 조지워싱턴대학에 부설된 국가안보기록보존소(National Security Archives)에는 중요한 문서들이 소장되어 있다. 우드로윌슨센터(Woodrow

---

* 처치 위원회의 조사 활동을 망라한 아카이브다.

** 1949~1953년 국무부 장관을 지낸 애치슨은 은퇴 후 케네디 등 대통령의 비공식 자문 역할을 했다.

*** 막 국무차관에서 은퇴한 머피는 1960년 6월 30일 콩고 독립선포식에 미국 대표로 참석했다.

Wilson International Center)는 2004년 9월 23~24일 냉전 국제사 프로젝트(Cold War International History Project)의 후원을 받아 콩고 위기에 관한 중요한 구술사 학회를 개최했다. 학회 내용을 옮긴 기록과 일련의 자료들은 센터의 웹사이트에서 볼 수 있다.

벨기에 정부의 공식 결정과 정부 내부 논의 일부를 그대로 옮긴 보고서는 내각 회의록에서 찾을 수 있다. 회의록의 복사본이 브뤼셀 국립기록보존소(National Archive)에 보관되어 있다. 다음 웹사이트에서도 열람할 수 있다. http://extranet.arch.be/lang_pvminister.html 연방외교부(FPSFA)는 콩고의 독립에 관한 벨기에 정부의 가장 중요한 기록들인 외교 기록물, 아프리카 기록물을 보관하고 있다. 이런 정부 기록물 외에도 유용한 개인 소장 중요 문서들이 여러 다양한 기관에 보관되어 있다. 가스통 에스켄스 총리, 피에르 위니 외교부 장관, 아우구스트 드 스라이퍼 아프리카부 장관, 아롤드 데스프레몽의 문서는 가장 중요한 기록들이다. the papers of Gaston Eyskens, State Archives in Leuven; the papers of Pierre Wigny, Archives of the UCL Université Catholique de Louvain in Louvain-la-Neuve; the papers of August De Schryver, KADOC Center for Religion, Culture, and Society in Leuven; the papers of Harold d'Aspremont Lynden, National Archives in Brussels. 위니의 문서에는 장관의 업무를 매일 기록한 내부 메모 전부가 포함되어 있다. 데스프레몽의 문서에는 1960년 여름 벨기에 정부에 꾸려진 콩고 위기 대응팀의 기록과 비자금 장부가 들어 있다. 이런 각료들의 문서는 다음 핵심 외교관들의 문서로 보완되어야 한다. 얀 판 덴 보스 대사, 로버르트 로트스힐트와 아프리카부 고문을 맡아 중요한 역할을 한 공무원 쥘 루스, 고위 군 간부였던 프레데릭 판데발레의 문서다. the papers of Jean Van den Bosch, CEGESOMA Center for Historical Research on War and Contemporary Society in Brussels; the papers of Robert Rothschild, Université Libre de Bruxelles; the papers of Jules Loos; the papers of Frédéric Vandewalle, Royal Museum for Central Africa in Tervuren, Belgium. 나토 사무총장이자 국무대신이었던 폴헨리 스파크의 문서는 브뤼셀의 폴헨리 스파크 재단에 보관되어 있다. 우리는 루뱅가톨릭대학의 기록보존소에서 디지털 복사본을 참고했다. 이 대학은 국무대신이었던 폴 판 제일란트의 문서도 소장하고 있다. 왕실기록보존소에는 국왕의 보좌관이었던 자크 피렌의 문서와 상원 아프리카위원회 위원장이었던 조제프 폴리앙의 문서가 있다. 아를롱

기록보존소는 상원 부의장인 모리스 브라세르의 문서를 보관하고 있다.* 카사부부의 벨기에인 참모 예프 판 빌센의 문서는 KADOC에, 민간기업의 비밀 정보원으로 활동한 에두아르드 피레트의 문서는 CEGESOMA에 있다.

콩고의 독립에 관한 벨기에 정부 문서의 일부는 여전히 비공개 상태로 남아 있다. 이 문서들은 2000년 의회 조사위원회에 참여한 전문가들에게 공개되었다. 이 중 가장 중요한 것은 브뤼셀에 있는 왕실기록보존소와 국가안보기록보존소에 있는 보두앵 내각 문서(Baudouin Cabinet Paper)다. 다른 곳에서 나온 것 뿐 아니라 이 기록보존소에서 나온 자료들은 의회의 조사결과 보고서에 실렸다. Chambre des représentants de Belgique, *Enquête parlementaire visant à déterminer les circonstances exactes de l'assassinat de Patrice Lumumba et l'implication éventuelle des responsables belges dans celui-ci*, DOC 50 0312/006, November 16, 2001. 이 자료는 온라인에서도 볼 수 있다. 우리는 전문가들의 보고서에 관해 공동 저술된 아래 저서의 네덜란드어판을 인용했다. Luc De Vos, Emmanuel Gerard, Jules Gérard-Libois, and Philippe Raxhon, *Lumumba: De complotten? De moord* (Leuven, Davidsfonds, 2004) (LCM). 이 책은 프랑스어판도 있다. *Les secrets de l'affaire Lumumba*, Brussels: Racine, 2005.

콩고의 자료들은 무척 드물다. 일부는 테르뷰렌 시에 있는 벨기에 왕립중앙아프리카박물관(Royal Museum for Central Africa)에 있다. 모이스 촘베의 문서는 목록으로 정리되어 있지 않다. 베누아 베르하겐의 문서에는 여러 콩고 정치인들이 작성한 많은 기록이 포함되어 있다. 쥘 제라르리부아의 문서에는 콩고 집행위원회의 회의록 복사본이 있다. 후버연구소에 있는 다소 혼란스러운 허버트 바이스의 기록에도 있다. 빅토르 넨다카의 소량의 문서들은 벨기에 의회 위원회가 확보했다. 중요한 문서들은 다음 저서에 수록되었다. Jules Gérard-Libois and Benoît Verhaegen, *Congo 1960* (Brussels: CRISP, 1961). 벨기에 언론 뿐 아니라 콩고 언론들도 정보를 제공하는 중요한 자료들이다. *Le Courrier d'Afrique*, Leopoldville; *L'Essor du Congo, L'Essor du Katanga*, Elisabethville.

나토의 기록들은 브뤼셀 나토 본부에 있다. 일부 기록은 나토 공식 웹사이트로

---

* 국가기록보존소(State Archive)는 국립기록보존소(National Archive)와 벨기에 전역 18개 보존소로 이뤄져 있다.

도 열람할 수 있다. 국제적십자사의 제네바 본부 사무실에 위치한 기록보존소에 콩고의 정치범에 관한 관련 자료들이 있다.

줄임말

CC 국가기록보존소의 미국 상원 정보활동에관한정부작전조사특별위원회(Church Committee)와 관련된 청문회와 증언, 메릴랜드 주 칼리지파크

CIA 국가기록보존소의 다양한 CIA 문건

CREST 국가기록보존소 온라인 데이터베이스의 CIA 기록 검색도구

DDE 드와이트 아이젠하워 대통령 도서관, 캔자스 주 애빌린

DOS 국가기록보존소의 미국 국무부 기록, 메릴랜드 주 칼리지파크

FPSFA 연방외교부, 벨기에 브뤼셀

FRUS 미국의 외교 관계(Foreign Relations of the United States)

HM History Matters CD, *The Church Committee Reports*(미국 상원 정보활동에관한정부작전조사특별위원회의 증언과 청문회)

IR 미국 상원 정보활동에관한정부작전조사특별위원회 중간보고서, *Alleged Assassination Plots Involving Foreign Leaders* (Washington, DC: Government Printing office, 1975)

IRC 국제적십자사 기록보존소, 스위스 제네바

JFK 존 F. 케네디 도서관, 매사추세츠 주 보스턴

LCM Luc De Vos, Emmanuel Gerard, Jules Gerard-Libois, Philippe Raxhon, *Lumumba: De complotten? De moord* (Leuven: Davidsfonds, 2004)

Minaf 아프리카부, 브뤼셀

Mistebel 카탕가 벨기에실무파견단, 엘리자베스빌

NA 국가기록보존소, 메릴랜드 주 칼리지파크

PC 저자 소장

UCL 루뱅가톨릭대학, 루뱅-라-뇌브

UN 유엔기록보존소, 뉴욕 시

옮긴이 후기

20세기 세계사에서 1960년은 '아프리카의 해'라 불린다. 제2차 세계대전 후 아프리카 대륙을 휩쓴 아프리카 민족주의에 힘입어 이 한 해에만 영국, 프랑스, 벨기에로부터 독립한 식민지들이 17개 신생국가로 탄생했다.

이 책의 무대인 콩고도 그중 하나다. 콩고민주공화국(DRC)은 파트리스 루뭄바라는 카리스마 넘치는 30대 지도자 덕에 국제 무대에서 스포트라이트를 받았다. 반짝이는 지성, 화려한 언변과 마음을 움직이는 연설, 강렬한 에너지와 넘치는 자신감, 매력적인 외모로 루뭄바는 당시 콩고뿐 아니라 아프리카 대륙에서도 스타였다. 그러나 루뭄바의 설익은 아프리카 민족주의는 이내 그와 함께 땅속에 묻혔다. 콩고민주공화국 초대 총리 루뭄바는 불과 석 달을 채우지 못한 채 살해되고 말았다.

루뭄바는 1960년 1월 25일 콩고의 독립 조건을 논하던 벨기에 브뤼셀 협상장의 주역이었다. 하지만 꼭 1년 뒤인 1961년 1월 17일 루뭄바는 분리 독립의 반기를 들고 나선 정적의 손에 총살당했다. 시신은 흔적도 찾을 수 없게 훼손됐다. 역설적이지만 너무도 비극적인 죽음 때문에 루뭄바는 역사 속에서 계속 살아 있다.

루뭄바가 실제로 살아 있었다면 어떠했을지 알 수 없다. 독립은 급작스러웠다. 콩고는 자립할 준비가 되어 있지 않았다. 일부 도시를 빼면 콩고인들에겐 아직 국가와 민족이라는 개념조차 생소했다. 벨기에도 콩고를 놓아 줄 준비가 되어 있지 않았다. 하지만 콩고인들은 처음으로 자기들 손으로 뽑은 지도자에게 미래를 맡길 기회를 잃고 말았다. 그 뒤로 콩고에서는 46년 동안 선거다운 선거가 없었다.

비극적 죽음의 원인과 배후는 계속 되새김되었다. 콩고 역사에서 최초의 민주적 선거에서 압도적 지지를 받아 선출된 초대 총리가 어떻게 취임 반년 만에 공공연히 살해당했을까.

벨기에와 미국의 주요 대학에서 역사를 가르치고 있는 두 학자가 함께 쓴 이 책은 그 과정을 입체적으로 되짚고 있다. 그래서 설득력 있게 진실을 재연해 내고 있다. 진실은 늘 여러 개의 얼굴을 갖고 있다. 거악이나 최고선이 존재하지 않는 때도 많고, 그 둘 사이를 명확하게 선긋기 어려운 때도 많다. 여러 나라의 입장과 이해관계가 국제정세와 맞물리면 우연과 필연이 복잡하게 얽히게 된다.

콩고가 독립하기 바로 한 해 전 미국과 이웃한 쿠바에서 혁명이 일어났다. 신경이 예민해진 미국은 루뭄바를 '아프리카의 카스트로'로 여겼다. 루뭄바가 이데올로기를 불문하고 지원을 요청한 나라가 소련이었다는 것이 화근이었다. CIA의 비밀 요원들은 루뭄바 암살 작전을 모의했다. 결정적으로 벨기에 출신 나토 사무총장 폴헨리 스파크가 나토를 담보로 미국을 압박한 것이 아이젠하워의 '결단'을 도왔다. 정작 실행은 다른 이들이 하게 되지만.

벨기에는 콩고가 독립해도 크게 달라지지 않을 거라 생각했다. 광산이 몰려 있는 남동쪽 카탕가를 중심으로 막대한 이권이 걸려 있었다. 하지만 벨기에에 적대적인 루뭄바는 믿을 수 없었다. 콩고 위기 초반 섣부른 군사 개입을 했다가 국제사회의 지탄을 받은 벨기에는 자존심을 크게 구겼다. 여기에 입헌군주제의 암묵적 룰을 깨고 왕권 강화를 꿈꾸던 국왕 보두앵과 지리멸렬한 내각이 벌인 권력 다툼에 콩고가 담보로 잡혔다. 국내 여론을 얻으려 양측 모두 콩고의 분열을 부추기고 지원했다. 급기야 루뭄바를 없앨 살인청부업자를 고용해 아프리카로 보냈다. 결국 직접 손에 피를 묻힌 건 아니었지만.

세계 평화라는 공공선을 표방하는 유엔 역시 냉혹한 국제정치와 조직 논리로 움직이던 권력 기구였다. 국제연맹이 실패하고 제2차 세계대전 후 출범한 유엔은 냉전 속에서 확고한 국제적 위상이 절실했다. 콩고 유엔 평화유지군(ONUC)은 유엔이 첫 결의한 평화유지 파병이었다. 유엔은 통제되지 않는 루뭄바 대신 온건하고 협조적인 콩고 정치인이 필요했다. 그들은 루뭄바가 살해당할 수 있다는 걸 알면서도 내버려 뒀다.

루뭄바의 정적이던 콩고의 정치인들도 '루뭄바 살인 사건'의 주연이었다. 이 책은 아프리카인들이 미국이나 벨기에의 조종을 받는 꼭두각시가 아니었다는 점을 강조하며 이들을 능동적 주체로 조명하고 있다. 서방 열강은 이들을 이용했지만 이들도 열강을 이용했다. 실력은 루뭄바에 비해 형편없었지만 저마다 반루뭄바 전선에 서야 할 이유가 있었다. 루뭄바의 민족주의와 달리, 누군가는 옛 콩고왕국을 부활시키고 싶어 했고 누군가는 지역이나 부족을 중심으로 느슨한 연방제를 원했다. 이들에게는 루뭄바의 능력도 루뭄바의 이상도 지나치게 멀고 위험했다.

서방은 루뭄바를 그의 최대 정적이 있는 카탕가로 보냈고 그곳의 지도자 모이스 촘베는 누구도 직접 하지 않으려는 일을 기꺼이 했다.

에필로그에서 지은이들은 아가사 크리스티의 추리소설 〈오리엔트 특급 사건〉을 들어 루뭄바 암살을 설명하고 있다. 열차 객실 살인 사건을 조사하게 된 사설탐정 에르퀼 푸아로는 용의자 12명이 모두 범인임을 밝혀낸다. 누가 찌른 것이 피해자의 숨통을 끊었는지 알 수 없게 연결된 공범들이었다. 마찬가지로 루뭄바를 죽인 진범도 특정하기 어렵다. 동시에 모두가 공범이고 진범이다.

이 책은 루뭄바를 죽음으로 몰아간 모든 '주연'들의 역할을 가감 없이 헤아렸다. 미국 CIA의 허풍에서는 바람을 뺐고 유엔이나 벨기에 관리들의 은폐나 거짓에서는 빈틈을 집어냈다. 주인공인 루뭄바도 낭만적으로 미화하지 않고 그의 한계와 모순을 명확히 짚은 것도 신뢰를 더한다. 간결한 단문과 세밀한 묘사는 진실의 재연하는 데 힘을 싣고 있다.

루뭄바의 꿈은 미완성인 채 끊임없이 소비되었다. 루뭄바 세력은 탄압을 피해 콩고 강 건너편 브라자빌에 민족해방위원회를 만들고 재기를 노렸지만 성공하지 못했다.

루뭄바 이후 콩고를 통치한 지도자들은 앞 다투어 루뭄바를 계승한다고 했다. 쿠데타로 정통성이 취약했던 조제프 모부투는 '진정한 콩고 민족주의'를 내세웠다. 그는 대통령이 된 이듬해인 1966년, 자신이 사지로 내몰았던 루뭄바를 '국가 영웅'으로 선언했다. 하지만 모부투는 콩고의 모든 부를 자기 주머니에 쓸어 넣은 레오폴 2세와 다를 바 없었다.

모부투를 몰아 낸 로랑 카빌라는 1960년 당시 루뭄바와 손잡은 청년 조직에 몸담고 있었고 루뭄바의 강력한 지지자로 자신을 자리매김했다. 그는 은질리공항에서 레오폴드빌로 들어오는 루뭄바대로에 커다란 루뭄바 동상을 세웠다. 하지만 카빌라 역시 부패와 독재의 전철을 밟다 암살됐다.

《레오폴드부터 카빌라까지: 콩고 민중의 역사》를 쓴 조지 은종골라 은탈랴 노스캐롤라이나대학 교수는 이런 모습을 가리켜 "행동이 아니라 말로만 이뤄진 루뭄바주의"라고 한다.

사실 루뭄바주의는 모호하다. 루뭄바는 "우리는 기독교도도, 사회주의자도 아니다. 아프리카 민족주의자다"라고 했다. 하지만 식민주의에 맞선 자립과 자강, 부족주의를 극복한 통합과 근대국가 건설을 이루려면 어떻게 해야 하는지 루뭄바 스스로도 찾지 못한 듯하다. 무엇보다 그는 '위대한 콩고'로 가는 길이 무엇이어도 상관없다 여겼다. 그래서 '이념의 길'이 매우 중요한 시대에 끼어 마모됐다.

그동안 세계 현대사에서 사회주의, 자본주의의 이름으로 수많은 시행착오가 거듭됐다. 그마저 억지로 이식된 아프리카에서는 오랜 시간 흉하게 왜곡된 채였다. 하지만 결국 정치의 본질은 구성원 모두가 안전하고 먹고 살만하고 동등한 권리와 존엄을 지키며 살아갈 수 있도록 하는 것이라는 생각을 하게 된다. 콩고의 역사, 아프리카의 역사를 보고 있노라면 더욱 그렇다.

2018년 10월

이인숙

찾아보기

ㄹ

ㅁ

ㅅ

ㅇ

ㅈ

ㅌ

ㅍ

ㅎ